U0882140

新疆经济普查年鉴 2013

Xinjiang Economic Census Yearbook

产｜业｜卷

新疆维吾尔自治区人民政府第三次经济普查领导小组办公室　编

中国统计出版社
China Statistics Press

© 中国统计出版社 2016
版权所有。未经许可，本书的任何部分不得以任何方式在世界任何地区以任何文字翻印、拷贝、仿制或转载。

© 2016 China Statistics Press
All rights reserved. No part of the publication may be reproduced or transmitted in any form or by any means, electronic or mechanical, including photocopying, recording, or any information storage and retrieval system, without written permission from the publisher.

图书在版编目（CIP）数据

新疆经济普查年鉴. 2013 / 新疆维吾尔自治区人民政府第三次经济普查领导小组办公室编著. -- 北京 : 中国统计出版社，2017.2

ISBN 978-7-5037-8115-5

Ⅰ. ①新… Ⅱ. ①新… Ⅲ. ①经济－普查－新疆－2013－年鉴 Ⅳ. ①F127.45-54

中国版本图书馆 CIP 数据核字（2017）第 036504 号

新疆经济普查年鉴—2013/产业卷

作　　者/新疆维吾尔自治区人民政府第三次经济普查领导小组办公室
责任编辑/王振宇
封面设计/黄俊杰　李雪燕
出版发行/中国统计出版社
通信地址/北京市丰台区西三环南路甲 6 号　邮政编码/100073
电　　话/邮购（010）63376909　书店（010）68783171
网　　址/http://www.zgtjcbs.com/
印　　刷/ 新疆统计印刷厂
经　　销/新华书店
开　　本/880mm×1230mm　1/16
字　　数/496 千字
印　　张/15.5
版　　别/2016 年 12 月第 1 版
版　　次/2016 年 12 月第 1 次印刷
定　　价/880.00 元（全四册）

如有印装差错，由本社发行部调换。

产业卷　目录

第一篇　工业篇

第二篇　建筑业篇

第三篇　贸易篇

第四篇 房地产篇

第五篇 服务业篇

附　录

第1篇

工业篇

1-1 2013年大中型工业

项目	企业单位数(个)	亏损企业	工业总产值(当年价格)	工业增加值	工业销售产值(当年价格)	出口交货值	年初存货
总计	**422**	**131**	**67867281.9**	**24742493.3**	**66401394.4**	**445953.1**	**7435701.4**
一、按登记注册类型分组							
内资企业	403	125	66945235.5	24527723.8	65561800.5	417688.7	7279191.0
国有企业	24	7	4945576.4	1201327.2	4802635.5	1989.1	133001.5
中央企业	14	3	4183943.7	1090312.4	4162673.5		92225.9
地方企业	10	4	761632.7	111014.8	639962.0	1989.1	40775.6
集体企业	2		37051.4	7668.0	36783.4		4831.5
股份合作企业							
联营企业							
国有联营企业							
集体联营企业							
国有与集体联营企业							
其他联营企业							
有限责任公司	254	80	22721075.7	6419830.6	22058112.6	91936.8	3058876.6
国有独资公司	38	14	3449503.5	1417208.3	3301137.4	1968.8	353335.2
其他有限责任公司	216	66	19271572.2	5002622.3	18756975.2	89968.0	2705541.4
股份有限公司	53	12	33792573.7	15738717.3	33641558.4	61394.5	3197762.0
私营企业	70	26	5448958.3	1160180.8	5022710.6	262368.3	884719.4
私营独资企业							
私营合伙企业							
私营有限责任公司	62	24	3611214.7	788052.6	3225205.2	21280.1	618562.2
私营股份有限公司	8	2	1837743.6	372128.2	1797505.4	241088.2	266157.2
其他企业							
港、澳、台商投资企业	8	2	276380.9	61699.9	237435.5	28264.4	63004.2
合资经营企业(港或澳、台资)	2	1	70214.7	15682.6	42547.6		21264.5
合作经营企业(港或澳、台资)							
港澳台商独资经营企业	6	1	206166.2	46017.3	194887.9	28264.4	41739.7
港澳台商投资股份有限公司							
其他港澳台商投资企业							
外商投资企业	11	4	645665.5	153069.6	602158.4		93506.2
中外合资经营企业	7	2	503508.7	105849.7	471868.4		77360.9
中外合作经营企业	1		43434.9	7136.8	43449.4		5671.9
外资企业	2	2	67782.7	24867.2	56217.6		7626.4
外商投资股份有限公司	1		30939.2	15215.9	30623.0		2847.0
其他外商投资企业							
二、按经济组织类型分组							
独资企业	34	10	5256576.7	1279879.6	5090524.4	30253.5	187199.1
国有企业	24	7	4945576.4	1201327.2	4802635.5	1989.1	133001.5
集体企业	2		37051.4	7668.0	36783.4		4831.5

企业主要经济指标

单位：万元

产成品	资产总计	流动资产合计	应收账款	存货		固定资产合计	固定资产原价
				存货	产成品	在产品		
2501949.2	**111045730.6**	**30504158.1**	**5117034.4**	**9506828.2**	**3041920.1**	**1021603.2**	**58506298.3**	**86755126.5**
2416375.8	109853371.9	30059975.3	5051648.8	9311167.1	2954882.1	979472.9	57956491.0	86012160.6
38508.3	7930109.0	1767643.6	273473.6	161780.1	41902.2	6486.9	5118752.5	5636005.3
17253.9	5641468.3	1078294.0	205012.3	117514.4	26969.9	1010.0	3810563.3	4281127.9
21254.4	2288640.7	689349.6	68461.3	44265.7	14932.3	5476.9	1308189.2	1354877.4
1008.5	22084.8	18495.4	6864.0	3485.5	1793.5		3458.9	5152.9
1240134.8	44302610.0	13263166.7	2627087.4	3610370.3	1366867.1	324545.9	22169349.9	27446068.8
108876.4	8027774.6	2832048.0	990377.4	378638.0	116721.8	5246.2	3000323.8	4633510.8
1131258.4	36274835.4	10431118.7	1636710.0	3231732.3	1250145.3	319299.7	19169026.1	22812558.0
753315.5	46541279.7	10137691.2	1046835.1	4125209.3	959811.0	588310.3	27671637.6	49612210.8
383408.7	11057288.4	4872978.4	1097388.7	1410321.9	584508.3	60129.8	2993292.1	3312722.8
224579.8	6875375.8	2643596.8	239373.2	1221484.2	560949.7	59889.4	2277219.5	2493511.7
158828.9	4181912.6	2229381.6	858015.5	188837.7	23558.6	240.4	716072.6	819211.1
29175.3	289416.4	158224.5	41669.4	86896.2	37743.2	17166.7	110420.5	202228.8
18758.2	87941.4	46206.8	2119.3	35511.0	26186.4		40067.1	46297.0
10417.1	201475.0	112017.7	39550.1	51385.2	11556.8	17166.7	70353.4	155931.8
56398.1	902942.3	285958.3	23716.2	108764.9	49294.8	24963.6	439386.8	540737.1
52582.8	579489.3	235886.5	18784.4	92254.1	45814.2	20429.0	185676.0	269839.3
561.1	13766.1	8922.2	1739.5	6344.2	663.5		4478.7	10582.4
2077.3	286502.2	29641.5	2882.6	7746.0	1327.3	4199.2	237783.0	243954.0
1176.9	23184.7	11508.1	309.7	2420.6	1489.8	335.4	11449.1	16361.4
52011.2	8440171.0	1927798.2	322770.3	224396.8	56579.8	27852.8	5430347.8	6041044.0
38508.3	7930109.0	1767643.6	273473.6	161780.1	41902.2	6486.9	5118752.5	5636005.3
1008.5	22084.8	18495.4	6864.0	3485.5	1793.5		3458.9	5152.9

1-1 续表 1

项目	企业单位数(个)	亏损企业	工业总产值(当年价格)	工业增加值	工业销售产值(当年价格)	出口交货值	年初存货
私营独资企业							
港澳台商独资经营企业	6	1	206166.2	46017.3	194887.9	28264.4	41739.7
外资企业	2	2	67782.7	24867.2	56217.6		7626.4
合作、合伙企业	1		43434.9	7136.8	43449.4		5671.9
股份合作企业							
国有联营企业							
集体联营企业							
国有与集体联营企业							
其他联营企业							
私营合伙企业							
合作经营企业(港或澳、台资)							
中外合作经营企业	1		43434.9	7136.8	43449.4		5671.9
其他企业(内资)							
其他港澳台商投资企业							
其他外商投资企业							
股份有限公司	62	14	35661256.5	16126061.4	35469686.8	302482.7	3466766.2
股份有限公司(内资)	53	12	33792573.7	15738717.3	33641558.4	61394.5	3197762.0
私营股份有限公司	8	2	1837743.6	372128.2	1797505.4	241088.2	266157.2
港澳台商投资股份有限公司							
外商投资股份有限公司	1		30939.2	15215.9	30623.0		2847.0
有限责任公司	325	107	26906013.8	7329415.5	25797733.8	113216.9	3776064.2
国有独资公司	38	14	3449503.5	1417208.3	3301137.4	1968.8	353335.2
私营有限责任公司	62	24	3611214.7	788052.6	3225205.2	21280.1	618562.2
合资经营企业(港或澳、台资)	2	1	70214.7	15682.6	42547.6		21264.5
中外合资经营企业	7	2	503508.7	105849.7	471868.4		77360.9
其他有限责任公司	216	66	19271572.2	5002622.3	18756975.2	89968.0	2705541.4
三、在总计中：亏损企业	**131**	**131**	**20392180.3**	**3364063.7**	**20039457.4**	**98063.7**	**3035666.2**
在总计中：国有控股企业	216	71	52200513.8	20917657.9	51756520.0	111151.9	4928728.1
在总计中：农村工业							
在总计中：轻工业	111	35	4902694.6	1323640.7	4684727.6	129621.9	1283850.7
重工业	311	96	62964587.3	23418852.6	61716666.8	316331.2	6151850.7
在总计中：大型企业	97	34	54638604.7	21011333.8	53769929.6	139231.5	5231627.8
中型企业	325	97	13228677.2	3731159.5	12631464.8	306721.6	2204073.6
小型企业							
在总计中：中央	97	34	43406683.5	18411656.4	43433338.5	21923.1	3881727.1
地方	325	97	24460598.4	6330836.9	22968055.9	424030.0	3553974.3
在总计中：公有	233	74	53332090.7	21216938.9	52888503.3	111270.8	5028465.2
非公有	189	57	14535191.2	3525554.4	13512891.1	334682.3	2407236.2
在总计中：园区工业	195	59	30737686.8	6768289.0	29601066.7	344022.7	4167066.4

单位：万元

产成品	资产总计	流动资产合计	应收账款	存货	产成品	在产品	固定资产合计	固定资产原价
10417.1	201475.0	112017.7	39550.1	51385.2	11556.8	17166.7	70353.4	155931.8
2077.3	286502.2	29641.5	2882.6	7746.0	1327.3	4199.2	237783.0	243954.0
561.1	13766.1	8922.2	1739.5	6344.2	663.5		4478.7	10582.4
561.1	13766.1	8922.2	1739.5	6344.2	663.5		4478.7	10582.4
913321.3	50746377.0	12378580.9	1905160.3	4316467.6	984859.4	588886.1	28399159.3	50447783.3
753315.5	46541279.7	10137691.2	1046835.1	4125209.3	959811.0	588310.3	27671637.6	49612210.8
158828.9	4181912.6	2229381.6	858015.5	188837.7	23558.6	240.4	716072.6	819211.1
1176.9	23184.7	11508.1	309.7	2420.6	1489.8	335.4	11449.1	16361.4
1536055.6	51845416.5	16188856.8	2887364.3	4959619.6	1999817.4	404864.3	24672312.5	30255716.8
108876.4	8027774.6	2832048.0	990377.4	378638.0	116721.8	5246.2	3000323.8	4633510.8
224579.8	6875375.8	2643596.8	239373.2	1221484.2	560949.7	59889.4	2277219.5	2493511.7
18758.2	87941.4	46206.8	2119.3	35511.0	26186.4		40067.1	46297.0
52582.8	579489.3	235886.5	18784.4	92254.1	45814.2	20429.0	185676.0	269839.3
1131258.4	36274835.4	10431118.7	1636710.0	3231732.3	1250145.3	319299.7	19169026.1	22812558.0
828333.4	**28989184.0**	**9189901.9**	**1543340.2**	**4191948.4**	**1061375.9**	**545608.1**	**13663932.9**	**19825487.2**
1479655.4	77702842.7	17782902.6	3046778.8	5760800.7	1619024.0	644661.7	45708453.0	72704780.0
560613.9	7903143.3	3331150.5	414182.6	1419852.4	565964.8	249747.2	3422927.2	4187041.3
1941335.3	103142587.3	27173007.6	4702851.8	8086975.8	2475955.3	771856.0	55083371.1	82568085.2
1413668.5	83193725.8	20363732.9	3061774.1	6924972.8	1930109.0	700811.9	47165167.8	73130431.1
1088280.7	27852004.8	10140425.2	2055260.3	2581855.4	1111811.1	320791.3	11341130.5	13624695.4
832115.2	56584807.2	12307051.5	2229000.5	4614370.0	974097.4	686401.0	35481257.2	60383905.3
1669834.0	54460923.4	18197106.6	2888033.9	4892458.2	2067822.7	335202.2	23025041.1	26371221.2
1513608.1	80902872.5	18302864.9	3141981.5	5908384.9	1656408.3	646837.5	47679628.3	74850844.5
988341.1	30142858.1	12201293.2	1975052.9	3598443.3	1385511.8	374765.7	10826670.0	11904282.0
1507163.5	47076903.1	15669059.6	2420576.4	5398324.0	2013293.6	700810.8	21667353.4	28538832.9

1-1 续表 2

项 目	累计折旧	本年折旧	在建工程	负债合计	流动负债合 计	应付账款
总 计	**33374301.9**	**5863201.7**	**10924290.5**	**66402632.2**	**42567807.8**	**14563012.7**
一、按登记注册类型分组						
内资企业	33168285.4	5822736.0	10809821.8	65787365.1	42079442.6	14440148.0
国有企业	1961752.7	328232.4	1567138.9	4714902.0	2372118.6	1122103.2
中央企业	1539097.7	251767.8	1124932.3	3022614.1	1843695.8	982799.4
地方企业	422655.0	76464.6	442206.6	1692287.9	528422.8	139303.8
集体企业	1694.0	356.8	13.3	13403.6	12410.0	5423.7
股份合作企业						
联营企业						
国有联营企业						
集体联营企业						
国有与集体联营企业						
其他联营企业						
有限责任公司	6943797.2	1687711.4	5511162.5	31829168.4	21901615.8	7031222.2
国有独资公司	1782874.3	387759.5	1132063.5	5320840.7	3477216.7	1059782.8
其他有限责任公司	5160922.9	1299951.9	4379099.0	26508327.7	18424399.1	5971439.4
股份有限公司	23642156.4	3555600.5	2349302.5	21857666.1	12749464.9	4695056.2
私营企业	618885.1	250834.9	1382204.6	7372225.0	5043833.3	1586342.7
私营独资企业						
私营合伙企业						
私营有限责任公司	506288.9	210609.3	1186420.6	5127534.1	3415245.9	1057007.5
私营股份有限公司	112596.2	40225.6	195784.0	2244690.9	1628587.4	529335.2
其他企业						
港、澳、台商投资企业	92758.7	9493.2	1392.8	128717.4	115425.7	58437.2
合资经营企业(港或澳、台资)	6229.9	2301.9	21.2	65198.2	52806.9	37411.8
合作经营企业(港或澳、台资)						
港澳台商独资经营企业	86528.8	7191.3	1371.6	63519.2	62618.8	21025.4
港澳台商投资股份有限公司						
其他港澳台商投资企业						
外商投资企业	113257.8	30972.5	113075.9	486549.7	372939.5	64427.5
中外合资经营企业	85253.8	15829.5	102319.6	303184.0	285158.6	46793.5
中外合作经营企业	6272.2	468.8	168.5	6367.0	6367.0	1179.9
外资企业	16819.4	13696.8	10587.8	161887.7	66765.1	14621.2
外商投资股份有限公司	4912.4	977.4		15111.0	14648.8	1832.9
其他外商投资企业						
二、按经济组织类型分组						
独资企业	2066794.9	349477.3	1579111.6	4953712.5	2513912.5	1163173.5
国有企业	1961752.7	328232.4	1567138.9	4714902.0	2372118.6	1122103.2
集体企业	1694.0	356.8	13.3	13403.6	12410.0	5423.7

单位：万元

非流动负债合计	所有者权益合计	实收资本	国家资本	集体资本	法人资本	个人资本	港澳台资本	外商资本
22338680.5	**44548492.3**	**31997321.8**	**13964566.8**	**142731.1**	**16365112.6**	**1247351.3**	**154539.6**	**123020.4**
22321949.5	43973154.0	31639407.0	13964566.8	142731.1	16223913.1	1247351.3	36514.7	24330.0
1945418.5	3208736.2	958750.1	951588.9	4561.2	2600.0			
1176890.6	2612383.6	411957.8	407396.6	4561.2				
768527.9	596352.6	546792.3	544192.3		2600.0			
591.6	8681.2	1312.8		1312.8				
9416694.8	12427423.4	9359568.8	2774449.4	118304.8	6015388.4	447770.5	3655.7	
1560696.7	2706933.8	2449739.7	1398882.8		1050587.2	269.7		
7855998.1	9720489.6	6909829.1	1375566.6	118304.8	4964801.2	447500.8	3655.7	
9073280.8	24649878.6	19746792.0	10147332.5	14431.0	9314360.8	217568.7	32859.0	20240.0
1885963.8	3678434.6	1572983.3	91196.0	4121.3	891563.9	582012.1		4090.0
1269860.4	1741213.0	1048184.5	64900.0	4121.3	704359.9	274803.3		
616103.4	1937221.6	524798.8	26296.0		187204.0	307208.8		4090.0
	158945.7	105697.9			2700.0		102997.9	
	20989.9	22473.3			2700.0		19773.3	
	137955.8	83224.6					83224.6	
16731.0	416392.6	252216.9			138499.5		15027.0	98690.4
12518.8	276305.3	199996.7			138274.5		15027.0	46695.2
	7399.1	3425.0			225.0			3200.0
3750.0	124614.5	45795.2						45795.2
462.2	8073.7	3000.0						3000.0
1949760.1	3479987.7	1089082.7	951588.9	5874.0	2600.0		83224.6	45795.2
1945418.5	3208736.2	958750.1	951588.9	4561.2	2600.0			
591.6	8681.2	1312.8		1312.8				

1-1 续表 3

项 目	累计折旧	本年折旧	在建工程	负债合计	流动负债合计	应付账款
私营独资企业						
港澳台商独资经营企业	86528.8	7191.3	1371.6	63519.2	62618.8	21025.4
外资企业	16819.4	13696.8	10587.8	161887.7	66765.1	14621.2
合作、合伙企业	6272.2	468.8	168.5	6367.0	6367.0	1179.9
股份合作企业						
国有联营企业						
集体联营企业						
国有与集体联营企业						
其他联营企业						
私营合伙企业						
合作经营企业(港或澳、台资)						
中外合作经营企业	6272.2	468.8	168.5	6367.0	6367.0	1179.9
其他企业(内资)						
其他港澳台商投资企业						
其他外商投资企业						
股份有限公司	23759665.0	3596803.5	2545086.5	24117468.0	14392701.1	5226224.3
股份有限公司(内资)	23642156.4	3555600.5	2349302.5	21857666.1	12749464.9	4695056.2
私营股份有限公司	112596.2	40225.6	195784.0	2244690.9	1628587.4	529335.2
港澳台商投资股份有限公司						
外商投资股份有限公司	4912.4	977.4		15111.0	14648.8	1832.9
有限责任公司	7541569.8	1916452.1	6799923.9	37325084.7	25654827.2	8172435.0
国有独资公司	1782874.3	387759.5	1132063.5	5320840.7	3477216.7	1059782.8
私营有限责任公司	506288.9	210609.3	1186420.6	5127534.1	3415245.9	1057007.5
合资经营企业(港或澳、台资)	6229.9	2301.9	21.2	65198.2	52806.9	37411.8
中外合资经营企业	85253.8	15829.5	102319.6	303184.0	285158.6	46793.5
其他有限责任公司	5160922.9	1299951.9	4379099.0	26508327.7	18424399.1	5971439.4
三、在总计中：亏损企业	**7072075.4**	**1197336.6**	**3889009.8**	**19812303.3**	**14725860.6**	**4239544.5**
在总计中：国有控股企业	30835705.7	4999763.6	6825523.3	43180766.6	25971835.0	9207332.4
在总计中：农村工业						
在总计中：轻工业	1338150.3	265981.6	865550.7	4980866.2	3820817.6	825795.9
重工业	32036151.6	5597220.1	10058739.8	61421766.0	38746990.2	13737216.8
在总计中：大型企业	29556167.5	5115660.4	7764842.0	48924233.6	30808003.4	11800826.1
中型企业	3818134.4	747541.3	3159448.5	17478398.6	11759804.4	2762186.6
小型企业						
在总计中：中央	27626672.8	4325380.7	4138401.0	29835272.1	18339453.6	7362167.1
地方	5747629.1	1537821.0	6785889.5	36567360.1	24228354.2	7200845.6
在总计中：公有	31051038.2	5079735.2	7741976.6	45293248.5	27310170.4	9613719.7
非公有	2323263.7	783466.5	3182313.9	21109383.7	15257637.4	4949293.0
在总计中：园区工业	8153353.1	1622195.2	4664192.1	31575037.2	21047789.8	7329426.9

单位：万元

非流动负债合计	所有者权益合计	实收资本	国家资本	集体资本	法人资本	个人资本	港澳台资本	外商资本
	137955.8	83224.6					83224.6	
3750.0	124614.5	45795.2						45795.2
	7399.1	3425.0			225.0			3200.0
	7399.1	3425.0			225.0			3200.0
9689846.4	26595173.9	20274590.8	10173628.5	14431.0	9501564.8	524777.5	32859.0	27330.0
9073280.8	24649878.6	19746792.0	10147332.5	14431.0	9314360.8	217568.7	32859.0	20240.0
616103.4	1937221.6	524798.8	26296.0		187204.0	307208.8		4090.0
462.2	8073.7	3000.0						3000.0
10699074.0	14465931.6	10630223.3	2839349.4	122426.1	6860722.8	722573.8	38456.0	46695.2
1560696.7	2706933.8	2449739.7	1398882.8		1050587.2	269.7		
1269860.4	1741213.0	1048184.5	64900.0	4121.3	704359.9	274803.3		
	20989.9	22473.3			2700.0		19773.3	
12518.8	276305.3	199996.7			138274.5		15027.0	46695.2
7855998.1	9720489.6	6909829.1	1375566.6	118304.8	4964801.2	447500.8	3655.7	
4307823.6	**9169998.1**	**9170427.7**	**5690948.2**	**49160.8**	**3060517.7**	**299362.3**	**18585.1**	**51853.6**
16368707.3	34477105.7	27247184.8	13721396.0	76545.9	13217480.0	166776.4	36514.7	28471.8
792365.2	2917789.6	1926420.1	363777.6	39816.6	937164.1	415898.3	99997.9	69765.6
21546315.3	41630702.7	30070901.7	13600789.2	102914.5	15427948.5	831453.0	54541.7	53254.8
17632436.7	34241827.8	26372936.5	12291114.7	6561.2	13343531.3	669257.7	42231.6	20240.0
4706243.8	10306664.5	5624385.3	1673452.1	136169.9	3021581.3	578093.6	112308.0	102780.4
11487865.5	26722052.7	22722669.5	12296572.7	5258.2	10344690.9	64715.9		11431.8
10850815.0	17826439.6	9274652.3	1667994.1	137472.9	6020421.7	1182635.4	154539.6	111588.6
17142451.6	35564653.5	27799945.1	13766735.4	117420.6	13679365.7	171436.9	36514.7	28471.8
5196228.9	8983838.8	4197376.7	197831.4	25310.5	2685746.9	1075914.4	118024.9	94548.6
9730686.7	15407271.0	8398477.3	2271102.3	107228.1	4970663.4	843467.8	125027.1	80988.6

1-1 续表 4

项 目	营业收入	主营业务收入	营业成本	主营业务成本	营业税金及附加	主营业务税金及附加
总 计	**70610308.1**	**68562518.6**	**54596664.5**	**52448199.2**	**3199409.1**	**3185081.7**
一、按登记注册类型分组						
内资企业	69756104.4	67745492.7	53911904.5	51793031.1	3189027.2	3174699.8
国有企业	4899722.3	4850457.4	4407470.2	4358617.6	181604.9	180331.4
中央企业	4214946.7	4172612.7	3738227.6	3693689.7	179833.0	178573.4
地方企业	684775.6	677844.7	669242.6	664927.9	1771.9	1758.0
集体企业	38769.9	38769.9	36352.5	36352.5	309.1	309.1
股份合作企业						
联营企业						
国有联营企业						
集体联营企业						
国有与集体联营企业						
其他联营企业						
有限责任公司	22731106.1	21993833.2	19559432.5	18901240.0	411009.4	405951.3
国有独资公司	3519765.0	3403309.5	3069486.2	3000536.7	34871.7	33624.9
其他有限责任公司	19211341.1	18590523.7	16489946.3	15900703.3	376137.7	372326.4
股份有限公司	36477900.4	35822878.1	25395852.2	24491809.4	2573568.5	2565602.6
私营企业	5608605.7	5039554.1	4512797.1	4005011.6	22535.3	22505.4
私营独资企业						
私营合伙企业						
私营有限责任公司	3789803.7	3236913.3	3264859.7	2765278.7	15511.2	15481.3
私营股份有限公司	1818802.0	1802640.8	1247937.4	1239732.9	7024.1	7024.1
其他企业						
港、澳、台商投资企业	288338.0	261710.6	226290.0	205785.8	721.1	721.1
合资经营企业(港或澳、台资)	80839.1	65916.1	69710.9	56287.6	170.6	170.6
合作经营企业(港或澳、台资)						
港澳台商独资经营企业	207498.9	195794.5	156579.1	149498.2	550.5	550.5
港澳台商投资股份有限公司						
其他港澳台商投资企业						
外商投资企业	565865.7	555315.3	458470.0	449382.3	9660.8	9660.8
中外合资经营企业	416276.9	411487.7	337885.9	330397.9	6730.4	6730.4
中外合作经营企业	49856.5	45904.5	39173.2	39173.2		
外资企业	65910.2	65067.6	58632.8	57811.3	59.7	59.7
外商投资股份有限公司	33822.1	32855.5	22778.1	21999.9	2870.7	2870.7
其他外商投资企业						
二、按经济组织类型分组						
独资企业	5211901.3	5150089.4	4659034.6	4602279.6	182524.2	181250.7
国有企业	4899722.3	4850457.4	4407470.2	4358617.6	181604.9	180331.4
集体企业	38769.9	38769.9	36352.5	36352.5	309.1	309.1

单位：万元

其他业务收入	其他业务利润	销售费用	管理费用	税金	财务费用	利息收入	利息支出	营业利润
2047789.5	**-48777.9**	**1324547.0**	**2832796.1**	**198092.9**	**1461081.4**	**187459.2**	**1557711.2**	**6800725.8**
2010611.7	-52436.8	1244860.8	2799341.0	197174.4	1449727.4	185007.4	1542987.4	6758101.4
49264.9	2840.1	29498.2	72779.7	1983.7	70565.3	3398.3	70212.8	169563.3
42334.0	449.1	6639.0	41861.9	1332.5	53980.1	3012.2	53486.7	221661.3
6930.9	2391.0	22859.2	30917.8	651.2	16585.2	386.1	16726.1	-52098.0
			1186.9	16.0	166.4	11.0	97.7	697.6
737272.9	59534.9	563671.6	855620.0	54170.4	768170.4	27591.3	736612.8	674670.3
116455.5	32181.7	88650.1	192944.0	10409.1	99388.1	5561.6	93402.3	37027.2
620817.4	27353.2	475021.5	662676.0	43761.3	668782.3	22029.7	643210.5	637643.1
655022.3	-121898.5	459221.8	1699330.7	133329.2	477751.5	144521.8	604760.8	5473658.0
569051.6	7086.7	192469.2	170423.7	7675.1	133073.8	9485.0	131303.3	439512.2
552890.4	4134.1	112962.8	126890.7	5484.5	99314.0	3245.7	95711.8	222417.4
16161.2	2952.6	79506.4	43533.0	2190.6	33759.8	6239.3	35591.5	217094.8
26627.4	1992.6	37661.8	9979.6	295.0	-1148.8	562.4	550.0	10539.6
14923.0	353.1	8263.4	2119.0	172.9	293.4	13.4	291.8	187.0
11704.4	1639.5	29398.4	7860.6	122.1	-1442.2	549.0	258.2	10352.6
10550.4	1666.3	42024.4	23475.5	623.5	12502.8	1889.4	14173.8	32084.8
4789.2	572.9	37296.2	18091.4	493.9	5892.7	1826.3	7700.0	25402.6
3952.0	126.8	2659.0	1925.9	25.4	110.9		101.6	3306.9
842.6		1274.4	2231.8	104.2	6534.9	20.8	6371.3	-2823.5
966.6	966.6	794.8	1226.4		-35.7	42.3	0.9	6198.8
61811.9	4479.6	60171.0	84059.0	2226.0	75824.4	3979.1	76940.0	177790.0
49264.9	2840.1	29498.2	72779.7	1983.7	70565.3	3398.3	70212.8	169563.3
			1186.9	16.0	166.4	11.0	97.7	697.6

1-1 续表 5

项 目	营业收入	主营业务收入	营业成本	主营业务成本	营业税金及附加	主营业务税金及附加
私营独资企业						
港澳台商独资经营企业	207498.9	195794.5	156579.1	149498.2	550.5	550.5
外资企业	65910.2	65067.6	58632.8	57811.3	59.7	59.7
合作、合伙企业	49856.5	45904.5	39173.2	39173.2		
股份合作企业						
国有联营企业						
集体联营企业						
国有与集体联营企业						
其他联营企业						
私营合伙企业						
合作经营企业(港或澳、台资)						
中外合作经营企业	49856.5	45904.5	39173.2	39173.2		
其他企业(内资)						
其他港澳台商投资企业						
其他外商投资企业						
股份有限公司	38330524.5	37658374.4	26666567.7	25753542.2	2583463.3	2575497.4
股份有限公司(内资)	36477900.4	35822878.1	25395852.2	24491809.4	2573568.5	2565602.6
私营股份有限公司	1818802.0	1802640.8	1247937.4	1239732.9	7024.1	7024.1
港澳台商投资股份有限公司						
外商投资股份有限公司	33822.1	32855.5	22778.1	21999.9	2870.7	2870.7
有限责任公司	27018025.8	25708150.3	23231889.0	22053204.2	433421.6	428333.6
国有独资公司	3519765.0	3403309.5	3069486.2	3000536.7	34871.7	33624.9
私营有限责任公司	3789803.7	3236913.3	3264859.7	2765278.7	15511.2	15481.3
合资经营企业(港或澳、台资)	80839.1	65916.1	69710.9	56287.6	170.6	170.6
中外合资经营企业	416276.9	411487.7	337885.9	330397.9	6730.4	6730.4
其他有限责任公司	19211341.1	18590523.7	16489946.3	15900703.3	376137.7	372326.4
三、在总计中：亏损企业	**20985818.0**	**20545058.4**	**19415169.1**	**19023765.2**	**1012798.4**	**1009013.0**
在总计中：国有控股企业	54921520.6	53992001.8	41556740.2	40452226.6	3127428.4	3113755.1
在总计中：农村工业						
在总计中：轻工业	4948618.3	4763476.1	3968677.0	3818744.2	216385.0	216317.2
重工业	65661689.8	63799042.5	50627987.5	48629455.0	2983024.1	2968764.5
在总计中：大型企业	57494634.4	55820679.0	44053899.0	42242469.1	3087010.4	3074514.7
中型企业	13115673.7	12741839.6	10542765.5	10205730.1	112398.7	110567.0
小型企业						
在总计中：中央	46215833.0	45460365.5	34221036.9	33269511.5	3061745.0	3051536.5
地方	24394475.1	23102153.1	20375627.6	19178687.7	137664.1	133545.2
在总计中：公有	56025755.0	55042027.0	42454761.9	41304563.8	3135735.9	3121857.5
非公有	14584553.1	13520491.6	12141902.6	11143635.4	63673.2	63224.2
在总计中：园区工业	31596315.6	30386011.8	26768301.7	25595921.6	974891.2	973270.0

单位：万元

其他业务收　入	其他业务利　润	销售费用	管理费用	税金	财务费用	利息收入	利息支出	营业利润
11704.4	1639.5	29398.4	7860.6	122.1	-1442.2	549.0	258.2	10352.6
842.6		1274.4	2231.8	104.2	6534.9	20.8	6371.3	-2823.5
3952.0	126.8	2659.0	1925.9	25.4	110.9		101.6	3306.9
3952.0	126.8	2659.0	1925.9	25.4	110.9		101.6	3306.9
672150.1	-117979.3	539523.0	1744090.1	135519.8	511475.6	150803.4	640353.2	5696951.6
655022.3	-121898.5	459221.8	1699330.7	133329.2	477751.5	144521.8	604760.8	5473658.0
16161.2	2952.6	79506.4	43533.0	2190.6	33759.8	6239.3	35591.5	217094.8
966.6	966.6	794.8	1226.4		-35.7	42.3	0.9	6198.8
1309875.5	64595.0	722194.0	1002721.1	60321.7	873670.5	32676.7	840316.4	922677.3
116455.5	32181.7	88650.1	192944.0	10409.1	99388.1	5561.6	93402.3	37027.2
552890.4	4134.1	112962.8	126890.7	5484.5	99314.0	3245.7	95711.8	222417.4
14923.0	353.1	8263.4	2119.0	172.9	293.4	13.4	291.8	187.0
4789.2	572.9	37296.2	18091.4	493.9	5892.7	1826.3	7700.0	25402.6
620817.4	27353.2	475021.5	662676.0	43761.3	668782.3	22029.7	643210.5	637643.1
440759.6	**25576.8**	**360063.9**	**744827.8**	**27044.0**	**453541.7**	**15226.0**	**427517.1**	**-1133217.7**
929518.8	-66252.2	759247.2	2340990.0	172132.8	1019148.7	107162.5	1082037.6	5736116.6
185142.2	18168.2	261198.2	204187.1	5973.7	90080.2	7536.5	94185.0	217057.1
1862647.3	-66946.1	1063348.8	2628609.0	192119.2	1371001.2	179922.7	1463526.2	6583668.7
1673955.4	-79320.2	780804.1	2169654.2	170962.4	1059819.0	162703.1	1149820.1	5998222.2
373834.1	30542.3	543742.9	663141.9	27130.5	401262.4	24756.1	407891.1	802503.6
755467.5	-96114.3	472590.0	1876047.9	140908.1	701152.2	91960.2	760261.7	5426547.7
1292322.0	47336.4	851957.0	956748.2	57184.8	759929.2	95499.0	797449.5	1374178.1
983728.0	-64137.0	774225.8	2382307.2	174178.6	1064725.9	107485.7	1127376.9	5833264.9
1064061.5	15359.1	550321.2	450488.9	23914.3	396355.5	79973.5	430334.3	967460.9
1210303.8	-9617.8	844368.8	931918.3	56880.1	739792.2	38391.8	719488.1	1128696.7

1-1 续表 6

项 目	资产减值损 失	公允价值变动收益	投资收益	营业外收入	补贴收入
总 计	**362985.2**	**-1488.1**	**156369.4**	**699622.3**	**142778.5**
一、按登记注册类型分组					
内资企业	362799.5	-1423.1	147715.5	690314.9	140088.3
国有企业	-7584.2		14546.4	47396.5	15788.0
中央企业	-8313.5		14088.9	7785.6	1357.7
地方企业	729.3		457.5	39610.9	14430.3
集体企业	66.5			230.8	
股份合作企业					
联营企业					
国有联营企业					
集体联营企业					
国有与集体联营企业					
其他联营企业					
有限责任公司	65579.1	-1314.8	69711.9	379093.5	85614.7
国有独资公司	32128.1	890.5	19975.4	101716.0	30157.6
其他有限责任公司	33451.0	-2205.3	49736.5	277377.5	55457.1
股份有限公司	294815.2	-126.6	28542.7	243657.6	31831.4
私营企业	9922.9	18.3	34914.5	19936.5	6854.2
私营独资企业					
私营合伙企业					
私营有限责任公司	813.2		34823.1	13496.7	5909.7
私营股份有限公司	9109.7	18.3	91.4	6439.8	944.5
其他企业					
港、澳、台商投资企业	0.3		42.4	5928.6	1532.2
合资经营企业(港或澳、台资)	0.3			2186.8	54.4
合作经营企业(港或澳、台资)					
港澳台商独资经营企业			42.4	3741.8	1477.8
港澳台商投资股份有限公司					
其他港澳台商投资企业					
外商投资企业	185.4	-65.0	8611.5	3378.8	1158.0
中外合资经营企业	196.4	-65.0	8611.5	2483.5	754.9
中外合作经营企业				164.6	
外资企业				527.0	403.1
外商投资股份有限公司	-11.0			203.7	
其他外商投资企业					
二、按经济组织类型分组					
独资企业	-7517.7		14588.8	51896.1	17668.9
国有企业	-7584.2		14546.4	47396.5	15788.0
集体企业	66.5			230.8	

单位：万元

营业外支出	利润总额	应交所得税	亏损企业亏损总额	利税总额	应交税金及附加	本年应付职工薪酬	本年应交增值税	从业人员平均人数(人)
286837.7	**7151019.8**	**579521.2**	**988242.2**	**13280740.4**	**6907334.7**	**4700299.6**	**2930311.5**	**487036**
285385.8	7100539.9	573019.5	975229.7	13185150.7	6854804.7	4634257.5	2895583.6	475979
36672.1	180287.7	43824.4	40036.5	545488.3	411008.7	298048.9	183595.7	35491
30586.7	198860.2	42104.2	2517.8	547089.8	391666.3	235950.8	168396.6	29339
6085.4	-18572.5	1720.2	37518.7	-1601.5	19342.4	62098.1	15199.1	6152
136.8	791.6	121.3		3490.9	2836.6	4366.0	2390.2	1091
69583.5	921705.1	252057.8	472156.5	2255590.5	1640113.6	2167057.0	922876.0	244054
16097.6	122645.6	39954.4	83688.6	349017.3	276735.2	771555.4	191500.0	61699
53485.9	799059.5	212103.4	388467.9	1906573.2	1363378.4	1395501.6	731376.0	182355
173463.8	5543851.8	243263.2	389326.5	9803701.3	4636441.9	1910880.0	1686281.0	150058
5529.6	453903.7	33752.8	73710.2	576879.7	164403.9	253905.6	100440.7	45285
3553.5	232345.3	20537.6	66933.4	328095.2	121772.0	209788.5	80238.7	39095
1976.1	221558.4	13215.2	6776.8	248784.5	42631.9	44117.1	20202.0	6190
696.0	15772.2	589.8	2613.3	24697.4	9810.0	27546.9	8204.1	5799
82.3	2291.5	-53.8	1349.2	3772.3	1599.9	6161.9	1310.2	1709
613.7	13480.7	643.6	1264.1	20925.1	8210.1	21385.0	6893.9	4090
755.9	34707.7	5911.9	10399.2	70892.3	42720.0	38495.2	26523.8	5258
703.8	27182.3	4271.4	8097.4	51249.9	28832.9	25619.4	17337.2	3365
	3471.5	345.0		3471.5	370.4	2974.3		330
5.3	-2301.8		2301.8	4580.2	6986.2	7481.1	6822.3	1195
46.8	6355.7	1295.5		11590.7	6530.5	2420.4	2364.3	368
37427.9	192258.2	44589.3	43602.4	574484.5	429041.6	331281.0	199702.1	41867
36672.1	180287.7	43824.4	40036.5	545488.3	411008.7	298048.9	183595.7	35491
136.8	791.6	121.3		3490.9	2836.6	4366.0	2390.2	1091

1-1 续表 7

项　目	资产减值损　失	公允价值变动收益	投资收益	营业外收入	补贴收入
私营独资企业					
港澳台商独资经营企业			42.4	3741.8	1477.8
外资企业				527.0	403.1
合作、合伙企业				164.6	
股份合作企业					
国有联营企业					
集体联营企业					
国有与集体联营企业					
其他联营企业					
私营合伙企业					
合作经营企业(港或澳、台资)					
中外合作经营企业				164.6	
其他企业(内资)					
其他港澳台商投资企业					
其他外商投资企业					
股份有限公司	303913.9	-108.3	28634.1	250301.1	32775.9
股份有限公司(内资)	294815.2	-126.6	28542.7	243657.6	31831.4
私营股份有限公司	9109.7	18.3	91.4	6439.8	944.5
港澳台商投资股份有限公司					
外商投资股份有限公司	-11.0			203.7	
有限责任公司	66589.0	-1379.8	113146.5	397260.5	92333.7
国有独资公司	32128.1	890.5	19975.4	101716.0	30157.6
私营有限责任公司	813.2		34823.1	13496.7	5909.7
合资经营企业(港或澳、台资)	0.3			2186.8	54.4
中外合资经营企业	196.4	-65.0	8611.5	2483.5	754.9
其他有限责任公司	33451.0	-2205.3	49736.5	277377.5	55457.1
三、在总计中：亏损企业	**167985.4**	**-1961.7**	**3125.5**	**221882.2**	**45707.4**
在总计中：国有控股企业	338531.4	815.3	76411.7	596163.2	86475.4
在总计中：农村工业					
在总计中：轻工业	17044.1	-47.3	11902.8	72450.6	30482.9
重工业	345941.1	-1440.8	144466.6	627171.7	112295.6
在总计中：大型企业	334777.4	942.5	102282.8	502981.0	73504.2
中型企业	28207.8	-2430.6	54086.6	196641.3	69274.3
小型企业					
在总计中：中央	301522.1	18.0	30332.2	423420.8	45466.5
地方	61463.1	-1506.1	126037.2	276201.5	97312.0
在总计中：公有	338745.4	538.6	77144.1	608485.1	94111.7
非公有	24239.8	-2026.7	79225.3	91137.2	48666.8
在总计中：园区工业	100371.4	-1982.6	74805.9	275639.4	53868.8

单位：万元

营业外支出	利润总额	应交所得税	亏损企业亏损总额	利税总额	应交税金及附加	本年应付职工薪酬	本年应交增值税	从业人员平均人数(人)
613.7	13480.7	643.6	1264.1	20925.1	8210.1	21385.0	6893.9	4090
5.3	-2301.8		2301.8	4580.2	6986.2	7481.1	6822.3	1195
	3471.5	345.0		3471.5	370.4	2974.3		330
	3471.5	345.0		3471.5	370.4	2974.3		330
175486.7	5771765.9	257773.9	396103.3	10064076.5	4685604.3	1957417.5	1708847.3	156616
173463.8	5543851.8	243263.2	389326.5	9803701.3	4636441.9	1910880.0	1686281.0	150058
1976.1	221558.4	13215.2	6776.8	248784.5	42631.9	44117.1	20202.0	6190
46.8	6355.7	1295.5		11590.7	6530.5	2420.4	2364.3	368
73923.1	1183524.2	276813.0	548536.5	2638707.9	1792318.4	2408626.8	1021762.1	288223
16097.6	122645.6	39954.4	83688.6	349017.3	276735.2	771555.4	191500.0	61699
3553.5	232345.3	20537.6	66933.4	328095.2	121772.0	209788.5	80238.7	39095
82.3	2291.5	-53.8	1349.2	3772.3	1599.9	6161.9	1310.2	1709
703.8	27182.3	4271.4	8097.4	51249.9	28832.9	25619.4	17337.2	3365
53485.9	799059.5	212103.4	388467.9	1906573.2	1363378.4	1395501.6	731376.0	182355
74536.7	**-988242.2**	**13487.7**	**988242.2**	**527133.3**	**1555907.2**	**1572063.6**	**502577.1**	**148003**
237941.0	6093849.1	422411.2	822448.7	11689791.5	6190486.4	3797837.5	2468514.0	339221
6017.6	281120.0	48884.0	130740.7	673922.4	447660.1	359579.4	176417.4	70868
280820.1	6869899.8	530637.2	857501.5	12606818.0	6459674.6	4340720.2	2753894.1	416168
253680.3	6187834.1	412571.1	660807.3	11680834.1	6076533.5	3566854.7	2405989.6	316347
33157.4	963185.7	166950.1	327434.9	1599906.3	830801.2	1133444.9	524321.9	170689
207544.0	5642497.9	317057.0	608215.0	10823154.2	5638621.4	2839719.6	2118911.3	225702
79293.7	1508521.9	262464.2	380027.2	2457586.2	1268713.3	1860580.0	811400.2	261334
271900.2	6167202.8	443040.8	851738.7	11795842.3	6245858.9	3868238.4	2492903.6	351439
14937.5	983817.0	136480.4	136503.5	1484898.1	661475.8	832061.2	437407.9	135597
67077.3	1274792.7	157694.3	453377.6	3120479.6	2060261.3	1602402.0	870795.7	200494

1-2 2013年大中型工业企业效益指标(按登记注册类型分)

项 目	总资产贡献率(%)	资产负债率(%)	流动资产周转率(次/年)	成本费用利润率(%)	全员劳动生产率(万元/人·年)	产品销售率(%)
总 计	**13.19**	**59.80**	**2.31**	**11.88**	**50.80**	**97.84**
一、按登记注册类型分组						
内资企业	13.24	59.89	2.32	11.95	51.53	97.93
国有企业	7.72	59.46	2.77	3.94	33.85	97.11
中央企业	10.59	53.58	3.91	5.18	37.16	99.49
地方企业	0.64	73.94	0.99	-2.51	18.05	84.03
集体企业	16.20	60.69	2.10	2.10	7.03	99.28
股份合作企业						
联营企业						
国有联营企业						
集体联营企业						
国有与集体联营企业						
其他联营企业						
有限责任公司	6.69	71.84	1.71	4.24	26.30	97.08
国有独资公司	5.44	66.28	1.24	3.55	22.97	95.70
其他有限责任公司	6.97	73.08	1.84	4.37	27.43	97.33
股份有限公司	22.05	46.96	3.60	19.78	104.88	99.55
私营企业	6.32	66.67	1.15	9.06	25.62	92.18
私营独资企业						
私营合伙企业						
私营有限责任公司	6.12	74.58	1.43	6.45	20.16	89.31
私营股份有限公司	6.65	53.68	0.82	15.77	60.12	97.81
其他企业						
港、澳、台商投资企业	8.53	44.47	1.82	5.78	10.64	85.91
合资经营企业(港或澳、台资)	4.61	74.14	1.75	2.85	9.18	60.60
合作经营企业(港或澳、台资)						
港澳台商独资经营企业	10.24	31.53	1.85	7.01	11.25	94.53
港澳台商投资股份有限公司						
其他港澳台商投资企业						
外商投资企业	9.21	53.88	1.98	6.47	29.11	93.26
中外合资经营企业	9.86	52.32	1.76	6.81	31.46	93.72
中外合作经营企业	25.96	46.25	5.59	7.91	21.63	100.03
外资企业	3.82	56.50	2.22	-3.35	20.81	82.94
外商投资股份有限公司	49.81	65.18	2.94	25.67	41.35	98.98
其他外商投资企业						
二、按经济组织类型分组						
独资企业	7.67	58.69	2.70	3.94	30.57	96.84
国有企业	7.72	59.46	2.77	3.94	33.85	97.11
集体企业	16.20	60.69	2.10	2.10	7.03	99.28

1-2 续表

项 目	总资产贡献率(%)	资 产负债率(%)	流动资产周 转 率(次/年)	成本费用利 润 率(%)	全员劳动生 产 率(万元/人·年)	产 品销售率(%)
私营独资企业						
港澳台商独资经营企业	10.24	31.53	1.85	7.01	11.25	94.53
外资企业	3.82	56.50	2.22	-3.35	20.81	82.94
合作、合伙企业	25.96	46.25	5.59	7.91	21.63	100.03
股份合作企业						
国有联营企业						
集体联营企业						
国有与集体联营企业						
其他联营企业						
私营合伙企业						
合作经营企业(港或澳、台资)						
中外合作经营企业	25.96	46.25	5.59	7.91	21.63	100.03
其他企业(内资)						
其他港澳台商投资企业						
其他外商投资企业						
股份有限公司	20.80	47.53	3.10	19.59	102.97	99.46
股份有限公司(内资)	22.05	46.96	3.60	19.78	104.88	99.55
私营股份有限公司	6.65	53.68	0.82	15.77	60.12	97.81
港澳台商投资股份有限公司						
外商投资股份有限公司	49.81	65.18	2.94	25.67	41.35	98.98
有限责任公司	6.65	71.99	1.67	4.58	25.43	95.88
国有独资公司	5.44	66.28	1.24	3.55	22.97	95.70
私营有限责任公司	6.12	74.58	1.43	6.45	20.16	89.31
合资经营企业(港或澳、台资)	4.61	74.14	1.75	2.85	9.18	60.60
中外合资经营企业	9.86	52.32	1.76	6.81	31.46	93.72
其他有限责任公司	6.97	73.08	1.84	4.37	27.43	97.33
三、在总计中：亏损企业	**3.24**	**68.34**	**2.28**	**-4.71**	**22.73**	**98.27**
在总计中：国有控股企业	16.30	55.57	3.09	13.34	61.66	99.15
在总计中：农村工业						
在总计中：轻工业	9.62	63.02	1.49	6.21	18.68	95.55
重工业	13.47	59.55	2.42	12.34	56.27	98.02
在总计中：大型企业	15.23	58.81	2.82	12.87	66.42	98.41
中型企业	7.12	62.75	1.29	7.93	21.86	95.49
小型企业						
在总计中：中央	20.31	52.73	3.76	15.14	81.58	100.06
地方	5.80	67.14	1.34	6.57	24.23	93.90
在总计中：公有	15.84	55.98	3.06	13.21	60.37	99.17
非公有	6.09	70.03	1.20	7.27	26.00	92.97
在总计中：园区工业	8.08	67.07	2.02	4.35	33.76	96.30

1-3 2013年大中型工业企业效益指标(按行业分)

行业	总资产贡献率(%)	资产负债率(%)	流动资产周转率(次/年)	成本费用利润率(%)	全员劳动生产率(万元/人·年)	产品销售率(%)
总计	**13.19**	**59.80**	**2.31**	**11.88**	**50.80**	**97.84**
采矿业	24.34	51.94	3.06	42.96	84.86	99.59
煤炭开采和洗选业	6.20	66.38	1.19	5.55	22.00	101.28
烟煤和无烟煤开采洗选	6.20	66.38	1.19	5.55	22.00	101.28
石油和天然气开采业	30.66	45.83	5.81	61.73	170.18	99.49
石油开采	30.66	45.83	5.81	61.73	170.18	99.49
黑色金属矿采选业	23.66	71.52	1.08	31.13	71.78	97.70
铁矿采选	24.08	71.20	1.11	31.84	73.95	97.65
锰矿、铬矿采选	8.13	83.51	0.54	5.23	24.59	100.00
有色金属矿采选业	20.78	44.02	1.86	62.87	55.80	98.15
常用有色金属矿采选	22.80	41.76	1.99	73.70	69.31	97.70
铜矿采选	33.58	25.13	3.08	96.91	76.06	97.65
铅锌矿采选	6.25	77.89	0.86	-3.61	56.38	97.74
镍钴矿采选	0.90	67.91	0.36	5.67	14.84	99.31
贵金属矿采选	14.28	13.22	1.56	30.29	21.38	100.00
金矿采选	14.28	13.22	1.56	30.29	21.38	100.00
稀有稀土金属矿采选	-6.49	101.13	0.75	-27.60	2.67	113.58
其他稀有金属矿采选	-6.49	101.13	0.75	-27.60	2.67	113.58
非金属矿采选业	21.35	39.82	1.52	19.10	13.77	93.94
土砂石开采	30.08	24.92	1.61	39.12	6.06	80.07
建筑装饰用石开采	30.08	24.92	1.61	39.12	6.06	80.07
采盐	25.75	27.11	1.07	25.58	24.51	101.20
石棉及其他非金属矿采选	1.73	88.29	3.65	0.05	10.24	93.87
石棉、云母矿采选	1.73	88.29	3.65	0.05	10.24	93.87
开采辅助活动	8.71	66.14	1.58	2.42	23.06	100.16
石油和天然气开采辅助活动	8.71	66.14	1.58	2.42	23.06	100.16
制造业	8.31	63.71	2.05	2.79	30.77	96.92
农副食品加工业	8.41	55.45	1.79	4.96	15.38	94.29
饲料加工	16.17	32.86	2.45	14.70	39.14	99.20
植物油加工	4.58	83.45	2.08	0.94	7.52	87.11
食用植物油加工	4.58	83.45	2.08	0.94	7.52	87.11
制糖业	3.82	58.43	1.45	-2.47	10.53	101.41
屠宰及肉类加工	8.39	65.43	2.00	2.68	7.65	93.34
牲畜屠宰	8.39	65.43	2.00	2.68	7.65	93.34
蔬菜、水果和坚果加工	14.56	37.29	1.29	21.52	22.66	92.63
水果和坚果加工	14.56	37.29	1.29	21.52	22.66	92.63
其他农副食品加工	-3.91	87.82	1.30	-16.16	3.75	73.32
淀粉及淀粉制品制造	-3.91	87.82	1.30	-16.16	3.75	73.32
食品制造业	8.36	70.58	1.86	9.67	24.27	100.79
焙烤食品制造	28.08	30.89	1.00	28.21	15.17	100.00
糕点、面包制造	28.08	30.89	1.00	28.21	15.17	100.00
方便食品制造	15.46	52.29	3.83	6.45	13.77	98.87
方便面及其他方便食品制造	15.46	52.29	3.83	6.45	13.77	98.87
乳制品制造	15.44	39.83	2.24	15.25	23.55	98.02
罐头食品制造	-7.15	121.60	0.40	-37.82	-7.58	180.09
蔬菜、水果罐头制造	-7.15	121.60	0.40	-37.82	-7.58	180.09
调味品、发酵制品制造	5.63	66.68	0.85	21.27	31.90	99.81
其他调味品、发酵制品制造	5.63	66.68	0.85	21.27	31.90	99.81

1-3　续表 1

行　业	总资产贡献率(%)	资　产负债率(%)	流动资产周 转 率(次/年)	成本费用利 润 率(%)	全员劳动生 产 率(万元/人·年)	产　品销售率(%)
其他食品制造	36.22	46.70	14.87	15.16	44.46	96.59
冷冻饮品及食用冰制造	4.81	37.37	12.92	-0.85	5.85	69.36
食品及饲料添加剂制造	38.86	47.48	15.04	16.52	57.06	98.90
酒、饮料和精制茶制造业	21.88	67.51	1.09	23.86	30.42	99.85
酒的制造	24.69	65.52	0.92	33.05	33.77	100.46
酒精制造	16.91	50.71	2.09	20.25	18.20	100.00
白酒制造	53.20	59.60	1.28	52.19	49.87	101.14
啤酒制造	23.85	25.58	1.64	28.90	23.63	99.96
葡萄酒制造	1.12	121.08	0.11	-29.07	26.81	98.62
饮料制造	-0.45	83.35	5.46	-2.35	10.62	97.23
碳酸饮料制造	2.29	78.97	4.18	-4.09	7.63	107.68
茶饮料及其他饮料制造	-1.24	84.62	6.62	-1.36	13.00	94.84
烟草制品业	59.62	25.99	1.62	39.95	305.81	95.02
卷烟制造	59.62	25.99	1.62	39.95	305.81	95.02
纺织业	2.59	60.60	1.34	0.43	6.40	93.65
棉纺织及印染精加工	3.16	63.12	1.40	0.85	6.66	93.47
棉纺纱加工	3.21	62.68	1.40	0.92	6.73	93.50
棉织造加工	-6.50	147.32	1.05	-12.41	2.23	87.89
毛纺织及染整精加工	-2.57	24.22	0.94	-12.25	3.13	95.69
毛条和毛纱线加工	-4.13	26.56	0.69	-22.62	1.36	98.14
毛织造加工	6.27	10.88	1.78	4.93	6.29	92.49
麻纺织及染整精加工	10.95	81.77	1.43	4.66	4.16	105.69
麻纤维纺前加工和纺纱	10.95	81.77	1.43	4.66	4.16	105.69
家用纺织制成品制造	-0.14	61.24	0.34	-2.31	6.60	95.52
其他家用纺织制成品制造	-0.14	61.24	0.34	-2.31	6.60	95.52
纺织服装、服饰业	7.96	68.91	1.48	8.73	7.27	84.10
机织服装制造	7.96	68.91	1.48	8.73	7.27	84.10
家具制造业	-0.99	18.08	0.37	-18.04	2.03	169.45
木质家具制造	-0.99	18.08	0.37	-18.04	2.03	169.45
造纸和纸制品业	4.90	66.63	1.06	10.09	6.39	100.27
造纸	3.45	67.04	0.82	8.76	3.95	100.69
机制纸及纸板制造	3.45	67.04	0.82	8.76	3.95	100.69
纸制品制造	44.08	55.47	4.27	14.27	21.11	99.43
纸和纸板容器制造	44.08	55.47	4.27	14.27	21.11	99.43
印刷和记录媒介复制业	4.00	50.37	0.98	1.85	11.43	117.58
印刷	4.00	50.37	0.98	1.85	11.43	117.58
书、报刊印刷	4.00	50.37	0.98	1.85	11.43	117.58
石油加工、炼焦和核燃料加工业	22.72	47.17	4.95	-0.60	83.86	99.30
精炼石油产品制造	27.79	39.56	6.01	-0.66	115.42	99.46
原油加工及石油制品制造	27.79	39.56	6.01	-0.66	115.42	99.46
炼焦	3.45	76.11	1.13	0.43	16.31	96.44
化学原料和化学制品制造业	7.31	65.18	2.03	7.58	31.98	99.72
基础化学原料制造	3.70	69.91	1.53	2.51	18.54	98.28
无机酸制造	-0.23	52.03	0.83	-9.75	7.97	100.02
无机碱制造	-1.13	63.64	1.78	-3.13	7.86	89.56
无机盐制造	3.37	74.25	1.38	3.47	19.49	98.58
有机化学原料制造	6.47	65.03	1.79	6.07	23.56	100.13
肥料制造	10.53	70.43	2.03	22.05	60.05	101.12
氮肥制造	4.22	73.30	2.07	-0.35	44.88	95.51
钾肥制造	36.62	59.57	1.93	64.65	108.60	112.78
复混肥料制造	8.27	67.99	2.24	11.73	32.16	91.24

1-3 续表 2

行　业	总资产贡献率(%)	资　产负债率(%)	流动资产周 转 率(次/年)	成本费用利 润 率(%)	全员劳动生 产 率(万元/人·年)	产　品销售率(%)
合成材料制造	7.07	58.49	2.82	4.71	32.98	99.91
初级形态塑料及合成树脂制造	7.27	59.22	2.92	4.87	34.68	100.08
合成橡胶制造	12.36	71.56	5.62	2.35	16.11	102.84
合成纤维单(聚合)体制造	3.00	45.29	1.47	3.61	22.89	95.64
专用化学产品制造	18.91	62.56	1.38	15.93	13.43	100.00
化学试剂和助剂制造	31.93	46.64	1.26	45.79	26.98	100.00
专项化学用品制造	11.81	71.25	1.46	5.12	10.29	100.00
炸药、火工及焰火产品制造	16.59	43.62	0.75	42.18	20.54	98.89
炸药及火工产品制造	16.59	43.62	0.75	42.18	20.54	98.89
医药制造业	4.31	43.71	0.58	4.17	9.19	92.87
化学药品制剂制造	4.31	43.71	0.58	4.17	9.19	92.87
化学纤维制造业	6.87	83.90	2.14	2.84	20.20	91.07
纤维素纤维原料及纤维制造	6.87	83.90	2.14	2.84	20.20	91.07
化纤浆粕制造	6.79	108.81	1.61	1.18	10.14	96.23
人造纤维(纤维素纤维)制造	6.89	77.40	2.31	3.20	24.48	90.17
橡胶和塑料制品业	4.85	60.47	1.56	0.68	10.94	88.13
橡胶制品业	4.58	69.01	1.83	0.64	9.99	89.14
轮胎制造	4.58	69.01	1.83	0.64	9.99	89.14
塑料制品业	5.14	51.50	1.40	0.70	11.67	87.34
塑料薄膜制造	4.74	84.94	0.82	4.07	8.46	95.12
塑料板、管、型材制造	5.56	43.35	1.64	0.50	11.73	94.21
其他塑料制品制造	2.21	94.73	0.43	2.31	14.08	31.76
非金属矿物制品业	4.38	56.79	1.01	5.24	17.63	93.27
水泥、石灰和石膏制造	3.94	53.63	0.93	6.71	18.30	94.57
水泥制造	3.94	53.63	0.93	6.71	18.30	94.57
石膏、水泥制品及类似制品制造	6.39	47.94	1.03	4.88	22.41	96.83
水泥制品制造	6.39	47.94	1.03	4.88	22.41	96.83
砖瓦、石材等建筑材料制造	9.49	22.03	1.01	25.92	6.55	86.02
粘土砖瓦及建筑砌块制造	9.49	22.03	1.01	25.92	6.55	86.02
玻璃制品制造	7.62	78.76	1.71	2.82	8.79	98.08
玻璃包装容器制造	14.79	48.10	3.63	6.73	17.27	101.08
玻璃保温容器制造	4.23	93.26	1.28	0.43	4.50	96.00
耐火材料制品制造	19.61	42.36	1.52	4.13	4.64	101.41
耐火陶瓷制品及其他耐火材料制造	19.61	42.36	1.52	4.13	4.64	101.41
石墨及其他非金属矿物制品制造	4.27	85.55	1.17	0.88	16.60	83.29
石墨及碳素制品制造	4.67	90.04	1.10	0.95	18.42	84.77
其他非金属矿物制品制造	1.79	57.60	1.70	0.45	11.77	77.19
黑色金属冶炼和压延加工业	2.66	77.38	2.20	-0.69	13.90	97.27
炼铁	0.90	80.25	1.96	-2.80	8.12	99.42
炼钢	0.96	70.30	0.45	-11.55	10.30	47.52
钢压延加工	4.37	75.24	2.58	0.74	17.44	98.13
铁合金冶炼	-2.15	99.25	1.38	-4.10	13.84	88.35
有色金属冶炼和压延加工业	3.34	75.56	1.39	4.03	28.07	89.94
常用有色金属冶炼	3.20	80.29	1.40	3.61	35.15	90.21
铜冶炼	11.96	24.11	2.35	6.38	20.98	108.49
铅锌冶炼	18.68	64.40	2.28	13.76	60.93	97.50
镍钴冶炼	-0.19	12.15	0.57	-1.48	10.38	66.79
铝冶炼	3.35	87.21	1.45	3.68	39.49	90.89
镁冶炼	-3.65	72.65	1.02	-16.08	4.83	98.17

1-3　续表 3

行　业	总资产贡献率(%)	资　产负债率(%)	流动资产周 转 率(次/年)	成本费用利 润 率(%)	全员劳动生 产 率(万元/人·年)	产　品销售率(%)
贵金属冶炼	11.04	43.92	1.90	21.18	18.90	95.78
金冶炼	11.04	43.92	1.90	21.18	18.90	95.78
稀有稀土金属冶炼	3.52	67.11	1.46	7.45	20.61	85.87
稀土金属冶炼	1.22	71.25	0.53	16.43	15.76	100.00
其他稀有金属冶炼	8.47	58.15	2.27	5.61	21.87	83.63
有色金属合金制造	-1.93	72.84	0.22	-20.14	0.44	67.73
有色金属压延加工	3.02	54.90	1.17	1.98	14.07	90.30
铝压延加工	3.02	54.90	1.17	1.98	14.07	90.30
金属制品业	3.23	57.12	2.04	0.43	7.23	75.36
结构性金属制品制造	7.82	80.70	1.15	2.65	10.74	122.15
金属结构制造	7.82	80.70	1.15	2.65	10.74	122.15
集装箱及金属包装容器制造	-0.49	53.14	1.07	-2.72	1.41	99.42
金属压力容器制造	-3.02	91.81	1.15	-9.23	7.35	96.92
金属包装容器制造	0.47	38.51	1.06	-1.29	-1.38	104.08
金属丝绳及其制品制造	3.38	45.43	4.29	0.56	10.32	53.34
通用设备制造业	1.85	74.87	0.63	0.45	6.53	101.98
物料搬运设备制造	1.85	74.87	0.63	0.45	6.53	101.98
连续搬运设备制造	1.85	74.87	0.63	0.45	6.53	101.98
专用设备制造业	6.47	34.87	0.76	14.28	13.48	92.42
化工、木材、非金属加工专用设备制造	-2.68	46.18	1.56	-21.70	1.02	99.52
炼油、化工生产专用设备制造	-2.68	46.18	1.56	-21.70	1.02	99.52
农、林、牧、渔专用机械制造	7.89	33.12	0.74	15.73	15.87	92.16
机械化农业及园艺机具制造	8.08	28.09	0.64	19.22	19.08	92.56
其他农、林、牧、渔业机械制造	5.62	91.92	2.73	2.22	5.79	88.23
汽车制造业	5.41	56.68	3.02	4.72	4.01	99.81
汽车整车制造	5.41	56.68	3.02	4.72	4.01	99.81
电气机械和器材制造业	6.40	56.04	0.77	13.27	62.71	97.64
电机制造	7.58	59.38	0.80	13.23	124.25	95.97
发电机及发电机组制造	7.58	59.38	0.80	13.23	124.25	95.97
输配电及控制设备制造	5.16	52.53	0.71	13.33	36.38	102.00
变压器、整流器和电感器制造	5.09	52.51	0.70	13.58	39.19	103.17
配电开关控制设备制造	7.87	53.58	0.97	7.48	17.98	83.05
其他制造业	-22.59	141.68	1.36	-80.22	-8.79	115.95
煤制品制造	-22.59	141.68	1.36	-80.22	-8.79	115.95
金属制品、机械和设备修理业	5.59	85.62	1.08	0.49	8.52	100.00
专用设备修理	5.59	85.62	1.08	0.49	8.52	100.00
电力、热力、燃气及水生产和供应业	4.68	63.90	2.49	3.56	36.38	98.53
电力、热力生产和供应业	4.86	64.01	2.79	3.57	37.98	99.82
电力生产	5.68	63.13	1.47	10.04	52.94	98.23
火力发电	6.77	63.90	1.69	11.24	55.36	98.12
水力发电	0.82	59.69	0.45	-6.46	31.30	100.00
电力供应	4.64	61.80	6.17	1.49	33.87	99.96
热力生产和供应	1.52	83.47	0.38	3.09	14.45	112.76
燃气生产和供应业	6.87	66.08	1.48	6.98	19.28	75.58
水的生产和供应业	-1.40	59.47	0.15	-24.83	9.93	100.00
自来水生产和供应	-1.40	59.47	0.15	-24.83	9.93	100.00

1-4 2013年规模以上工业

项目	企业单位数(个)	亏损企业	工业总产值(当年价格)	工业增加值	工业销售产值(当年价格)
总计	**2224**	**604**	**86796304.7**	**29338650.4**	**84478025.4**
一、按登记注册类型分组					
内资企业	2145	582	85097744.2	28909030.3	82879470.8
国有企业	75	26	5355843.8	1324768.2	5191891.5
中央企业	34	7	4316188.2	1127601.2	4283599.5
地方企业	41	19	1039655.6	197167.0	908292.0
集体企业	9	1	112444.4	26677.1	110901.2
股份合作企业					
联营企业	3		20229.1	11422.8	19175.6
国有联营企业	1		8891.4	5118.8	7646.5
集体联营企业					
国有与集体联营企业	1		8519.7	5180.4	8519.7
其他联营企业	1		2818.0	1123.7	3009.4
有限责任公司	1098	296	32433795.1	8877742.0	31317616.4
国有独资公司	96	32	3943743.1	1626863.5	3799151.5
其他有限责任公司	1002	264	28490052.0	7250878.5	27518464.9
股份有限公司	105	30	34466759.5	15920487.9	34308967.5
私营企业	851	228	12681447.6	2739109.7	11903434.3
私营独资企业	23	5	157169.3	71561.1	150802.4
私营合伙企业	7	3	54863.5	30261.8	53160.4
私营有限责任公司	788	210	10342786.2	2208351.1	9623838.4
私营股份有限公司	33	10	2126628.6	428935.7	2075633.1
其他企业	4	1	27224.7	8822.5	27484.3
港、澳、台商投资企业	30	10	465526.1	102474.2	418163.9
合资经营企业(港或澳、台资)	17	8	202505.2	45263.1	167902.0
合作经营企业(港或澳、台资)					
港澳台商独资经营企业	10	2	249771.0	53867.7	237200.4
港澳台商投资股份有限公司	3		13249.9	3343.4	13061.5
其他港澳台商投资企业					
外商投资企业	49	12	1233034.4	327145.9	1180390.7
中外合资经营企业	29	5	882858.6	220887.7	840342.7
中外合作经营企业	3		95798.1	34869.7	95420.8
外资企业	12	6	152819.6	37919.0	143867.2
外商投资股份有限公司	5	1	101558.1	33469.5	100760.0
其他外商投资企业					
二、按经济组织类型分组					
独资企业	129	40	6028048.1	1514793.1	5834662.7
国有企业	75	26	5355843.8	1324768.2	5191891.5
集体企业	9	1	112444.4	26677.1	110901.2

企业主要经济指标

单位：万元

出口交货值	年初存货		资产总计	流动资产合计					固定资产合计
		产成品			应收账款	存货			
							产成品	在产品	
680082.0	**10592711.4**	**4017853.2**	**143312541.5**	**43328466.1**	**8332382.9**	**13252673.3**	**4758198.2**	**1285311.9**	**73142163.5**
612741.5	10279102.3	3843556.2	140883541.4	42319678.2	8099985.1	12902116.4	4578203.5	1235934.0	71983064.3
1989.1	202818.1	66852.0	8935033.6	2089931.4	346074.7	231064.8	67467.9	14268.9	5691264.7
	127846.6	29407.2	5833736.3	1197412.4	229411.6	150147.2	34545.7	8664.0	3873782.7
1989.1	74971.5	37444.8	3101297.3	892519.0	116663.1	80917.6	32922.2	5604.9	1817482.0
	14900.0	6143.9	75549.0	56840.5	17081.5	13595.5	6140.9	351.9	11871.3
	699.6	672.5	45264.8	14297.5	8240.2	1262.6	1087.5		27221.5
	271.1	271.1	9281.3	4695.0	2122.4	840.3	762.9		1253.4
			34096.1	8929.4	6081.4				24753.8
	428.5	401.4	1887.4	673.1	36.4	422.3	324.6		1214.3
134984.5	4732216.2	2021007.9	63693000.3	19707555.0	4329044.7	5536656.5	2233760.5	495565.3	31747153.7
1968.8	417416.9	145362.9	10368729.6	3289973.6	1130630.3	455119.3	154443.6	9169.0	4557026.3
133015.7	4314799.3	1875645.0	53324270.7	16417581.4	3198414.4	5081537.2	2079316.9	486396.3	27190127.4
120290.2	3365092.3	845373.7	48014686.1	10800292.0	1196255.8	4316529.3	1063294.6	596964.2	28303725.1
355477.7	1961101.8	902003.9	20089897.7	9642972.0	2202470.6	2802091.0	1205564.9	128783.7	6180970.4
	24311.9	21106.9	154779.8	69836.6	9610.6	21560.6	17302.5		69995.1
	1746.6	535.9	24319.4	10506.5	4413.6	3709.3		2126.6	13151.0
111889.0	1629581.2	704134.1	15394739.7	7158901.8	1275124.7	2524950.4	1137509.1	122548.0	5271935.4
243588.7	305462.1	176227.0	4516058.8	2403727.1	913321.7	251870.7	50753.3	4109.1	825888.9
	2274.3	1502.3	30109.9	7789.8	817.6	916.7	887.2		20857.6
39180.9	126472.5	74088.5	700160.6	352834.0	103712.6	145499.0	78294.7	18401.8	305491.0
9873.7	60237.7	44466.2	407077.5	195653.9	56540.9	67180.8	45339.0	1164.4	193432.1
29307.2	58973.8	24129.3	252419.0	140468.2	46090.2	67834.9	26178.4	17237.0	91820.0
	7261.0	5493.0	40664.1	16711.9	1081.5	10483.3	6777.3	0.4	20238.9
28159.6	187136.6	100208.5	1728839.5	655953.9	128685.2	205057.9	101700.0	30976.1	853608.2
19534.0	144517.6	85040.5	1114119.5	497638.7	93475.1	158434.1	84751.3	23012.9	427708.6
	6288.6	561.1	168711.3	46332.5	21951.1	8709.8	2381.4		118880.0
8625.6	27736.2	11849.5	378611.0	85523.1	11427.6	32346.1	11656.7	7547.4	268393.9
	8594.2	2757.4	67397.7	26459.6	1831.4	5567.9	2910.6	415.8	38625.7
39921.9	328740.0	130081.6	9796392.4	2442599.8	430284.6	366401.9	128746.4	39405.2	6133345.0
1989.1	202818.1	66852.0	8935033.6	2089931.4	346074.7	231064.8	67467.9	14268.9	5691264.7
	14900.0	6143.9	75549.0	56840.5	17081.5	13595.5	6140.9	351.9	11871.3

1-4 续表 1

项 目	企业单位数(个)	亏损企业	工业总产值(当年价格)	工业增加值	工业销售产值(当年价格)
私营独资企业	23	5	157169.3	71561.1	150802.4
港澳台商独资经营企业	10	2	249771.0	53867.7	237200.4
外资企业	12	6	152819.6	37919.0	143867.2
合作、合伙企业	17	4	198115.4	85376.8	195241.1
股份合作企业					
国有联营企业	1		8891.4	5118.8	7646.5
集体联营企业					
国有与集体联营企业	1		8519.7	5180.4	8519.7
其他联营企业	1		2818.0	1123.7	3009.4
私营合伙企业	7	3	54863.5	30261.8	53160.4
合作经营企业(港或澳、台资)					
中外合作经营企业	3		95798.1	34869.7	95420.8
其他企业(内资)	4	1	27224.7	8822.5	27484.3
其他港澳台商投资企业					
其他外商投资企业					
股份有限公司	146	41	36708196.1	16386236.5	36498422.1
股份有限公司(内资)	105	30	34466759.5	15920487.9	34308967.5
私营股份有限公司	33	10	2126628.6	428935.7	2075633.1
港澳台商投资股份有限公司	3		13249.9	3343.4	13061.5
外商投资股份有限公司	5	1	101558.1	33469.5	100760.0
有限责任公司	1932	519	43861945.1	11352244.0	41949699.5
国有独资公司	96	32	3943743.1	1626863.5	3799151.5
私营有限责任公司	788	210	10342786.2	2208351.1	9623838.4
合资经营企业(港或澳、台资)	17	8	202505.2	45263.1	167902.0
中外合资经营企业	29	5	882858.6	220887.7	840342.7
其他有限责任公司	1002	264	28490052.0	7250878.5	27518464.9
三、在总计中：亏损企业	**604**	**604**	**23912288.0**	**3990012.5**	**23338445.3**
在总计中：国有控股企业	600	173	56688937.3	22313437.5	55970581.5
在总计中：农村工业	6	2	23563.8	2998.2	20901.2
在总计中：轻工业	718	172	10618119.7	2464182.6	10103970.3
重工业	1506	432	76178185.0	26874467.8	74374055.1
在总计中：大型企业	97	34	54638604.7	21011333.8	53769929.6
中型企业	325	97	13228677.2	3731159.5	12631464.8
小型企业	1802	473	18929022.8	4596157.1	18076631.0
在总计中：中央	273	69	45492571.7	19154586.2	45494506.7
地方	1951	535	41303733.0	10184064.2	38983518.7
在总计中：公有	661	183	58390090.5	22741556.4	57657055.3
非公有	1563	421	28406214.2	6597094.0	26820970.1
在总计中：园区工业	1004	299	41415054.9	8795706.1	39654465.8

单位：万元

出　口 交货值	年初存货	产成品	资产总计	流动资产 合　　计	应收账款	存货	产成品	在产品	固定资产 合　　计
	24311.9	21106.9	154779.8	69836.6	9610.6	21560.6	17302.5		69995.1
29307.2	58973.8	24129.3	252419.0	140468.2	46090.2	67834.9	26178.4	17237.0	91820.0
8625.6	27736.2	11849.5	378611.0	85523.1	11427.6	32346.1	11656.7	7547.4	268393.9
	11009.1	3271.8	268405.4	78926.3	35422.5	14598.4	4356.1	2126.6	180110.1
	271.1	271.1	9281.3	4695.0	2122.4	840.3	762.9		1253.4
			34096.1	8929.4	6081.4				24753.8
	428.5	401.4	1887.4	673.1	36.4	422.3	324.6		1214.3
	1746.6	535.9	24319.4	10506.5	4413.6	3709.3		2126.6	13151.0
	6288.6	561.1	168711.3	46332.5	21951.1	8709.8	2381.4		118880.0
	2274.3	1502.3	30109.9	7789.8	817.6	916.7	887.2		20857.6
363878.9	3686409.6	1029851.1	52638806.7	13247190.6	2112490.4	4584451.2	1123735.8	601489.5	29188478.6
120290.2	3365092.3	845373.7	48014686.1	10800292.0	1196255.8	4316529.3	1063294.6	596964.2	28303725.1
243588.7	305462.1	176227.0	4516058.8	2403727.1	913321.7	251870.7	50753.3	4109.1	825888.9
	7261.0	5493.0	40664.1	16711.9	1081.5	10483.3	6777.3	0.4	20238.9
	8594.2	2757.4	67397.7	26459.6	1831.4	5567.9	2910.6	415.8	38625.7
276281.2	6566552.7	2854648.7	80608937.0	27559749.4	5754185.4	8287221.8	3501359.9	642290.6	37640229.8
1968.8	417416.9	145362.9	10368729.6	3289973.6	1130630.3	455119.3	154443.6	9169.0	4557026.3
111889.0	1629581.2	704134.1	15394739.7	7158901.8	1275124.7	2524950.4	1137509.1	122548.0	5271935.4
9873.7	60237.7	44466.2	407077.5	195653.9	56540.9	67180.8	45339.0	1164.4	193432.1
19534.0	144517.6	85040.5	1114119.5	497638.7	93475.1	158434.1	84751.3	23012.9	427708.6
133015.7	4314799.3	1875645.0	53324270.7	16417581.4	3198414.4	5081537.2	2079316.9	486396.3	27190127.4
153647.9	**4124940.1**	**1336206.6**	**37648894.7**	**12756232.2**	**2118162.3**	**5402327.5**	**1604643.5**	**670221.5**	**17456956.1**
162644.2	5749270.9	1850539.6	91014942.9	21010668.0	3863525.7	6677761.8	2011895.5	744645.5	53559758.5
813.9	1431.9	760.8	102622.1	13520.2	3030.3	4057.3	2928.3	221.9	9741.9
336924.3	2676444.6	1297205.6	14689545.0	7063341.0	931929.8	3028975.8	1336185.7	320699.2	5608465.0
343157.7	7916266.8	2720647.6	128622996.5	36265125.1	7400453.1	10223697.5	3422012.5	964612.7	67533698.5
139231.5	5231627.8	1413668.5	83193725.8	20363732.9	3061774.1	6924972.8	1930109.0	700811.9	47165167.8
306721.6	2204073.6	1088280.7	27852004.8	10140425.2	2055260.3	2581855.4	1111811.1	320791.3	11341130.5
234128.9	3157010.0	1515904.0	32266810.9	12824308.0	3215348.5	3745845.1	1716278.1	263708.7	14635865.2
79884.8	4243295.0	996703.0	63538414.8	13703995.2	2658966.4	4990736.7	1130201.4	709280.9	39880438.7
600197.2	6349416.4	3021150.2	79774126.7	29624470.9	5673416.5	8261936.6	3627996.8	576031.0	33261724.8
172277.7	5923661.4	1920045.7	94752139.8	21797505.5	4011940.4	6922007.3	2095742.7	750047.8	55735119.6
507804.3	4669050.0	2097807.5	48560401.7	21530960.6	4320442.5	6330666.0	2662455.5	535264.1	17407043.9
446982.9	5923630.1	2339681.2	62386791.6	22674302.5	4369634.3	7492790.4	2949978.2	838726.3	27870612.2

1-4 续表 2

项 目	固定资产原 价	累计折旧	本年折旧	在建工程	负债合计
总 计	**104348403.5**	**37258365.8**	**6883315.8**	**13577272.9**	**87797652.5**
一、按登记注册类型分组					
内资企业	102840842.5	36867105.3	6800230.6	13423113.1	86427101.6
国有企业	6420205.8	2189944.4	368821.3	1610310.2	5331958.1
中央企业	4407641.9	1606457.7	259841.4	1131555.1	3169068.1
地方企业	2012563.9	583486.7	108979.9	478755.1	2162890.0
集体企业	24067.4	12185.1	1568.1	403.2	34975.4
股份合作企业					
联营企业	31489.8	4268.3	1657.3		28963.0
国有联营企业	1889.2	635.8	140.7		4543.0
集体联营企业					
国有与集体联营企业	27883.3	3129.5	1350.0		23306.7
其他联营企业	1717.3	503.0	166.6		1113.3
有限责任公司	38785432.1	9238717.1	2298677.8	7495920.0	44836153.9
国有独资公司	6582717.1	2218334.5	484917.8	1344298.9	6976740.1
其他有限责任公司	32202715.0	7020382.6	1813760.0	6151621.1	37859413.8
股份有限公司	50461150.4	23930885.3	3609232.1	2437141.1	22802370.5
私营企业	7095506.2	1484492.3	518780.8	1876097.0	13379864.7
私营独资企业	90415.2	21872.0	4156.2	6057.2	94060.3
私营合伙企业	15216.8	3159.9	1076.9		19391.3
私营有限责任公司	6060210.2	1321013.8	464721.5	1641028.9	10810393.7
私营股份有限公司	929664.0	138446.6	48826.2	229010.9	2456019.4
其他企业	22990.8	6612.8	1493.2	3241.6	12816.0
港、澳、台商投资企业	454844.4	155031.2	23224.0	8677.7	403128.2
合资经营企业(港或澳、台资)	240209.8	49703.0	12381.7	4037.5	285943.5
合作经营企业(港或澳、台资)					
港澳台商独资经营企业	191040.9	101424.6	9444.6	2624.9	94902.5
港澳台商投资股份有限公司	23593.7	3903.6	1397.7	2015.3	22282.2
其他港澳台商投资企业					
外商投资企业	1052716.6	236229.3	59861.2	145482.1	967422.7
中外合资经营企业	571137.2	169022.0	35468.4	130556.8	597936.9
中外合作经营企业	139147.6	20436.1	4696.2	193.3	100994.4
外资企业	290742.5	33219.9	16766.1	13874.0	225035.7
外商投资股份有限公司	51689.3	13551.3	2930.5	858.0	43455.7
其他外商投资企业					
二、按经济组织类型分组					
独资企业	7016471.8	2358646.0	400756.3	1633269.5	5780932.0
国有企业	6420205.8	2189944.4	368821.3	1610310.2	5331958.1
集体企业	24067.4	12185.1	1568.1	403.2	34975.4

单位：万元

流动负债合计	应付账款	非流动负债合计	所有者权益合计	实收资本	国家资本	集体资本	法人资本	个人资本	港澳台资本
57554010.5	**18505338.2**	**27637256.1**	**55347427.8**	**39102343.3**	**15591514.8**	**294603.3**	**19934498.8**	**2741717.9**	**286895.7**
56445134.4	18234492.8	27508804.1	54294157.3	38332191.5	15572455.3	291055.2	19667114.4	2739117.9	36514.7
2698173.8	1193644.7	2232728.5	3596525.8	1339793.0	1225985.6	4972.9	105696.1	3138.4	
1968873.5	1005623.7	1194566.7	2658197.5	515989.9	501547.2	4972.9	7781.8	1688.0	
729300.3	188021.0	1038161.8	938328.3	823803.1	724438.4		97914.3	1450.4	
33479.7	9768.7	1093.7	40573.6	10275.4	47.8	5126.3	5101.3		
6400.0	1129.3	22563.0	16301.8	8556.6			8420.0	136.6	
4543.0	226.2		4738.3	1720.0			1720.0		
746.7	91.2	22560.0	10789.4	6700.0			6700.0		
1110.3	811.9	3.0	774.1	136.6				136.6	
30486635.6	9410461.9	13456887.8	18779490.0	13578956.0	4040133.5	205546.0	8389502.2	938514.6	3655.7
4435064.1	1307274.4	2164085.1	3386367.9	2852995.5	1593034.1	465.6	1259154.4	341.4	
26051571.5	8103187.5	11292802.7	15393122.1	10725960.5	2447099.4	205080.4	7130347.8	938173.2	3655.7
13417335.5	4770113.2	9277259.5	25178080.1	20044775.6	10203213.3	27951.2	9491383.0	269129.1	32859.0
9799011.3	2847896.8	2518271.6	6665892.1	3341046.9	103075.1	47458.8	1666111.8	1520311.2	
81109.3	20389.8	12746.7	60719.5	15141.7		18.9	2634.2	12488.6	
19165.5	7315.0	225.8	4928.0	4233.2			520.0	3713.2	
7903040.2	2235901.7	1845491.4	4540274.6	2711670.5	76379.1	27439.9	1445413.5	1162438.0	
1795696.3	584290.3	659807.7	2059970.0	610001.5	26696.0	20000.0	217544.1	341671.4	
4098.5	1478.2		17293.9	8788.0			900.0	7888.0	
350667.0	109307.0	31081.8	293536.2	236475.5	10740.0	2973.0	38431.6	2600.0	177560.9
256524.4	78431.8	14205.3	117637.9	116202.6	10740.0	2973.0	31831.6	2600.0	63888.0
77910.4	28856.4	10826.5	157516.4	105499.2					105499.2
16232.2	2018.8	6050.0	18381.9	14773.7			6600.0		8173.7
758209.1	161538.4	97370.2	759734.3	533676.3	8319.5	575.1	228952.8		72820.1
534376.0	108974.1	43090.1	514753.2	390977.4	7319.5	575.1	199027.8		72820.1
52059.9	9803.3	48934.5	67716.9	42092.0			29825.0		
129778.4	35574.1	3884.7	153322.2	84084.4					
41994.8	7186.9	1460.9	23942.0	16522.5	1000.0		100.0		
3020451.6	1288233.7	2261280.1	4008657.5	1554793.7	1226033.4	10118.1	113431.6	15627.0	105499.2
2698173.8	1193644.7	2232728.5	3596525.8	1339793.0	1225985.6	4972.9	105696.1	3138.4	
33479.7	9768.7	1093.7	40573.6	10275.4	47.8	5126.3	5101.3		

1-4 续表 3

项 目	固定资产原 价	累计折旧	本年折旧	在建工程	负债合计
私营独资企业	90415.2	21872.0	4156.2	6057.2	94060.3
港澳台商独资经营企业	191040.9	101424.6	9444.6	2624.9	94902.5
外资企业	290742.5	33219.9	16766.1	13874.0	225035.7
合作、合伙企业	208845.0	34477.1	8923.6	3434.9	162164.7
股份合作企业					
国有联营企业	1889.2	635.8	140.7		4543.0
集体联营企业					
国有与集体联营企业	27883.3	3129.5	1350.0		23306.7
其他联营企业	1717.3	503.0	166.6		1113.3
私营合伙企业	15216.8	3159.9	1076.9		19391.3
合作经营企业(港或澳、台资)					
中外合作经营企业	139147.6	20436.1	4696.2	193.3	100994.4
其他企业(内资)	22990.8	6612.8	1493.2	3241.6	12816.0
其他港澳台商投资企业					
其他外商投资企业					
股份有限公司	51466097.4	24086786.8	3662386.5	2669025.3	25324127.8
股份有限公司(内资)	50461150.4	23930885.3	3609232.1	2437141.1	22802370.5
私营股份有限公司	929664.0	138446.6	48826.2	229010.9	2456019.4
港澳台商投资股份有限公司	23593.7	3903.6	1397.7	2015.3	22282.2
外商投资股份有限公司	51689.3	13551.3	2930.5	858.0	43455.7
有限责任公司	45656989.3	10778455.9	2811249.4	9271543.2	56530428.0
国有独资公司	6582717.1	2218334.5	484917.8	1344298.9	6976740.1
私营有限责任公司	6060210.2	1321013.8	464721.5	1641028.9	10810393.7
合资经营企业(港或澳、台资)	240209.8	49703.0	12381.7	4037.5	285943.5
中外合资经营企业	571137.2	169022.0	35468.4	130556.8	597936.9
其他有限责任公司	32202715.0	7020382.6	1813760.0	6151621.1	37859413.8
三、在总计中：亏损企业	**24472648.0**	**8213318.9**	**1493686.6**	**4662545.0**	**26367214.2**
在总计中：国有控股企业	82045751.9	32643410.1	5453477.9	8269920.5	52101451.1
在总计中：农村工业	10682.9	3662.4	930.3	46127.8	45172.1
在总计中：轻工业	7099173.9	2247188.5	468004.7	1130498.3	9591222.2
重工业	97249229.6	35011177.3	6415311.1	12446774.6	78206430.3
在总计中：大型企业	73130431.1	29556167.5	5115660.4	7764842.0	48924233.6
中型企业	13624695.4	3818134.4	747541.3	3159448.5	17478398.6
小型企业	17593277.0	3884063.9	1020114.1	2652982.4	21395020.3
在总计中：中央	65584025.8	28662039.7	4595730.0	5090328.5	34604026.6
地方	38764377.7	8596326.1	2287585.8	8486944.4	53193625.9
在总计中：公有	84494259.9	32980831.2	5557927.4	9227898.1	54553258.2
非公有	19854143.6	4277534.6	1325388.4	4349374.8	33244394.3
在总计中：园区工业	36038151.2	9885009.3	2100680.3	5802989.5	41564167.8

单位：万元

流动负债合　计	应付账款	非流动负债合计	所有者权益合计	实收资本	国家资本	集体资本	法人资本	个人资本	港澳台资本
81109.3	20389.8	12746.7	60719.5	15141.7		18.9	2634.2	12488.6	
77910.4	28856.4	10826.5	157516.4	105499.2					105499.2
129778.4	35574.1	3884.7	153322.2	84084.4					
81723.9	19725.8	71723.3	106240.6	63669.8			39665.0	11737.8	
4543.0	226.2		4738.3	1720.0			1720.0		
746.7	91.2	22560.0	10789.4	6700.0			6700.0		
1110.3	811.9	3.0	774.1	136.6				136.6	
19165.5	7315.0	225.8	4928.0	4233.2			520.0	3713.2	
52059.9	9803.3	48934.5	67716.9	42092.0			29825.0		
4098.5	1478.2		17293.9	8788.0			900.0	7888.0	
15271258.8	5363609.2	9944578.1	27280374.0	20686073.3	10230909.3	47951.2	9715627.1	610800.5	41032.7
13417335.5	4770113.2	9277259.5	25178080.1	20044775.6	10203213.3	27951.2	9491383.0	269129.1	32859.0
1795696.3	584290.3	659807.7	2059970.0	610001.5	26696.0	20000.0	217544.1	341671.4	
16232.2	2018.8	6050.0	18381.9	14773.7			6600.0		8173.7
41994.8	7186.9	1460.9	23942.0	16522.5	1000.0		100.0		
39180576.2	11833769.5	15359674.6	23952155.7	16797806.5	4134572.1	236534.0	10065775.1	2103552.6	140363.8
4435064.1	1307274.4	2164085.1	3386367.9	2852995.5	1593034.1	465.6	1259154.4	341.4	
7903040.2	2235901.7	1845491.4	4540274.6	2711670.5	76379.1	27439.9	1445413.5	1162438.0	
256524.4	78431.8	14205.3	117637.9	116202.6	10740.0	2973.0	31831.6	2600.0	63888.0
534376.0	108974.1	43090.1	514753.2	390977.4	7319.5	575.1	199027.8		72820.1
26051571.5	8103187.5	11292802.7	15393122.1	10725960.5	2447099.4	205080.4	7130347.8	938173.2	3655.7
19553428.4	**5475146.3**	**5451984.1**	**11262087.9**	**11403354.3**	**6145986.6**	**115796.5**	**4166186.6**	**829581.5**	**62544.6**
30895710.8	10504714.4	20131011.7	38847414.7	30233706.7	15230063.7	107378.3	14541066.1	277648.0	36658.3
12352.6	3996.9	32819.5	57449.8	56044.2	50000.0		3000.0	3044.2	
7558149.0	1491944.2	1118176.0	5081551.1	3325682.4	552946.1	68324.4	1595232.8	784713.6	157833.8
49995861.5	17013394.0	26519080.1	50265876.7	35776660.9	15038568.7	226278.9	18339266.0	1957004.3	129061.9
30808003.4	11800826.1	17632436.7	34241827.8	26372936.5	12291114.7	6561.2	13343531.3	669257.7	42231.6
11759804.4	2762186.6	4706243.8	10306664.5	5624385.3	1673452.1	136169.9	3021581.3	578093.6	112308.0
14986202.7	3942325.5	5298575.6	10798935.5	7105021.5	1626948.0	151872.2	3569386.2	1494366.6	132356.1
20807066.4	8020907.6	13659787.8	28892951.2	24274408.7	13112551.9	17932.7	10990783.3	136959.0	
36746944.1	10484430.6	13977468.3	26454476.6	14827934.6	2478962.9	276670.6	8943715.5	2604758.9	286895.7
32535010.8	10965624.4	20937745.6	40132804.1	30900802.5	15283883.6	179234.8	15056298.0	301476.4	36748.3
25018999.7	7539713.8	6699510.5	15214623.7	8201540.8	307631.2	115368.5	4878200.8	2440241.5	250147.4
28420396.2	9434163.2	11667946.2	20701807.8	11939355.9	2906962.4	193684.4	6914274.0	1576234.7	171714.7

1-4 续表 4

项　目	外商资本	营业收入	主营业务收入	营业成本	主营业务成本
总　计	**253112.7**	**89612591.4**	**87187056.8**	**70416005.6**	**67946768.9**
一、按登记注册类型分组					
内资企业	25934.0	87882758.6	85506022.3	69038561.7	66606631.6
国有企业		5315323.2	5256043.9	4750856.9	4690426.5
中央企业		4344853.4	4299576.1	3851414.5	3799106.8
地方企业		970469.8	956467.8	899442.4	891319.7
集体企业		116452.7	116042.1	104522.6	104467.1
股份合作企业					
联营企业		17943.4	17937.9	9860.3	8250.5
国有联营企业		7646.7	7646.7	3721.1	3721.1
集体联营企业					
国有与集体联营企业		7281.8	7281.8	3581.3	1977.0
其他联营企业		3014.9	3009.4	2557.9	2552.4
有限责任公司	1604.0	32352907.5	31434759.4	27633918.5	26817661.0
国有独资公司		4044587.6	3907117.7	3465685.4	3382493.2
其他有限责任公司	1604.0	28308319.9	27527641.7	24168233.1	23435167.8
股份有限公司	20240.0	37249033.1	36587186.2	26033237.4	25122889.9
私营企业	4090.0	12803132.2	12066086.3	10485053.7	9841824.3
私营独资企业		154951.7	154945.7	109779.1	109778.6
私营合伙企业		56537.8	56537.8	39991.8	39991.8
私营有限责任公司		10477291.2	9760593.5	8848832.0	8217124.8
私营股份有限公司	4090.0	2114351.5	2094009.3	1486450.8	1474929.1
其他企业		27966.5	27966.5	21112.3	21112.3
港、澳、台商投资企业	4170.0	469412.1	440393.4	378184.1	356414.6
合资经营企业(港或澳、台资)	4170.0	207233.0	192169.7	175958.4	162534.6
合作经营企业(港或澳、台资)					
港澳台商独资经营企业		246357.4	233874.8	188942.5	181794.6
港澳台商投资股份有限公司		15821.7	14348.9	13283.2	12085.4
其他港澳台商投资企业					
外商投资企业	223008.7	1260420.7	1240641.1	999259.8	983722.7
中外合资经营企业	111234.8	898136.3	885366.7	720349.9	707196.5
中外合作经营企业	12267.0	102024.6	97621.1	64664.0	64418.0
外资企业	84084.4	155115.1	153585.7	136417.2	135087.8
外商投资股份有限公司	15422.5	105144.7	104067.6	77828.7	77020.4
其他外商投资企业					
二、按经济组织类型分组					
独资企业	84084.4	5988200.1	5914492.2	5290518.3	5221554.6
国有企业		5315323.2	5256043.9	4750856.9	4690426.5
集体企业		116452.7	116042.1	104522.6	104467.1

单位：万元

营业税金及附加	主营业务税金及附加	其他业务收入	其他业务利润	销售费用	管理费用	税金	财务费用	利息收入	利息支出
3317847.4	**3298760.1**	**2425534.6**	**-109.7**	**1939811.1**	**3684706.1**	**239966.8**	**2007370.8**	**207365.2**	**2103499.9**
3302219.1	3283623.7	2376736.3	-4573.9	1816910.0	3608151.6	237539.4	1977894.9	203206.1	2069369.2
184823.4	183531.8	59279.3	3725.1	43872.1	113235.6	2671.9	91940.4	3590.7	92135.0
181619.1	180358.1	45277.3	-350.5	11237.0	59273.4	1504.8	57436.4	3071.4	56993.6
3204.3	3173.7	14002.0	4075.6	32635.1	53962.2	1167.1	34504.0	519.3	35141.4
883.2	883.2	410.6	-11.8	1122.0	5034.5	54.2	326.3	58.1	246.3
505.2	505.2	5.5		203.3	1137.0	32.0	1471.3	5.8	1474.8
479.1	479.1				812.9	7.2	2.8	1.0	3.7
					136.5	20.6	1467.7	3.6	1471.1
26.1	26.1	5.5		203.3	187.6	4.2	0.8	1.2	
473626.8	467290.7	918148.1	78908.9	847584.4	1302755.3	82749.1	1115683.8	37890.0	1083954.0
38660.0	37330.6	137469.9	33045.4	98351.2	219765.3	11826.1	159624.2	9250.4	156469.5
434966.8	429960.1	780678.2	45863.5	749233.2	1082990.0	70923.0	956059.6	28639.6	927484.5
2585838.3	2577830.8	661846.9	-120415.8	483333.8	1737277.9	134807.2	504816.0	147717.5	633632.6
56447.9	53487.7	737045.9	33219.7	440583.5	448167.1	17197.8	263444.5	13943.8	257713.7
1764.5	1764.5	6.0		8304.7	8957.4	97.5	1752.0	19.6	1752.9
242.8	242.8			5531.1	3807.3	71.0	102.2	0.8	95.8
45719.6	42937.8	716697.7	29403.3	336547.8	378878.8	14406.8	220295.3	7615.0	212983.2
8721.0	8542.6	20342.2	3816.4	90199.9	56523.6	2622.5	41295.0	6308.4	42881.8
94.3	94.3			210.9	544.2	27.2	212.6	0.2	212.8
1604.9	1134.0	29018.7	2175.2	47854.8	25176.0	751.9	5731.5	606.5	7328.1
457.6	457.6	15063.3	492.8	14437.1	14268.0	501.0	6049.2	37.9	5787.0
1129.1	658.2	12482.6	1658.2	32988.3	10092.5	204.8	-1151.2	565.0	653.0
18.2	18.2	1472.8	24.2	429.4	815.5	46.1	833.5	3.6	888.1
14023.4	14002.4	19779.6	2289.0	75046.3	51378.5	1675.5	23744.4	3552.6	26802.6
9881.6	9866.5	12769.6	749.0	61191.1	32822.7	1204.6	13319.8	2937.9	16238.3
7.0	1.1	4403.5	328.9	2659.0	3946.4	203.8	3372.4	40.9	2837.7
298.6	298.6	1529.4	164.1	7783.8	11837.1	237.8	6826.8	519.5	7454.8
3836.2	3836.2	1077.1	1047.0	3412.4	2772.3	29.3	225.4	54.3	271.8
188898.8	187136.3	73707.9	5535.6	94070.9	149157.1	3266.2	99694.3	4752.9	102242.0
184823.4	183531.8	59279.3	3725.1	43872.1	113235.6	2671.9	91940.4	3590.7	92135.0
883.2	883.2	410.6	-11.8	1122.0	5034.5	54.2	326.3	58.1	246.3

1-4 续表 5

项 目	外商资本	营业收入	主营业务收入	营业成本	主营业务成本
私营独资企业		154951.7	154945.7	109779.1	109778.6
港澳台商独资经营企业		246357.4	233874.8	188942.5	181794.6
外资企业	84084.4	155115.1	153585.7	136417.2	135087.8
合作、合伙企业	12267.0	204472.3	200063.3	135628.4	133772.6
股份合作企业					
国有联营企业		7646.7	7646.7	3721.1	3721.1
集体联营企业					
国有与集体联营企业		7281.8	7281.8	3581.3	1977.0
其他联营企业		3014.9	3009.4	2557.9	2552.4
私营合伙企业		56537.8	56537.8	39991.8	39991.8
合作经营企业(港或澳、台资)					
中外合作经营企业	12267.0	102024.6	97621.1	64664.0	64418.0
其他企业(内资)		27966.5	27966.5	21112.3	21112.3
其他港澳台商投资企业					
其他外商投资企业					
股份有限公司	39752.5	39484351.0	38799612.0	27610800.1	26686924.8
股份有限公司(内资)	20240.0	37249033.1	36587186.2	26033237.4	25122889.9
私营股份有限公司	4090.0	2114351.5	2094009.3	1486450.8	1474929.1
港澳台商投资股份有限公司		15821.7	14348.9	13283.2	12085.4
外商投资股份有限公司	15422.5	105144.7	104067.6	77828.7	77020.4
有限责任公司	117008.8	43935568.0	42272889.3	37379058.8	35904516.9
国有独资公司		4044587.6	3907117.7	3465685.4	3382493.2
私营有限责任公司		10477291.2	9760593.5	8848832.0	8217124.8
合资经营企业(港或澳、台资)	4170.0	207233.0	192169.7	175958.4	162534.6
中外合资经营企业	111234.8	898136.3	885366.7	720349.9	707196.5
其他有限责任公司	1604.0	28308319.9	27527641.7	24168233.1	23435167.8
三、在总计中：亏损企业	**83258.5**	**24503486.6**	**23950270.7**	**22788896.2**	**22284839.7**
在总计中：国有控股企业	40892.3	59392294.9	58372725.4	45119792.9	43925957.1
在总计中：农村工业		24458.7	24458.7	20821.5	20821.5
在总计中：轻工业	166631.6	10594081.8	10296932.2	8725918.1	8493344.1
重工业	86481.1	79018509.6	76890124.6	61690087.5	59453424.8
在总计中：大型企业	20240.0	57494634.4	55820679.0	44053899.0	42242469.1
中型企业	102780.4	13115673.7	12741839.6	10542765.5	10205730.1
小型企业	130092.3	19002283.3	18624538.2	15819341.1	15498569.7
在总计中：中央	16181.8	48304200.2	47526261.7	35859380.6	34877899.1
地方	236930.9	41308391.2	39660795.1	34556625.0	33068869.8
在总计中：公有	43161.3	61088668.0	59996820.2	46545650.8	45291999.2
非公有	209951.4	28523923.4	27190236.6	23870354.8	22654769.7
在总计中：园区工业	176485.6	42252458.2	40840539.8	36020598.9	34684797.6

单位：万元

营业税金及附加	主营业务税金及附加	其他业务收入	其他业务利润	销售费用	管理费用	税金	财务费用	利息收入	利息支出
1764.5	1764.5	6.0		8304.7	8957.4	97.5	1752.0	19.6	1752.9
1129.1	658.2	12482.6	1658.2	32988.3	10092.5	204.8	-1151.2	565.0	653.0
298.6	298.6	1529.4	164.1	7783.8	11837.1	237.8	6826.8	519.5	7454.8
849.3	843.4	4409.0	328.9	8604.3	9434.9	334.0	5158.5	47.7	4621.1
479.1	479.1				812.9	7.2	2.8	1.0	3.7
					136.5	20.6	1467.7	3.6	1471.1
26.1	26.1	5.5		203.3	187.6	4.2	0.8	1.2	
242.8	242.8			5531.1	3807.3	71.0	102.2	0.8	95.8
7.0	1.1	4403.5	328.9	2659.0	3946.4	203.8	3372.4	40.9	2837.7
94.3	94.3			210.9	544.2	27.2	212.6	0.2	212.8
2598413.7	2590227.8	684739.0	-115528.2	577375.5	1797389.3	137505.1	547169.9	154083.8	677674.3
2585838.3	2577830.8	661846.9	-120415.8	483333.8	1737277.9	134807.2	504816.0	147717.5	633632.6
8721.0	8542.6	20342.2	3816.4	90199.9	56523.6	2622.5	41295.0	6308.4	42881.8
18.2	18.2	1472.8	24.2	429.4	815.5	46.1	833.5	3.6	888.1
3836.2	3836.2	1077.1	1047.0	3412.4	2772.3	29.3	225.4	54.3	271.8
529685.6	520552.6	1662678.7	109554.0	1259760.4	1728724.8	98861.5	1355348.1	48480.8	1318962.5
38660.0	37330.6	137469.9	33045.4	98351.2	219765.3	11826.1	159624.2	9250.4	156469.5
45719.6	42937.8	716697.7	29403.3	336547.8	378878.8	14406.8	220295.3	7615.0	212983.2
457.6	457.6	15063.3	492.8	14437.1	14268.0	501.0	6049.2	37.9	5787.0
9881.6	9866.5	12769.6	749.0	61191.1	32822.7	1204.6	13319.8	2937.9	16238.3
434966.8	429960.1	780678.2	45863.5	749233.2	1082990.0	70923.0	956059.6	28639.6	927484.5
1038689.3	**1034076.1**	**553215.9**	**32539.0**	**501862.0**	**980753.5**	**35416.8**	**608254.6**	**19278.6**	**579032.4**
3154837.3	3140604.5	1019569.5	-52163.4	884310.8	2594422.7	191428.5	1300683.9	116648.3	1367622.8
64.2	64.2			714.8	2352.5	11.4	511.8	3.2	503.9
246866.5	244119.6	297149.6	44602.3	481450.0	422244.8	11921.2	191229.7	12328.8	195063.4
3070980.9	3054640.5	2128385.0	-44712.0	1458361.1	3262461.3	228045.6	1816141.1	195036.4	1908436.5
3087010.4	3074514.7	1673955.4	-79320.2	780804.1	2169654.2	170962.4	1059819.0	162703.1	1149820.1
112398.7	110567.0	373834.1	30542.3	543742.9	663141.9	27130.5	401262.4	24756.1	407891.1
118438.3	113678.4	377745.1	48668.2	615264.1	851910.0	41873.9	546289.4	19906.0	545788.7
3074412.8	3064092.2	777938.5	-89939.0	521639.5	1987572.9	154917.6	861758.7	97045.0	923233.5
243434.6	234667.9	1647596.1	89829.3	1418171.6	1697133.2	85049.2	1145612.1	110320.2	1180266.4
3173988.6	3159540.4	1091847.8	-47493.9	912299.1	2660231.9	194243.6	1355265.9	117314.9	1421699.5
143858.8	139219.7	1333686.8	47384.2	1027512.0	1024474.2	45723.2	652104.9	90050.3	681800.4
1029074.4	1026454.1	1411918.4	14062.6	1142738.1	1347550.0	85901.0	977352.4	46843.9	952761.9

1-4 续表 6

项　目	营业利润	资产减值损　失	公允价值变动收益	投资收益	营业外收　入
总　计	**7973538.2**	**392726.1**	**-19790.9**	**185065.0**	**975702.7**
一、按登记注册类型分组					
内资企业	7848660.2	391799.9	-19725.9	176170.3	959946.5
国有企业	176021.4	-8020.9		14858.6	53976.4
中央企业	222719.1	-9126.8		14094.0	11353.0
地方企业	-46697.7	1105.9		764.6	42623.4
集体企业	5292.6	67.3			583.7
股份合作企业					
联营企业	6370.5				29.3
国有联营企业	2630.8				2.0
集体联营企业					
国有与集体联营企业	3700.5				
其他联营企业	39.2				27.3
有限责任公司	1145299.5	86747.7	-11504.5	86631.6	550150.7
国有独资公司	60903.6	33903.8	890.5	22526.6	145558.6
其他有限责任公司	1084395.9	52843.9	-12395.0	64105.0	404592.1
股份有限公司	5506524.1	301587.7	-4626.6	29034.4	256666.7
私营企业	1004137.5	11418.1	-3594.8	45645.7	98539.7
私营独资企业	24166.2				58.6
私营合伙企业	6790.2				
私营有限责任公司	728657.9	1793.4	-3613.1	42377.5	87167.8
私营股份有限公司	244523.2	9624.7	18.3	3268.2	11313.3
其他企业	5014.6				
港、澳、台商投资企业	11284.1	0.3		42.4	9780.8
合资经营企业(港或澳、台资)	-429.1	0.3			5245.7
合作经营企业(港或澳、台资)					
港澳台商独资经营企业	11271.4			42.4	4047.0
港澳台商投资股份有限公司	441.8				488.1
其他港澳台商投资企业					
外商投资企业	113593.9	925.9	-65.0	8852.3	5975.4
中外合资经营企业	75845.2	709.0	-65.0	8845.8	3996.7
中外合作经营企业	24626.8	68.4			365.9
外资企业	-3953.5	154.5		6.5	1207.8
外商投资股份有限公司	17075.4	-6.0			405.0
其他外商投资企业					
二、按经济组织类型分组					
独资企业	212798.1	-7799.1		14907.5	59873.5
国有企业	176021.4	-8020.9		14858.6	53976.4
集体企业	5292.6	67.3			583.7

单位：万元

补贴收入	营业外支出	利润总额	应交所得税	亏损企业亏损总额	利税总额	应交税金及附加	本年应付职工薪酬	本年应交增值税	从业人员平均人数(人)
295742.1	**332775.3**	**8552294.7**	**726012.6**	**1345810.2**	**15365110.4**	**7778795.1**	**5741512.6**	**3494968.3**	**675747**
290219.4	328637.3	8415076.2	705002.0	1313438.3	15156726.6	7684191.8	5630334.4	3439431.3	656552
18257.0	38707.7	191290.1	44823.8	59060.9	578595.5	434801.1	337518.7	202482.0	42549
2711.9	31449.7	202622.4	42771.0	12479.0	558108.4	399761.8	250618.8	173866.9	31879
15545.1	7258.0	-11332.3	2052.8	46581.9	20487.1	35039.3	86899.9	28615.1	10670
	373.6	5502.7	627.6	133.6	11656.4	6835.5	10756.7	5270.5	2136
27.3	7.3	6392.5	480.0		8306.6	2426.1	1114.6	1408.9	193
	0.2	2632.6	464.8		4258.7	2098.1	488.2	1147.0	55
	1.4	3699.1			3699.1	20.6	5.0		12
27.3	5.7	60.8	15.2		348.8	307.4	621.4	261.9	126
193946.6	89350.7	1541672.6	326689.6	665921.0	3264391.7	2132157.8	2733106.0	1249092.3	336620
62692.8	17352.3	188706.3	47763.6	103137.3	445916.9	316800.3	823736.3	218550.6	68351
131253.8	71998.4	1352966.3	278926.0	562783.7	2818474.8	1815357.5	1909369.7	1030541.7	268269
36977.6	174381.4	5588831.9	249009.1	407159.0	9884916.9	4679901.3	1953923.3	1710246.7	156824
41010.9	24284.4	1077694.0	83268.8	179583.9	1404748.6	427521.2	592554.9	270606.7	117933
47.8	415.6	23809.2	3919.4	1843.6	40470.4	20678.1	12734.4	14896.7	2097
	847.1	5943.1	2609.2	325.5	13884.5	10621.6	4671.9	7698.6	721
37288.2	20641.7	794485.3	62781.2	166157.4	1064297.9	347000.6	517947.3	224093.0	106280
3674.9	2380.0	253456.4	13959.0	11257.4	286095.8	49220.9	57201.3	23918.4	8835
	1532.2	3692.4	103.1	1579.9	4110.9	548.8	1360.2	324.2	297
3679.8	1879.1	19185.8	2447.1	11653.2	33579.8	17593.0	43534.3	12789.1	8834
1616.9	1263.5	3553.1	1351.7	8965.3	8245.9	6545.5	19186.4	4235.2	4060
1577.9	615.3	14703.1	1014.4	2687.9	24245.7	10761.8	23249.7	8413.5	4534
485.0	0.3	929.6	81.0		1088.2	285.7	1098.2	140.4	240
1842.9	2258.9	118032.7	18563.5	20718.7	174804.0	77010.3	67643.9	42747.9	10361
1316.7	1948.7	78615.5	12970.1	12710.7	118392.2	53951.4	43246.3	29895.1	6448
	30.2	24962.5	3589.8		25018.7	3849.8	5201.1	49.2	594
522.4	106.2	-2851.9	433.2	7559.7	6873.1	10396.0	13843.1	9426.4	2359
3.8	173.8	17306.6	1570.4	448.3	24520.0	8813.1	5353.4	3377.2	960
20405.1	40218.4	232453.2	50818.4	71285.7	661841.1	483472.5	398102.6	240489.1	53675
18257.0	38707.7	191290.1	44823.8	59060.9	578595.5	434801.1	337518.7	202482.0	42549
	373.6	5502.7	627.6	133.6	11656.4	6835.5	10756.7	5270.5	2136

1-4 续表 7

项　目	营业利润	资产减值损　失	公允价值变动收益	投资收益	营业外收　入
私营独资企业	24166.2				58.6
港澳台商独资经营企业	11271.4			42.4	4047.0
外资企业	-3953.5	154.5		6.5	1207.8
合作、合伙企业	42802.1	68.4			395.2
股份合作企业					
国有联营企业	2630.8				2.0
集体联营企业					
国有与集体联营企业	3700.5				
其他联营企业	39.2				27.3
私营合伙企业	6790.2				
合作经营企业(港或澳、台资)					
中外合作经营企业	24626.8	68.4			365.9
其他企业(内资)	5014.6				
其他港澳台商投资企业					
其他外商投资企业					
股份有限公司	5768564.5	311206.4	-4608.3	32302.6	268873.1
股份有限公司(内资)	5506524.1	301587.7	-4626.6	29034.4	256666.7
私营股份有限公司	244523.2	9624.7	18.3	3268.2	11313.3
港澳台商投资股份有限公司	441.8				488.1
外商投资股份有限公司	17075.4	-6.0			405.0
有限责任公司	1949373.5	89250.4	-15182.6	137854.9	646560.9
国有独资公司	60903.6	33903.8	890.5	22526.6	145558.6
私营有限责任公司	728657.9	1793.4	-3613.1	42377.5	87167.8
合资经营企业(港或澳、台资)	-429.1	0.3			5245.7
中外合资经营企业	75845.2	709.0	-65.0	8845.8	3996.7
其他有限责任公司	1084395.9	52843.9	-12395.0	64105.0	404592.1
三、在总计中：亏损企业	**-1531911.4**	**178329.5**	**-15427.2**	**908.0**	**277038.5**
在总计中：国有控股企业	5992318.5	358127.2	138.9	87295.1	716695.3
在总计中：农村工业	4.3				688.4
在总计中：轻工业	589231.5	20665.1	-10220.4	20979.4	141936.4
重工业	7384306.7	372061.0	-9570.5	164085.6	833766.3
在总计中：大型企业	5998222.2	334777.4	942.5	102282.8	502981.0
中型企业	802503.6	28207.8	-2430.6	54086.6	196641.3
小型企业	1172812.4	29740.9	-18302.8	28695.6	276080.4
在总计中：中央	5564692.8	311147.1	18.0	31671.2	486604.8
地方	2408845.4	81579.0	-19808.9	153393.8	489097.9
在总计中：公有	6107786.4	360122.0	-2970.6	88672.5	740681.0
非公有	1865751.8	32604.1	-16820.3	96392.5	235021.7
在总计中：园区工业	1570145.2	116726.8	-10775.5	93250.6	413442.7

单位：万元

补贴收入	营业外支出	利润总额	应交所得税	亏损企业亏损总额	利税总额	应交税金及附加	本年应付职工薪酬	本年应交增值税	从业人员平均人数（人）
47.8	415.6	23809.2	3919.4	1843.6	40470.4	20678.1	12734.4	14896.7	2097
1577.9	615.3	14703.1	1014.4	2687.9	24245.7	10761.8	23249.7	8413.5	4534
522.4	106.2	-2851.9	433.2	7559.7	6873.1	10396.0	13843.1	9426.4	2359
27.3	2416.8	40990.5	6782.1	1905.4	51320.7	17446.3	12347.8	9480.9	1805
	0.2	2632.6	464.8		4258.7	2098.1	488.2	1147.0	55
	1.4	3699.1			3699.1	20.6	5.0		12
27.3	5.7	60.8	15.2		348.8	307.4	621.4	261.9	126
	847.1	5943.1	2609.2	325.5	13884.5	10621.6	4671.9	7698.6	721
	30.2	24962.5	3589.8		25018.7	3849.8	5201.1	49.2	594
	1532.2	3692.4	103.1	1579.9	4110.9	548.8	1360.2	324.2	297
41141.3	176935.5	5860524.5	264619.5	418864.7	10196620.9	4738221.0	2017576.2	1737682.7	166859
36977.6	174381.4	5588831.9	249009.1	407159.0	9884916.9	4679901.3	1953923.3	1710246.7	156824
3674.9	2380.0	253456.4	13959.0	11257.4	286095.8	49220.9	57201.3	23918.4	8835
485.0	0.3	929.6	81.0		1088.2	285.7	1098.2	140.4	240
3.8	173.8	17306.6	1570.4	448.3	24520.0	8813.1	5353.4	3377.2	960
234168.4	113204.6	2418326.5	403792.6	853754.4	4455327.7	2539655.3	3313486.0	1507315.6	453408
62692.8	17352.3	188706.3	47763.6	103137.3	445916.9	316800.3	823736.3	218550.6	68351
37288.2	20641.7	794485.3	62781.2	166157.4	1064297.9	347000.6	517947.3	224093.0	106280
1616.9	1263.5	3553.1	1351.7	8965.3	8245.9	6545.5	19186.4	4235.2	4060
1316.7	1948.7	78615.5	12970.1	12710.7	118392.2	53951.4	43246.3	29895.1	6448
131253.8	71998.4	1352966.3	278926.0	562783.7	2818474.8	1815357.5	1909369.7	1030541.7	268269
68164.8	**87950.1**	**-1345810.2**	**14673.6**	**1345810.2**	**306108.3**	**1702008.9**	**1863405.5**	**613229.2**	**207909**
169563.5	247620.9	6460499.5	469419.8	938755.0	12272039.0	6472387.8	4133732.0	2656702.2	386644
96.0	7.0	685.7	7.0	659.1	1378.7	711.4	1157.9	628.8	211
64990.2	18873.1	709501.2	69093.2	200895.2	1235810.5	607323.7	639704.4	279442.8	133113
230751.9	313902.2	7842793.5	656919.4	1144915.0	14129299.9	7171471.4	5101808.2	3215525.5	542634
73504.2	253680.3	6187834.1	412571.1	660807.3	11680834.1	6076533.5	3566854.7	2405989.6	316347
69274.3	33157.4	963185.7	166950.1	327434.9	1599906.3	830801.2	1133444.9	524321.9	170689
152963.6	45937.6	1401274.9	146491.4	357568.0	2084370.0	871460.4	1041213.0	564656.8	188711
92939.1	208517.9	5842449.3	335358.0	670657.7	11129912.9	5777739.2	2994648.9	2213050.8	245830
202803.0	124257.4	2709845.4	390654.6	675152.5	4235197.5	2001055.9	2746863.7	1281917.5	429917
181073.6	282558.0	6562858.7	493675.7	975030.9	12439008.8	6564069.4	4239895.9	2702161.5	404584
114668.5	50217.3	1989436.0	232336.9	370779.3	2926101.6	1214725.7	1501616.7	792806.8	271163
115925.6	88329.8	1832060.3	220138.3	644429.0	3952963.0	2426942.0	2058829.3	1091828.3	289885

1-4-1 2013年规模以上工业企业主要经济效益指标

甲栏分组	总资产贡献率(%)	资产负债率(%)	流动资产周转率(次/年)	成本费用利润率(%)	全员劳动生产率(元/人·年)	产品销售率(%)
总　计	**12.04**	**61.26**	**2.07**	**10.96**	**43.42**	**97.33**
一、按登记注册类型分组						
内资企业	12.08	61.35	2.08	11.01	44.03	97.39
国有企业	7.47	59.67	2.54	3.83	31.14	96.94
中央企业	10.49	54.32	3.63	5.09	35.37	99.24
地方企业	1.78	69.74	1.09	-1.11	18.48	87.36
集体企业	15.68	46.29	2.05	4.96	12.49	98.63
股份合作企业						
联营企业	21.60	63.99	1.26	50.45	59.19	94.79
国有联营企业	45.91	48.95	1.63	58.03	93.07	86.00
集体联营企业						
国有与集体联营企业	15.15	68.36	0.82	71.34	431.70	100.00
其他联营企业	18.42	58.99	4.48	2.06	8.92	106.79
有限责任公司	6.77	70.39	1.64	4.99	26.37	96.56
国有独资公司	5.72	67.29	1.23	4.79	23.80	96.33
其他有限责任公司	6.97	71.00	1.72	5.02	27.03	96.59
股份有限公司	21.60	47.49	3.45	19.43	101.52	99.54
私营企业	8.21	66.60	1.33	9.26	23.23	93.86
私营独资企业	27.27	60.77	2.22	18.49	34.13	95.95
私营合伙企业	57.48	79.74	5.38	12.02	41.97	96.90
私营有限责任公司	8.25	70.22	1.46	8.12	20.78	93.05
私营股份有限公司	7.14	54.38	0.88	15.14	48.55	97.60
其他企业	14.36	42.56	3.59	16.72	29.71	100.95
港、澳、台商投资企业	5.76	57.58	1.33	4.20	11.60	89.83
合资经营企业(港或澳、台资)	3.44	70.24	1.06	1.69	11.15	82.91
合作经营企业(港或澳、台资)						
港澳台商独资经营企业	9.64	37.60	1.75	6.37	11.88	94.97
港澳台商投资股份有限公司	4.85	54.80	0.95	6.05	13.93	98.58
其他港澳台商投资企业						
外商投资企业	11.46	55.96	1.92	10.27	31.57	95.73
中外合资经营企业	11.82	53.67	1.80	9.50	34.26	95.18
中外合作经营企业	16.49	59.86	2.20	33.44	58.70	99.61
外资企业	3.65	59.44	1.81	-1.75	16.07	94.14
外商投资股份有限公司	36.70	64.48	3.97	20.54	34.86	99.21
其他外商投资企业						
二、按经济组织类型分组						
独资企业	7.75	59.01	2.45	4.13	28.22	96.79
国有企业	7.47	59.67	2.54	3.83	31.14	96.94
集体企业	15.68	46.29	2.05	4.96	12.49	98.63

1-4-1　续表

甲栏分组	总资产贡献率(%)	资　产负债率(%)	流动资产周 转 率(次/年)	成本费用利 润 率(%)	全员劳动生 产 率(元/人·年)	产　品销售率(%)
私营独资企业	27.27	60.77	2.22	18.49	34.13	95.95
港澳台商独资经营企业	9.64	37.60	1.75	6.37	11.88	94.97
外资企业	3.65	59.44	1.81	-1.75	16.07	94.14
合作、合伙企业	20.82	60.42	2.59	25.81	47.30	98.55
股份合作企业						
国有联营企业	45.91	48.95	1.63	58.03	93.07	86.00
集体联营企业						
国有与集体联营企业	15.15	68.36	0.82	71.34	431.70	100.00
其他联营企业	18.42	58.99	4.48	2.06	8.92	106.79
私营合伙企业	57.48	79.74	5.38	12.02	41.97	96.90
合作经营企业(港或澳、台资)						
中外合作经营企业	16.49	59.86	2.20	33.44	58.70	99.61
其他企业(内资)	14.36	42.56	3.59	16.72	29.71	100.95
其他港澳台商投资企业						
其他外商投资企业						
股份有限公司	20.37	48.11	2.98	19.19	98.20	99.43
股份有限公司(内资)	21.60	47.49	3.45	19.43	101.52	99.54
私营股份有限公司	7.14	54.38	0.88	15.14	48.55	97.60
港澳台商投资股份有限公司	4.85	54.80	0.95	6.05	13.93	98.58
外商投资股份有限公司	36.70	64.48	3.97	20.54	34.86	99.21
有限责任公司	7.10	70.13	1.59	5.80	25.04	95.64
国有独资公司	5.72	67.29	1.23	4.79	23.80	96.33
私营有限责任公司	8.25	70.22	1.46	8.12	20.78	93.05
合资经营企业(港或澳、台资)	3.44	70.24	1.06	1.69	11.15	82.91
中外合资经营企业	11.82	53.67	1.80	9.50	34.26	95.18
其他有限责任公司	6.97	71.00	1.72	5.02	27.03	96.59
三、在总计中：亏损企业	**2.30**	**70.03**	**1.92**	**-5.41**	**19.19**	**97.60**
在总计中：国有控股企业	14.86	57.24	2.83	12.95	57.71	98.73
在总计中：农村工业	1.83	44.02	1.81	2.81	14.21	88.70
在总计中：轻工业	9.66	65.29	1.50	7.22	18.51	95.16
重工业	12.32	60.80	2.18	11.50	49.53	97.63
在总计中：大型企业	15.23	58.81	2.82	12.87	66.42	98.41
中型企业	7.12	62.75	1.29	7.93	21.86	95.49
小型企业	8.09	66.31	1.48	7.86	24.36	95.50
在总计中：中央	18.82	54.46	3.52	14.89	77.92	100.00
地方	6.65	66.68	1.39	6.98	23.69	94.38
在总计中：公有	14.50	57.57	2.80	12.75	56.21	98.74
非公有	7.24	68.46	1.32	7.49	24.33	94.42
在总计中：园区工业	7.79	66.62	1.86	4.64	30.34	95.75

1-4-2 2013年规模以上工业

行业	企业单位数(个)	亏损企业	工业总产值(当年价格)	工业增加值	工业销售产值(当年价格)	出口交货值	年初存货
总计	**2224**	**604**	**86796304.7**	**29338650.4**	**84478025.4**	**680082.0**	**10592711.4**
采矿业	**293**	**98**	**20967733.1**	**15674213.2**	**20804597.8**	**4882.0**	**1508800.7**
煤炭开采和洗选业	121	44	2362426.8	1359334.6	2337060.7		248977.2
烟煤和无烟煤开采洗选	119	42	2353054.8	1358984.8	2329786.2		247567.3
其他煤炭采选	2	2	9372.0	349.8	7274.5		1409.9
石油和天然气开采业	5		13847366.9	12054715.4	13776199.9		615350.9
石油开采	4		13775748.4	12023663.6	13705689.3		610442.1
天然气开采	1		71618.5	31051.8	70510.6		4908.8
黑色金属矿采选业	74	31	1495546.1	714757.1	1443052.0	14.5	337528.6
铁矿采选	71	30	1468327.3	704415.4	1416754.3	14.5	332953.7
锰矿、铬矿采选	2	1	24403.8	8252.3	24808.1		4282.9
其他黑色金属矿采选	1		2815.0	2089.4	1489.6		292.0
有色金属矿采选业	36	9	634448.8	421547.8	623248.9		119684.2
常用有色金属矿采选	30	7	569712.7	384433.9	562411.1		100995.0
铜矿采选	16	3	440375.6	316406.3	431236.8		72148.0
铅锌矿采选	6	3	51908.6	27017.4	50944.6		8526.0
镍钴矿采选	8	1	77428.5	41010.2	80229.7		20321.0
贵金属矿采选	5	1	58194.0	35351.4	53407.2		12420.4
金矿采选	5	1	58194.0	35351.4	53407.2		12420.4
稀有稀土金属矿采选	1	1	6542.1	1762.5	7430.6		6268.8
其他稀有金属矿采选	1	1	6542.1	1762.5	7430.6		6268.8
非金属矿采选业	30	13	215645.2	81315.3	206129.0	1681.5	30334.4
土砂石开采	21	12	132670.3	45661.3	119516.9		16161.0
石灰石、石膏开采	15	12	95702.2	32378.9	81814.0		9640.4
建筑装饰用石开采	4		20775.0	7708.6	19755.5		5363.8
粘土及其他土砂石开采	2		16193.1	5573.9	17947.4		1156.8
化学矿开采	1		1067.2	1780.7	2170.0		1061.2
采盐	4		44832.7	25492.6	45312.1		6092.8
石棉及其他非金属矿采选	4	1	37075.0	8380.7	39130.0	1681.5	7019.4
石棉、云母矿采选	1		24527.8	6083.0	23023.8		884.7
其他未列明非金属矿采选	3	1	12547.2	2297.7	16106.2	1681.5	6134.7
开采辅助活动	27	1	2412299.3	1042542.9	2418907.3	3186.0	156925.4
石油和天然气开采辅助活动	27	1	2412299.3	1042542.9	2418907.3	3186.0	156925.4
制造业	**1720**	**454**	**57268889.1**	**11049151.0**	**55233144.3**	**675200.0**	**8924038.7**
农副食品加工业	306	58	3949988.6	625522.4	3726058.6	30650.6	984836.9
谷物磨制	55	7	498314.7	54934.7	501904.0		80067.5
饲料加工	33	7	662769.9	99247.1	655865.4		66624.3
植物油加工	119	23	1489453.6	186218.8	1322870.1		433041.3
食用植物油加工	114	22	1467836.7	183135.7	1301844.6		429505.6
非食用植物油加工	5	1	21616.9	3083.2	21025.5		3535.7
制糖业	13	8	258997.0	62229.2	262641.8		194998.1
屠宰及肉类加工	23	5	285964.2	35148.0	276754.2	12924.0	61103.5
牲畜屠宰	15	1	219435.9	28310.2	212674.5	1985.7	42485.1
禽类屠宰	3	1	27732.0	3095.9	27319.1		9221.3
肉制品及副产品加工	5	3	38796.3	3741.8	36760.6	10938.3	9397.1
水产品加工	2		17596.0	8743.3	17586.9	1114.7	2517.8
水产品冷冻加工	1		1756.0	352.4	1746.9	1114.7	482.7
水产饲料制造	1		15840.0	8390.9	15840.0		2035.1
蔬菜、水果和坚果加工	37	4	433325.5	111806.7	392693.7	9932.7	78422.7
蔬菜加工	6		50392.1	6919.2	41750.2		9702.3
水果和坚果加工	31	4	382933.4	104887.4	350943.5	9932.7	68720.4

企业主要经济指标

单位：万元

产成品	资产总计	流动资产合计	应收账款	存货	产成品	在产品	固定资产合计	固定资产原价
4017853.2	**143312541.5**	**43328466.1**	**8332382.9**	**13252673.3**	**4758198.2**	**1285311.9**	**73142163.5**	**104348403.5**
543765.2	**41238368.0**	**8356586.8**	**2283879.4**	**1616125.6**	**609228.7**	**91986.9**	**25548408.4**	**44231160.9**
137759.9	7867744.9	2037989.6	348199.0	316910.0	176630.2	28814.3	2958579.1	3442282.1
137730.3	7858161.4	2031867.6	347458.9	313748.8	176582.0	28814.3	2956299.9	3438998.4
29.6	9583.5	6122.0	740.1	3161.2	48.2		2279.2	3283.7
144278.6	25560382.1	2669133.5	470437.2	598986.0	152887.7	24692.6	20030627.5	36869369.2
142858.4	25472761.9	2620889.9	434506.2	594272.4	152409.2	24692.6	19991309.4	36809917.0
1420.2	87620.2	48243.6	35931.0	4713.6	478.5		39318.1	59452.2
179645.1	2884250.1	1465930.9	317005.8	380661.1	187739.6	18434.6	827487.5	1051023.4
176008.6	2826482.4	1416195.6	295961.2	356886.2	165159.1	18434.6	820524.7	1040856.6
3344.5	50183.3	44071.0	18313.1	23303.3	22108.9		5664.3	7645.5
292.0	7584.4	5664.3	2731.5	471.6	471.6		1298.5	2521.3
51126.2	1691542.5	440989.6	83931.7	107680.5	48882.0	3330.4	751768.7	946072.4
42986.9	1494431.7	379217.4	70878.7	91495.0	42223.5	2279.1	678270.2	838266.9
31822.7	936970.4	201064.4	25065.8	59361.0	32044.5	1620.5	477036.9	579669.2
3307.6	188453.7	59674.3	9988.6	12485.4	4816.0	427.6	87775.7	102745.4
7856.6	369007.6	118478.7	35824.3	19648.6	5363.0	231.0	113457.6	155852.3
4535.1	146998.6	47633.5	12735.3	11283.5	4382.0		64856.5	94701.5
4535.1	146998.6	47633.5	12735.3	11283.5	4382.0		64856.5	94701.5
3604.2	50112.2	14138.7	317.7	4902.0	2276.5	1051.3	8642.0	13104.0
3604.2	50112.2	14138.7	317.7	4902.0	2276.5	1051.3	8642.0	13104.0
21641.9	310446.8	164480.1	30018.3	44653.8	33250.4	4204.9	108457.8	123363.2
12278.1	191866.2	100717.1	19092.3	28361.2	22369.6	3962.5	62151.6	64988.1
7034.6	144835.7	74840.5	8004.8	21677.2	16345.5	3600.2	46631.1	47729.5
4589.9	29723.5	16658.1	5566.9	5426.1	5192.6		7948.2	10036.0
653.6	17307.0	9218.5	5520.6	1257.9	831.5	362.3	7572.3	7222.6
1030.7	12433.1	7168.3		302.4	270.2		3555.7	5028.6
4352.2	56406.7	32132.4	6755.8	8109.7	6319.5	242.4	19882.9	20334.2
3980.9	49740.8	24462.3	4170.2	7880.5	4291.1		22867.6	33012.3
284.2	14356.3	4475.4	244.8	815.4	111.2		9367.2	15170.1
3696.7	35384.5	19986.9	3925.4	7065.1	4179.9		13500.4	17842.2
9313.5	2924001.6	1578063.1	1034287.4	167234.2	9838.8	12510.1	871487.8	1799050.6
9313.5	2924001.6	1578063.1	1034287.4	167234.2	9838.8	12510.1	871487.8	1799050.6
3464331.4	**77664354.1**	**30691109.7**	**5299294.1**	**11457536.4**	**4133283.0**	**1191623.3**	**31754693.2**	**40622403.9**
549337.6	3655191.9	2223612.9	227426.0	1129258.7	607860.8	28894.0	952446.1	1330628.8
30167.0	329534.2	196421.0	10207.9	118054.9	29789.8	944.0	71014.7	104357.8
28341.2	436819.2	225155.9	27828.4	88700.8	34875.5	433.9	114340.3	162207.2
255281.0	1384335.9	979108.3	84999.3	497207.0	268851.2	15733.6	273641.3	379291.7
253898.1	1350473.0	956783.4	83453.2	487814.5	261527.5	15731.8	270447.3	375827.3
1382.9	33862.9	22324.9	1546.1	9392.5	7323.7	1.8	3194.0	3464.4
132030.8	363651.7	208870.4	16465.9	156581.0	124579.3	435.4	131425.0	268593.0
42143.5	380473.7	169593.6	17781.4	61078.3	43793.4	6192.2	123256.3	147827.2
30617.8	306699.5	125570.1	12508.7	40399.4	30240.6	5364.9	109523.7	128677.6
9214.0	38262.1	17342.5	1471.5	10470.8	10162.1	260.2	8956.3	10691.3
2311.7	35512.1	26681.0	3801.2	10208.1	3390.7	567.1	4776.3	8458.3
323.3	19407.6	13245.7	87.0	2457.6	415.8		2400.0	3251.8
323.3	3073.0	1013.4	87.0	618.0	415.8		1690.8	2456.3
	16334.6	12232.3		1839.6			709.2	795.5
34937.6	443804.1	254691.3	49579.0	118883.5	64264.5	1892.0	130316.6	139117.8
5521.1	49676.0	32950.7	7078.4	12675.3	8748.8		15156.8	14523.6
29416.5	394128.1	221740.6	42500.6	106208.2	55515.7	1892.0	115159.8	124594.2

1-4-2 续表 1

行业	企业单位数(个)	亏损企业	工业总产值(当年价格)	工业增加值	工业销售产值(当年价格)	出口交货值
其他农副食品加工	24	4	303567.7	67194.7	295742.5	6679.2
淀粉及淀粉制品制造	9	2	120775.6	22531.4	112003.3	703.4
蛋品加工	1		5640.0	1545.9	5592.3	
其他未列明农副食品加工	14	2	177152.1	43117.4	178146.9	5975.8
食品制造业	121	34	1834795.9	432689.7	1838858.0	197055.4
焙烤食品制造	8	2	52579.8	18909.6	52447.5	
糕点、面包制造	6	1	45421.7	16301.1	45338.7	
饼干及其他焙烤食品制造	2	1	7158.1	2608.5	7108.8	
方便食品制造	9	1	206410.8	44694.6	205763.5	6366.4
米、面制品制造	2		13316.9	2969.5	13676.2	
方便面及其他方便食品制造	7	1	193093.9	41725.1	192087.3	6366.4
乳制品制造	27	8	332776.5	68009.7	335526.2	
罐头食品制造	48	17	290461.9	46101.2	325133.8	167888.5
蔬菜、水果罐头制造	48	17	290461.9	46101.2	325133.8	167888.5
调味品、发酵制品制造	8	2	372534.6	131072.0	365688.3	10254.7
味精制造	1		1501.7	529.6	2490.0	
酱油、食醋及类似制品制造	2		18393.4	5045.5	16528.7	8.7
其他调味品、发酵制品制造	5	2	352639.5	125497.0	346669.6	10246.0
其他食品制造	21	4	580032.3	123902.7	554298.7	12545.8
营养食品制造	2		3970.0	778.8	3603.6	
冷冻饮品及食用冰制造	3	2	52402.5	5508.0	41589.5	
盐加工	2		8158.6	3675.0	7536.6	
食品及饲料添加剂制造	13	2	508531.2	112077.3	494599.0	12545.8
其他未列明食品制造	1		6970.0	1863.6	6970.0	
酒、饮料和精制茶制造业	67	13	1053251.8	389638.8	1006045.4	3.5
酒的制造	49	8	668345.8	308745.0	638294.3	3.5
酒精制造	3	1	60870.1	16975.9	58680.9	
白酒制造	13	1	260519.2	154995.7	253968.1	3.5
啤酒制造	12	2	205945.8	94934.3	211727.6	
葡萄酒制造	21	4	141010.7	41839.1	113917.7	
饮料制造	18	5	384906.0	80893.7	367751.1	
碳酸饮料制造	2	1	19339.8	4815.7	20572.7	
瓶(罐)装饮用水制造	3		84895.1	20598.9	79666.3	
果菜汁及果菜汁饮料制造	6	2	76939.1	18384.8	67828.9	
含乳饮料和植物蛋白饮料制造	2		92575.7	17946.5	89321.5	
茶饮料及其他饮料制造	5	2	111156.3	19147.8	110361.7	
烟草制品业	1		402140.7	298779.1	382123.7	
卷烟制造	1		402140.7	298779.1	382123.7	
纺织业	82	32	1258401.8	262426.5	1187602.1	38606.7
棉纺织及印染精加工	74	28	1189497.5	245081.4	1120662.9	27913.7
棉纺纱加工	70	26	1145454.5	241022.1	1082428.4	27913.7
棉织造加工	3	2	7471.1	1051.0	7113.9	
棉印染精加工	1		36571.9	3008.4	31120.6	
毛纺织及染整精加工	3	2	32250.7	5245.8	31181.2	10693.0
毛条和毛纱线加工	2	2	19491.0	2035.8	19380.1	9843.7
毛织造加工	1		12759.7	3209.9	11801.1	849.3
麻纺织及染整精加工	3		25386.5	8557.6	24994.2	
麻纤维纺前加工和纺纱	3		25386.5	8557.6	24994.2	

单位：万元

年初存货	产成品	资产总计	流动资产合计	应收账款	存货	产成品	在产品	固定资产合计	固定资产原价
68061.7	26113.2	297165.5	176526.7	20477.1	86295.6	41291.3	3262.9	106051.9	125982.3
20844.2	5456.6	153686.2	70804.6	10885.5	34076.7	12975.0	477.6	76367.0	85283.2
102.3	52.3	933.8	345.9	82.5	5.8	5.8		163.6	336.8
47115.2	20604.3	142545.5	105376.2	9509.1	52213.1	28310.5	2785.3	29521.3	40362.3
383862.5	246260.8	2800249.5	1077611.4	239769.2	377880.6	190736.7	4896.8	1542816.3	1845634.4
3981.9	420.8	64143.9	31658.7	6667.3	4625.2	826.8	696.6	14784.0	24880.1
2893.2	358.2	49382.8	27441.2	6370.8	3360.2	679.7		7921.1	14106.3
1088.7	62.6	14761.1	4217.5	296.5	1265.0	147.1	696.6	6862.9	10773.8
15231.9	10687.3	142773.3	59431.8	8958.7	15508.9	9533.3	478.1	68806.5	99552.6
612.6	612.6	3745.6	2294.0	199.4	942.4	393.2	478.1	1210.4	1138.4
14619.3	10074.7	139027.7	57137.8	8759.3	14566.5	9140.1		67596.1	98414.2
41241.5	14154.4	333609.9	152240.2	24885.8	34440.6	10037.3	117.6	137317.8	202064.7
215668.7	196441.8	858837.2	461835.9	179029.7	158652.8	133993.8	279.2	356284.3	604550.3
215668.7	196441.8	858837.2	461835.9	179029.7	158652.8	133993.8	279.2	356284.3	604550.3
66907.7	6763.0	1091746.4	269968.8	4944.4	112559.5	17505.8	473.4	773229.4	685075.1
3520.3	3333.2	21082.0	3203.2	31.3	1852.0	1706.6		15391.9	19287.6
1977.7	1115.9	11177.7	5627.4	421.4	2732.6	1345.2	130.4	5047.6	7066.3
61409.7	2313.9	1059486.7	261138.2	4491.7	107974.9	14454.0	343.0	752789.9	658721.2
40830.8	17793.5	309138.8	102476.0	15283.3	52093.6	18839.7	2851.9	192394.3	229511.6
15836.1	132.4	26693.7	24814.0	2658.3	19248.0	188.9		1600.6	2181.3
3527.8	1622.0	23849.3	9084.7	2165.3	3864.9	1830.3		13249.9	22153.8
1455.8	957.8	6802.0	2713.2	592.5	1653.7	1166.1		3407.6	5506.0
19696.1	14766.3	249240.3	64949.1	9552.2	27012.0	15339.4	2851.9	172497.7	197912.0
315.0	315.0	2553.5	915.0	315.0	315.0	315.0		1638.5	1758.5
350484.5	82530.4	1364769.4	712401.1	52823.3	395096.9	82489.6	217066.4	493735.5	677673.4
317548.4	69130.9	1050142.8	622857.8	38742.6	360406.7	68581.6	214111.2	296245.8	426172.3
19940.9	12981.4	95180.8	43199.2	1057.6	27865.2	9464.0	224.6	34607.7	39010.7
74922.8	8817.0	249283.4	175498.5	7685.3	81752.8	11503.2	60421.5	57000.7	98228.6
40529.7	16190.0	293967.5	114128.9	2219.4	36857.7	8984.2	1620.5	117529.3	159042.3
182155.0	31142.5	411711.1	290031.2	27780.3	213931.0	38630.2	151844.6	87108.1	129890.7
32936.1	13399.5	314626.6	89543.3	14080.7	34690.2	13908.0	2955.2	197489.7	251501.1
6705.4	4060.6	22998.5	8543.6	623.1	4895.1	2573.8	21.8	11838.9	16821.7
6770.4	1794.4	70358.4	18175.2	2928.1	6982.2	1306.2	1393.5	42682.8	45574.0
9921.2	4280.2	66288.4	27174.7	3924.2	14172.6	7523.8	311.2	31312.3	41260.1
3353.5	402.2	19663.5	4570.5	618.2	1344.8	237.7		14663.6	17102.5
6185.6	2862.1	135317.8	31079.3	5987.1	7295.5	2266.5	1228.7	96992.1	130742.8
61577.0		454809.0	236210.0	20656.0	84926.0	6940.0		202909.4	133167.0
61577.0		454809.0	236210.0	20656.0	84926.0	6940.0		202909.4	133167.0
419217.2	208003.8	2536918.5	1142900.7	171099.8	481439.0	194015.5	57388.1	1026571.8	1302964.5
386690.0	197111.7	2305040.6	1073731.7	166167.0	445992.8	179147.9	49553.5	958078.9	1199945.8
375982.3	191352.0	2271135.5	1051741.7	162306.2	428574.0	169242.8	49126.1	946367.1	1186891.8
3699.4	1252.5	11845.6	8341.3	1508.2	6561.4	1805.1	53.4	3504.3	3625.3
7008.3	4507.2	22059.5	13648.7	2352.6	10857.4	8100.0	374.0	8207.5	9428.7
19088.3	4114.3	104109.5	33692.6	4671.4	17354.6	4609.0	5691.2	28320.1	51144.0
17241.5	2458.6	89780.1	27053.7	4207.9	15033.5	2686.8	5342.3	21198.3	43488.8
1846.8	1655.7	14329.4	6638.9	463.5	2321.1	1922.2	348.9	7121.8	7655.2
7419.5	1485.1	17390.8	8594.2	134.0	7889.9	1201.6	1149.0	6313.8	14900.0
7419.5	1485.1	17390.8	8594.2	134.0	7889.9	1201.6	1149.0	6313.8	14900.0

1-4-2 续表 2

行业	企业单位数(个)	亏损企业	工业总产值(当年价格)	工业增加值	工业销售产值(当年价格)	出口交货值
家用纺织制成品制造	2	2	11267.1	3541.8	10763.8	
床上用品制造	1	1	44.9	-81.6	44.9	
其他家用纺织制成品制造	1	1	11222.2	3623.4	10718.9	
纺织服装、服饰业	8	1	39577.3	12971.2	37623.1	12276.7
机织服装制造	5		35134.2	12271.2	31752.4	9192.7
针织或钩针编织服装制造	1	1	1369.8	233.2	2786.7	
服饰制造	2		3073.3	466.9	3084.0	3084.0
皮革、毛皮、羽毛及其制品和制鞋业	4	1	73050.1	19624.8	70794.1	
皮革鞣制加工	4	1	73050.1	19624.8	70794.1	
木材加工和木、竹、藤、棕、草制品业	12	3	84528.3	19792.0	76424.9	
人造板制造	11	2	82230.2	18892.9	74050.3	
胶合板制造	2		8623.0	1279.6	8482.0	
纤维板制造	7	2	49877.9	10387.6	45006.7	
刨花板制造	1		19272.7	6076.9	17345.3	
其他人造板制造	1		4456.6	1148.8	3216.3	
木制品制造	1	1	2298.1	899.1	2374.6	
软木制品及其他木制品制造	1	1	2298.1	899.1	2374.6	
家具制造业	6	2	35033.5	5130.1	38430.7	18948.1
木质家具制造	4	2	26035.4	1873.2	29757.0	18948.1
金属家具制造	2		8998.1	3256.9	8673.7	
造纸和纸制品业	29	9	304621.7	70043.5	284541.0	950.0
纸浆制造	2	1	42721.0	12439.0	41410.7	
木竹浆制造	1	1	5620.5	881.9	6245.4	
非木竹浆制造	1		37100.5	11557.1	35165.3	
造纸	14	6	147865.5	27416.5	130956.8	950.0
机制纸及纸板制造	14	6	147865.5	27416.5	130956.8	950.0
纸制品制造	13	2	114035.2	30188.0	112173.5	
纸和纸板容器制造	8	2	66556.4	19061.8	67867.6	
其他纸制品制造	5		47478.8	11126.2	44305.9	
印刷和记录媒介复制业	10	1	49586.6	17810.1	49863.3	
印刷	10	1	49586.6	17810.1	49863.3	
书、报刊印刷	5		21741.2	12188.9	23317.9	
本册印制	1	1	3117.6	356.4	3117.6	
包装装潢及其他印刷	4		24727.8	5264.7	23427.8	
文教、工美、体育和娱乐用品制造业	6		83341.5	15891.3	80031.3	11070.3
工艺美术品制造	6		83341.5	15891.3	80031.3	11070.3
地毯、挂毯制造	3		68723.4	11386.6	66505.7	
其他工艺美术品制造	3		14618.1	4504.7	13525.6	11070.3
石油加工、炼焦和核燃料加工业	96	33	17295757.9	3089950.5	17159126.6	
精炼石油产品制造	36	15	15981530.1	2783048.5	15905868.6	
原油加工及石油制品制造	36	15	15981530.1	2783048.5	15905868.6	
炼焦	60	18	1314227.8	306902.0	1253258.0	
化学原料和化学制品制造业	156	36	6163109.5	2002654.2	6112346.6	17682.5
基础化学原料制造	40	14	1665313.7	463436.4	1628747.9	2333.6
无机酸制造	3	1	58850.7	17352.1	55904.3	
无机碱制造	2	2	125028.9	20127.9	111977.6	
无机盐制造	19	9	865278.7	248776.7	845806.6	794.2
有机化学原料制造	13	2	562634.2	153754.2	565263.0	1539.4
其他基础化学原料制造	3		53521.2	23425.4	49796.4	
肥料制造	40	7	1315021.6	709520.9	1315953.0	
氮肥制造	7	4	609494.6	326192.8	581676.3	

单位：万元

年初存货		资产总计	流动资产合计					固定资产合计	固定资产原价
	产成品			应收账款	存货				
						产成品	在产品		
6019.4	5292.7	110377.6	26882.2	127.4	10201.7	9057.0	994.4	33859.0	36974.7
257.9	107.4	878.7	315.5	52.5	257.7	107.4		563.1	563.1
5761.5	5185.3	109498.9	26566.7	74.9	9944.0	8949.6	994.4	33295.9	36411.6
10382.4	5561.4	55618.2	36013.9	6814.2	13322.0	6875.9	2357.4	10632.4	13896.6
8085.3	4291.4	46036.5	29025.8	6010.3	9862.2	4732.8	2314.5	9091.7	10936.0
1244.0	935.2	3288.2	2297.4	224.6	1460.3	1183.9	38.3	197.7	1040.1
1053.1	334.8	6293.5	4690.7	579.3	1999.5	959.2	4.6	1343.0	1920.5
14716.9	3879.6	55629.1	46523.8	14896.7	21157.0	3935.9	981.0	8133.7	11188.4
14716.9	3879.6	55629.1	46523.8	14896.7	21157.0	3935.9	981.0	8133.7	11188.4
17360.0	11713.8	99027.9	52380.5	4017.9	21953.8	13271.6	144.0	35538.4	46480.9
16803.7	11157.5	95864.6	50826.5	3690.4	20846.0	13016.0	126.2	34874.4	45220.6
443.9	443.9	3385.3	1419.2	675.9	606.9	170.4		1070.6	1666.2
14690.2	9297.0	71581.9	42646.7	1507.3	19977.0	12587.4	126.2	19689.5	32385.8
1210.0	957.0	16782.0	3986.5	325.2	10.9	7.0		12795.5	10315.2
459.6	459.6	4115.4	2774.1	1182.0	251.2	251.2		1318.8	853.4
556.3	556.3	3163.3	1554.0	327.5	1107.8	255.6	17.8	664.0	1260.3
556.3	556.3	3163.3	1554.0	327.5	1107.8	255.6	17.8	664.0	1260.3
11258.7	5256.2	327665.9	66405.9	16624.0	11344.1	3625.6	450.4	16439.9	33821.7
9909.3	4230.4	311803.9	57202.1	14098.9	9166.9	2242.8	338.8	11788.1	28307.9
1349.4	1025.8	15862.0	9203.8	2525.1	2177.2	1382.8	111.6	4651.8	5513.8
55393.6	27460.5	448868.2	176548.7	24407.8	49837.4	28960.2	552.1	225000.0	206616.2
5362.4	4258.2	24426.9	9320.7	393.9	1979.0	1370.2		15065.5	27470.5
4012.4	3596.2	15169.3	4063.1		1030.1	857.0		11065.5	22202.0
1350.0	662.0	9257.6	5257.6	393.9	948.9	513.2		4000.0	5268.5
37717.9	16938.0	351622.0	129449.4	15547.8	30695.6	17568.0		178723.5	138480.7
37717.9	16938.0	351622.0	129449.4	15547.8	30695.6	17568.0		178723.5	138480.7
12313.3	6264.3	72819.3	37778.6	8466.1	17162.8	10022.0	552.1	31211.0	40665.0
10252.4	5144.5	42245.3	27103.6	6690.9	10944.1	6282.7	412.1	13813.2	22164.9
2060.9	1119.8	30574.0	10675.0	1775.2	6218.7	3739.3	140.0	17397.8	18500.1
8861.9	3932.4	92194.3	43155.0	7793.7	11445.3	6483.1	307.0	39759.5	66878.9
8861.9	3932.4	92194.3	43155.0	7793.7	11445.3	6483.1	307.0	39759.5	66878.9
4720.0	2690.0	55828.7	23423.8	3424.4	6227.8	4315.5		29060.1	52586.8
145.9	8.9	5933.7	1189.5	374.0	273.1			986.1	1111.1
3996.0	1233.5	30431.9	18541.7	3995.3	4944.4	2167.6	307.0	9713.3	13181.0
5482.2	1798.6	29681.0	18230.7	3047.9	11407.9	5352.3	70.3	10540.1	12483.7
5482.2	1798.6	29681.0	18230.7	3047.9	11407.9	5352.3	70.3	10540.1	12483.7
3841.9	925.7	21990.3	11173.5	2694.6	4898.5	1406.1	70.3	10452.4	12382.0
1640.3	872.9	7690.7	7057.2	353.3	6509.4	3946.2		87.7	101.7
1994843.4	507057.6	10104037.5	3868096.5	172769.0	2882722.3	622158.2	399519.2	5209223.0	9056292.6
1738389.5	367167.6	7655477.9	2916335.0	74370.6	2498833.8	434718.7	398194.4	4041204.9	7862553.4
1738389.5	367167.6	7655477.9	2916335.0	74370.6	2498833.8	434718.7	398194.4	4041204.9	7862553.4
256453.9	139890.0	2448559.6	951761.5	98398.4	383888.5	187439.5	1324.8	1168018.1	1193739.2
695529.3	356430.5	13952582.9	3265052.9	595804.6	741826.4	350537.6	35554.8	8074137.2	9412995.4
161347.0	63846.5	4190612.3	1209411.0	190204.2	206501.1	90273.7	22661.3	2262207.9	2585883.6
15955.6	1378.2	151822.2	42969.1	6791.7	17753.5	2342.8	5804.0	87065.3	101036.5
17777.9	7600.9	333158.0	172749.0	6286.4	19184.4	8394.2		145363.6	155094.6
75644.0	26208.8	2304382.7	627872.9	107007.7	93970.2	49536.8	2411.9	1250041.3	1352128.8
50720.8	28640.7	1259012.6	330341.6	62698.0	73634.0	29901.0	14445.4	686662.5	870013.0
1248.7	17.9	142236.8	35478.4	7420.4	1959.0	98.9		93075.2	107610.7
185517.7	77594.6	4121030.3	723683.3	95660.3	187857.7	69914.9	8846.6	2509619.5	2703517.4
23471.3	7997.1	2804108.1	246243.3	40397.7	36804.6	13023.8	7104.8	1911406.2	1898212.1

1-4-2 续表 3

行业	企业单位数(个)	亏损企业	工业总产值(当年价格)	工业增加值	工业销售产值(当年价格)	出口交货值
钾肥制造	4		396815.4	306319.2	445662.8	
复混肥料制造	15	3	220154.2	55114.2	201963.2	
有机肥料及微生物肥料制造	10		61119.6	19230.4	59953.9	
其他肥料制造	4		27437.8	2664.3	26696.8	
涂料、油墨、颜料及类似产品制造	5	1	29369.5	4303.4	26147.9	
涂料制造	5	1	29369.5	4303.4	26147.9	
合成材料制造	20	6	2673021.7	680664.2	2663514.1	15167.6
初级形态塑料及合成树脂制造	17	5	2441067.6	638052.4	2435499.6	
合成橡胶制造	1		85778.9	19123.6	88218.0	
合成纤维单(聚合)体制造	2	1	146175.2	23488.2	139796.5	15167.6
专用化学产品制造	37	7	328977.2	80696.7	331700.0	
化学试剂和助剂制造	27	6	206197.6	49033.7	206423.7	
专项化学用品制造	9	1	101956.1	27088.3	104452.8	
动物胶制造	1		20823.5	4574.6	20823.5	
炸药、火工及焰火产品制造	7		100384.6	51271.8	99855.4	123.0
炸药及火工产品制造	7		100384.6	51271.8	99855.4	123.0
日用化学产品制造	7	1	51021.2	12760.8	46428.3	58.3
肥皂及合成洗涤剂制造	2		15567.4	3685.0	13796.8	
香料、香精制造	3		26348.3	6876.9	24772.7	
其他日用化学产品制造	2	1	9105.5	2198.8	7858.8	58.3
医药制造业	24	2	238725.3	59820.1	219268.9	6024.6
化学药品原料药制造	3		12714.3	3744.2	12356.1	
化学药品制剂制造	3		44619.8	11644.3	41993.5	316.8
中药饮片加工	6	1	47826.1	8279.0	41735.1	
中成药生产	8		102804.6	29621.5	95354.9	5707.8
生物药品制造	3	1	22230.0	5912.2	18693.6	
卫生材料及医药用品制造	1		8530.5	618.9	9135.7	
化学纤维制造业	15	6	987149.6	179474.7	899882.9	21280.1
纤维素纤维原料及纤维制造	15	6	987149.6	179474.7	899882.9	21280.1
化纤浆粕制造	10	6	280204.2	56673.4	262424.1	
人造纤维(纤维素纤维)制造	5		706945.4	122801.3	637458.8	21280.1
橡胶和塑料制品业	106	13	1276271.4	223731.5	1184211.7	16697.8
橡胶制品业	4	1	190398.1	24648.4	170405.2	14430.5
轮胎制造	3	1	188028.3	24070.7	168226.2	14430.5
日用及医用橡胶制品制造	1		2369.8	577.7	2179.0	
塑料制品业	102	12	1085873.3	199083.1	1013806.5	2267.3
塑料薄膜制造	17	4	95092.0	19612.3	93504.9	5.1
塑料板、管、型材制造	61	3	775512.6	134921.7	728320.1	1700.0
塑料丝、绳及编织品制造	13	2	87438.0	19999.6	85901.0	562.2
泡沫塑料制造	2		21780.6	4782.0	19392.6	
塑料包装箱及容器制造	4	1	44885.6	7861.6	47125.5	
日用塑料制品制造	1		17693.9	4451.2	16305.1	
其他塑料制品制造	4	2	43470.6	7454.6	23257.3	
非金属矿物制品业	342	103	3888497.6	968058.6	3706397.6	8.6
水泥、石灰和石膏制造	98	49	1599709.0	444531.6	1537656.0	8.6
水泥制造	88	44	1533572.9	422076.2	1471641.8	8.6
石灰和石膏制造	10	5	66136.1	22455.4	66014.2	
石膏、水泥制品及类似制品制造	168	39	1398781.4	342271.6	1381396.0	
水泥制品制造	155	35	1310939.8	320823.1	1295449.6	
砼结构构件制造	5		49027.7	13492.3	47799.4	
轻质建筑材料制造	3	2	12132.6	2409.2	11580.7	
其他水泥类似制品制造	5	2	26681.3	5547.0	26566.3	

单位：万元

年初存货	产成品	资产总计	流动资产合计	应收账款	存货	产成品	在产品	固定资产合计	固定资产原价
97194.5	39205.0	712835.0	225996.4	455.6	76342.3	15572.7		383578.7	558535.0
49740.3	25130.1	492414.0	192451.2	28666.1	52702.7	31440.2	114.0	175264.9	207132.8
9329.3	4101.3	82371.0	36838.7	15162.7	11855.0	8676.4	1462.5	37821.8	36751.6
5782.3	1161.1	29302.2	22153.7	10978.2	10153.1	1201.8	165.3	1547.9	2885.9
4395.3	1873.9	23571.9	14177.0	6494.7	5276.2	3607.8	92.6	3716.4	6017.4
4395.3	1873.9	23571.9	14177.0	6494.7	5276.2	3607.8	92.6	3716.4	6017.4
279428.5	189972.1	4900824.4	938723.6	179506.4	265160.0	159495.2	2555.0	3110059.6	3876542.3
258434.9	176735.7	4485460.2	830221.8	177038.0	236819.0	142619.4	1358.8	2874319.2	3609736.2
9649.8	5072.8	87328.0	15938.8	263.7	6645.8	3037.1	251.6	68837.6	82124.4
11343.8	8163.6	328036.2	92563.0	2204.7	21695.2	13838.7	944.6	166902.8	184681.7
49174.8	18221.7	398920.2	246502.2	119366.1	57325.9	20487.6	1399.3	108538.6	138891.1
38776.8	15214.7	277228.6	170273.8	78273.9	41577.5	13693.9	615.4	72071.0	90644.3
8839.8	3007.0	105881.3	68225.2	40987.9	10748.1	3857.2	783.9	28660.5	40556.2
1558.2		15810.3	8003.2	104.3	5000.3	2936.5		7807.1	7690.6
8706.6	2808.4	260116.4	113858.1	1480.9	9784.6	4249.6		44273.3	62253.4
8706.6	2808.4	260116.4	113858.1	1480.9	9784.6	4249.6		44273.3	62253.4
6959.4	2113.3	57507.4	18697.7	3092.0	9920.9	2508.8		35721.9	39890.2
2340.9	744.3	7122.0	2550.1	-709.0	2325.4	662.3		4299.0	6251.5
2270.3	763.0	12332.1	6307.9	1617.3	3010.2	841.0		4964.2	6403.9
2348.2	606.0	38053.3	9839.7	2183.7	4585.3	1005.5		26458.7	27234.8
92169.2	29970.2	424111.2	266098.1	48666.1	109515.9	35267.2	3757.8	76725.9	99612.4
2766.2	33.5	30351.4	14937.0	351.3	7179.5	1721.1		5756.5	7017.9
10121.6	7482.9	93658.3	55477.2	10063.4	11405.0	8152.1	219.4	18523.5	23244.0
30997.8	10061.1	68012.0	54268.6	2805.7	31925.9	5848.6	2061.7	8329.2	12597.9
35277.7	9582.5	147322.5	93429.9	23428.2	42647.5	14621.6	1476.7	29625.6	36531.6
11228.3	1562.3	79509.0	43855.7	11540.7	14280.0	3247.6		14119.8	19558.9
1777.6	1247.9	5258.0	4129.7	476.8	2078.0	1676.2		371.3	662.1
229919.0	109014.4	1168968.8	529885.0	44209.4	260827.2	141535.9	3569.7	547981.3	750226.8
229919.0	109014.4	1168968.8	529885.0	44209.4	260827.2	141535.9	3569.7	547981.3	750226.8
72753.1	39195.7	397047.6	220851.0	23505.4	98595.1	59000.9	1661.1	150908.4	223546.0
157165.9	69818.7	771921.2	309034.0	20704.0	162232.1	82535.0	1908.6	397072.9	526680.8
243592.4	148198.0	1124781.7	678017.7	146833.5	276492.5	140309.2	6274.5	325169.9	414460.6
42375.0	23586.5	214389.4	91876.3	9983.3	40329.1	20504.6		87207.2	77398.6
42305.9	23563.2	210706.8	88573.4	7585.7	40113.0	20313.8		86827.5	76634.1
69.1	23.3	3682.6	3302.9	2397.6	216.1	190.8		379.7	764.5
201217.4	124611.5	910392.3	586141.4	136850.2	236163.4	119804.6	6274.5	237962.7	337062.0
26163.7	12057.2	116353.9	89904.6	20094.6	27510.9	13094.1	195.5	19119.9	30773.8
151832.5	100399.0	577680.6	359919.3	78212.1	163495.4	94379.9	5649.5	161954.7	229171.6
4814.4	2707.8	46337.8	24948.8	6966.5	5873.1	3426.8		8822.1	10911.8
532.8		12690.4	9383.5	1469.6	1641.1	1149.5	131.7	3114.4	3162.2
7834.1	3773.4	72513.4	33461.7	14753.7	6239.1	563.0	297.8	34689.1	49170.9
1340.3	751.0	7698.2	6665.1	1409.1	1767.1	665.1		639.8	803.0
8699.6	4923.1	77118.0	61858.4	13944.6	29636.7	6526.2		9622.7	13068.7
522651.8	174718.2	9558339.5	3301216.7	886209.9	730399.7	256640.0	100980.3	3780112.5	4597280.0
305419.9	73532.0	5979616.8	1492534.5	187598.8	358495.2	99140.5	89844.4	2631061.8	3154988.4
297965.5	68697.9	5834000.7	1444283.7	177005.4	349044.6	95769.4	89828.2	2550597.8	3064828.6
7454.4	4834.1	145616.1	48250.8	10593.4	9450.6	3371.1	16.2	80464.0	90159.8
60887.8	20790.1	2066852.4	1161365.8	562554.3	93195.8	20378.2	4627.2	686288.6	896542.7
47829.2	14345.5	1812422.7	1009420.7	497617.0	65720.4	12382.0	3538.6	631466.4	818234.3
9375.0	3343.6	202682.2	129302.4	52669.1	23052.6	4661.4	1088.6	27915.9	37646.7
3276.9	2918.5	26265.4	8611.1	3866.7	3481.0	2995.7		15667.7	23506.0
406.7	182.5	25482.1	14031.6	8401.5	941.8	339.1		11238.6	17155.7

1-4-2 续表 4

行业	企业单位数(个)	亏损企业	工业总产值(当年价格)	工业增加值	工业销售产值(当年价格)	出口交货值
砖瓦、石材等建筑材料制造	38	7	244617.2	48068.3	212208.1	
粘土砖瓦及建筑砌块制造	11	4	54804.4	10110.0	48316.7	
建筑陶瓷制品制造	9		59461.1	5564.3	54346.6	
建筑用石加工	9	2	54209.0	15182.3	39269.3	
防水建筑材料制造	4		46164.8	9354.2	40046.9	
隔热和隔音材料制造	2		23625.5	6393.1	23673.5	
其他建筑材料制造	3	1	6352.4	1464.2	6555.1	
玻璃制造	5	3	36898.4	3894.8	30987.2	
平板玻璃制造	4	2	32344.7	3411.5	26433.5	
其他玻璃制造	1	1	4553.7	483.2	4553.7	
玻璃制品制造	6		56151.7	14376.3	56257.0	
技术玻璃制品制造	1		3701.0	760.3	3701.0	
日用玻璃制品制造	1		2724.4	751.5	2933.4	
玻璃包装容器制造	2		19616.3	7323.7	20452.6	
玻璃保温容器制造	1		23510.0	3031.3	22570.0	
其他玻璃制品制造	1		6600.0	2509.6	6600.0	
玻璃纤维和玻璃纤维增强塑料制品制造	8	3	92792.8	19768.2	87940.1	
玻璃纤维及制品制造	1		29532.3	7486.3	23985.7	
玻璃纤维增强塑料制品制造	7	3	63260.5	12281.9	63954.4	
耐火材料制品制造	5		37745.9	10335.4	36284.6	
耐火陶瓷制品及其他耐火材料制造	5		37745.9	10335.4	36284.6	
石墨及其他非金属矿物制品制造	14	2	421801.2	84812.5	363668.6	
石墨及碳素制品制造	6		259271.6	55864.7	221562.1	
其他非金属矿物制品制造	8	2	162529.6	28947.8	142106.5	
黑色金属冶炼和压延加工业	91	55	7281798.4	592452.0	6932864.3	13003.5
炼铁	32	21	2470803.0	125648.3	2468031.2	
炼钢	4	4	165589.3	22377.2	85897.6	
黑色金属铸造	6	2	26742.2	3031.9	27062.9	
钢压延加工	34	14	4419386.8	432152.2	4162024.5	13003.5
铁合金冶炼	15	14	199277.1	9242.4	189848.1	
有色金属冶炼和压延加工业	49	14	5155995.8	910871.0	4668715.5	137063.0
常用有色金属冶炼	18	8	3904485.9	624749.5	3535819.8	99157.4
铜冶炼	4	1	166946.3	17363.4	170956.3	
铅锌冶炼	1		101699.9	21326.6	99157.4	99157.4
镍钴冶炼	2	1	181045.0	14333.9	120926.1	
铝冶炼	7	4	3400138.2	558713.4	3090535.9	
镁冶炼	3	2	50240.0	11820.6	49747.5	
其他常用有色金属冶炼	1		4416.5	1191.6	4496.6	
贵金属冶炼	10	2	195105.2	94906.1	187379.6	
金冶炼	10	2	195105.2	94906.1	187379.6	
稀有稀土金属冶炼	9	1	451897.6	106345.9	395014.4	
稀土金属冶炼	1		54362.3	13634.6	54362.3	
其他稀有金属冶炼	8	1	397535.3	92711.4	340652.1	
有色金属合金制造	2	1	9094.4	290.6	7452.7	
有色金属铸造	1		12663.2	4416.9	10781.7	
有色金属压延加工	9	2	582749.5	80161.9	532267.3	37905.6
铜压延加工	2		14015.9	1069.2	13639.3	
铝压延加工	7	2	568733.6	79092.6	518628.0	37905.6

单位：万元

年初存货	产成品	资产总计	流动资产合计	应收账款	存货	产成品	在产品	固定资产合计	固定资产原价
49424.7	37015.8	405198.5	176696.3	27064.8	77552.1	47509.7	4840.3	98877.8	112414.0
4962.2	3898.0	104432.9	38206.2	3672.1	8602.9	7172.4		38547.6	41712.9
10697.5	8374.7	66585.0	33481.3	3570.6	11860.9	6697.5	2663.1	27753.8	28902.9
19907.2	16356.6	173196.9	71397.5	6746.3	44656.7	28394.9	2177.2	13954.0	18085.9
7635.3	7267.7	25077.0	11698.0	3037.4	4937.0	3632.3		8207.2	10145.2
3168.6	987.7	23586.5	14895.7	7104.1	4908.4	912.3		7011.5	8465.1
3053.9	131.1	12320.2	7017.6	2934.3	2586.2	700.3		3403.7	5102.0
9229.9	8170.2	88798.9	45648.2	17468.0	17673.6	4140.4		39109.4	48691.5
8481.8	7668.3	80634.3	42130.0	16153.3	16967.8	3581.4		36317.8	45340.0
748.1	501.9	8164.6	3518.2	1314.7	705.8	559.0		2791.6	3351.5
8952.4	5288.7	72789.4	35915.4	5517.5	10009.4	4331.8		26477.2	44486.7
863.6	241.5	9820.8	6289.5	479.1	1255.4	24.6		2770.0	3864.7
928.9	477.5	2063.4	1647.7	360.4	1011.2	510.5		292.5	2246.9
3519.4	2064.3	20450.5	6043.2	1216.8	2754.2	965.2		13649.4	20625.6
3178.3	2043.2	34895.1	17613.0	130.5	4465.6	2308.5		8527.7	11784.3
462.2	462.2	5559.6	4322.0	3330.7	523.0	523.0		1237.6	5965.2
15200.3	4981.4	100357.8	69529.2	40187.4	16765.6	11168.0	328.0	22026.7	33818.8
1455.4	1455.4	4459.4	3352.0	1577.5	786.1	537.5		1107.4	2252.2
13744.9	3526.0	95898.4	66177.2	38609.9	15979.5	10630.5	328.0	20919.3	31566.6
7864.5	3196.3	40664.1	23529.9	6181.8	6437.3	4401.8	2.0	14520.4	17342.6
7864.5	3196.3	40664.1	23529.9	6181.8	6437.3	4401.8	2.0	14520.4	17342.6
65672.3	21743.7	804061.6	295997.4	39637.3	150270.7	65569.6	1338.4	261750.6	288995.3
48427.0	9992.2	592517.5	223117.2	32938.7	101038.0	48409.5	1338.4	189367.2	207798.6
17245.3	11751.5	211544.1	72880.2	6698.6	49232.7	17160.1		72383.4	81196.7
1236640.3	327737.4	9159745.5	3702530.5	440929.7	1569819.3	633466.3	79984.5	3710364.5	4745430.9
406936.8	65971.3	3709033.0	1287631.1	350194.6	396236.5	91277.8	8617.8	1139395.6	1622514.0
27628.7	13728.0	482092.0	212578.8	11415.5	144762.0	82436.2	2678.0	244363.3	191696.1
5349.2	3525.2	74664.5	55118.0	5214.7	8803.9	5448.0	80.0	13523.9	15955.0
717360.9	191985.1	4611439.8	1973521.1	35609.2	943873.3	413805.1	61495.3	2217626.8	2801032.4
79364.7	52527.8	282516.2	173681.5	38495.7	76143.6	40499.2	7113.4	95454.9	114233.4
837040.2	276085.7	10505555.6	3547122.5	203571.2	1319106.5	539292.4	201618.0	4136973.3	4394981.0
612256.0	212315.5	7558132.2	2765912.4	120612.4	1031121.7	452552.4	145377.0	2335191.2	2467935.6
35634.1	20220.6	107872.0	60187.2	4128.1	41313.6	13572.3	13872.0	35382.4	47519.5
39748.8	7723.8	72233.4	43483.6	629.8	9815.6			25826.2	26709.7
67359.2	15883.1	611117.9	215668.8	2043.2	132726.4	66965.3	44092.3	76285.3	96581.5
451285.1	155658.2	6668663.9	2411483.2	103217.7	829422.7	361384.1	87412.7	2144706.8	2230709.9
15542.0	12548.2	80141.1	28566.7	8824.4	14463.3	10536.8		45331.4	56898.1
2686.8	281.6	18103.9	6522.9	1769.2	3380.1	93.9		7659.1	9516.9
93528.0	16246.5	416133.9	161055.0	4590.9	92892.2	14185.8	48739.4	199300.7	150295.4
93528.0	16246.5	416133.9	161055.0	4590.9	92892.2	14185.8	48739.4	199300.7	150295.4
29493.1	11229.4	1580371.9	259864.7	14608.2	56465.2	24493.6	4199.2	1180702.1	1245370.7
8065.2	5620.6	1027263.0	113266.1	177.5	11808.1	211.1		815622.0	854957.0
21427.9	5608.8	553108.9	146598.6	14430.7	44657.1	24282.5	4199.2	365080.1	390413.7
2701.3	2.8	50393.9	18470.4	1599.6	5049.7	1464.9		4576.0	4992.8
		3000.8	2173.9		2168.5	1881.5	283.1	826.9	840.2
99061.8	36291.5	897522.9	339646.1	62160.1	131409.2	44714.2	3019.3	416376.4	525546.3
2181.8	1209.8	6524.7	4321.4	381.9	1538.1	558.2		1710.9	2192.4
96880.0	35081.7	890998.2	335324.7	61778.2	129871.1	44156.0	3019.3	414665.5	523353.9

1-4-2 续表 5

行业	企业单位数(个)	亏损企业	工业总产值(当年价格)	工业增加值	工业销售产值(当年价格)	出口交货值
金属制品业	76	19	1092643.7	123312.2	968812.9	5393.9
结构性金属制品制造	51	12	625614.4	83571.6	627568.1	2778.9
金属结构制造	48	11	612826.3	81395.7	615830.8	2778.9
金属门窗制造	3	1	12788.1	2175.9	11737.3	
金属工具制造	2		50727.0	12658.1	50666.1	498.3
手工具制造	1		559.2	-210.9	498.3	498.3
农用及园林用金属工具制造	1		50167.8	12869.1	50167.8	
集装箱及金属包装容器制造	8	5	30241.2	4977.4	31709.7	
金属压力容器制造	3	2	12876.0	3914.5	14095.1	
金属包装容器制造	5	3	17365.2	1062.9	17614.6	
金属丝绳及其制品制造	3		289871.2	8137.1	159785.4	
建筑、安全用金属制品制造	2		12192.0	3156.4	11153.4	
建筑、家具用金属配件制造	1		3968.5	1547.6	3968.5	
建筑装饰及水暖管道零件制造	1		8223.5	1608.8	7184.9	
金属表面处理及热处理加工	1		11228.0	4550.6	22495.1	
金属制日用品制造	1		3147.1	459.5	3915.2	
金属制厨房用器具制造	1		3147.1	459.5	3915.2	
其他金属制品制造	8	2	69622.8	5801.5	61519.9	2116.7
通用设备制造业	23	5	206039.3	53311.4	187923.2	707.1
锅炉及原动设备制造	3		16842.6	2927.8	17822.2	
锅炉及辅助设备制造	3		16842.6	2927.8	17822.2	
金属加工机械制造	1		3429.9	1637.9	3429.9	
金属切割及焊接设备制造	1		3429.9	1637.9	3429.9	
物料搬运设备制造	8	3	143618.9	37130.1	126326.5	276.5
起重机制造	6	2	121025.2	33772.3	106710.1	276.5
连续搬运设备制造	1		11783.1	2186.9	12016.4	
电梯、自动扶梯及升降机制造	1	1	10810.6	1170.8	7600.0	
轴承、齿轮和传动部件制造	1		1815.4	859.0	2871.4	430.6
轴承制造	1		1815.4	859.0	2871.4	430.6
烘炉、风机、衡器、包装等设备制造	2		6508.7	1551.9	5020.3	
风机、风扇制造	1		2392.2	794.5	2514.6	
制冷、空调设备制造	1		4116.5	757.4	2505.7	
通用零部件制造	8	2	33823.8	9204.7	32452.9	
机械零部件加工	7	2	26132.2	8919.0	24761.3	
其他通用零部件制造	1		7691.6	285.7	7691.6	
专用设备制造业	27	2	539217.3	116485.4	511656.8	10804.6
采矿、冶金、建筑专用设备制造	11	1	332423.6	64394.8	326933.8	10354.9
矿山机械制造	4	1	42477.1	10177.9	39536.3	
石油钻采专用设备制造	6		92897.6	28385.0	90348.6	10354.9
建筑工程用机械制造	1		197048.9	25831.9	197048.9	
化工、木材、非金属加工专用设备制造	1	1	2721.7	268.8	2708.7	
炼油、化工生产专用设备制造	1	1	2721.7	268.8	2708.7	
农、林、牧、渔专用机械制造	15		204072.0	51821.8	182014.3	449.7
拖拉机制造	2		45747.1	8421.3	34418.0	
机械化农业及园艺机具制造	9		127411.8	34561.5	119527.7	449.7
农林牧渔机械配件制造	1		8098.5	2562.4	8098.5	
棉花加工机械制造	1		9550.0	1745.9	8121.3	
其他农、林、牧、渔业机械制造	2		13264.6	4530.7	11848.8	
汽车制造业	8	5	319610.6	7903.4	315444.9	91.5
汽车整车制造	3	2	264618.5	5875.5	264114.1	

单位：万元

年初存货		资产总计							
	产成品		流动资产合　　计	应收账款	存货			固定资产合　　计	固定资产原　　价
						产成品	在产品		
125134.7	44142.0	977515.2	552651.6	157518.8	167569.2	69020.4	10891.8	286981.8	280236.8
76386.4	24426.0	591007.6	358064.6	101674.9	102118.8	33695.8	4887.7	185950.0	175627.0
75661.2	24275.7	575529.7	347113.4	97709.5	101665.5	33509.7	4887.7	183453.7	172712.0
725.2	150.3	15477.9	10951.2	3965.4	453.3	186.1		2496.3	2915.0
2481.1	1963.5	28209.6	20642.0	623.4	14927.8	13154.1		7466.0	5512.8
2481.1	1963.5	3124.5	2835.9	41.4	1834.7	61.0		187.0	222.8
		25085.1	17806.1	582.0	13093.1	13093.1		7279.0	5290.0
15619.2	6857.6	148371.0	65549.5	13058.3	16587.5	5125.9	2724.3	51216.3	43354.1
5433.7	2217.9	52652.1	15046.0	4114.7	7412.2	2436.6	2630.6	24339.0	26822.6
10185.5	4639.7	95718.9	50503.5	8943.6	9175.3	2689.3	93.7	26877.3	16531.5
10427.0	2166.6	116222.5	41259.9	26762.5	9728.3	3006.3	3094.9	20746.1	27498.2
3839.8	1209.9	13103.7	5816.0	1466.5	2432.8	1788.1		6687.1	8455.8
9.1	9.1	1720.6	806.0	251.1	489.6			314.0	605.6
3830.7	1200.8	11383.1	5010.0	1215.4	1943.2	1788.1		6373.1	7850.2
1762.9		22623.7	16317.5	5013.2	1590.8			5054.6	6090.7
863.9	294.4	2991.1	1698.1	364.7	1333.4	666.7		832.6	959.4
863.9	294.4	2991.1	1698.1	364.7	1333.4	666.7		832.6	959.4
13754.4	7224.0	54986.0	43304.0	8555.3	18849.8	11583.5	184.9	9029.1	12738.8
33382.2	14669.4	259527.7	188766.4	90612.0	53431.2	16304.9	5055.6	52272.2	45908.0
4893.5	2309.6	10190.5	8932.7	1688.9	4679.5	1622.4	182.7	1222.7	1715.1
4893.5	2309.6	10190.5	8932.7	1688.9	4679.5	1622.4	182.7	1222.7	1715.1
1569.6	16.0	15310.1	5811.3	496.9	2142.6	16.0	898.9	9060.3	536.9
1569.6	16.0	15310.1	5811.3	496.9	2142.6	16.0	898.9	9060.3	536.9
15235.3	7899.7	185120.9	135512.8	75231.0	32704.8	9064.9	2613.8	34780.1	28798.8
8705.4	5341.5	141124.0	113117.4	71003.9	24732.5	6829.7	1250.8	21763.9	17894.5
6426.5	2454.8	33244.1	19039.7	3341.3	7846.3	2109.2	1363.0	12805.3	10644.1
103.4	103.4	10752.8	3355.7	885.8	126.0	126.0		210.9	260.2
2618.6	1828.5	7089.8	6872.9	633.5	3468.8	2695.0	428.1	102.8	1860.6
2618.6	1828.5	7089.8	6872.9	633.5	3468.8	2695.0	428.1	102.8	1860.6
2319.3	1193.9	6572.2	5042.8	813.0	2848.1	1006.1	757.6	265.1	846.4
1193.9	1193.9	1964.7	1822.8	570.9	1006.1	1006.1		141.8	691.4
1125.4		4607.5	3220.0	242.1	1842.0		757.6	123.3	155.0
6745.9	1421.7	35244.2	26593.9	11748.7	7587.4	1900.5	174.5	6841.2	12150.2
6742.7	1420.7	32951.9	24602.2	9897.5	7562.1	1895.0	174.5	6540.7	11764.8
3.2	1.0	2292.3	1991.7	1851.2	25.3	5.5		300.5	385.4
83139.6	52293.8	627604.0	369650.0	127982.5	86406.6	54761.2	11560.5	195260.8	233032.4
30619.7	19882.9	318592.3	164558.0	78134.4	29047.0	18367.9	1018.4	114307.5	134890.0
7237.0	5497.5	68739.2	15108.0	5245.7	2029.8	1452.5	438.0	24748.4	28429.1
22990.3	13993.0	135821.1	110178.8	38895.3	26597.4	16915.4	160.6	20140.7	33388.9
392.4	392.4	114032.0	39271.2	33993.4	419.8		419.8	69418.4	73072.0
5.4		26250.8	1737.4	436.1	294.5			22571.3	22322.1
5.4		26250.8	1737.4	436.1	294.5			22571.3	22322.1
52514.5	32410.9	282760.9	203354.6	49412.0	57065.1	36393.3	10542.1	58382.0	75820.3
16399.4	11884.8	34372.7	28324.4	4593.9	18163.7	17460.7	53.2	4543.3	3322.0
24110.1	12329.8	208967.3	155384.2	40253.9	30558.5	15964.5	10265.5	42630.7	58613.6
315.6	249.1	2740.7	768.5	158.7				1492.2	1732.2
793.3	123.8	7584.3	2665.5	1483.1	903.0	448.0	189.5	3958.3	4514.2
10896.1	7823.4	29095.9	16212.0	2922.4	7439.9	2520.1	33.9	5757.5	7638.3
53629.4	31246.3	380732.1	147269.4	19918.5	40527.5	8063.1	7432.8	100642.2	117834.2
31173.7	23904.4	276534.0	84449.9	9067.8	17664.2	2713.1	4124.4	76154.2	84742.7

1-4-2 续表 6

行业	企业单位数(个)	亏损企业	工业总产值(当年价格)	工业增加值	工业销售产值(当年价格)	出口交货值
改装汽车制造	2	1	24748.2	-283.3	23664.9	
汽车车身、挂车制造	2	2	24229.3	849.4	21962.4	91.5
汽车零部件及配件制造	1		6014.6	1461.6	5703.5	
铁路、船舶、航空航天和其他运输设备制造业	1		4572.0	647.8	4572.0	
铁路运输设备制造	1		4572.0	647.8	4572.0	
其他铁路运输设备制造	1		4572.0	647.8	4572.0	
电气机械和器材制造业	45	5	3548593.0	523947.7	3479335.4	133056.7
电机制造	12	1	2647650.2	323834.3	2564935.3	133005.6
发电机及发电机组制造	11	1	2641620.0	322414.7	2558682.1	133005.6
电动机制造	1		6030.2	1419.6	6253.2	
输配电及控制设备制造	18		805565.5	189679.8	816325.4	51.1
变压器、整流器和电感器制造	7		710728.8	170109.7	729609.0	
配电开关控制设备制造	9		85222.0	16552.4	77688.6	51.1
其他输配电及控制设备制造	2		9614.7	3017.7	9027.8	
电线、电缆、光缆及电工器材制造	12	4	83209.5	5459.3	85642.3	
电线、电缆制造	10	3	75725.7	4358.4	78214.0	
绝缘制品制造	2	1	7483.8	1100.9	7428.3	
照明器具制造	1		5040.5	1369.2	5305.1	
电光源制造	1		5040.5	1369.2	5305.1	
其他电气机械及器材制造	2		7127.3	3605.1	7127.3	
其他未列明电气机械及器材制造	2		7127.3	3605.1	7127.3	
计算机、通信和其他电子设备制造业	1		3341.5	514.9	4485.7	3824.8
广播电视设备制造	1		3341.5	514.9	4485.7	3824.8
广播电视接收设备及器材制造	1		3341.5	514.9	4485.7	3824.8
仪器仪表制造业	1		4594.5	1030.9	3900.0	
通用仪器仪表制造	1		4594.5	1030.9	3900.0	
供应用仪表及其他通用仪器制造	1		4594.5	1030.9	3900.0	
其他制造业	2	2	8821.3	-8599.5	9622.6	
煤制品制造	2	2	8821.3	-8599.5	9622.6	
废弃资源综合利用业	3		66666.1	29522.8	67093.4	
金属废料和碎屑加工处理	2		30608.3	10118.4	30319.8	
非金属废料和碎屑加工处理	1		36057.8	19404.5	36773.6	
金属制品、机械和设备修理业	2		19166.5	3741.8	19087.1	
通用设备修理	1		2292.4	537.5	2213.0	
专用设备修理	1		16874.1	3204.4	16874.1	
电力、热力、燃气及水生产和供应业	**211**	**52**	**8559682.5**	**2615286.2**	**8440283.3**	
电力、热力生产和供应业	171	44	7889487.3	2427749.1	7859565.8	
电力生产	111	21	2670473.8	1376105.2	2630853.8	
火力发电	35	10	1965281.3	904333.9	1934744.9	
水力发电	26	6	345460.8	227739.9	344331.4	
风力发电	37	1	303347.7	212671.9	298997.4	
太阳能发电	10	2	36080.6	21510.6	32476.7	
其他电力生产	3	2	20303.4	9848.9	20303.4	
电力供应	22	9	4979303.9	994471.0	4977930.1	
热力生产和供应	38	14	239709.6	57172.9	250781.9	
燃气生产和供应业	28	2	592173.4	143034.7	503142.9	
水的生产和供应业	12	6	78021.8	44502.4	77574.6	
自来水生产和供应	9	5	56856.8	32294.1	56409.6	
污水处理及其再生利用	3	1	21165.0	12208.4	21165.0	

单位：万元

年初存货	产成品	资产总计	流动资产合计	应收账款	存货	产成品	在产品	固定资产合计	固定资产原价
11811.2	5143.7	36155.9	18750.0	4437.9	10007.6	3746.5	989.0	8703.5	13743.7
8586.8	1154.7	60327.6	39004.8	4523.6	10741.3	387.5	2059.1	13344.5	15457.8
2057.7	1043.5	7714.6	5064.7	1889.2	2114.4	1216.0	260.3	2440.0	3890.0
296.8		7550.5	5438.9	2701.6	526.3	526.3		1043.9	1043.9
296.8		7550.5	5438.9	2701.6	526.3	526.3		1043.9	1043.9
296.8		7550.5	5438.9	2701.6	526.3	526.3		1043.9	1043.9
436888.5	236053.6	7213717.0	4355822.7	1552317.9	595633.4	104730.9	11356.0	532541.4	588406.6
272246.0	167275.9	3830477.0	2891931.4	1314655.1	351039.3	31081.3	5444.9	117486.6	151374.1
271866.6	167112.9	3822766.9	2885835.0	1312625.9	349598.1	30664.7	5444.9	116165.7	149532.8
379.4	163.0	7710.1	6096.4	2029.2	1441.2	416.6		1320.9	1841.3
143807.1	58404.8	3179873.8	1345833.2	199462.3	221496.8	64595.3	4683.4	356265.0	372520.5
131609.5	53909.5	3037256.1	1258102.5	164763.3	209515.5	58788.7	4113.4	326490.7	335385.4
11503.5	4495.3	133486.8	80266.4	32659.0	10771.6	5120.1	570.0	29065.1	35734.0
694.1		9130.9	7464.3	2040.0	1209.7	686.5		709.2	1401.1
18335.4	9728.7	131197.1	98573.5	33458.7	19481.9	9047.7	1227.7	13236.3	18667.9
13879.2	6447.3	117041.3	85793.5	27225.1	14385.5	6906.5	1097.4	11896.2	15442.8
4456.2	3281.4	14155.8	12780.0	6233.6	5096.4	2141.2	130.3	1340.1	3225.1
2237.5	644.2	17519.5	15178.6	3188.2	3281.2	6.6		545.1	710.3
2237.5	644.2	17519.5	15178.6	3188.2	3281.2	6.6		545.1	710.3
262.5		54649.6	4306.0	1553.6	334.2			45008.4	45133.8
262.5		54649.6	4306.0	1553.6	334.2			45008.4	45133.8
362.6	159.8	3553.5	1567.9	56.2	297.0	125.4	146.8	1686.0	479.4
362.6	159.8	3553.5	1567.9	56.2	297.0	125.4	146.8	1686.0	479.4
362.6	159.8	3553.5	1567.9	56.2	297.0	125.4	146.8	1686.0	479.4
394.2	275.9	15114.7	6864.8	2095.8	667.1	466.9	200.2	67.0	270.3
394.2	275.9	15114.7	6864.8	2095.8	667.1	466.9	200.2	67.0	270.3
394.2	275.9	15114.7	6864.8	2095.8	667.1	466.9	200.2	67.0	270.3
7121.7	4685.1	96529.5	7557.8	807.8	4122.0	3523.0		83912.4	106166.5
7121.7	4685.1	96529.5	7557.8	807.8	4122.0	3523.0		83912.4	106166.5
4252.3	3597.7	142434.9	47342.8	4678.0	4027.1	2993.1	562.2	73269.1	91186.6
3467.1	3177.3	59767.7	20319.1	2251.1	2944.1	2472.4		19917.2	26446.9
785.2	420.4	82667.2	27023.7	2426.9	1083.0	520.7	562.2	53351.9	64739.7
3617.3	2260.7	21329.4	18162.9	12235.1	4550.5	3013.8	51.1	1805.7	5125.0
585.2	365.7	2796.3	2477.2	1796.4	512.9	278.6	19.6	319.1	721.6
3032.1	1895.0	18533.1	15685.7	10438.7	4037.6	2735.2	31.5	1486.6	4403.4
159872.0	**9756.6**	**24409819.4**	**4280769.6**	**749209.4**	**179011.3**	**15686.5**	**1701.7**	**15839061.9**	**19494838.7**
126234.3	6924.5	22443477.3	3574365.7	691990.9	143032.3	11495.5	1701.7	15013141.3	18430679.0
84693.1	3997.6	13983364.9	2091847.9	510289.5	99425.4	6405.0	1688.3	9034010.0	10711824.1
74899.7	2711.8	6779332.7	1211953.7	190888.9	90254.9	3914.3	1482.4	3939909.2	5408395.7
3444.4	20.6	3581301.1	327113.6	31595.8	3565.8	0.2	0.4	2869836.8	2782747.6
3018.8		2858665.9	444285.6	260878.8	2908.7			1741292.9	2013633.8
		657949.1	94847.8	21127.0				422759.9	438492.2
3330.2	1265.2	106116.1	13647.2	5799.0	2696.0	2490.5	205.5	60211.2	68554.8
15828.0	2236.5	7007306.0	841240.6	130453.0	16309.8	1367.6		5269195.1	6645393.0
25713.2	690.4	1452806.4	641277.2	51248.4	27297.1	3722.9	13.4	709936.2	1073461.9
32401.3	2832.1	979986.6	390703.7	46475.3	34617.4	4094.4		487753.2	610802.5
1236.4		986355.5	315700.2	10743.2	1361.6	96.6		338167.4	453357.2
647.9		858848.7	301591.5	7605.7	602.4			261959.5	361677.6
588.5		127506.8	14108.7	3137.5	759.2	96.6		76207.9	91679.6

1-4-2 续表 7

行业	累计折旧	本年折旧	在建工程	负债合计	流动负债合计	应付账款
总　计	**37258365.8**	**6883315.8**	**13577272.9**	**87797652.5**	**57554010.5**	**18505338.2**
采矿业	**20715028.6**	**3463348.9**	**3412285.0**	**21871486.6**	**13577154.5**	**5158116.6**
煤炭开采和洗选业	835814.3	197727.9	1817928.3	5128486.4	3616188.0	567170.4
烟煤和无烟煤开采洗选	834809.8	197385.4	1817432.5	5120246.1	3607947.7	566034.7
其他煤炭采选	1004.5	342.5	495.8	8240.3	8240.3	1135.7
石油和天然气开采业	18436672.8	2915481.9	1048753.4	11681604.0	5598177.1	3153573.6
石油开采	18416538.6	2911174.7	1043453.4	11674343.3	5590916.4	3151169.1
天然气开采	20134.2	4307.2	5300.0	7260.7	7260.7	2404.5
黑色金属矿采选业	275468.3	69026.8	219744.9	2072605.1	1847478.3	385301.3
铁矿采选	272264.3	68374.0	219744.9	2027274.5	1803653.4	363790.4
锰矿、铬矿采选	1981.2	541.4		41995.1	40598.8	21461.9
其他黑色金属矿采选	1222.8	111.4		3335.5	3226.1	49.0
有色金属矿采选业	200873.1	41770.2	248997.6	867261.6	596619.0	92242.4
常用有色金属矿采选	166566.1	36558.1	210041.3	751040.9	546550.7	80984.5
铜矿采选	109107.2	25015.2	74265.0	393133.4	312852.1	56882.8
铅锌矿采选	14969.7	5306.2	14335.5	127716.7	87546.7	5601.7
镍钴矿采选	42489.2	6236.7	121440.8	230190.8	146151.9	18500.0
贵金属矿采选	29845.0	4500.6	17341.1	65540.0	34268.0	7694.4
金矿采选	29845.0	4500.6	17341.1	65540.0	34268.0	7694.4
稀有稀土金属矿采选	4462.0	711.5	21615.2	50680.7	15800.3	3563.5
其他稀有金属矿采选	4462.0	711.5	21615.2	50680.7	15800.3	3563.5
非金属矿采选业	30585.3	8222.3	28359.4	205660.7	190012.5	49223.8
土砂石开采	11444.1	4105.2	23942.5	133372.8	122114.0	39777.1
石灰石、石膏开采	7087.4	2823.5	23826.9	108618.2	97912.9	32725.3
建筑装饰用石开采	2097.2	729.1	100.1	15723.4	15639.4	2211.0
粘土及其他土砂石开采	2259.5	552.6	15.5	9031.2	8561.7	4840.8
化学矿开采	1472.9	166.1	154.8	7578.5	5939.7	724.6
采盐	6895.2	1495.9	3633.6	17472.2	14721.6	2107.3
石棉及其他非金属矿采选	10773.1	2455.1	628.5	47237.2	47237.2	6614.8
石棉、云母矿采选	5803.6	1388.6	0.9	12674.5	12674.5	224.1
其他未列明非金属矿采选	4969.5	1066.5	627.6	34562.7	34562.7	6390.7
开采辅助活动	935614.8	231119.8	48501.4	1915868.8	1728679.6	910605.1
石油和天然气开采辅助活动	935614.8	231119.8	48501.4	1915868.8	1728679.6	910605.1
制造业	**11126829.8**	**2329512.0**	**6134632.1**	**49920783.9**	**36770055.4**	**10691293.1**
农副食品加工业	441193.0	87120.4	150918.2	2368378.4	2180944.9	282177.5
谷物磨制	44654.8	6349.8	12369.8	190418.6	181484.2	24510.8
饲料加工	52326.5	11774.9	26763.8	185969.9	153814.4	27307.8
植物油加工	126489.1	26581.8	41491.2	1084727.3	1024582.4	114945.7
食用植物油加工	126177.7	26415.7	34937.8	1053682.6	993537.7	112636.4
非食用植物油加工	311.4	166.1	6553.4	31044.7	31044.7	2309.3
制糖业	141102.6	14509.3	5964.5	212474.7	203231.1	33524.8
屠宰及肉类加工	28882.7	8326.9	22565.4	268413.5	238454.8	14244.8
牲畜屠宰	23188.3	7364.3	14294.2	230026.0	208362.0	6883.2
禽类屠宰	2012.4	507.3	8252.3	14542.1	13021.2	380.0
肉制品及副产品加工	3682.0	455.3	18.9	23845.4	17071.6	6981.6
水产品加工	862.3	202.6	3151.1	3557.0	3137.0	792.3
水产品冷冻加工	776.0	125.9	10.5	1546.3	1126.3	17.3
水产饲料制造	86.3	76.7	3140.6	2010.7	2010.7	775.0
蔬菜、水果和坚果加工	25158.6	11762.5	30630.9	224074.3	190182.6	40955.1
蔬菜加工	2633.0	876.5	3778.4	24412.1	24148.8	4996.8
水果和坚果加工	22525.6	10886.0	26852.5	199662.2	166033.8	35958.3

单位：万元

非流动负债合计	所有者权益合计	实收资本	国家资本	集体资本	法人资本	个人资本	港澳台资本	外商资本
27637256.1	**55347427.8**	**39102343.3**	**15591514.8**	**294603.3**	**19934498.8**	**2741717.9**	**286895.7**	**253112.7**
8195308.9	**19354201.3**	**17734238.4**	**7388755.2**	**2476.3**	**10000476.2**	**293071.6**	**33780.6**	**15678.5**
1497739.5	2734512.7	1900855.7	213913.8	965.0	1543733.7	124216.2	18027.0	
1497739.5	2733169.5	1897855.7	213913.8	965.0	1542733.7	122216.2	18027.0	
	1343.2	3000.0			1000.0	2000.0		
6083426.9	13878778.1	13673524.9	5888453.9		7785071.0			
6083426.9	13798418.6	13566924.9	5888453.9		7678471.0			
	80359.5	106600.0			106600.0			
151708.3	810825.1	444981.9	92614.8		274808.2	77558.9		
151598.9	798388.1	437981.9	92364.8		273098.2	72518.9		
	8188.1	6000.0			960.0	5040.0		
109.4	4248.9	1000.0	250.0		750.0			
269268.4	824280.7	395731.0	26100.0	156.1	311043.5	37299.3	15753.6	5378.5
203116.1	743390.6	371931.0	25100.0	156.1	288243.5	37299.3	15753.6	5378.5
78907.2	543836.8	221629.7	1900.0		186149.2	28202.0		5378.5
40170.0	60737.0	60601.3			58704.0	1897.3		
84038.9	138816.8	89700.0	23200.0	156.1	43390.3	7200.0	15753.6	
31271.9	81458.6	17320.0	1000.0		16320.0			
31271.9	81458.6	17320.0	1000.0		16320.0			
34880.4	-568.5	6480.0			6480.0			
34880.4	-568.5	6480.0			6480.0			
5976.9	104142.6	74367.2	5839.7		37866.0	20361.5		10300.0
1735.5	57850.0	40401.5	400.0		19790.0	20211.5		
1182.1	36217.5	31181.5			13790.0	17391.5		
84.0	13356.7	7820.0			5000.0	2820.0		
469.4	8275.8	1400.0	400.0		1000.0			
1638.8	4854.6	838.7	838.7					
2602.6	38934.4	16307.1	1081.1		15226.0			
	2503.6	16819.9	3519.9		2850.0	150.0		10300.0
	1681.8	2999.9	2999.9					
	821.8	13820.0	520.0		2850.0	150.0		10300.0
187188.9	1001662.1	1244777.7	1161833.0	1355.2	47953.8	33635.7		
187188.9	1001662.1	1244777.7	1161833.0	1355.2	47953.8	33635.7		
11610864.3	**27603234.9**	**17312682.1**	**5951198.4**	**248745.3**	**8312903.9**	**2335233.9**	**247715.1**	**216885.4**
140775.9	1286053.9	750192.4	99382.2	12791.4	345825.0	214230.2	10159.4	67804.2
7519.5	140424.0	61812.0	10436.8		29227.6	22147.6		
31664.0	250848.1	79173.2		232.6	69137.9	4354.0		5448.7
54282.9	297825.6	313556.3	18270.6	2057.3	128938.5	106839.4	2850.5	54600.0
54282.9	295063.9	310181.3	17270.6	2057.3	126963.5	106439.4	2850.5	54600.0
	2761.7	3375.0	1000.0		1975.0	400.0		
7298.8	151177.0	72847.3	40883.3		25234.3	6729.7		
14541.3	112030.1	78254.2	7616.2	10000.0	37039.0	23328.4		270.6
6456.3	76673.4	52766.3	7616.2	10000.0	25319.9	9830.2		
1311.2	23690.0	13500.0			501.8	12998.2		
6773.8	11666.7	11987.9			11217.3	500.0		270.6
420.0	15850.5	10200.0			2165.0	8035.0		
420.0	1526.7	200.0				200.0		
	14323.8	10000.0			2165.0	7835.0		
21478.6	219476.4	78517.0	20775.0	501.5	31216.0	23592.9	125.0	2306.6
263.3	25263.7	10841.0			6546.0	4295.0		
21215.3	194212.7	67676.0	20775.0	501.5	24670.0	19297.9	125.0	2306.6

1-4-2 续表 8

行业	累计折旧	本年折旧	在建工程	负债合计	流动负债合计	应付账款
其他农副食品加工	21716.4	7612.6	7981.5	198743.1	186058.4	25896.2
淀粉及淀粉制品制造	9935.0	4030.6	6824.2	103322.0	100873.4	14254.9
蛋品加工	173.2	38.2	38.3	176.5		
其他未列明农副食品加工	11608.2	3543.8	1119.0	95244.6	85185.0	11641.3
食品制造业	509353.3	132275.9	181725.0	1948164.5	1834142.4	307678.2
焙烤食品制造	10112.8	1817.2	6808.7	37449.0	23366.0	15235.6
糕点、面包制造	6189.3	1182.1	3629.0	26952.0	12999.0	5297.4
饼干及其他焙烤食品制造	3923.5	635.1	3179.7	10497.0	10367.0	9938.2
方便食品制造	34511.5	6153.7	4761.7	71096.0	61736.4	23759.4
米、面制品制造	50.4	45.8	253.4	1052.8	1052.8	319.1
方便面及其他方便食品制造	34461.1	6107.9	4508.3	70043.2	60683.6	23440.3
乳制品制造	75173.7	11579.8	9035.3	167821.9	139581.7	46605.4
罐头食品制造	243458.7	36454.9	5224.0	787780.2	754078.8	78506.4
蔬菜、水果罐头制造	243458.7	36454.9	5224.0	787780.2	754078.8	78506.4
调味品、发酵制品制造	100954.3	64490.0	148355.7	721458.7	712727.5	108886.6
味精制造	3895.7	1420.0		13178.1	13178.1	2495.0
酱油、食醋及类似制品制造	2322.6	438.3	303.9	10562.6	10502.6	1962.4
其他调味品、发酵制品制造	94736.0	62631.7	148051.8	697718.0	689046.8	104429.2
其他食品制造	45142.3	11780.3	7539.6	162558.7	142652.0	34684.8
营养食品制造	748.4	148.8	167.8	12138.7	12138.7	576.0
冷冻饮品及食用冰制造	8903.9	1072.3	34.4	13471.1	13206.4	2570.9
盐加工	2181.2	375.8		3262.0	2167.0	529.9
食品及饲料添加剂制造	33188.8	10074.0	7337.4	132636.9	115139.9	31008.0
其他未列明食品制造	120.0	109.4		1050.0		
酒、饮料和精制茶制造业	207403.5	43650.3	63144.9	873472.5	631072.7	84030.0
酒的制造	139531.5	26788.6	43542.9	665447.6	448337.7	50916.7
酒精制造	5319.0	3799.0	14436.5	60061.7	55539.0	5435.5
白酒制造	42072.4	3702.6	3712.7	149416.2	143752.8	15776.0
啤酒制造	42892.2	11038.6	4076.6	102405.2	101934.6	13388.0
葡萄酒制造	49247.9	8248.4	21317.1	353564.5	147111.3	16317.2
饮料制造	67872.0	16861.7	19602.0	208024.9	182735.0	33113.3
碳酸饮料制造	4982.8	1271.7		14892.7	14892.7	5038.4
瓶(罐)装饮用水制造	11677.5	4702.4	8793.4	53824.1	42594.6	9681.1
果菜汁及果菜汁饮料制造	10233.2	1992.6	6515.5	41690.9	40178.2	4782.6
含乳饮料和植物蛋白饮料制造	7227.8	1645.6	353.8	12866.8	12866.8	4131.7
茶饮料及其他饮料制造	33750.7	7249.4	3939.3	84750.4	72202.7	9479.5
烟草制品业	78871.6	7717.5	148614.0	118220.0	117220.0	87259.0
卷烟制造	78871.6	7717.5	148614.0	118220.0	117220.0	87259.0
纺织业	459228.1	86033.3	170559.3	1693077.1	1117137.0	344740.8
棉纺织及印染精加工	414942.1	82784.1	140646.3	1587256.3	1023274.9	340216.6
棉纺纱加工	413165.1	81945.5	140645.8	1552084.7	988548.1	322875.4
棉织造加工	555.8	238.4		14902.4	14698.1	2126.2
棉印染精加工	1221.2	600.2	0.5	20269.2	20028.7	15215.0
毛纺织及染整精加工	32584.1	1085.8	11362.9	25476.6	18031.8	2129.8
毛条和毛纱线加工	31797.6	801.3	11165.4	23917.6	16472.8	1531.2
毛织造加工	786.5	284.5	197.5	1559.0	1559.0	598.6
麻纺织及染整精加工	8586.2	1078.7		11732.9	11517.9	1529.3
麻纤维纺前加工和纺纱	8586.2	1078.7		11732.9	11517.9	1529.3

单位：万元

非流动负债合计	所有者权益合计	实收资本	国家资本	集体资本	法人资本	个人资本	港澳台资本	外商资本
3570.8	98422.2	55832.4	1400.3		22866.7	19203.2	7183.9	5178.3
852.3	50364.2	33314.2	1400.3		17428.7	14485.2		
68.2	757.3	160.0			160.0			
2650.3	47300.7	22358.2			5278.0	4718.0	7183.9	5178.3
86229.1	848792.2	724239.7	85313.1	11057.4	235114.4	318760.8	48139.3	25854.7
14083.0	26694.9	18815.5			1369.0	9506.3		7940.2
13953.0	22430.8	10875.3			1369.0	9506.3		
130.0	4264.1	7940.2						7940.2
	71677.3	40989.9	2300.0		12348.9	145.0	24982.6	1213.4
	2692.8	2645.0	1300.0		1200.0	145.0		
	68984.5	38344.9	1000.0		11148.9		24982.6	1213.4
28239.9	165785.9	125601.8	43128.5	4697.0	45220.9	26088.7		6466.7
31646.6	68874.6	177861.4	34628.3	5340.4	95686.0	19050.0	23156.7	
31646.6	68874.6	177861.4	34628.3	5340.4	95686.0	19050.0	23156.7	
5978.0	370287.7	283453.6		1020.0	16463.4	255735.8		10234.4
	7903.9	1000.0			479.0	521.0		
60.0	615.1	3785.0			670.2	3114.8		
5918.0	361768.7	278668.6		1020.0	15314.2	252100.0		10234.4
6281.6	145471.8	77517.5	5256.3		64026.2	8235.0		
	14555.0	6600.0				6600.0		
264.6	9270.1	10834.0			9334.0	1500.0		
1095.0	3540.0	1302.0	1302.0					
4922.0	116603.2	58771.5	3954.3		54682.2	135.0		
	1503.5	10.0			10.0			
222238.4	491251.1	364007.3	76070.3	995.9	188564.5	45721.7	12599.0	40055.8
210783.8	384649.5	282321.7	76070.3	995.9	147039.3	44123.2		14093.0
4522.7	35119.1	19533.0			3800.0	15733.0		
4973.0	99867.2	60282.6	4152.7	576.9	31782.8	23770.2		
470.6	191562.3	123551.0	70665.0	419.0	38374.0			14093.0
200817.5	58100.9	78955.1	1252.6		73082.5	4620.0		
11454.6	106601.6	81685.6			41525.2	1598.5	12599.0	25962.8
	8105.8	9000.0			4200.0		4800.0	
11229.5	16534.2	9000.0			7500.0	1500.0		
188.3	24597.5	23906.5			16773.5	98.5		7034.5
	6796.7	5018.9			1846.6			3172.3
36.8	50567.4	34760.2			11205.1		7799.0	15756.0
1000.0	336589.0	18741.7	18741.7					
1000.0	336589.0	18741.7	18741.7					
158597.9	833427.0	654964.0	90237.2	39119.6	346806.1	77195.8	80593.1	21012.2
146639.3	707369.9	553237.7	36789.2	4241.3	333506.1	77095.8	80593.1	21012.2
146398.8	708636.4	552182.7	36789.2	4241.3	332506.1	77040.8	80593.1	21012.2
	-3056.8	55.0				55.0		
240.5	1790.3	1000.0			1000.0			
7444.8	78632.9	62748.0	53448.0		9300.0			
7444.8	65862.5	53448.0	53448.0					
	12770.4	9300.0			9300.0			
214.9	5657.9	5500.0		1500.0	4000.0			
214.9	5657.9	5500.0		1500.0	4000.0			

1-4-2 续表 9

行业	累计折旧	本年折旧	在建工程	负债合计	流动负债合计	应付账款
家用纺织制成品制造	3115.7	1084.7	18550.1	68611.3	64312.4	865.1
床上用品制造				1550.5	1550.5	55.0
其他家用纺织制成品制造	3115.7	1084.7	18550.1	67060.8	62761.9	810.1
纺织服装、服饰业	7130.1	1129.8	5133.1	42812.7	34676.2	4373.7
机织服装制造	5514.6	877.6	4937.5	27227.0	19178.5	3164.4
针织或钩针编织服装制造	842.4	43.0		13255.7	13217.7	1302.9
服饰制造	773.1	209.2	195.6	2330.0	2280.0	-93.6
皮革、毛皮、羽毛及其制品和制鞋业	4425.8	686.4	1371.1	41823.6	37634.6	11329.8
皮革鞣制加工	4425.8	686.4	1371.1	41823.6	37634.6	11329.8
木材加工和木、竹、藤、棕、草制品业	16396.8	3579.5	2794.6	55198.8	49056.7	6288.9
人造板制造	15800.5	3511.7	2794.6	53880.0	47737.9	6105.3
胶合板制造	779.0	153.3		2827.7	2827.7	2099.4
纤维板制造	13097.7	2558.6	2012.2	41838.0	35838.0	3432.3
刨花板制造	1856.8	742.7	732.5	5684.0	5684.0	176.4
其他人造板制造	67.0	57.1	49.9	3530.3	3388.2	397.2
木制品制造	596.3	67.8		1318.8	1318.8	183.6
软木制品及其他木制品制造	596.3	67.8		1318.8	1318.8	183.6
家具制造业	17915.6	1213.9	3391.7	78771.9	62841.6	8633.2
木质家具制造	16519.8	968.8	3284.8	66682.9	50772.4	7622.0
金属家具制造	1395.8	245.1	106.9	12089.0	12069.2	1011.2
造纸和纸制品业	76160.9	10082.0	100604.5	304327.4	252427.7	53396.5
纸浆制造	12188.0	2151.8		11484.0	11484.0	1811.7
木竹浆制造	10919.5	1583.3		9485.8	9485.8	1544.3
非木竹浆制造	1268.5	568.5		1998.2	1998.2	267.4
造纸	53601.7	5133.1	99336.9	250799.0	203679.9	38347.7
机制纸及纸板制造	53601.7	5133.1	99336.9	250799.0	203679.9	38347.7
纸制品制造	10371.2	2797.1	1267.6	42044.4	37263.8	13237.1
纸和纸板容器制造	8414.4	1765.2	857.6	28522.0	25630.7	5621.5
其他纸制品制造	1956.8	1031.9	410.0	13522.4	11633.1	7615.6
印刷和记录媒介复制业	27806.4	3958.8	3337.5	44028.3	35317.6	9269.2
印刷	27806.4	3958.8	3337.5	44028.3	35317.6	9269.2
书、报刊印刷	23328.3	2837.8	632.4	23067.2	17856.5	4523.8
本册印制	125.0		2285.1	5066.2	3366.2	828.0
包装装潢及其他印刷	4353.1	1121.0	420.0	15894.9	14094.9	3917.4
文教、工美、体育和娱乐用品制造业	3244.8	655.3	911.5	17241.1	16368.2	2670.4
工艺美术品制造	3244.8	655.3	911.5	17241.1	16368.2	2670.4
地毯、挂毯制造	2841.8	643.4	911.5	11759.3	10886.4	2423.0
其他工艺美术品制造	403.0	11.9		5481.8	5481.8	247.4
石油加工、炼焦和核燃料加工业	3844648.0	452560.6	719118.4	4874229.3	4102044.2	748494.4
精炼石油产品制造	3628188.4	379881.3	348504.3	3158537.9	2655596.7	434388.2
原油加工及石油制品制造	3628188.4	379881.3	348504.3	3158537.9	2655596.7	434388.2
炼焦	216459.6	72679.3	370614.1	1715691.4	1446447.5	314106.2
化学原料和化学制品制造业	1668947.3	493808.8	924584.9	8901846.0	4757816.5	1642387.3
基础化学原料制造	437347.3	144846.8	319555.2	2835861.9	1806358.8	472950.2
无机酸制造	13971.2	5464.9	15919.4	79665.4	37016.6	8744.9
无机碱制造	74634.5	7275.4	489.9	212036.3	211491.7	18188.6
无机盐制造	134163.5	69028.3	228689.2	1693946.9	1121592.4	367718.2
有机化学原料制造	198388.6	57050.7	69475.3	771145.0	414156.3	71621.1
其他基础化学原料制造	16189.5	6027.5	4981.4	79068.3	22101.8	6677.4
肥料制造	395507.3	72118.1	407581.3	2794345.3	1464044.5	575437.0
氮肥制造	178998.2	19584.7	218370.0	2067625.0	1010227.6	490954.4

单位：万元

非流动负债合计	所有者权益合计	实收资本	国家资本	集体资本	法人资本	个人资本	港澳台资本	外商资本
4298.9	41766.3	33478.3		33378.3		100.0		
	-671.8	100.0				100.0		
4298.9	42438.1	33378.3		33378.3				
8136.4	12805.5	15539.0	4250.4		9373.6	1915.0		
8048.4	18809.5	12526.1	4250.4		6625.7	1650.0		
38.0	-9967.5	2682.9			2682.9			
50.0	3963.5	330.0			65.0	265.0		
4189.0	13805.5	6556.5			5000.0	1556.5		
4189.0	13805.5	6556.5			5000.0	1556.5		
6142.1	43828.9	21169.1			5939.1	15230.0		
6142.1	41984.5	19169.1			3939.1	15230.0		
	557.6	311.0				311.0		
6000.0	29743.8	15258.1			3339.1	11919.0		
	11098.0	3000.0				3000.0		
142.1	585.1	600.0			600.0			
	1844.4	2000.0			2000.0			
	1844.4	2000.0			2000.0			
15930.3	248894.0	70158.0	26296.0		10.0	39762.0		4090.0
15910.5	245121.0	67028.0	26296.0		10.0	36632.0		4090.0
19.8	3773.0	3130.0				3130.0		
16968.6	144540.6	59620.0	13347.6		29038.9	11151.8	4343.0	1738.7
	12942.9	5950.0			5950.0			
	5683.5	5850.0			5850.0			
	7259.4	100.0			100.0			
12554.0	100823.0	34539.4	12347.6		14012.1	7854.7	325.0	
12554.0	100823.0	34539.4	12347.6		14012.1	7854.7	325.0	
4414.6	30774.7	19130.6	1000.0		9076.8	3297.1	4018.0	1738.7
2747.6	13723.2	6428.6			2392.8	2297.1		1738.7
1667.0	17051.5	12702.0	1000.0		6684.0	1000.0	4018.0	
8710.7	48166.0	18526.3	11022.3		4094.0	3410.0		
8710.7	48166.0	18526.3	11022.3		4094.0	3410.0		
5210.7	32761.5	11382.3	11022.3			360.0		
1700.0	867.5	1000.0				1000.0		
1800.0	14537.0	6144.0			4094.0	2050.0		
872.9	12439.8	8487.7			2100.0	499.7	2000.0	3888.0
872.9	12439.8	8487.7			2100.0	499.7	2000.0	3888.0
872.9	10230.9	6388.0			500.0		2000.0	3888.0
	2208.9	2099.7			1600.0	499.7		
722744.3	5186569.1	5008834.6	4297830.0	24661.2	442346.2	243997.2		
502822.6	4473127.4	4429271.9	4272260.3	5521.2	84574.3	66916.1		
502822.6	4473127.4	4429271.9	4272260.3	5521.2	84574.3	66916.1		
219921.7	713441.7	579562.7	25569.7	19140.0	357771.9	177081.1		
4120815.8	5042080.9	3086487.5	442496.8	23742.2	2383098.3	221123.3	14212.9	1814.0
1018648.1	1354230.4	711834.1	111207.3	15250.5	418060.3	157216.0	10100.0	
42648.8	72156.7	47800.0			34000.0	13800.0		
544.5	121121.7	51002.2	7143.0		18976.0	24883.2		
572084.6	610332.4	368100.5	43368.0	50.5	219008.4	105673.6		
346403.7	487451.1	198668.4	39164.8	15000.0	121544.4	12859.2	10100.0	
56966.5	63168.5	46263.0	21531.5	200.0	24531.5			
1321328.9	1318549.8	820948.5	37066.0	5812.7	757559.6	18900.2	1400.0	210.0
1057372.1	728331.1	519949.7	34500.0		485449.7			

1-4-2 续表 10

行业	累计折旧	本年折旧	在建工程	负债合计	流动负债合计	应付账款
钾肥制造	174956.3	36895.8	79902.8	428982.9	263967.5	31907.5
复混肥料制造	33958.3	12766.5	102195.2	244644.8	159198.0	42113.3
有机肥料及微生物肥料制造	6021.9	2515.7	6335.3	42459.7	23795.4	5802.2
其他肥料制造	1572.6	355.4	778.0	10632.9	6856.0	4659.6
涂料、油墨、颜料及类似产品制造	2644.8	335.6	951.6	15430.5	14439.2	6331.5
涂料制造	2644.8	335.6	951.6	15430.5	14439.2	6331.5
合成材料制造	771226.9	260710.1	171113.6	2867121.3	1125012.8	488383.0
初级形态塑料及合成树脂制造	740161.2	245039.0	127409.6	2656065.0	930525.5	443806.4
合成橡胶制造	13286.8	4614.7		62487.7	46569.1	5757.4
合成纤维单(聚合)体制造	17778.9	11056.4	43704.0	148568.6	147918.2	38819.2
专用化学产品制造	38227.6	9482.6	12763.4	257137.8	237315.7	85439.6
化学试剂和助剂制造	24659.0	6495.2	10620.0	176949.3	166425.9	58829.1
专项化学用品制造	12283.8	2316.1	2122.7	67719.7	58839.2	24104.0
动物胶制造	1284.8	671.3	20.7	12468.8	12050.6	2506.5
炸药、火工及焰火产品制造	18853.0	4080.6	11417.4	100052.8	95006.2	6868.0
炸药及火工产品制造	18853.0	4080.6	11417.4	100052.8	95006.2	6868.0
日用化学产品制造	5140.4	2235.0	1202.4	31896.4	15639.3	6978.0
肥皂及合成洗涤剂制造	2124.6	380.3	169.0	2051.1	2051.1	1680.8
香料、香精制造	1439.7	568.9	60.0	4661.5	4661.5	1339.5
其他日用化学产品制造	1576.1	1285.8	973.4	25183.8	8926.7	3957.7
医药制造业	38508.5	6889.6	55138.8	252145.8	197251.0	28108.7
化学药品原料药制造	1585.9	510.4	5933.8	14231.7	13636.7	1470.7
化学药品制剂制造	10604.4	1431.3	12170.1	37612.9	29475.1	8191.0
中药饮片加工	4441.4	1128.2	552.2	44560.4	40361.1	5025.0
中成药生产	14525.1	2565.6	19499.5	94742.2	85178.4	8722.4
生物药品制造	7060.9	1176.1	16240.9	56124.3	23725.4	3929.8
卫生材料及医药用品制造	290.8	78.0	742.3	4874.3	4874.3	769.8
化学纤维制造业	209355.4	49788.6	44398.0	977390.0	736493.7	194057.5
纤维素纤维原料及纤维制造	209355.4	49788.6	44398.0	977390.0	736493.7	194057.5
化纤浆粕制造	79638.4	17763.2	10111.7	379906.4	353478.4	80939.2
人造纤维(纤维素纤维)制造	129717.0	32025.4	34286.3	597483.6	383015.3	113118.3
橡胶和塑料制品业	116778.6	21576.4	43905.0	630454.7	510780.1	118339.0
橡胶制品业	5912.1	2264.8	26677.5	144554.0	105500.0	33149.0
轮胎制造	5509.9	2213.8	26677.5	142619.1	103725.4	32798.8
日用及医用橡胶制品制造	402.2	51.0		1934.9	1774.6	350.2
塑料制品业	110866.5	19311.6	17227.5	485900.7	405280.1	85190.0
塑料薄膜制造	13456.7	2017.8	2953.2	60448.3	55369.9	19202.2
塑料板、管、型材制造	75531.0	12947.6	10511.3	293468.8	248312.8	55062.4
塑料丝、绳及编织品制造	2857.8	766.7	383.5	33057.2	32249.1	4084.4
泡沫塑料制造	296.9	280.7	2867.2	8385.1	6959.1	340.4
塑料包装箱及容器制造	14481.8	2352.1		44875.2	33083.5	1503.6
日用塑料制品制造	163.2	96.2	393.3	1123.1	1123.1	469.0
其他塑料制品制造	4079.1	850.5	119.0	44543.0	28182.6	4528.0
非金属矿物制品业	1098474.8	280482.2	322983.2	5873719.1	4294342.6	1107862.2
水泥、石灰和石膏制造	704100.8	169279.0	143206.8	3507727.6	2453136.6	523719.0
水泥制造	690026.8	161139.3	131668.7	3380931.2	2341454.3	503110.0
石灰和石膏制造	14074.0	8139.7	11538.1	126796.4	111682.3	20609.0
石膏、水泥制品及类似制品制造	291968.1	76833.4	21570.6	1227474.0	1052364.5	399399.4
水泥制品制造	265249.5	69947.0	20143.8	1075647.3	939160.4	359987.8
砼结构构件制造	12963.2	3451.1	1340.8	115459.9	79817.3	19947.7
轻质建筑材料制造	7838.3	1456.6	86.0	16723.1	14448.6	6843.3
其他水泥类似制品制造	5917.1	1978.7		19643.7	18938.2	12620.6

单位：万元

非流动负债合计	所有者权益合计	实收资本	国家资本	集体资本	法人资本	个人资本	港澳台资本	外商资本
164514.9	283852.0	59580.0	100.0	4656.0	51570.0	3254.0		
80963.6	249074.9	213994.7	1161.0	1156.7	203145.8	8321.2		210.0
18378.3	38641.9	25684.1	170.0		17014.1	7100.0	1400.0	
100.0	18649.9	1740.0	1135.0		380.0	225.0		
991.3	8141.4	5880.0	2000.0		1100.0	2780.0		
991.3	8141.4	5880.0	2000.0		1100.0	2780.0		
1742108.2	2033703.0	1398394.3	279750.5	2589.0	1110792.6	3658.2		1604.0
1725539.3	1829395.1	1204394.3	257750.5	589.0	940792.6	3658.2		1604.0
15918.5	24840.3	24000.0	22000.0	2000.0				
650.4	179467.6	170000.0			170000.0			
16692.7	141781.8	66638.1	225.0	90.0	29473.1	34137.1	2712.9	
7394.1	100279.0	48478.8	225.0	90.0	21573.1	23877.8	2712.9	
8880.4	38161.3	11159.3			4900.0	6259.3		
418.2	3341.5	7000.0			3000.0	4000.0		
5046.6	160063.6	66422.5	12023.0		53612.7	786.8		
5046.6	160063.6	66422.5	12023.0		53612.7	786.8		
16000.0	25610.9	16370.0	225.0		12500.0	3645.0		
	5070.9	1500.0			1500.0			
	7670.6	3870.0	225.0			3645.0		
16000.0	12869.4	11000.0			11000.0			
50431.5	171961.6	74794.2	24093.1	868.1	30972.2	16672.8		2188.0
595.0	16119.0	4867.7			4347.7	520.0		
8137.8	56045.4	13960.7	9658.9	868.1	300.0	3133.7		
3038.4	23451.6	18808.0	6470.0		8530.0	1620.0		2188.0
6261.5	52580.2	22061.8	7964.2		12335.5	1762.1		
32398.8	23381.7	14096.0			4459.0	9637.0		
	383.7	1000.0			1000.0			
235576.7	189367.8	177966.9	12000.0		137700.0	28266.9		
235576.7	189367.8	177966.9	12000.0		137700.0	28266.9		
21108.5	17141.1	62966.9	12000.0		23500.0	27466.9		
214468.2	172226.7	115000.0			114200.0	800.0		
80180.9	494280.7	283936.6	70902.9	2852.0	136321.0	45947.0	7673.7	20240.0
39054.0	69835.3	58093.2	57322.4		140.8	630.0		
38893.7	68087.6	57593.2	57322.4		140.8	130.0		
160.3	1747.7	500.0				500.0		
41126.9	424445.4	225843.4	13580.5	2852.0	136180.2	45317.0	7673.7	20240.0
2310.1	55901.6	23934.5	6760.6	860.0	11088.9	5225.0		
23810.0	284211.7	170578.3	4852.5		113243.0	24569.1	7673.7	20240.0
767.0	13282.3	4916.5	250.0		2788.0	1878.5		
1425.9	4305.3	740.0				740.0		
11791.6	27638.2	9300.0			5300.0	4000.0		
	6575.1	1992.0		1992.0				
1022.3	32531.2	14382.1	1717.4		3760.3	8904.4		
1299743.5	3634050.0	1930663.1	317390.0	82310.2	1147166.6	382296.3		1500.0
996571.7	2445509.0	1352925.8	267775.4	29800.0	880778.3	174572.1		
981898.7	2426689.3	1336097.4	267184.6	24800.0	874778.3	169334.5		
14673.0	18819.7	16828.4	590.8	5000.0	6000.0	5237.6		
135747.7	836795.0	347731.2	44695.3	12778.7	161929.0	128328.2		
113467.4	734192.2	315328.9	35738.2	1163.5	154329.0	124098.2		
19300.3	87222.3	19872.3	4957.1	11615.2	2100.0	1200.0		
2274.5	9542.3	6500.0	4000.0		2500.0			
705.5	5838.2	6030.0			3000.0	3030.0		

1-4-2 续表 11

行业	累计折旧	本年折旧	在建工程	负债合计	流动负债合计	应付账款
砖瓦、石材等建筑材料制造	26997.9	7480.8	32493.1	277079.8	145039.3	26136.6
粘土砖瓦及建筑砌块制造	9398.5	2563.5	25561.8	63650.2	37638.5	8699.3
建筑陶瓷制品制造	7603.9	1688.2	5195.7	48643.8	45190.1	4289.8
建筑用石加工	4475.3	1343.6		130929.0	31900.0	5481.4
防水建筑材料制造	2352.4	748.1	176.5	11861.0	11780.1	154.9
隔热和隔音材料制造	1453.6	664.8	8.3	16163.7	13338.5	6390.9
其他建筑材料制造	1714.2	472.6	1550.8	5832.1	5192.1	1120.3
玻璃制造	10412.3	2517.8	479.9	80606.8	30199.0	651.1
平板玻璃制造	9852.4	2260.5	479.9	74241.3	23833.5	-589.3
其他玻璃制造	559.9	257.3		6365.5	6365.5	1240.4
玻璃制品制造	18613.4	3315.5	120.3	56405.4	23629.6	5078.6
技术玻璃制品制造	1094.7	178.1	5.1	7021.5	6321.5	112.2
日用玻璃制品制造	1954.4	38.9		1512.6	1512.6	444.5
玻璃包装容器制造	7088.9	1776.3	115.2	11968.4	10107.9	3105.1
玻璃保温容器制造	3747.8	612.4		32544.9	2329.6	892.7
其他玻璃制品制造	4727.6	709.8		3358.0	3358.0	524.1
玻璃纤维和玻璃纤维增强塑料制品制造	11948.6	1987.6	2906.8	72989.9	63796.6	14944.5
玻璃纤维及制品制造	1144.8	332.8		3587.0	3587.0	925.8
玻璃纤维增强塑料制品制造	10803.8	1654.8	2906.8	69402.9	60209.6	14018.7
耐火材料制品制造	3429.7	901.5	13.3	21099.8	15897.8	5190.5
耐火陶瓷制品及其他耐火材料制造	3429.7	901.5	13.3	21099.8	15897.8	5190.5
石墨及其他非金属矿物制品制造	31004.0	18166.6	122192.4	630335.8	510279.2	132742.5
石墨及碳素制品制造	19268.8	11641.0	107495.7	502197.6	395738.4	116812.5
其他非金属矿物制品制造	11735.2	6525.6	14696.7	128138.2	114540.8	15930.0
黑色金属冶炼和压延加工业	1266660.8	258343.5	510530.9	7094916.1	6132364.8	2089413.3
炼铁	497212.3	81448.9	275214.8	2960433.0	2466931.9	909969.9
炼钢	9803.5	7868.1	66992.2	333900.8	288805.8	106217.4
黑色金属铸造	7330.0	1546.5	4763.2	61559.2	38253.5	7265.2
钢压延加工	718759.8	159629.2	141646.1	3475473.0	3110755.8	974612.0
铁合金冶炼	33555.2	7850.8	21914.6	263550.1	227617.8	91348.8
有色金属冶炼和压延加工业	738857.1	310773.4	2398210.1	7857500.8	5012391.8	1890205.4
常用有色金属冶炼	510360.4	243849.5	1756976.8	6054373.1	4122798.8	1521951.8
铜冶炼	12197.7	2743.4	115.4	53455.8	48455.8	16793.7
铅锌冶炼	3188.3	1519.9	2709.5	46515.8	35411.0	7504.6
镍钴冶炼	28953.8	5042.6	340.7	74226.1	73222.6	15816.0
铝冶炼	452296.1	229254.1	1746376.4	5816054.2	3917438.7	1472339.4
镁冶炼	11866.7	4963.2	3563.3	54708.9	44958.4	9258.7
其他常用有色金属冶炼	1857.8	326.3	3871.5	9412.3	3312.3	239.4
贵金属冶炼	30517.8	8914.9	77563.1	246219.5	157627.6	61870.9
金冶炼	30517.8	8914.9	77563.1	246219.5	157627.6	61870.9
稀有稀土金属冶炼	82906.6	35522.1	435430.5	1018825.5	448219.3	216874.7
稀土金属冶炼	39335.0	5864.3	411915.1	731881.3	274651.5	187487.5
其他稀有金属冶炼	43571.6	29657.8	23515.4	286944.2	173567.8	29387.2
有色金属合金制造	416.8	290.4	23409.3	37310.9	15856.6	4762.3
有色金属铸造	99.1	99.1		86.9	86.9	524.3
有色金属压延加工	114556.4	22097.4	104830.4	500684.9	267802.6	84221.4
铜压延加工	481.5	108.9	8.9	3697.6	3697.6	739.4
铝压延加工	114074.9	21988.5	104821.5	496987.3	264105.0	83482.0

单位：万元

非流动负债合计	所有者权益合计	实收资本	国家资本	集体资本	法人资本	个人资本	港澳台资本	外商资本
35812.2	124200.2	73009.8	1698.0	5000.0	20165.0	46146.8		
25929.7	38133.5	34110.0	1000.0		11885.0	21225.0		
3447.2	17941.2	14260.0			4380.0	9880.0		
2954.1	40998.6	14200.0			3100.0	11100.0		
16.0	13216.0	2639.8				2639.8		
2825.2	7422.8	5800.0	698.0	5000.0		102.0		
640.0	6488.1	2000.0			800.0	1200.0		
50407.8	8192.1	17950.0			2650.0	15300.0		
50407.8	6393.0	15300.0				15300.0		
	1799.1	2650.0			2650.0			
32775.8	16384.0	14311.0		1500.0	8998.8	3812.2		
700.0	2799.3	221.2				221.2		
	550.8	198.8			198.8			
1860.5	8482.1	9500.0		1500.0	8000.0			
30215.3	2350.2	3591.0				3591.0		
	2201.6	800.0			800.0			
7046.0	27366.0	16700.0			13650.0	1550.0		1500.0
	872.4	1000.0			600.0	400.0		
7046.0	26493.6	15700.0			13050.0	1150.0		1500.0
4800.0	19564.3	9275.8	2040.0	2412.8	3955.0	868.0		
4800.0	19564.3	9275.8	2040.0	2412.8	3955.0	868.0		
36582.3	156039.4	98759.5	1181.3	30818.7	55040.5	11719.0		
31706.0	90319.9	55000.0	1181.3	30818.7	19900.0	3100.0		
4876.3	65719.5	43759.5			35140.5	8619.0		
951988.7	2052105.9	1601010.8	41119.7	26131.9	1268814.4	264944.8		
491240.9	748600.1	776516.3	911.4	20000.0	726217.7	29387.2		
45095.0	148191.2	165834.0			35834.0	130000.0		
23305.7	13105.3	16048.0			4248.0	11800.0		
364063.3	1135966.7	599123.6	38360.0	6131.9	469048.7	85583.0		
28283.8	6242.6	43488.9	1848.3		33466.0	8174.6		
2270860.3	2646660.1	1018622.2	144639.2	11900.0	726630.6	88844.7	20904.7	25703.0
1448977.4	1503577.2	702352.6	128753.2	3000.0	505063.0	44631.7	20904.7	
5000.0	54415.9	8800.0	2160.0	3000.0	1000.0	2640.0		
11104.7	25717.6	5000.0			5000.0			
1003.5	536891.8	67250.0	23857.0		22488.3		20904.7	
1416018.7	852428.1	587393.5	100077.1		451659.4	35657.0		
9750.5	25432.2	23909.1	2659.1		14915.3	6334.7		
6100.0	8691.6	10000.0			10000.0			
88312.8	168701.8	36336.0	9586.0	300.0	25480.0	50.0		920.0
88312.8	168701.8	36336.0	9586.0	300.0	25480.0	50.0		920.0
479233.5	561546.4	174361.0			116400.0	33178.0		24783.0
457229.7	295381.7	56800.0			56800.0			
22003.8	266164.7	117561.0			59600.0	33178.0		24783.0
21454.3	13083.0	14200.0	6300.0	5600.0		2300.0		
	2913.9	3000.0		3000.0				
232882.3	396837.8	88372.6			79687.6	8685.0		
	2826.9	1300.0				1300.0		
232882.3	394010.9	87072.6			79687.6	7385.0		

1-4-2 续表 12

行 业	累计折旧	本年折旧	在建工程	负债合计	流动负债合计	应付账款
金属制品业	69599.6	17861.5	54994.9	624812.9	515841.9	170343.4
结构性金属制品制造	43002.4	13022.2	22305.5	405578.7	345754.7	111254.1
金属结构制造	42086.2	12841.2	21782.4	395119.4	336086.2	110631.5
金属门窗制造	916.2	181.0	523.1	10459.3	9668.5	622.6
金属工具制造	456.1	445.8	2024.0	13366.0	13096.0	9927.7
手工具制造	35.8	25.5		2780.9	2510.9	
农用及园林用金属工具制造	420.3	420.3	2024.0	10585.1	10585.1	9927.7
集装箱及金属包装容器制造	12627.5	1648.4	29204.5	85171.9	44488.7	14599.6
金属压力容器制造	4586.1	1594.2	10406.0	40857.0	12873.9	5679.0
金属包装容器制造	8041.4	54.2	18798.5	44314.9	31614.8	8920.6
金属丝绳及其制品制造	6752.1	1278.7	464.0	53159.1	48359.1	25507.3
建筑、安全用金属制品制造	1768.7	116.8		6899.9	6899.9	266.8
建筑、家具用金属配件制造	291.6	65.4		961.7	961.7	
建筑装饰及水暖管道零件制造	1477.1	51.4		5938.2	5938.2	266.8
金属表面处理及热处理加工	1036.1	498.7	32.7	20164.8	20084.8	3069.1
金属制日用品制造	188.7	68.0		1790.7	134.9	123.1
金属制厨房用器具制造	188.7	68.0		1790.7	134.9	123.1
其他金属制品制造	3768.0	782.9	964.2	38681.8	37023.8	5595.7
通用设备制造业	16259.6	2320.9	31987.8	191562.5	178849.7	113677.4
锅炉及原动设备制造	570.2	85.5		6500.3	6355.0	3153.7
锅炉及辅助设备制造	570.2	85.5		6500.3	6355.0	3153.7
金属加工机械制造	113.8	50.4	8523.4	8721.4	2721.4	443.1
金属切割及焊接设备制造	113.8	50.4	8523.4	8721.4	2721.4	443.1
物料搬运设备制造	6993.5	1454.4	21883.4	142799.7	136438.2	93030.9
起重机制造	5064.4	1131.8	9696.5	115364.3	110742.8	88584.4
连续搬运设备制造	1867.0	264.5	6130.8	24888.8	23148.8	2518.6
电梯、自动扶梯及升降机制造	62.1	58.1	6056.1	2546.6	2546.6	1927.9
轴承、齿轮和传动部件制造	1757.8	16.3		3220.5	3175.8	2085.2
轴承制造	1757.8	16.3		3220.5	3175.8	2085.2
烘炉、风机、衡器、包装等设备制造	581.3	31.7	647.0	3415.4	3415.4	1411.2
风机、风扇制造	549.6	18.1		910.2	910.2	
制冷、空调设备制造	31.7	13.6	647.0	2505.2	2505.2	1411.2
通用零部件制造	6243.0	682.6	934.0	26905.2	26743.9	13553.3
机械零部件加工	6158.1	639.2	934.0	25144.7	24983.4	12754.7
其他通用零部件制造	84.9	43.4		1760.5	1760.5	798.6
专用设备制造业	42215.8	11696.5	43172.0	362353.2	343838.3	159948.9
采矿、冶金、建筑专用设备制造	22089.8	6887.7	33777.1	216884.8	208263.2	89828.7
矿山机械制造	3680.7	1254.2	17168.4	50957.8	44561.2	37494.4
石油钻采专用设备制造	14755.5	1979.9	6584.7	63768.5	63335.7	25111.4
建筑工程用机械制造	3653.6	3653.6	10024.0	102158.5	100366.3	27222.9
化工、木材、非金属加工专用设备制造	249.2	249.2	42.7	12121.6	12121.6	10332.6
炼油、化工生产专用设备制造	249.2	249.2	42.7	12121.6	12121.6	10332.6
农、林、牧、渔专用机械制造	19876.8	4559.6	9352.2	133346.8	123453.5	59787.6
拖拉机制造	447.0	170.6	1668.2	30014.3	28399.3	19311.8
机械化农业及园艺机具制造	16753.1	3661.3	1996.9	76654.1	73046.5	34819.0
农林牧渔机械配件制造	240.0	137.2		188.4	94.2	51.2
棉花加工机械制造	555.9	285.6	47.5	5571.7	5404.9	2300.0
其他农、林、牧、渔业机械制造	1880.8	304.9	5639.6	20918.3	16508.6	3305.6
汽车制造业	17671.5	4522.4	88838.0	242291.4	221694.4	73529.2
汽车整车制造	8239.4	3074.4	88189.1	156742.5	136197.7	52740.5

单位：万元

非流动负债合计	所有者权益合计	实收资本	国家资本	集体资本	法人资本	个人资本	港澳台资本	外商资本
110848.4	352481.5	255197.7	66623.9	2606.4	131568.8	54398.6		
63046.2	185208.1	137830.1	10135.9	2000.0	80700.5	44993.7		
63046.2	180189.5	133230.1	10135.9	2000.0	78300.5	42793.7		
	5018.6	4600.0			2400.0	2200.0		
270.0	14843.6	14800.0			14800.0			
270.0	343.6	300.0			300.0			
	14500.0	14500.0			14500.0			
40683.1	63199.1	29918.3			29468.3	450.0		
27983.1	11795.1	12181.1			12181.1			
12700.0	51404.0	17737.2			17287.2	450.0		
4800.0	63063.4	58120.1	55848.0	272.1		2000.0		
	6203.8	1300.0				1300.0		
	758.9	50.0				50.0		
	5444.9	1250.0				1250.0		
80.0	2458.9	500.0				500.0		
800.0	1200.4	1000.0				1000.0		
800.0	1200.4	1000.0				1000.0		
1169.1	16304.2	11729.2	640.0	334.3	6600.0	4154.9		
7184.6	67358.8	54454.2	6491.0		31222.6	16740.6		
	3084.0	3917.0			2100.0	1817.0		
	3084.0	3917.0			2100.0	1817.0		
6000.0	6588.7	4000.0				4000.0		
6000.0	6588.7	4000.0				4000.0		
1047.4	42321.2	34350.0	4500.0		22800.0	7050.0		
1047.4	25759.7	16850.0			12800.0	4050.0		
	8355.3	10000.0			10000.0			
	8206.2	7500.0	4500.0			3000.0		
44.6	3869.3	2600.0			2600.0			
44.6	3869.3	2600.0			2600.0			
	3156.8	1616.2			405.0	1211.2		
	1054.5	336.2				336.2		
	2102.3	1280.0			405.0	875.0		
92.6	8338.8	7971.0	1991.0		3317.6	2662.4		
92.6	7807.1	7471.0	1991.0		3317.6	2162.4		
	531.7	500.0				500.0		
18323.1	265250.6	83652.4	25099.0	90.0	30348.8	27027.8	90.0	996.8
8621.5	101707.4	29790.1	14200.0	90.0	8878.8	5534.5	90.0	996.8
6396.6	17781.4	11208.0	7900.0		300.0	3008.0		
432.7	72052.5	13264.1	6300.0	90.0	3260.8	2526.5	90.0	996.8
1792.2	11873.5	5318.0			5318.0			
	14129.1	15000.0			15000.0			
	14129.1	15000.0			15000.0			
9701.6	149414.1	38862.3	10899.0		6470.0	21493.3		
1615.0	4358.4	3840.0			3410.0	430.0		
3415.9	132313.2	31484.0	9184.0		2010.0	20290.0		
94.2	2552.3	50.0			50.0			
166.8	2012.6	1000.0			1000.0			
4409.7	8177.6	2488.3	1715.0			773.3		
20597.0	138440.7	155478.2	6562.4	8000.0	140895.3	20.5		
20544.8	119791.5	126970.0			126970.0			

1-4-2 续表 13

行业	累计折旧	本年折旧	在建工程	负债合计	流动负债合计
改装汽车制造	5061.3	608.5		33093.7	33093.7
汽车车身、挂车制造	2920.8	696.6	648.9	51574.9	51522.7
汽车零部件及配件制造	1450.0	142.9		880.3	880.3
铁路、船舶、航空航天和其他运输设备制造业	565.1	123.9	317.2	2932.3	2932.3
铁路运输设备制造	565.1	123.9	317.2	2932.3	2932.3
其他铁路运输设备制造	565.1	123.9	317.2	2932.3	2932.3
电气机械和器材制造业	105091.2	28340.3	42282.4	4233034.8	3251865.2
电机制造	35017.8	7699.8	6346.9	2430985.9	1988770.2
发电机及发电机组制造	34497.4	7533.4	6346.9	2425739.1	1983523.4
电动机制造	520.4	166.4		5246.8	5246.8
输配电及控制设备制造	62577.3	19151.2	31532.7	1672206.6	1147374.7
变压器、整流器和电感器制造	54728.1	17191.5	30554.2	1602800.3	1084500.2
配电开关控制设备制造	7157.3	1875.6	976.2	65467.5	58935.7
其他输配电及控制设备制造	691.9	84.1	2.3	3938.8	3938.8
电线、电缆、光缆及电工器材制造	6683.2	897.1	2758.4	85931.6	80709.6
电线、电缆制造	4798.2	775.7	2758.4	75390.0	70328.7
绝缘制品制造	1885.0	121.4		10541.6	10380.9
照明器具制造	165.2	92.7	1122.1	10866.6	10866.6
电光源制造	165.2	92.7	1122.1	10866.6	10866.6
其他电气机械及器材制造	647.7	499.5	522.3	33044.1	24144.1
其他未列明电气机械及器材制造	647.7	499.5	522.3	33044.1	24144.1
计算机、通信和其他电子设备制造业	332.6	40.8	1539.2	2182.2	2182.2
广播电视设备制造	332.6	40.8	1539.2	2182.2	2182.2
广播电视接收设备及器材制造	332.6	40.8	1539.2	2182.2	2182.2
仪器仪表制造业	203.3	27.6	2.0	4066.9	3667.3
通用仪器仪表制造	203.3	27.6	2.0	4066.9	3667.3
供应用仪表及其他通用仪器制造	203.3	27.6	2.0	4066.9	3667.3
其他制造业	22267.1	5465.5	314.9	135271.3	77171.3
煤制品制造	22267.1	5465.5	314.9	135271.3	77171.3
废弃资源综合利用业	17917.5	6513.4	19782.1	57274.3	42404.5
金属废料和碎屑加工处理	6529.7	2137.1	17178.4	34195.1	19325.3
非金属废料和碎屑加工处理	11387.8	4376.3	2603.7	23079.2	23079.2
金属制品、机械和设备修理业	3346.1	273.0	26.9	17284.0	17284.0
通用设备修理	417.8	22.2	15.3	1416.3	1416.3
专用设备修理	2928.3	250.8	11.6	15867.7	15867.7
电力、热力、燃气及水生产和供应业	**5416507.4**	**1090454.9**	**4030355.8**	**16005382.0**	**7206800.6**
电力、热力生产和供应业	5150446.6	1029429.9	3788803.1	14775945.8	6647251.2
电力生产	2425559.1	559726.7	2578024.4	9435097.0	3964536.3
火力发电	1628623.9	341074.6	1227313.1	4361775.1	2058524.9
水力发电	454806.0	104079.1	749683.2	2589559.7	904185.4
风力发电	311696.4	92752.0	470307.8	1939042.8	770943.6
太阳能发电	22089.2	17895.0	119078.8	456288.0	181671.2
其他电力生产	8343.6	3926.0	11641.5	88431.4	49211.2
电力供应	2323558.2	402492.5	1121787.3	4209218.8	2161929.3
热力生产和供应	401329.3	67210.7	88991.4	1131630.0	520785.6
燃气生产和供应业	141892.0	33357.6	39888.1	636947.2	395867.7
水的生产和供应业	124168.8	27667.4	201664.6	592489.0	163681.7
自来水生产和供应	104073.8	22811.9	197032.2	498227.4	108712.0
污水处理及其再生利用	20095.0	4855.5	4632.4	94261.6	54969.7

单位：万元

应付账款	非流动负债合计	所有者权益合计	实收资本	国家资本	集体资本	法人资本	个人资本	港澳台资本	外商资本
9917.1		3062.2	9045.8			9025.3	20.5		
10489.3	52.2	8752.7	12900.0		8000.0	4900.0			
382.3		6834.3	6562.4	6562.4					
2832.3		4618.2	7222.7	7222.7					
2832.3		4618.2	7222.7	7222.7					
2832.3		4618.2	7222.7	7222.7					
1095252.7	978408.8	2974532.2	751783.8	17673.3	1205.4	525698.5	207206.6		
816625.8	442215.7	1393341.1	347988.8	10000.0		189249.6	148739.2		
812734.5	442215.7	1390877.8	346938.8	10000.0		189249.6	147689.2		
3891.3		2463.3	1050.0				1050.0		
256620.0	524325.9	1507667.2	337502.7	1254.6	1205.4	296990.8	38051.9		
239943.8	518300.1	1434455.8	288990.8			279990.8	9000.0		
16233.5	6025.8	68019.3	46051.9			17000.0	29051.9		
442.7		5192.1	2460.0	1254.6	1205.4				
14934.9	2967.2	45265.5	42217.3	3868.7		18858.1	19490.5		
9377.3	2806.5	41651.3	39217.3	3459.2		16358.1	19400.0		
5557.6	160.7	3614.2	3000.0	409.5		2500.0	90.5		
3113.5		6652.9	5000.0	2550.0		1800.0	650.0		
3113.5		6652.9	5000.0	2550.0		1800.0	650.0		
3958.5	8900.0	21605.5	19075.0			18800.0	275.0		
3958.5	8900.0	21605.5	19075.0			18800.0	275.0		
1110.7		1371.3	1000.0			510.0	490.0		
1110.7		1371.3	1000.0			510.0	490.0		
1110.7		1371.3	1000.0			510.0	490.0		
232.5	399.6	11047.8	3000.0				3000.0		
232.5	399.6	11047.8	3000.0				3000.0		
232.5	399.6	11047.8	3000.0				3000.0		
25938.3	58100.0	-38741.8	39333.0	38333.0			1000.0		
25938.3	58100.0	-38741.8	39333.0	38333.0			1000.0		
15959.2	14869.8	85160.6	65117.6	7798.3		6719.3	3600.0	47000.0	
7505.9	14869.8	25572.6	15117.6	7798.3		3719.3	3600.0		
8453.3		59588.0	50000.0			3000.0		47000.0	
11753.5		4045.4	1924.9	262.3	413.6	1025.7	223.3		
1280.2		1380.0	1024.3			982.2	42.1		
10473.3		2665.4	900.6	262.3	413.6	43.5	181.2		
2655928.5	**7831082.9**	**8389991.6**	**4055422.8**	**2251561.2**	**43381.7**	**1621118.7**	**113412.4**	**5400.0**	**20548.8**
2550869.0	7505397.2	7653356.3	3592627.6	2161913.4	19547.7	1290247.9	104036.8	5400.0	11481.8
1256663.6	4861879.2	4534093.8	2678248.4	1389371.5	7547.7	1174542.7	89904.7	5400.0	11481.8
706447.4	2166266.1	2415288.8	1056046.0	370940.7	411.7	593562.1	82899.7		8231.8
137734.4	1289951.6	981029.1	992893.1	830488.5	3370.4	153634.2		5400.0	
307357.8	1092344.7	917739.3	448533.1	143951.1	3765.6	290561.4	7005.0		3250.0
97319.2	274556.8	202352.0	159630.2	32845.2		126785.0			
7804.8	38760.0	17684.6	21146.0	11146.0		10000.0			
1183558.6	2045261.7	2798087.1	636567.4	605621.0		30946.4			
110646.8	598256.3	321175.4	277811.8	166920.9	12000.0	84758.8	14132.1		
83178.7	238656.2	342768.8	164141.4	32336.0	23834.0	98595.8	9375.6		
21880.8	87029.5	393866.5	298653.8	57311.8		232275.0			9067.0
20608.8	47737.6	360621.3	273341.8	47366.8		225975.0			
1272.0	39291.9	33245.2	25312.0	9945.0		6300.0			9067.0

1-4-2 续表 14

行 业	营业收入	主营业务收入	营业成本	主营业务成本	营业税金及附加	主营业务税金及附加
总 计	**89612591.4**	**87187056.8**	**70416005.6**	**67946768.9**	**3317847.4**	**3298760.1**
采矿业	**22577645.8**	**22052688.6**	**12807523.3**	**12071586.0**	**1280678.6**	**1273503.3**
煤炭开采和洗选业	2454996.9	2376752.6	1831142.3	1755381.5	63627.7	62950.6
烟煤和无烟煤开采洗选	2447722.4	2369478.1	1824001.2	1748240.4	63606.1	62929.0
其他煤炭采选	7274.5	7274.5	7141.1	7141.1	21.6	21.6
石油和天然气开采业	15300288.5	14946302.0	7231297.4	6657069.0	1135285.9	1130726.8
石油开采	15221504.8	14867534.4	7176269.1	6602040.7	1134823.9	1130264.8
天然气开采	78783.7	78767.6	55028.3	55028.3	462.0	462.0
黑色金属矿采选业	1507446.8	1492341.5	989371.2	978556.0	40757.6	40734.6
铁矿采选	1481390.9	1466285.6	967875.0	957059.8	40452.5	40429.5
锰矿、铬矿采选	24566.3	24566.3	21079.7	21079.7	276.4	276.4
其他黑色金属矿采选	1489.6	1489.6	416.5	416.5	28.7	28.7
有色金属矿采选业	655482.5	634657.4	364370.1	348368.0	11660.3	11589.8
常用有色金属矿采选	581634.4	565528.4	315112.2	302480.3	11192.0	11135.4
铜矿采选	441560.3	435442.7	213961.4	210873.7	7116.7	7116.7
铅锌矿采选	51788.2	49855.7	38030.4	36092.6	2699.1	2699.1
镍钴矿采选	88285.9	80230.0	63120.4	55514.0	1376.2	1319.6
贵金属矿采选	63200.3	63196.7	36984.0	36983.8	429.3	429.3
金矿采选	63200.3	63196.7	36984.0	36983.8	429.3	429.3
稀有稀土金属矿采选	10647.8	5932.3	12273.9	8903.9	39.0	25.1
其他稀有金属矿采选	10647.8	5932.3	12273.9	8903.9	39.0	25.1
非金属矿采选业	204831.8	197024.3	139372.5	125255.3	5086.9	4770.3
土砂石开采	123154.9	117624.6	91980.2	85237.0	1602.6	1286.0
石灰石、石膏开采	90896.2	85414.9	69716.1	63777.2	920.2	603.6
建筑装饰用石开采	18976.8	18976.8	14551.3	13776.2	400.1	400.1
粘土及其他土砂石开采	13281.9	13232.9	7712.8	7683.6	282.3	282.3
化学矿开采	2649.3	2170.0	1070.0	947.3	50.0	50.0
采盐	45331.7	44211.5	20268.0	13353.4	3273.3	3273.3
石棉及其他非金属矿采选	33695.9	33018.2	26054.3	25717.6	161.0	161.0
石棉、云母矿采选	16352.9	15675.2	14340.7	14004.0	35.4	35.4
其他未列明非金属矿采选	17343.0	17343.0	11713.6	11713.6	125.6	125.6
开采辅助活动	2454599.3	2405610.8	2251969.8	2206956.2	24260.2	22731.2
石油和天然气开采辅助活动	2454599.3	2405610.8	2251969.8	2206956.2	24260.2	22731.2
制造业	**58195401.8**	**56649403.6**	**49863602.4**	**48483891.9**	**2005685.2**	**1996024.1**
农副食品加工业	3919740.6	3866780.9	3352678.4	3322697.5	7186.4	4586.8
谷物磨制	525271.1	520905.2	478813.3	475119.0	468.8	352.7
饲料加工	655120.5	650455.4	545069.8	543372.1	540.2	539.5
植物油加工	1456776.7	1445043.1	1286659.0	1277094.0	811.0	810.8
食用植物油加工	1436412.6	1424679.0	1268517.5	1258952.5	799.9	799.7
非食用植物油加工	20364.1	20364.1	18141.5	18141.5	11.1	11.1
制糖业	303804.9	288624.2	266909.9	255302.1	1530.7	1530.7
屠宰及肉类加工	284298.9	270178.6	247194.4	244756.1	2219.1	253.8
牲畜屠宰	227967.3	213918.4	195170.7	193568.9	2135.2	169.9
禽类屠宰	20712.2	20710.1	19670.0	18900.7	34.4	34.4
肉制品及副产品加工	35619.4	35550.1	32353.7	32286.5	49.5	49.5
水产品加工	13175.3	13174.6	4004.2	4002.8	5.9	5.9
水产品冷冻加工	1749.6	1748.9	1105.2	1103.8	1.7	1.7
水产饲料制造	11425.7	11425.7	2899.0	2899.0	4.2	4.2
蔬菜、水果和坚果加工	394857.7	393354.0	299279.3	298484.7	780.4	743.3
蔬菜加工	40682.8	40682.8	32199.0	32199.0	0.2	0.2
水果和坚果加工	354174.9	352671.2	267080.3	266285.7	780.2	743.1

单位：万元

其他业务收入	其他业务利润	销售费用	管理费用	税金	财务费用	利息收入	利息支出	营业利润
2425534.6	**-109.7**	**1939811.1**	**3684706.1**	**239966.8**	**2007370.8**	**207365.2**	**2103499.9**	**7973538.2**
524957.2	**-77087.6**	**304033.0**	**1536190.7**	**136333.5**	**420984.6**	**70986.5**	**472749.9**	**5908538.3**
78244.3	398.7	84763.9	232511.8	16971.8	83142.5	7764.6	87481.9	171096.0
78244.3	398.7	84763.9	231910.1	16945.4	83081.1	7764.3	87420.7	171647.4
			601.7	26.4	61.4	0.3	61.2	-551.4
353986.5	-97918.0	75394.0	1044707.8	109471.7	231938.5	58735.9	289188.4	5232711.9
353970.4	-97918.0	74858.8	1043892.2	109351.8	230542.2	58730.4	287783.2	5212145.7
16.1		535.2	815.6	119.9	1396.3	5.5	1405.2	20566.2
15105.3	2708.5	90897.7	96263.2	4304.3	49413.3	2847.6	49353.1	266129.1
15105.3	2708.5	90658.1	94493.3	3815.7	49074.5	2830.9	49002.0	264303.5
		166.7	1357.5	456.5	330.4	15.6	342.1	905.9
		72.9	412.4	32.1	8.4	1.1	9.0	919.7
20825.1	1543.6	8655.7	67711.1	1806.4	18828.3	622.7	17944.5	184850.6
16106.0	194.6	8181.1	55727.3	1700.3	16748.7	603.7	15969.5	175165.9
6117.6	189.8	6399.7	41349.8	1503.2	7924.3	501.1	7396.8	164300.8
1932.5	-5.3	460.8	5918.1	142.8	5360.5	65.3	5209.3	164.3
8055.9	10.1	1320.6	8459.4	54.3	3463.9	37.3	3363.4	10700.8
3.6	3.4	128.2	9859.9	17.2	1510.2	9.0	1423.1	14377.1
3.6	3.4	128.2	9859.9	17.2	1510.2	9.0	1423.1	14377.1
4715.5	1345.6	346.4	2123.9	88.9	569.4	10.0	551.9	-4692.4
4715.5	1345.6	346.4	2123.9	88.9	569.4	10.0	551.9	-4692.4
7807.5	-302.3	34472.8	20817.8	588.6	2874.5	114.4	3166.9	6698.4
5530.3	-646.6	16679.9	9727.4	453.6	1911.9	13.6	1814.0	937.3
5481.3	-695.6	14135.2	6068.8	122.8	1764.7	6.6	1659.5	-3129.5
		420.0	2392.8	320.7	-5.9	5.2		2072.8
49.0	49.0	2124.7	1265.8	10.1	153.1	1.8	154.5	1994.0
479.3			763.5		121.7	6.8	128.2	647.1
1120.2	3.3	14443.1	6111.9	80.0	96.0	83.1	204.7	6899.4
677.7	341.0	3349.8	4215.0	55.0	744.9	10.9	1020.0	-1785.4
677.7	341.0	46.3	803.0	16.3	120.6		121.2	2.6
		3303.5	3412.0	38.7	624.3	10.9	898.8	-1788.0
48988.5	16481.9	9848.9	74179.0	3190.7	34787.5	901.3	25615.1	47052.3
48988.5	16481.9	9848.9	74179.0	3190.7	34787.5	901.3	25615.1	47052.3
1545998.2	**36397.7**	**1527581.6**	**1919231.4**	**93762.3**	**1129114.7**	**124423.2**	**1170046.0**	**1710168.1**
52959.7	19335.4	135220.9	120406.7	3956.9	63840.5	3883.9	66299.5	249766.5
4365.9	1486.1	7626.3	11622.3	324.7	5759.1	325.0	6001.0	25210.0
4665.1	412.7	29843.6	25518.4	1332.3	5629.9	836.3	6290.3	50889.6
11733.6	1686.9	49198.0	31435.0	1268.2	28280.5	960.7	28953.9	65172.3
11733.6	1686.9	48755.7	30729.2	1238.3	28172.0	926.3	28879.4	64742.0
		442.3	705.8	29.9	108.5	34.4	74.5	430.3
15180.7	2530.5	21163.2	15591.2	215.8	3384.8	120.2	3367.4	-9839.0
14120.3	12421.9	6663.2	11624.1	386.0	10159.8	823.6	10861.2	8600.3
14048.9	12417.7	6116.9	9520.6	367.2	8668.7	757.0	9343.2	7746.7
2.1	2.1	166.0	791.9	11.2	737.9	1.8	735.5	82.9
69.3	2.1	380.3	1311.6	7.6	753.2	64.8	782.5	770.7
0.7		648.9	2671.5	11.6	-147.5	220.3	66.3	5948.1
0.7		420.8	210.0	2.3	71.5	0.4	66.3	-103.8
		228.1	2461.5	9.3	-219.0	219.9		6051.9
1503.7	641.9	12795.5	12887.4	189.5	6467.2	194.0	6496.6	62710.4
		1474.6	1912.6	3.9	684.7	0.2	644.3	2937.9
1503.7	641.9	11320.9	10974.8	185.6	5782.5	193.8	5852.3	59772.5

1-4-2 续表 15

行业	营业收入	主营业务收入	营业成本	主营业务成本	营业税金及附加	主营业务税金及附加
其他农副食品加工	286435.5	285045.8	224748.5	224566.7	830.3	350.1
淀粉及淀粉制品制造	109546.8	109536.5	90082.7	90082.7	208.7	199.4
蛋品加工	5592.3	5592.3	4200.7	4200.7		
其他未列明农副食品加工	171296.4	169917.0	130465.1	130283.3	621.6	150.7
食品制造业	1754380.2	1736637.2	1411015.5	1396998.8	5798.0	5762.0
焙烤食品制造	55668.6	54567.0	35095.2	34718.8	926.3	921.0
糕点、面包制造	48255.9	47456.1	28629.3	28529.7	889.7	884.4
饼干及其他焙烤食品制造	7412.7	7110.9	6465.9	6189.1	36.6	36.6
方便食品制造	215830.1	214957.8	160208.3	159482.6	281.5	281.5
米、面制品制造	17069.2	17065.7	16430.2	16430.0	13.0	13.0
方便面及其他方便食品制造	198760.9	197892.1	143778.1	143052.6	268.5	268.5
乳制品制造	324978.2	322985.2	272567.1	270132.9	666.6	663.9
罐头食品制造	368040.4	363413.8	311935.4	307332.1	1269.3	1269.0
蔬菜、水果罐头制造	368040.4	363413.8	311935.4	307332.1	1269.3	1269.0
调味品、发酵制品制造	235249.8	227960.2	183741.1	178032.8	814.1	787.1
味精制造	2575.2	2489.9	3476.3	3398.8	25.3	25.3
酱油、食醋及类似制品制造	16175.9	16166.9	11705.5	11705.5	111.7	111.7
其他调味品、发酵制品制造	216498.7	209303.4	168559.3	162928.5	677.1	650.1
其他食品制造	554613.1	552753.2	447468.4	447299.6	1840.2	1839.5
营养食品制造	3014.7	3014.7	2241.1	2241.1	11.4	11.4
冷冻饮品及食用冰制造	42194.4	42103.7	36710.4	36665.7	163.2	162.5
盐加工	7577.6	7536.6	5558.4	5558.4	190.3	190.3
食品及饲料添加剂制造	495706.4	493978.2	398496.6	398372.5	1450.8	1450.8
其他未列明食品制造	6120.0	6120.0	4461.9	4461.9	24.5	24.5
酒、饮料和精制茶制造业	1010839.0	999289.7	682629.6	673603.1	53514.7	53472.4
酒的制造	644395.9	638219.1	391778.1	387061.0	52758.8	52716.5
酒精制造	60538.4	59547.3	47080.1	46232.7	800.6	800.6
白酒制造	255810.8	255508.6	134877.5	134031.1	28482.3	28482.3
啤酒制造	218330.7	213924.5	139387.3	136432.9	15196.5	15154.3
葡萄酒制造	109716.0	109238.7	70433.2	70364.3	8279.4	8279.3
饮料制造	366443.1	361070.6	290851.5	286542.1	755.9	755.9
碳酸饮料制造	34974.8	34367.8	27326.8	27072.9	177.7	177.7
瓶(罐)装饮用水制造	58323.0	57768.3	43520.9	43021.5	299.8	299.8
果菜汁及果菜汁饮料制造	69220.8	68362.9	51600.5	51307.2	64.1	64.1
含乳饮料和植物蛋白饮料制造	89321.5	89321.5	74197.5	74197.5	151.6	151.6
茶饮料及其他饮料制造	114603.0	111250.1	94205.8	90943.0	62.7	62.7
烟草制品业	382743.0	382124.0	129900.0	129865.0	169165.0	169165.0
卷烟制造	382743.0	382124.0	129900.0	129865.0	169165.0	169165.0
纺织业	1462049.9	1330662.0	1380914.8	1270808.8	4252.2	4247.3
棉纺织及印染精加工	1398033.7	1267448.7	1325849.7	1215873.8	3975.7	3970.8
棉纺纱加工	1355698.3	1225482.8	1284764.2	1175114.0	3939.4	3934.5
棉织造加工	10064.8	10017.1	10165.1	10165.1	13.5	13.5
棉印染精加工	32270.6	31948.8	30920.4	30594.7	22.8	22.8
毛纺织及染整精加工	30001.5	29333.0	28286.3	28192.3	205.2	205.2
毛条和毛纱线加工	18200.5	17532.0	18040.8	17946.8	178.9	178.9
毛织造加工	11801.0	11801.0	10245.5	10245.5	26.3	26.3
麻纺织及染整精加工	24914.6	24823.5	18794.1	18758.0	71.3	71.3
麻纤维纺前加工和纺纱	24914.6	24823.5	18794.1	18758.0	71.3	71.3

单位：万元

其他业务收　入	其他业务利　润	销售费用	管理费用		财务费用			营业利润
				税金		利息收入	利息支出	
1389.7	155.4	7282.2	9056.8	228.8	4306.7	403.8	4262.8	41074.8
10.3	10.2	2826.5	4468.3	141.0	2157.3	28.6	2062.1	9771.1
		15.9	50.8		9.3	0.4	9.7	1315.6
1379.4	145.2	4439.8	4537.7	87.8	2140.1	374.8	2191.0	29988.1
17743.0	1430.5	116239.3	70228.7	2432.1	33701.5	3115.3	34714.6	117427.1
1101.6	57.2	10933.2	4470.4	159.4	1181.2	223.5	1370.9	2802.9
799.8	47.1	10797.7	3302.3	155.4	1265.4	140.6	1369.8	3097.0
301.8	10.1	135.5	1168.1	4.0	-84.2	82.9	1.1	-294.1
872.3	-10.4	38100.2	7647.0	493.8	-1597.9	845.1	478.3	9838.0
3.5		160.1	212.1	30.8	116.2	0.1	111.3	191.2
868.8	-10.4	37940.1	7434.9	463.0	-1714.1	845.0	367.0	9646.8
1993.0	298.6	14664.2	12632.9	225.7	1971.3	707.1	2785.3	23453.8
4626.6	711.8	35494.1	20640.5	546.6	21204.2	194.3	18234.5	-33024.0
4626.6	711.8	35494.1	20640.5	546.6	21204.2	194.3	18234.5	-33024.0
7289.6	67.6	6096.2	11553.1	487.7	8242.2	1122.6	9273.5	34579.3
85.3		188.6	2692.5	8.2	525.7	18.1	528.2	1456.1
9.0	9.0	1809.9	2101.0	49.5	131.1	4.4	129.4	325.7
7195.3	58.6	4097.7	6759.6	430.0	7585.4	1100.1	8615.9	32797.5
1859.9	305.7	10951.4	13284.8	518.9	2700.5	22.7	2572.1	79777.1
		94.1	346.6	9.8	154.2	1.4	167.0	167.3
90.7	46.0	2907.8	2071.1	123.8	414.5		412.7	-186.5
41.0		216.2	845.9	29.6	76.3		41.2	660.3
1728.2	259.7	7544.2	10006.0	355.7	2009.3	21.3	1905.0	77911.7
		189.1	15.2		46.2		46.2	1224.3
11549.3	3280.0	83416.9	39699.9	1182.4	12761.7	1117.3	13414.9	145874.0
6176.8	2237.4	45710.5	31057.7	589.2	11195.5	843.2	11642.1	117007.5
991.1	143.8	635.1	2325.8	99.0	3264.0	9.0	2938.4	6467.9
302.2	-544.2	13644.6	10376.9	236.6	2525.4	46.5	2548.5	65872.0
4406.2	2580.2	24096.6	10534.1	100.4	1019.7	617.9	1623.7	38056.5
477.3	57.6	7334.2	7820.9	153.2	4386.4	169.8	4531.5	6611.1
5372.5	1042.6	37706.4	8642.2	593.2	1566.2	274.1	1772.8	28866.5
607.0	353.1	7087.9	1260.2	132.9	277.7	12.8	291.1	-1151.9
554.7	55.3	6063.5	2348.1	140.5	748.7	38.3	757.1	5104.0
857.9	540.8	3389.6	1959.8	39.2	-18.7	200.7	156.0	12068.1
		2050.7	1251.7	20.6	110.7	5.4	112.2	11529.3
3352.9	93.4	19114.7	1822.4	260.0	447.8	16.9	456.4	1317.0
619.0		4588.0	18664.0	745.0	-704.0	707.0		61130.0
619.0		4588.0	18664.0	745.0	-704.0	707.0		61130.0
131387.9	11665.8	30739.1	49517.6	962.3	23808.5	525.5	24400.4	-22622.1
130585.0	11036.2	28110.5	44647.6	842.4	22737.3	497.6	23621.8	-22603.6
130215.5	10988.5	27690.7	44031.3	832.5	22734.9	496.8	23620.0	-22820.8
47.7	47.7	278.2	409.5	2.1	2.1	0.1	1.8	-762.1
321.8		141.6	206.8	7.8	0.3	0.7		979.3
668.5	574.6	1513.7	2697.6	85.8	816.7	21.2	645.4	-4787.6
668.5	574.6	1052.6	2185.0	58.8	814.9	20.6	645.4	-5341.3
		461.1	512.6	27.0	1.8	0.6		553.7
91.1	55.0	360.2	1275.1	7.2	148.8	6.7	27.6	4281.8
91.1	55.0	360.2	1275.1	7.2	148.8	6.7	27.6	4281.8

1-4-2 续表 16

行业	营业收入	主营业务收入	营业成本	主营业务成本	营业税金及附加	主营业务税金及附加
家用纺织制成品制造	9100.1	9056.8	7984.7	7984.7		
床上用品制造	44.9	44.9	90.7	90.7		
其他家用纺织制成品制造	9055.2	9011.9	7894.0	7894.0		
纺织服装、服饰业	43455.5	42537.9	35085.2	34422.8	149.6	149.6
机织服装制造	37011.3	36553.2	29298.3	29152.6	74.6	74.6
针织或钩针编织服装制造	3358.1	2900.6	2829.6	2458.6	72.4	72.4
服饰制造	3086.1	3084.1	2957.3	2811.6	2.6	2.6
皮革、毛皮、羽毛及其制品和制鞋业	74131.8	74131.8	70549.8	70495.6	155.9	151.9
皮革鞣制加工	74131.8	74131.8	70549.8	70495.6	155.9	151.9
木材加工和木、竹、藤、棕、草制品业	78764.6	78683.1	67580.9	65289.5	364.9	358.4
人造板制造	76399.8	76344.3	65925.9	63634.5	351.9	345.4
胶合板制造	9106.0	9106.0	7382.0	7382.0	15.4	15.4
纤维板制造	44849.7	44794.2	42471.3	40179.9	284.4	277.9
刨花板制造	19266.4	19266.4	13877.5	13877.5	28.7	28.7
其他人造板制造	3177.7	3177.7	2195.1	2195.1	23.4	23.4
木制品制造	2364.8	2338.8	1655.0	1655.0	13.0	13.0
软木制品及其他木制品制造	2364.8	2338.8	1655.0	1655.0	13.0	13.0
家具制造业	49987.6	39336.3	44561.6	35415.0	575.7	575.7
木质家具制造	40365.9	29902.2	37744.0	28597.4	504.3	504.3
金属家具制造	9621.7	9434.1	6817.6	6817.6	71.4	71.4
造纸和纸制品业	293280.2	277990.9	246555.3	232355.1	762.7	762.7
纸浆制造	43588.1	42671.4	35348.7	34446.2	12.9	12.9
木竹浆制造	8422.8	7506.1	9040.3	8137.8	0.2	0.2
非木竹浆制造	35165.3	35165.3	26308.4	26308.4	12.7	12.7
造纸	136054.4	122272.7	118602.0	105957.9	312.3	312.3
机制纸及纸板制造	136054.4	122272.7	118602.0	105957.9	312.3	312.3
纸制品制造	113637.7	113046.8	92604.6	91951.0	437.5	437.5
纸和纸板容器制造	68163.5	67572.6	56561.9	56008.3	286.8	286.8
其他纸制品制造	45474.2	45474.2	36042.7	35942.7	150.7	150.7
印刷和记录媒介复制业	54764.6	51749.9	40813.2	38555.5	219.0	219.0
印刷	54764.6	51749.9	40813.2	38555.5	219.0	219.0
书、报刊印刷	26685.6	23714.5	19764.2	17873.5	162.6	162.6
本册印制	3117.6	3117.6	2057.1	2057.1	11.9	11.9
包装装潢及其他印刷	24961.4	24917.8	18991.9	18624.9	44.5	44.5
文教、工美、体育和娱乐用品制造业	79878.1	79870.1	74127.3	74127.3	708.5	708.5
工艺美术品制造	79878.1	79870.1	74127.3	74127.3	708.5	708.5
地毯、挂毯制造	66454.7	66453.7	62700.9	62700.9	31.5	31.5
其他工艺美术品制造	13423.4	13416.4	11426.4	11426.4	677.0	677.0
石油加工、炼焦和核燃料加工业	17758081.0	17566910.2	15205583.5	14967906.2	1651004.1	1648737.0
精炼石油产品制造	16499433.4	16324069.3	14112103.5	13907162.5	1647699.3	1645500.2
原油加工及石油制品制造	16499433.4	16324069.3	14112103.5	13907162.5	1647699.3	1645500.2
炼焦	1258647.6	1242840.9	1093480.0	1060743.7	3304.8	3236.8
化学原料和化学制品制造业	6375061.3	6270912.8	5155678.7	5077433.1	54070.9	52713.8
基础化学原料制造	1870255.6	1833229.3	1577706.0	1552848.9	5110.7	5072.3
无机酸制造	41255.4	41184.0	33775.8	33727.0	210.8	210.8
无机碱制造	307202.5	302745.6	276843.9	273241.3	887.0	887.0
无机盐制造	875270.1	860706.3	742975.6	737936.5	1782.6	1782.6
有机化学原料制造	590222.6	574467.4	487452.3	473301.0	2138.8	2100.4
其他基础化学原料制造	56305.0	54126.0	36658.4	34643.1	91.5	91.5
肥料制造	1252539.5	1239488.1	774132.2	763093.6	29373.7	29175.8
氮肥制造	495424.0	487058.1	346450.3	339911.5	213.0	207.0

单位：万元

其他业务收入	其他业务利润	销售费用	管理费用		财务费用			营业利润
				税金		利息收入	利息支出	
43.3		754.7	897.3	26.9	105.7		105.6	487.3
			17.7		39.8		39.7	-103.3
43.3		754.7	879.6	26.9	65.9		65.9	590.6
917.6	306.8	1396.4	4098.4	84.0	1138.9	15.3	392.6	2227.3
458.1	306.8	1129.6	3585.8	33.3	409.5	13.6	302.8	2979.4
457.5		194.0	411.6	49.5	636.0	1.7		-776.8
2.0		72.8	101.0	1.2	93.4		89.8	24.7
		365.6	455.1	18.4	519.8	0.1	519.8	2235.6
		365.6	455.1	18.4	519.8	0.1	519.8	2235.6
81.5	59.0	977.4	4069.2	92.1	1529.5	7.7	1369.6	6536.6
55.5	33.0	822.0	3555.2	92.0	1454.8	7.6	1295.5	6583.9
		230.0	344.3		166.1		166.1	915.6
55.5	33.0	218.6	2322.8	86.4	1260.6	6.9	1101.9	637.1
		326.9	505.1	1.9	27.5		27.5	4500.7
		46.5	383.0	3.7	0.6	0.7		530.5
26.0	26.0	155.4	514.0	0.1	74.7	0.1	74.1	-47.3
26.0	26.0	155.4	514.0	0.1	74.7	0.1	74.1	-47.3
10651.3	580.5	2008.2	5445.7	-66.2	1285.2	18.2	892.2	-3983.6
10463.7	571.6	1028.7	4060.8	-92.6	1050.5	17.3	684.8	-4117.3
187.6	8.9	979.5	1384.9	26.4	234.7	0.9	207.4	133.7
15289.3	1117.4	5936.3	15221.2	332.7	6037.0	338.0	5875.8	19186.2
916.7	14.1	611.5	1345.8	7.9	561.3	1.4	505.6	5757.8
916.7	14.1	49.1	537.5	7.9	395.6	1.4	354.0	-1550.0
		562.4	808.3		165.7		151.6	7307.8
13781.7	1137.3	2858.9	10625.7	226.0	4386.4	247.8	4233.1	-214.5
13781.7	1137.3	2858.9	10625.7	226.0	4386.4	247.8	4233.1	-214.5
590.9	-34.0	2465.9	3249.7	98.8	1089.3	88.8	1137.1	13642.9
590.9	-34.0	1237.3	1913.4	79.2	677.2	87.8	724.5	7411.5
		1228.6	1336.3	19.6	412.1	1.0	412.6	6231.4
3014.7	902.1	1233.6	7711.4	189.7	798.3	106.8	862.9	1575.0
3014.7	902.1	1233.6	7711.4	189.7	798.3	106.8	862.9	1575.0
2971.1	858.5	372.2	5858.2	168.8	380.8	35.6	382.1	173.7
		595.9	350.9	3.6	202.1		194.9	-18.0
43.6	43.6	265.5	1502.3	17.3	215.4	71.2	285.9	1419.3
8.0	1.0	7396.1	5555.9	8.5	284.5	3.0	204.9	10439.0
8.0	1.0	7396.1	5555.9	8.5	284.5	3.0	204.9	10439.0
1.0	1.0	7294.4	5465.3	2.3	219.3	2.9	204.6	9203.7
7.0		101.7	90.6	6.2	65.2	0.1	0.3	1235.3
191170.8	-44095.9	169876.5	494436.8	10239.4	132142.5	2459.1	124007.0	24214.3
175364.1	-40687.7	142514.7	448101.5	8031.9	87750.3	1698.3	84322.0	-44696.7
175364.1	-40687.7	142514.7	448101.5	8031.9	87750.3	1698.3	84322.0	-44696.7
15806.7	-3408.2	27361.8	46335.3	2207.5	44392.2	760.8	39685.0	68911.0
104148.5	12412.5	250229.6	259866.5	19445.0	274260.1	11168.2	276451.6	432018.9
37026.3	7078.7	81263.3	75302.8	6306.7	82483.7	7293.9	86670.2	56487.2
71.4		2802.5	4518.5	218.1	2043.1	13.4	2034.3	-1651.1
4456.9		26386.7	10532.4	659.0	3949.7	5639.4	7940.3	-10692.9
14563.8	4838.8	29725.6	32011.3	3536.6	41501.9	602.3	41526.3	30759.7
15755.2	2225.1	22058.2	25363.5	1869.7	31352.5	1013.6	31508.2	25320.3
2179.0	14.8	290.3	2877.1	23.3	3636.5	25.2	3661.1	12751.2
13051.4	920.1	106321.6	82717.1	3850.4	74399.7	1319.7	71899.4	221635.8
8365.9	459.3	27719.9	40737.1	2456.2	53410.1	514.9	52064.5	57244.0

1-4-2 续表 17

行　业	营业收入	主营业务收入	营业成本	主营业务成本	营业税金及附加	主营业务税金及附加
钾肥制造	445345.8	444500.4	179141.4	178744.6	27559.3	27491.1
复混肥料制造	222003.3	218274.6	179538.1	176439.9	1563.1	1439.6
有机肥料及微生物肥料制造	61189.8	61189.8	42529.1	42529.1	27.7	27.7
其他肥料制造	28576.6	28465.2	26473.3	25468.5	10.6	10.4
涂料、油墨、颜料及类似产品制造	26746.3	26740.4	22206.9	22206.6	83.4	83.4
涂料制造	26746.3	26740.4	22206.9	22206.6	83.4	83.4
合成材料制造	2659652.6	2625853.8	2333077.8	2306882.8	16062.9	15152.6
初级形态塑料及合成树脂制造	2434036.5	2404454.4	2132830.2	2110530.8	15013.0	14940.1
合成橡胶制造	89520.3	87749.2	82223.0	80600.5	837.4	
合成纤维单(聚合)体制造	136095.8	133650.2	118024.6	115751.5	212.5	212.5
专用化学产品制造	419640.0	401418.0	350117.3	335661.5	2130.8	1920.3
化学试剂和助剂制造	284957.2	279279.3	237405.2	232476.1	1404.4	1404.4
专项化学用品制造	113859.3	101315.2	95720.2	86193.5	726.4	515.9
动物胶制造	20823.5	20823.5	16991.9	16991.9		
炸药、火工及焰火产品制造	101693.9	99812.2	65157.2	63577.2	1053.8	1053.8
炸药及火工产品制造	101693.9	99812.2	65157.2	63577.2	1053.8	1053.8
日用化学产品制造	44533.4	44371.0	33281.3	33162.5	255.6	255.6
肥皂及合成洗涤剂制造	12775.0	12622.6	10532.7	10413.9	68.5	68.5
香料、香精制造	24772.7	24772.7	17049.2	17049.2	126.1	126.1
其他日用化学产品制造	6985.7	6975.7	5699.4	5699.4	61.0	61.0
医药制造业	191342.7	188492.4	121850.9	119858.7	1241.2	1210.8
化学药品原料药制造	11402.7	11402.7	7314.4	7314.4	29.8	29.8
化学药品制剂制造	34010.0	33069.4	19593.8	18968.8	274.3	274.3
中药饮片加工	40452.9	40352.9	33883.6	33579.6	114.6	114.6
中成药生产	82313.8	81757.6	46503.0	46295.2	704.3	673.9
生物药品制造	14210.3	12956.8	6224.3	5368.9	117.5	117.5
卫生材料及医药用品制造	8953.0	8953.0	8331.8	8331.8	0.7	0.7
化学纤维制造业	989193.3	945499.8	884657.8	847168.1	1497.1	1467.4
纤维素纤维原料及纤维制造	989193.3	945499.8	884657.8	847168.1	1497.1	1467.4
化纤浆粕制造	275482.9	258990.2	254084.5	241654.4	851.5	851.5
人造纤维(纤维素纤维)制造	713710.4	686509.6	630573.3	605513.7	645.6	615.9
橡胶和塑料制品业	1267051.1	1236171.5	1060446.3	1042561.6	5018.3	3046.9
橡胶制品业	165811.5	159587.5	141292.3	136596.9	1809.8	10.6
轮胎制造	163632.5	157408.5	139373.1	134677.7	1799.9	0.7
日用及医用橡胶制品制造	2179.0	2179.0	1919.2	1919.2	9.9	9.9
塑料制品业	1101239.6	1076584.0	919154.0	905964.7	3208.5	3036.3
塑料薄膜制造	104514.6	103930.1	87565.7	87337.1	165.4	165.4
塑料板、管、型材制造	810020.4	785989.7	671850.6	659449.0	2135.5	2053.3
塑料丝、绳及编织品制造	86877.8	86877.8	71436.2	71436.2	515.4	425.4
泡沫塑料制造	13040.5	13040.5	11731.6	11731.6	5.1	5.1
塑料包装箱及容器制造	40983.7	40983.7	34245.2	34245.2	183.5	183.5
日用塑料制品制造	16305.1	16305.1	15138.3	15138.3	56.9	56.9
其他塑料制品制造	29497.5	29457.1	27186.4	26627.3	146.7	146.7
非金属矿物制品业	3819640.1	3725571.9	3257406.3	3169365.4	16197.5	15400.1
水泥、石灰和石膏制造	1593645.2	1542881.7	1351717.8	1306575.9	7433.1	6851.6
水泥制造	1526274.7	1482770.9	1292902.1	1253365.8	6850.4	6305.4
石灰和石膏制造	67370.5	60110.8	58815.7	53210.1	582.7	546.2
石膏、水泥制品及类似制品制造	1414137.0	1410376.1	1198036.3	1191410.3	6772.3	6668.7
水泥制品制造	1267719.9	1264295.9	1068100.5	1062705.4	6278.9	6175.3
砼结构构件制造	107974.9	107661.0	94172.3	92941.4	314.4	314.4
轻质建筑材料制造	11737.3	11737.3	10003.4	10003.4	49.3	49.3
其他水泥类似制品制造	26704.9	26681.9	25760.1	25760.1	129.7	129.7

单位：万元

其他业务收入	其他业务利润	销售费用	管理费用		财务费用			营业利润
				税金		利息收入	利息支出	
845.4	448.6	65430.1	25867.2	1091.5	11023.5	640.3	10448.8	133941.3
3728.7	12.2	10544.0	11077.9	223.7	8660.5	102.3	8261.9	18557.3
		2075.5	4150.5	40.8	766.8	25.7	692.1	10826.6
111.4		552.1	884.4	38.2	538.8	36.5	432.1	1066.6
5.9	0.7	1088.4	2583.4	101.9	186.2	3.1	186.2	558.2
5.9	0.7	1088.4	2583.4	101.9	186.2	3.1	186.2	558.2
33798.8	3955.5	41364.6	58855.3	8209.2	110668.0	1443.7	110344.5	97070.5
29582.1	3806.8	32183.4	56121.1	7615.9	103585.3	1255.7	103330.2	91553.3
1771.1	148.7	896.9	655.9	134.4	3481.9	158.4	3599.6	1632.1
2445.6		8284.3	2078.3	458.9	3600.8	29.6	3414.7	3885.1
18222.0	108.5	16009.8	20975.8	536.7	4103.6	129.3	4031.6	22300.8
5677.9	88.7	11907.6	14505.9	417.0	3255.1	95.8	3210.5	12843.9
12544.1	19.8	3988.9	5543.0	115.1	680.0	33.5	658.4	6798.4
		113.3	926.9	4.6	168.5		162.7	2658.5
1881.7	270.2	1285.6	14519.9	297.7	1911.2	963.5	2858.0	29975.4
1881.7	270.2	1285.6	14519.9	297.7	1911.2	963.5	2858.0	29975.4
162.4	78.8	2896.3	4912.2	142.4	507.7	15.0	461.7	3991.0
152.4	78.8	446.9	1085.4	43.1	-2.3	4.0		700.6
		1938.7	3253.8	3.2	95.1	10.8	83.5	3563.5
10.0		510.7	573.0	96.1	414.9	0.2	378.2	-273.1
2850.3	559.5	29792.0	18809.4	264.3	5672.0	474.0	5692.8	13752.2
		1713.7	1405.4	5.2	116.3	1.5	96.1	1387.2
940.6	-29.5	6658.5	5332.8	65.8	644.5	337.0	893.2	1223.0
100.0		936.6	2070.9	64.3	1845.5	17.1	1695.3	1770.6
556.2	190.9	18354.2	6734.5	124.4	1099.3	71.1	1061.5	8533.3
1253.5	398.1	1896.7	3066.8	4.4	1801.8	46.5	1781.3	819.2
		232.3	199.0	0.2	164.6	0.8	165.4	18.9
43693.5	5374.1	41241.5	31092.8	668.2	29928.9	925.8	28637.6	20982.0
43693.5	5374.1	41241.5	31092.8	668.2	29928.9	925.8	28637.6	20982.0
16492.7	2673.2	4657.1	13670.4	339.1	9364.5	152.3	8989.0	582.5
27200.8	2700.9	36584.4	17422.4	329.1	20564.4	773.5	19648.6	20399.5
30879.6	3327.9	34624.7	45911.3	2057.5	13163.2	1189.8	13525.8	83075.8
6224.0	1360.6	9984.9	10346.0	454.4	4027.1	137.6	3837.5	-1630.4
6224.0	1360.6	9981.8	10240.9	453.5	3950.3	137.2	3770.2	-1695.3
		3.1	105.1	0.9	76.8	0.4	67.3	64.9
24655.6	1967.3	24639.8	35565.3	1603.1	9136.1	1052.2	9688.3	84706.2
584.5	584.5	1237.8	3780.4	40.0	1411.8	146.9	1555.4	9765.9
24030.7	1382.8	21967.7	23397.7	1253.7	5005.2	638.9	5174.5	59840.2
		561.8	1549.5	158.4	336.5	5.4	326.6	11636.1
		103.2	370.7	17.8	158.3	0.3	155.5	457.9
		239.8	3422.9	104.4	2062.6	50.8	2112.1	2630.6
			482.2	6.7	-7.9	7.9		1109.9
40.4		529.5	2561.9	22.1	169.6	202.0	364.2	-734.4
94068.2	2198.4	139790.1	216433.7	8024.9	147235.3	15971.1	159604.3	84669.3
50763.5	3152.3	69441.6	110818.7	4140.0	94838.6	15022.4	108481.7	-2186.6
43503.8	2422.9	65366.4	106896.3	3925.7	91692.6	15017.8	105367.3	-218.6
7259.7	729.4	4075.2	3922.4	214.3	3146.0	4.6	3114.4	-1968.0
3760.9	-1709.6	48255.5	69579.9	2169.9	23830.5	470.8	23233.9	67402.7
3424.0	-812.5	43551.4	62017.3	1870.3	21475.0	352.3	20771.1	66346.6
313.9	-920.1	2707.1	4470.9	109.8	1542.7	112.8	1649.5	3105.2
		1942.4	1760.5	58.1	413.4	3.8	416.0	-2429.3
23.0	23.0	54.6	1331.2	131.7	399.4	1.9	397.3	380.2

1-4-2 续表 18

行 业	营业收入	主营业务收 入	营业成本	主营业务成 本	营业税金及 附 加	主营业务税金及附加
砖瓦、石材等建筑材料制造	208994.5	208722.4	176424.2	176422.4	755.0	753.9
粘土砖瓦及建筑砌块制造	45988.9	45939.8	36292.3	36292.3	171.5	170.4
建筑陶瓷制品制造	54293.3	54293.3	51147.0	51147.0	12.6	12.6
建筑用石加工	40766.1	40709.8	34879.5	34879.5	312.6	312.6
防水建筑材料制造	43866.3	43860.3	33409.7	33409.2	67.1	67.1
隔热和隔音材料制造	17664.1	17523.6	14896.3	14896.3	128.4	128.4
其他建筑材料制造	6415.8	6395.6	5799.4	5798.1	62.8	62.8
玻璃制造	29049.7	28891.8	26904.9	26839.5	13.7	13.7
平板玻璃制造	24614.5	24587.6	22614.3	22614.3	6.9	6.9
其他玻璃制造	4435.2	4304.2	4290.6	4225.2	6.8	6.8
玻璃制品制造	53959.4	53854.5	44427.3	44424.3	272.5	272.5
技术玻璃制品制造	3791.8	3739.2	2945.3	2945.3	12.1	12.1
日用玻璃制品制造	2727.3	2727.3	2347.1	2347.1	10.9	10.9
玻璃包装容器制造	18270.3	18218.0	13830.2	13827.2	229.6	229.6
玻璃保温容器制造	22570.0	22570.0	20090.7	20090.7	19.9	19.9
其他玻璃制品制造	6600.0	6600.0	5214.0	5214.0		
玻璃纤维和玻璃纤维增强塑料制品制造	94529.4	83144.5	78276.1	69759.1	467.9	356.7
玻璃纤维及制品制造	28579.1	28579.1	26439.2	26439.2	136.5	136.5
玻璃纤维增强塑料制品制造	65950.3	54565.4	51836.9	43319.9	331.4	220.2
耐火材料制品制造	31086.1	31086.1	25782.0	25754.7	282.5	282.5
耐火陶瓷制品及其他耐火材料制造	31086.1	31086.1	25782.0	25754.7	282.5	282.5
石墨及其他非金属矿物制品制造	394238.8	366614.8	355837.7	328179.2	200.5	200.5
石墨及碳素制品制造	254983.0	227365.2	230313.9	202662.8	27.3	27.3
其他非金属矿物制品制造	139255.8	139249.6	125523.8	125516.4	173.2	173.2
黑色金属冶炼和压延加工业	7565126.7	7425715.3	7224666.1	7109878.8	14773.3	14758.5
炼铁	2337021.1	2269397.1	2303477.0	2248503.7	3850.3	3850.0
炼钢	100765.7	98287.3	98455.6	97598.8	170.1	170.1
黑色金属铸造	27366.8	27297.6	26382.5	26248.1	22.1	22.1
钢压延加工	4892509.3	4827498.3	4588829.3	4534896.1	10296.9	10283.7
铁合金冶炼	207463.8	203235.0	207521.7	202632.1	433.9	432.6
有色金属冶炼和压延加工业	5063943.5	4542123.5	4508821.3	4017757.6	1321.8	1279.9
常用有色金属冶炼	3960753.8	3446784.5	3558548.1	3115282.7	502.5	502.3
铜冶炼	180473.7	174470.5	168298.6	162286.1	147.1	147.1
铅锌冶炼	99157.7	99157.7	84955.4	84955.4		
镍钴冶炼	122265.9	120009.9	120153.6	119223.1	60.2	60.2
铝冶炼	3501910.6	2997040.8	3132687.0	2696895.1	207.7	207.5
镁冶炼	52308.4	51491.8	48789.8	48265.0	81.6	81.6
其他常用有色金属冶炼	4637.5	4613.8	3663.7	3658.0	5.9	5.9
贵金属冶炼	202185.6	195616.7	150925.2	148932.3	431.7	420.9
金冶炼	202185.6	195616.7	150925.2	148932.3	431.7	420.9
稀有稀土金属冶炼	408854.4	408854.4	325735.9	325735.9	69.1	38.2
稀土金属冶炼	59968.0	59968.0	45387.6	45387.6	7.7	7.7
其他稀有金属冶炼	348886.4	348886.4	280348.3	280348.3	61.4	30.5
有色金属合金制造	8409.3	8409.3	9528.2	8643.4	1.4	1.4
有色金属铸造	10781.7	10781.7	10757.6	10757.6	1.8	1.8
有色金属压延加工	472958.7	471676.9	453326.3	408405.7	315.3	315.3
铜压延加工	13498.7	13415.8	13039.5	13039.5	10.2	10.2
铝压延加工	459460.0	458261.1	440286.8	395366.2	305.1	305.1

单位：万元

其他业务收入	其他业务利润	销售费用	管理费用		财务费用			营业利润
				税金		利息收入	利息支出	
272.1	-152.9	6142.8	15270.7	464.3	5706.8	155.8	5515.6	8489.2
49.1	-1.1	3391.4	5209.3	164.5	2398.1	104.2	2380.7	-800.9
		391.7	1532.1	9.2	1604.0	33.4	1498.5	-149.5
56.3		477.8	4252.4	210.8	810.2	2.7	751.3	1975.6
6.0		1315.4	1412.7	15.3	386.1	12.1	391.4	7275.0
140.5		392.3	2119.1	16.3	414.5	3.0	416.2	533.9
20.2	-151.8	174.2	745.1	48.2	93.9	0.4	77.5	-344.9
157.9	26.9	282.5	1680.0	67.0	3093.4	2.7	3093.5	-2802.9
26.9	26.9	107.0	983.0	40.6	2860.6	2.5	2860.8	-1930.3
131.0		175.5	697.0	26.4	232.8	0.2	232.7	-872.6
104.9	52.3	2469.1	3381.9	64.3	1696.5	2.2	1688.2	1607.7
52.6		16.3	496.8	22.8	200.4		191.0	83.1
		51.4	290.6	0.2	16.6		16.6	-28.4
52.3	52.3	1771.2	1706.1	36.2	185.1	2.2	186.2	523.2
		528.0	637.0	5.1	1196.2		1196.2	95.6
		102.2	251.4		98.2		98.2	934.2
11384.9	838.7	3832.3	4703.3	193.5	2656.6	26.1	2647.3	4513.4
		485.1	466.2	5.4	179.7	2.4	182.1	872.4
11384.9	838.7	3347.2	4237.1	188.1	2476.9	23.7	2465.2	3641.0
		948.0	1436.0	70.7	608.6	10.9	603.4	2032.2
		948.0	1436.0	70.7	608.6	10.9	603.4	2032.2
27624.0	-9.3	8418.3	9563.2	855.2	14804.3	280.2	14340.7	5613.6
27617.8	-8.1	1789.4	4163.8	709.6	12204.1	177.9	11771.2	6511.3
6.2	-1.2	6628.9	5399.4	145.6	2600.2	102.3	2569.5	-897.7
139411.4	8360.5	139793.8	180604.0	14610.2	186270.3	4626.8	170400.9	-153095.0
67624.0	6440.7	23013.8	75570.6	5890.1	86783.4	653.4	76474.8	-147567.0
2478.4	384.2	1279.4	7555.7	235.6	6968.9	117.3	6562.9	-13520.2
69.2	20.9	478.1	1476.0	32.1	659.0	2.1	646.4	-1769.9
65011.0	1175.4	105272.5	87098.4	8217.1	85781.7	3839.0	81885.3	33475.1
4228.8	339.3	9750.0	8903.3	235.3	6077.3	15.0	4831.5	-23713.0
521820.0	1747.8	148161.5	131793.3	9915.7	113620.0	2750.0	99982.2	197594.5
513969.3	983.4	112400.3	76531.4	3829.8	71180.4	2046.2	62120.7	138060.6
6003.2	325.7	3576.1	2302.0	70.8	646.3	27.4	616.6	6681.8
		276.9	655.2		1475.7		1475.7	12020.1
2256.0	328.1	888.1	5719.8	268.1	179.5	421.0	591.1	-1978.1
504869.8		106487.5	65079.2	3460.8	66093.2	1592.9	57103.6	123165.5
816.6	329.6	1055.1	2196.0	15.4	2318.7	4.2	1867.8	-1644.6
23.7		116.6	579.2	14.7	467.0	0.7	465.9	-184.1
6568.9	681.5	1870.8	24221.8	1391.1	3907.1	43.3	3765.1	20591.1
6568.9	681.5	1870.8	24221.8	1391.1	3907.1	43.3	3765.1	20591.1
		19626.2	15655.6	3094.0	20383.5	349.2	16650.8	27191.0
		1648.0	7610.7	743.3	3084.7	59.6	3144.3	2237.0
		17978.2	8044.9	2350.7	17298.8	289.6	13506.5	24954.0
		106.2	598.7	3.8	230.9	2.0	221.8	-1181.8
		15.0	93.7	6.7	-0.3	0.4	0.1	-86.1
1281.8	82.9	14143.0	14692.1	1590.3	17918.4	308.9	17223.7	13019.7
82.9	82.9	53.9	192.0	15.0	138.5	0.6	136.7	64.6
1198.9		14089.1	14500.1	1575.3	17779.9	308.3	17087.0	12955.1

1-4-2 续表 19

项 目	营业收入	主营业务收入	营业成本	主营业务成本	营业税金及附加	主营业务税金及附加
金属制品业	965194.4	896183.0	869761.0	808498.1	3390.8	3091.4
结构性金属制品制造	550245.3	531821.4	482343.8	468471.7	2450.3	2396.2
金属结构制造	537644.2	519225.0	472011.8	458139.7	2424.6	2370.5
金属门窗制造	12601.1	12596.4	10332.0	10332.0	25.7	25.7
金属工具制造	63435.1	63435.1	56128.0	56128.0		
手工具制造	13267.3	13267.3	13066.4	13066.4		
农用及园林用金属工具制造	50167.8	50167.8	43061.6	43061.6		
集装箱及金属包装容器制造	64781.2	33000.1	60724.5	30442.9	163.8	124.5
金属压力容器制造	15805.6	14694.3	14915.0	14148.5	57.1	56.6
金属包装容器制造	48975.6	18305.8	45809.5	16294.4	106.7	67.9
金属丝绳及其制品制造	166936.9	165152.4	160993.2	159353.7	268.4	268.4
建筑、安全用金属制品制造	10030.6	10030.6	8194.6	8194.6	26.5	26.5
建筑、家具用金属配件制造	3968.5	3968.5	2893.1	2893.1	17.1	17.1
建筑装饰及水暖管道零件制造	6062.1	6062.1	5301.5	5301.5	9.4	9.4
金属表面处理及热处理加工	31622.1	22495.1	28168.0	20395.5	315.2	115.1
金属制日用品制造	3305.0	3305.0	2649.2	2649.2	7.0	7.0
金属制厨房用器具制造	3305.0	3305.0	2649.2	2649.2	7.0	7.0
其他金属制品制造	74838.2	66943.3	70559.7	62862.5	159.6	153.7
通用设备制造业	225229.3	216112.8	176061.4	169263.8	656.2	513.4
锅炉及原动设备制造	15134.7	14678.5	13041.8	13041.8	32.4	32.4
锅炉及辅助设备制造	15134.7	14678.5	13041.8	13041.8	32.4	32.4
金属加工机械制造	3429.9	3365.0	1677.6	1628.7	26.6	26.6
金属切割及焊接设备制造	3429.9	3365.0	1677.6	1628.7	26.6	26.6
物料搬运设备制造	157971.2	155345.5	120265.8	117863.2	193.7	151.1
起重机制造	142369.5	140269.8	107308.3	105290.7	176.1	133.5
连续搬运设备制造	12045.0	11519.0	9861.0	9476.0	10.0	10.0
电梯、自动扶梯及升降机制造	3556.7	3556.7	3096.5	3096.5	7.6	7.6
轴承、齿轮和传动部件制造	3434.1	2954.0	2508.9	2059.5	23.6	21.6
轴承制造	3434.1	2954.0	2508.9	2059.5	23.6	21.6
烘炉、风机、衡器、包装等设备制造	4841.0	4841.0	3542.6	3542.6	21.4	21.4
风机、风扇制造	2335.3	2335.3	1796.7	1796.7	15.8	15.8
制冷、空调设备制造	2505.7	2505.7	1745.9	1745.9	5.6	5.6
通用零部件制造	40418.4	34928.8	35024.7	31128.0	358.5	260.3
机械零部件加工	32726.8	27237.2	27594.3	23697.6	352.7	254.5
其他通用零部件制造	7691.6	7691.6	7430.4	7430.4	5.8	5.8
专用设备制造业	562403.0	557638.5	471061.0	468358.4	1255.3	1243.1
采矿、冶金、建筑专用设备制造	323054.4	320567.1	278689.9	277043.8	801.0	788.8
矿山机械制造	43212.4	42057.2	34854.6	34288.6	119.6	107.4
石油钻采专用设备制造	110721.4	109389.3	78097.1	77017.0	677.8	677.8
建筑工程用机械制造	169120.6	169120.6	165738.2	165738.2	3.6	3.6
化工、木材、非金属加工专用设备制造	2709.0	2709.0	3307.8	3307.8		
炼油、化工生产专用设备制造	2709.0	2709.0	3307.8	3307.8		
农、林、牧、渔专用机械制造	236639.6	234362.4	189063.3	188006.8	454.3	454.3
拖拉机制造	63991.3	63936.3	55914.5	55877.1	5.8	5.8
机械化农业及园艺机具制造	132390.8	130173.5	98921.6	97902.5	292.5	292.5
农林牧渔机械配件制造	8098.5	8098.5	7312.0	7312.0	22.2	22.2
棉花加工机械制造	8353.4	8353.4	6954.6	6954.6	1.1	1.1
其他农、林、牧、渔业机械制造	23805.6	23800.7	19960.6	19960.6	132.7	132.7
汽车制造业	362505.7	360287.8	353089.5	351338.1	690.7	690.4
汽车整车制造	255291.1	254143.0	246707.5	246005.1	537.3	537.0

单位：万元

其他业务收入	其他业务利润	销售费用	管理费用		财务费用			营业利润
				税金		利息收入	利息支出	
69011.4	2600.1	13604.7	42928.1	11513.1	14081.4	1013.4	12974.5	23060.6
18423.9	1097.5	6391.0	21721.4	964.3	9615.2	586.1	9155.1	25280.8
18419.2	1097.5	6176.3	21103.9	948.3	9256.0	586.1	8796.8	24229.2
4.7		214.7	617.5	16.0	359.2		358.3	1051.6
		1701.0	10834.8	10005.3	-44.1	44.3		180.8
		438.7	81.4	5.3	-0.1	0.3		-319.2
		1262.3	10753.4	10000.0	-44.0	44.0		500.0
31781.1	369.4	1095.5	4867.6	259.9	2091.7	74.2	1400.6	-5658.8
1111.3		365.8	1599.8	150.8	1025.4	1.7	357.6	-2362.1
30669.8	369.4	729.7	3267.8	109.1	1066.3	72.5	1043.0	-3296.7
1784.5	17.5	2690.6	1956.8	199.5	1374.7	9.3	1383.5	-244.4
		254.6	411.0	4.5	88.3	29.6	117.3	1055.3
		22.8	25.4	0.1	11.0		11.0	999.1
		231.8	385.6	4.4	77.3	29.6	106.3	56.2
9127.0	1077.5		610.4	7.9	495.6		420.4	2032.9
		293.5	299.2	8.3	19.9		10.2	36.2
		293.5	299.2	8.3	19.9		10.2	36.2
7894.9	38.2	1178.5	2226.9	63.4	440.1	269.9	487.4	377.8
9116.5	583.4	7963.2	11613.0	449.6	978.8	127.5	997.6	28676.6
456.2	17.6	1018.1	1041.0	8.2	26.3		26.3	617.5
456.2	17.6	1018.1	1041.0	8.2	26.3		26.3	617.5
64.9	16.1	189.3	786.0	3.3	137.5	1.6	137.0	612.8
64.9	16.1	189.3	786.0	3.3	137.5	1.6	137.0	612.8
2625.7	64.7	5220.0	4980.5	234.7	612.7	100.0	699.5	26790.4
2099.7	22.7	4564.1	3365.9	147.5	145.5	87.9	222.9	27039.1
526.0	42.0	471.6	1140.3	82.0	468.0	5.2	470.7	-43.3
		184.3	474.3	5.2	-0.8	6.9	5.9	-205.4
480.1	30.7	531.9	301.9	7.4	6.1	1.6		57.7
480.1	30.7	531.9	301.9	7.4	6.1	1.6		57.7
		199.7	659.2	133.6	-7.2	7.7		438.9
		173.0	317.6	132.3	0.3			45.5
		26.7	341.6	1.3	-7.5	7.7		393.4
5489.6	454.3	804.2	3844.4	62.4	203.4	16.6	134.8	159.3
5489.6	454.3	737.2	3754.8	57.0	122.4	16.4	117.0	141.5
		67.0	89.6	5.4	81.0	0.2	17.8	17.8
4764.5	1699.0	21197.0	29466.1	1343.9	1624.1	1121.5	2652.4	42467.8
2487.3	770.0	13244.9	16561.5	1052.9	823.3	84.9	829.7	17679.1
1155.2	589.2	529.7	2256.3	516.1	308.5	1.7	310.0	5143.5
1332.1	180.8	12568.8	7344.7	127.8	513.8	83.1	518.6	11503.3
		146.4	6960.5	409.0	1.0	0.1	1.1	1032.3
			104.9		47.0	1.5	48.2	-750.8
			104.9		47.0	1.5	48.2	-750.8
2277.2	929.0	7952.1	12799.7	291.0	753.8	1035.1	1774.5	25539.5
55.0		215.4	653.6	26.1	85.3	1.1	85.4	7177.3
2217.3	928.9	6992.4	9972.3	198.1	471.7	1006.9	1467.1	15534.7
		76.3	86.5	2.5	5.0	0.1	5.1	596.1
		293.4	594.5	38.5	37.2	1.5	37.6	541.2
4.9	0.1	374.6	1492.8	25.8	154.6	25.5	179.3	1690.2
2217.9	-121.0	3437.3	19994.1	862.9	2236.3	1306.4	3482.6	-17412.7
1148.1	-97.5	2106.8	16291.1	479.7	976.4	1116.0	2110.5	-11427.5

1-4-2 续表 20

行　业	营业收入	主营业务收　入	营业成本	主营业务成　本	营业税金及附加
改装汽车制造	78762.7	78119.2	79803.8	79136.9	17.7
汽车车身、挂车制造	22561.7	22296.0	21429.9	21208.7	105.4
汽车零部件及配件制造	5890.2	5729.6	5148.3	4987.4	30.3
铁路、船舶、航空航天和其他运输设备制造业	4572.0	4572.0	3869.5	3869.5	127.0
铁路运输设备制造	4572.0	4572.0	3869.5	3869.5	127.0
其他铁路运输设备制造	4572.0	4572.0	3869.5	3869.5	127.0
电气机械和器材制造业	3735579.9	3648548.2	2940984.1	2893999.1	11296.5
电机制造	2644436.7	2621021.3	2040173.5	2022178.0	7736.1
发电机及发电机组制造	2638183.4	2614768.0	2035095.9	2017100.4	7654.8
电动机制造	6253.3	6253.3	5077.6	5077.6	81.3
输配电及控制设备制造	983503.5	932434.4	802073.3	785033.3	3138.0
变压器、整流器和电感器制造	894696.5	843914.4	728857.5	711817.8	2760.0
配电开关控制设备制造	77653.8	77406.2	65339.4	65339.1	305.5
其他输配电及控制设备制造	11153.2	11113.8	7876.4	7876.4	72.5
电线、电缆、光缆及电工器材制造	85211.9	84343.1	77139.8	77015.7	400.9
电线、电缆制造	77558.3	76881.0	71569.3	71569.3	350.5
绝缘制品制造	7653.6	7462.1	5570.5	5446.4	50.4
照明器具制造	3621.9	3621.9	2614.9	2614.9	15.4
电光源制造	3621.9	3621.9	2614.9	2614.9	15.4
其他电气机械及器材制造	18805.9	7127.5	18982.6	7157.2	6.1
其他未列明电气机械及器材制造	18805.9	7127.5	18982.6	7157.2	6.1
计算机、通信和其他电子设备制造业	4567.7	4487.9	4468.2	3941.1	0.7
广播电视设备制造	4567.7	4487.9	4468.2	3941.1	0.7
广播电视接收设备及器材制造	4567.7	4487.9	4468.2	3941.1	0.7
仪器仪表制造业	3888.2	3888.2	2570.5	2570.5	18.6
通用仪器仪表制造	3888.2	3888.2	2570.5	2570.5	18.6
供应用仪表及其他通用仪器制造	3888.2	3888.2	2570.5	2570.5	18.6
其他制造业	11167.6	11054.0	23784.9	23636.6	156.8
煤制品制造	11167.6	11054.0	23784.9	23636.6	156.8
废弃资源综合利用业	67192.6	67093.4	44443.4	44371.4	54.1
金属废料和碎屑加工处理	30321.3	30319.8	20713.1	20713.1	11.4
非金属废料和碎屑加工处理	36871.3	36773.6	23730.3	23658.3	42.7
金属制品、机械和设备修理业	19646.6	18346.6	17986.4	17481.8	61.7
通用设备修理	2772.5	2772.5	2407.1	2407.1	6.2
专用设备修理	16874.1	15574.1	15579.3	15074.7	55.5
电力、热力、燃气及水生产和供应业	**8839543.8**	**8484964.6**	**7744879.9**	**7391291.0**	**31483.6**
电力、热力生产和供应业	8137924.2	7809168.4	7230030.8	6898008.7	25153.9
电力生产	2841571.1	2570112.3	2103055.6	1820945.5	13255.4
火力发电	2140009.0	1885674.6	1722464.2	1459313.3	10527.8
水力发电	357415.7	341090.6	219979.7	212483.2	2346.8
风力发电	297533.3	296734.0	127514.1	122791.0	375.5
太阳能发电	32114.6	32114.6	20982.8	15266.2	0.5
其他电力生产	14498.5	14498.5	12114.8	11091.8	4.8
电力供应	4987124.6	4933925.4	4794140.2	4751627.6	11463.9
热力生产和供应	309228.5	305130.7	332835.0	325435.6	434.6
燃气生产和供应业	614452.2	595038.0	451320.0	432657.1	5860.3
水的生产和供应业	87167.4	80758.2	63529.1	60625.2	469.4
自来水生产和供应	66202.4	60137.0	51548.6	48772.2	461.8
污水处理及其再生利用	20965.0	20621.2	11980.5	11853.0	7.6

单位：万元

主营业务税金及附加	其他业务收入	其他业务利润	销售费用	管理费用		财务费用			营业利润
					税金		利息收入	利息支出	
17.7	643.5	-23.5	380.2	1602.3	162.9	575.2	24.5	569.8	-3622.9
105.4	265.7		903.4	1667.3	198.7	686.0	164.3	802.3	-2630.1
30.3	160.6		46.9	433.4	21.6	-1.3	1.6		267.8
127.0				1276.7	21.0	-1.9	2.7		-373.2
127.0				1276.7	21.0	-1.9	2.7		-373.2
127.0				1276.7	21.0	-1.9	2.7		-373.2
11295.2	87031.7	2232.3	133732.5	83022.1	4240.3	55669.3	70213.5	114832.5	351647.3
7736.1	23415.4	604.3	87002.2	39885.2	2116.6	27722.9	6431.7	28538.2	246304.5
7654.8	23415.4	604.3	87002.2	39287.1	2105.8	27610.8	6430.9	28428.9	245920.5
81.3				598.1	10.8	112.1	0.8	109.3	384.0
3136.7	51069.1	953.6	44858.4	39179.2	1982.1	26905.6	63616.0	83415.6	103403.4
2758.7	50782.1	851.0	40586.7	32985.4	1725.3	25082.6	63462.6	81538.1	100606.6
305.5	247.6	63.2	3400.2	5013.1	250.8	1834.9	141.3	1877.3	1739.6
72.5	39.4	39.4	871.5	1180.7	6.0	-11.9	12.1	0.2	1057.2
400.9	868.8	674.4	1527.6	3558.0	93.3	2912.6	43.9	2748.8	-52.3
350.5	677.3	674.4	755.0	2521.1	82.6	2656.2	36.2	2543.8	4.1
50.4	191.5		772.6	1036.9	10.7	256.4	7.7	205.0	-56.4
15.4			344.3	221.2	3.1	-8.7	29.3	18.9	425.5
15.4			344.3	221.2	3.1	-8.7	29.3	18.9	425.5
6.1	11678.4			178.5	45.2	-1863.1	92.6	111.0	1566.2
6.1	11678.4			178.5	45.2	-1863.1	92.6	111.0	1566.2
0.7	79.8	79.8	175.4	323.4	2.3	28.3		28.3	98.8
0.7	79.8	79.8	175.4	323.4	2.3	28.3		28.3	98.8
0.7	79.8	79.8	175.4	323.4	2.3	28.3		28.3	98.8
18.6			153.4	381.4	3.8	-5.4	5.4		925.0
18.6			153.4	381.4	3.8	-5.4	5.4		925.0
18.6			153.4	381.4	3.8	-5.4	5.4		925.0
156.8	113.6	-34.6	385.0	7487.4	14.3	4748.0	3.9	4744.3	-26553.9
156.8	113.6	-34.6	385.0	7487.4	14.3	4748.0	3.9	4744.3	-26553.9
52.1	99.2		3748.9	1645.2	123.0	2152.7	1224.0	2774.6	14566.3
11.4	1.5		1697.6	371.4	45.6	1466.9	260.2	1125.0	6061.1
40.7	97.7		2051.3	1273.8	77.4	685.8	963.8	1649.6	8505.2
61.7	1300.0	795.4	156.7	1072.3	25.0	309.4	2.0	309.8	61.9
6.2			70.1	262.6	3.0	0.2	0.1		28.2
55.5	1300.0	795.4	86.6	809.7	22.0	309.2	1.9	309.8	33.7
29232.7	**354579.2**	**40580.2**	**108196.5**	**229284.0**	**9871.0**	**457271.5**	**11955.5**	**460704.0**	**354831.8**
23137.4	328755.8	41670.7	33046.0	189366.2	8393.8	439717.0	10603.4	443187.9	296568.5
13042.0	271458.8	29147.0	26639.7	124312.8	6926.2	331891.2	6709.9	332019.0	284166.0
10395.5	254334.4	21094.0	7816.7	93353.0	5955.5	160281.6	2217.9	156976.3	168599.4
2324.5	16325.1	7755.1	18797.0	21072.6	220.4	88066.6	262.6	87932.1	14455.2
316.9	799.3	297.9	3.0	6843.2	460.2	69598.4	4134.1	73410.2	99864.7
0.5			23.0	2724.4	290.1	10696.9	93.1	10473.8	1241.8
4.6				319.6		3247.7	2.2	3226.6	4.9
9679.2	53199.2	11323.0	2340.1	40696.9	597.4	94870.1	3253.5	97880.9	76477.6
416.2	4097.8	1200.7	4066.2	24356.5	870.2	12955.7	640.0	13288.0	-64075.1
5633.4	19414.2	-1232.9	61557.2	27084.0	639.6	12666.3	521.3	11806.9	64474.3
461.9	6409.2	142.4	13593.3	12833.8	837.6	4888.2	830.8	5709.2	-6211.0
461.8	6065.4	-74.0	13593.3	10219.9	698.1	3006.9	784.3	3784.7	-10763.9
0.1	343.8	216.4		2613.9	139.5	1881.3	46.5	1924.5	4552.9

1-4-2 续表 21

行　业	资产减值损　失	公允价值变动收益	投资收益	营业外收　入	补贴收入
总　计	**392726.1**	**-19790.9**	**185065.0**	**975702.7**	**295742.1**
采矿业	**181632.1**	**-3709.8**	**22632.0**	**219399.0**	**19726.6**
煤炭开采和洗选业	6174.8		-1873.4	16419.5	2349.7
烟煤和无烟煤开采洗选	6174.8		-1873.4	16328.2	2349.7
其他煤炭采选				91.3	
石油和天然气开采业	143027.1		680.0	167777.2	
石油开采	143045.8		680.0	167761.7	
天然气开采	-18.7			15.5	
黑色金属矿采选业	1305.9	-3583.2	19676.3	8849.8	408.8
铁矿采选	1305.9	-3583.2	19676.3	8849.6	408.8
锰矿、铬矿采选				0.2	
其他黑色金属矿采选					
有色金属矿采选业	333.7	-126.6	267.0	4310.4	773.5
常用有色金属矿采选	315.3	-126.6	236.2	3187.3	773.5
铜矿采选	397.9	-126.6	-575.7	2928.1	773.5
铅锌矿采选			749.0	115.1	
镍钴矿采选	-82.6		62.9	144.1	
贵金属矿采选				652.2	
金矿采选				652.2	
稀有稀土金属矿采选	18.4		30.8	470.9	
其他稀有金属矿采选	18.4		30.8	470.9	
非金属矿采选业	105.3		289.7	2532.3	338.3
土砂石开采	21.6		263.6	1873.3	30.0
石灰石、石膏开采			1.8	46.3	30.0
建筑装饰用石开采			1.3	1722.8	
粘土及其他土砂石开采	21.6		260.5	104.2	
化学矿开采			3.0	76.8	
采盐	83.7		23.1	262.4	
石棉及其他非金属矿采选				319.8	308.3
石棉、云母矿采选				6.6	
其他未列明非金属矿采选				313.2	308.3
开采辅助活动	30685.3		3592.4	19509.8	15856.3
石油和天然气开采辅助活动	30685.3		3592.4	19509.8	15856.3
制造业	**203317.5**	**-12525.9**	**137650.3**	**523345.7**	**168449.6**
农副食品加工业	5513.5	-6915.0	5135.6	40061.3	24698.5
谷物磨制	3.3		66.6	3808.0	2608.9
饲料加工	48.6	100.0	1373.4	4328.5	787.0
植物油加工	1182.5	-7015.0	3384.7	17614.6	12736.4
食用植物油加工	1143.4	-5815.0	3384.7	17614.6	12736.4
非食用植物油加工	39.1	-1200.0			
制糖业	4012.4		60.9	2523.0	598.0
屠宰及肉类加工	7.7			6612.2	4259.4
牲畜屠宰	7.7			4975.3	2678.7
禽类屠宰				1005.6	1005.2
肉制品及副产品加工				631.3	575.5
水产品加工			3.1	140.9	131.9
水产品冷冻加工			3.1	131.9	131.9
水产饲料制造				9.0	
蔬菜、水果和坚果加工	239.6		200.5	2621.4	1532.1
蔬菜加工				1085.2	921.0
水果和坚果加工	239.6		200.5	1536.2	611.1

单位：万元

营业外支出	利润总额	应交所得税	亏损企业亏损总额	利税总额	应交税金及附加	本年应付职工薪酬	本年应交增值税	从业人员平均人数(人)
332775.3	**8552294.7**	**726012.6**	**1345810.2**	**15365110.4**	**7778795.1**	**5741512.6**	**3494968.3**	**675747**
174942.7	**5952425.9**	**390958.2**	**200421.1**	**9039203.4**	**3614069.2**	**2352717.6**	**1806098.9**	**200191**
44724.0	142791.5	58423.0	125249.5	453826.1	386429.4	514829.1	247406.9	57348
44714.4	143261.2	58423.0	124779.8	454094.0	386201.2	514502.8	247226.7	57293
9.6	-469.7		469.7	-267.9	228.2	326.3	180.2	55
117266.3	5283222.8	210245.6		7606619.9	2643114.4	1080092.9	1188111.2	70848
117265.9	5262641.5	207158.4		7581265.9	2635134.6	1079970.1	1183800.5	70653
0.4	20581.3	3087.2		25354.0	7979.8	122.8	4310.7	195
3085.7	271324.5	65237.5	24012.3	456987.5	255204.8	90775.0	144905.4	13550
3051.8	269532.6	64802.1	23808.6	452569.2	251654.4	89357.6	142584.1	12606
8.4	897.7	299.1	203.7	3259.5	3117.4	861.8	2085.4	382
25.5	894.2	136.3		1158.8	433.0	555.6	235.9	562
7005.6	182155.4	33867.0	11923.3	259203.2	112721.2	68022.0	65387.5	8989
6710.2	171643.0	29409.8	6366.5	247790.0	107257.1	53800.8	64955.0	7220
6396.3	160832.6	28099.8	4766.4	219510.7	88281.1	37689.7	51561.4	5121
210.7	68.7	225.3	1545.5	6342.9	6642.3	5565.2	3575.1	765
103.2	10741.7	1084.7	54.6	21936.4	12333.7	10545.9	9818.5	1334
289.8	14739.5	4456.6	1329.7	15207.0	4941.3	9537.1	38.2	1108
289.8	14739.5	4456.6	1329.7	15207.0	4941.3	9537.1	38.2	1108
5.6	-4227.1	0.6	4227.1	-3793.8	522.8	4684.1	394.3	661
5.6	-4227.1	0.6	4227.1	-3793.8	522.8	4684.1	394.3	661
899.2	8331.5	4339.6	9572.4	29783.8	26380.5	27557.4	16365.4	4757
496.0	2314.6	2012.1	6061.1	14172.0	14323.1	12797.2	10254.8	2743
444.8	-3528.0	848.8	6061.1	5231.1	9730.7	8890.3	7838.9	1377
44.6	3751.0	961.0		5156.0	2686.7	1606.5	1004.9	1025
6.6	2091.6	202.3		3784.9	1905.7	2300.4	1411.0	341
317.9	406.0	101.4		806.0	501.4	630.1	350.0	153
19.9	7141.9	1806.3		15180.1	9924.5	8088.6	4764.9	973
65.4	-1531.0	419.8	3511.3	-374.3	1631.5	6041.5	995.7	888
1.0	8.2	2.4		127.3	137.8	4485.3	83.7	594
64.4	-1539.2	417.4	3511.3	-501.6	1493.7	1556.2	912.0	294
1961.9	64600.2	18845.5	29663.6	232782.9	190218.9	571441.2	143922.5	44699
1961.9	64600.2	18845.5	29663.6	232782.9	190218.9	571441.2	143922.5	44699
108023.3	**2062291.9**	**219959.0**	**984831.4**	**5450401.9**	**3701831.3**	**2734903.5**	**1382424.8**	**411813**
7866.4	281569.3	4960.1	32241.8	346942.7	74290.4	146943.1	58187.0	30928
497.0	28521.0	-857.1	1329.4	31420.0	2366.6	14412.0	2430.2	2802
251.4	54966.7	958.2	1757.7	62528.9	9852.7	22006.7	7022.0	3646
3587.8	78752.6	2517.0	11471.5	100668.4	25701.0	36073.0	21104.8	8663
3586.6	78323.5	2514.5	11370.7	100096.2	25525.5	35184.5	20972.8	8491
1.2	429.1	2.5	100.8	572.2	175.5	888.5	132.0	172
256.8	-7572.9	337.3	11857.2	10661.6	18787.6	29960.1	16703.8	5912
109.4	15103.1	113.5	1769.7	18896.5	4292.9	10241.8	1574.3	2842
103.6	12618.4	67.8	357.9	15951.4	3768.0	7087.9	1197.8	1942
5.8	1082.7		506.3	1117.1	45.6	1380.0		444
	1402.0	45.7	905.5	1828.0	479.3	1773.9	376.5	456
7.6	6081.4			6107.0	37.2	623.4	19.7	75
1.6	26.5			47.9	23.7	167.0	19.7	55
6.0	6054.9			6059.1	13.5	456.4		20
3020.4	62333.9	1771.4	379.4	69014.0	8641.0	23991.3	5899.7	4506
	4023.1	26.0		4030.4	37.2	2610.4	7.1	545
3020.4	58310.8	1745.4	379.4	64983.6	8603.8	21380.9	5892.6	3961

1-4-2 续表 22

行业	资产减值损失	公允价值变动收益	投资收益	营业外收入	补贴收入
其他农副食品加工	19.4		46.4	2412.7	2044.8
淀粉及淀粉制品制造			46.4	2079.0	1927.9
蛋品加工					
其他未列明农副食品加工	19.4			333.7	116.9
食品制造业	13888.2	26.9	7104.7	17933.8	4654.7
焙烤食品制造	49.1	26.9		249.6	180.4
糕点、面包制造	49.1	26.9		190.9	155.6
饼干及其他焙烤食品制造				58.7	24.8
方便食品制造				3070.9	749.4
米、面制品制造				9.0	
方便面及其他方便食品制造				3061.9	749.4
乳制品制造	101.5		81.4	4774.1	1113.5
罐头食品制造	12851.7		-162.7	6535.9	1824.3
蔬菜、水果罐头制造	12851.7		-162.7	6535.9	1824.3
调味品、发酵制品制造	570.7		7186.0	2664.7	715.1
味精制造			3245.9	18.6	18.6
酱油、食醋及类似制品制造				1342.8	256.4
其他调味品、发酵制品制造	570.7		3940.1	1303.3	440.1
其他食品制造	315.2			638.6	72.0
营养食品制造				73.9	
冷冻饮品及食用冰制造				79.0	
盐加工				8.2	
食品及饲料添加剂制造	315.2			477.5	72.0
其他未列明食品制造					
酒、饮料和精制茶制造业	-1271.0		5519.3	9632.5	4374.5
酒的制造	-1393.9		5502.2	8103.7	4126.8
酒精制造			35.0	623.4	297.0
白酒制造	-680.8		66.8	1058.9	151.4
啤酒制造	-718.6		8867.5	2330.4	922.4
葡萄酒制造	5.5		-3467.1	4091.0	2756.0
饮料制造	122.9		17.1	1528.8	247.7
碳酸饮料制造	-1.4			548.9	130.4
瓶(罐)装饮用水制造	0.2			57.2	
果菜汁及果菜汁饮料制造	124.1		17.1	206.8	21.6
含乳饮料和植物蛋白饮料制造				21.8	21.4
茶饮料及其他饮料制造				694.1	74.3
烟草制品业				103.0	
卷烟制造				103.0	
纺织业	432.8	-2500.0	1223.6	38738.1	19161.7
棉纺织及印染精加工	-820.3	-2500.0	1222.5	36013.5	18415.9
棉纺纱加工	-819.7	-2500.0	1222.5	35602.4	18019.8
棉织造加工				329.5	314.5
棉印染精加工	-0.6			81.6	81.6
毛纺织及染整精加工	1269.5			856.9	719.9
毛条和毛纱线加工	1269.5			856.9	719.9
毛织造加工					
麻纺织及染整精加工	-16.4			443.4	25.9
麻纤维纺前加工和纺纱	-16.4			443.4	25.9

单位：万元

营业外支出	利润总额	应交所得税	亏损企业亏损总额	利税总额	应交税金及附加	本年应付职工薪酬	本年应交增值税	从业人员平均人数（人）
136.0	43383.5	119.8	3676.9	47646.3	4611.4	9634.8	3432.5	2482
89.7	11792.4	114.1	3184.8	13656.1	2118.8	4911.2	1655.0	1322
	1315.6			1323.0	7.4	142.8	7.4	58
46.3	30275.5	5.7	492.1	32667.2	2485.2	4580.8	1770.1	1102
1822.8	133538.2	18372.6	55689.1	196213.6	83480.1	114273.1	56877.4	22798
-7.8	3060.3	358.4	714.5	6880.6	4338.1	8310.8	2894.0	1519
-12.6	3300.5	347.6	163.7	6718.3	3920.8	6948.1	2528.1	1158
4.8	-240.2	10.8	550.8	162.3	417.3	1362.7	365.9	361
565.0	12343.9	1236.9	522.4	22378.5	11765.3	16362.8	9753.1	3431
	200.2	40.5		2232.2	2103.3	476.2	2019.0	91
565.0	12143.7	1196.4	522.4	20146.3	9662.0	15886.6	7734.1	3340
286.9	27941.0	1249.4	2090.8	35088.1	8622.2	19933.8	6480.5	4110
608.5	-27096.6	266.7	45414.8	-12974.4	14935.5	24510.4	12852.9	5185
608.5	-27096.6	266.7	45414.8	-12974.4	14935.5	24510.4	12852.9	5185
173.0	37071.1	4665.3	2091.1	53087.6	21169.5	25720.9	15202.4	4973
3.2	1471.5			1707.6	244.3	554.1	210.8	307
108.2	1560.4	89.8		2601.7	1180.6	2865.9	929.6	481
61.6	34039.2	4575.5	2091.1	48778.3	19744.6	22300.9	14062.0	4185
197.2	80218.5	10595.9	4855.5	91753.2	22649.5	19434.4	9694.5	3580
2.5	238.7	32.1		344.6	147.8	417.2	94.5	83
180.9	-288.4	1.2	601.0	1218.1	1631.5	4425.1	1343.3	828
5.8	662.7	171.1		1349.3	887.3	1093.1	496.3	290
8.0	78381.2	10391.5	4254.5	87414.5	19780.5	13169.3	7582.5	2234
	1224.3			1426.7	202.4	329.7	177.9	145
1737.0	153646.1	19049.1	11904.0	252173.6	118759.0	74586.1	45012.8	12802
939.4	124048.4	17181.8	9138.9	216931.1	110653.7	54266.7	40123.9	9816
40.5	7050.8		330.5	8084.3	1132.5	3083.7	232.9	907
505.6	66301.9	10891.6	848.6	115799.2	60625.5	20129.5	21015.0	3947
348.2	40038.7	4721.4	2591.7	68781.8	33564.9	24434.0	13546.6	3927
45.1	10657.0	1568.8	5368.1	24265.8	15330.8	6619.5	5329.4	1035
797.6	29597.7	1867.3	2765.1	35242.5	8105.3	20319.4	4888.9	2986
82.3	-685.3	-173.6	1349.2	864.7	1509.3	2998.4	1372.3	513
7.5	5153.7	1288.5		5793.3	2068.6	3154.3	339.8	426
13.1	12261.8	-66.4	473.2	12750.0	461.0	3155.2	424.1	577
2.7	11548.4	507.4		13072.1	2051.7	2044.1	1372.1	339
692.0	1319.1	311.4	942.7	2762.4	2014.7	8967.4	1380.6	1131
323.0	60910.0	15228.0		271882.0	226945.0	9755.9	41807.0	977
323.0	60910.0	15228.0		271882.0	226945.0	9755.9	41807.0	977
2112.4	11795.5	2117.3	40822.5	42676.3	33960.4	127270.3	26628.6	34484
2101.3	11331.2	2055.4	36009.7	41049.7	32616.3	114913.5	25742.8	31752
2094.5	10709.7	1739.9	35435.8	40059.7	31922.4	112786.5	25410.6	31120
5.0	-437.6	156.0	573.9	-282.0	313.7	865.6	142.1	396
1.8	1059.1	159.5		1272.0	380.2	1261.4	190.1	236
3.8	-3934.5	61.9	4488.2	-3145.9	936.3	8042.5	583.4	1601
3.8	-4488.2		4488.2	-4045.2	501.8	6357.9	264.1	1091
	553.7	61.9		899.3	434.5	1684.6	319.3	510
1.8	4723.4			5096.7	380.5	2260.5	302.0	576
1.8	4723.4			5096.7	380.5	2260.5	302.0	576

1-4-2 续表 23

行　业	资产减值损　失	公允价值变动收益	投资收益	营业外收　入	补贴收入
家用纺织制成品制造			1.1	1424.3	
床上用品制造					
其他家用纺织制成品制造			1.1	1424.3	
纺织服装、服饰业	612.8	-0.6	7.0	2089.5	492.1
机织服装制造	-23.2	-0.6	7.0	738.6	425.2
针织或钩针编织服装制造	636.0			1208.8	1.4
服饰制造				142.1	65.5
皮革、毛皮、羽毛及其制品和制鞋业		-200.0		154.8	9.4
皮革鞣制加工		-200.0		154.8	9.4
木材加工和木、竹、藤、棕、草制品业			85.1	1706.0	535.3
人造板制造			85.1	1704.9	535.3
胶合板制造					
纤维板制造			85.1	1680.5	535.3
刨花板制造					
其他人造板制造				24.4	
木制品制造				1.1	
软木制品及其他木制品制造				1.1	
家具制造业	39.8	18.3	92.6	968.2	12.6
木质家具制造	39.8	18.3	92.6	668.5	
金属家具制造				299.7	12.6
造纸和纸制品业	62.3		82.1	9617.9	1018.1
纸浆制造					
木竹浆制造					
非木竹浆制造					
造纸	-68.8		57.0	8694.2	982.4
机制纸及纸板制造	-68.8		57.0	8694.2	982.4
纸制品制造	131.1		25.1	923.7	35.7
纸和纸板容器制造	131.1		25.1	901.9	35.7
其他纸制品制造				21.8	
印刷和记录媒介复制业	-24.4		31.9	3361.5	1695.4
印刷	-24.4		31.9	3361.5	1695.4
书、报刊印刷	5.9		31.9	1829.6	231.6
本册印制					
包装装潢及其他印刷	-30.3			1531.9	1463.8
文教、工美、体育和娱乐用品制造业				485.4	28.6
工艺美术品制造				485.4	28.6
地毯、挂毯制造				44.0	3.6
其他工艺美术品制造				441.4	25.0
石油加工、炼焦和核燃料加工业	108400.4	-276.7	4328.3	34835.7	4717.3
精炼石油产品制造	110745.1		4262.8	27262.7	3577.3
原油加工及石油制品制造	110745.1		4262.8	27262.7	3577.3
炼焦	-2344.7	-276.7	65.5	7573.0	1140.0
化学原料和化学制品制造业	14330.3	10.7	22983.7	89637.7	12812.3
基础化学原料制造	1916.4	13.0	6368.4	11211.0	3896.1
无机酸制造	-4.5		439.7	576.5	120.5
无机碱制造	386.7			836.7	
无机盐制造	1476.4		1607.7	5048.3	1390.2
有机化学原料制造	57.8	13.0	4321.0	4291.0	2373.4
其他基础化学原料制造				458.5	12.0
肥料制造	3736.9		981.6	53081.8	6336.3
氮肥制造	771.2		-1300.8	5408.1	1963.3

单位：万元

营业外支出	利润总额	应交所得税	亏损企业亏损总额	利税总额	应交税金及附加	本年应付职工薪酬	本年应交增值税	从业人员平均人数(人)
5.5	-324.6		324.6	-324.2	27.3	2053.8	0.4	555
	-103.3		103.3	-103.3		15.7		6
5.5	-221.3		221.3	-220.9	27.3	2038.1	0.4	549
508.7	3808.1	428.7	40.1	4489.9	1194.5	8982.8	532.2	1796
36.6	3681.4	423.8		4096.3	872.0	7491.3	340.3	1538
472.1	-40.1		40.1	224.2	313.8	1288.3	191.9	176
	166.8	4.9		169.4	8.7	203.2		82
3.9	2386.5	4.2	154.6	3726.4	1362.5	1628.1	1184.0	476
3.9	2386.5	4.2	154.6	3726.4	1362.5	1628.1	1184.0	476
84.2	8158.4	24.1	638.5	11583.9	3541.7	5331.7	3060.6	1119
82.2	8206.6	24.1	590.3	11402.1	3311.6	4683.4	2843.6	930
	915.6			944.0	28.4	141.0	13.0	48
81.9	2235.7	24.1	590.3	5028.4	2903.2	3595.1	2508.3	743
	4500.7			4711.1	212.3	532.0	181.7	80
0.3	554.6			718.6	167.7	415.3	140.6	59
2.0	-48.2		48.2	181.8	230.1	648.3	217.0	189
2.0	-48.2		48.2	181.8	230.1	648.3	217.0	189
128.7	-3144.1	68.8	3546.1	-1917.3	1229.4	5581.5	651.1	1134
62.0	-3510.8	4.1	3546.1	-2947.0	475.3	3457.1	59.5	671
66.7	366.7	64.7		1029.7	754.1	2124.4	591.6	463
1051.4	27682.6	2396.2	7691.7	35011.7	10058.0	25263.8	6566.4	5147
48.3	5709.5	1353.2	1598.3	6416.3	2067.9	832.8	693.9	214
48.3	-1598.3	1.6	1598.3	-1161.0	446.8	270.7	437.1	41
	7307.8	1351.6		7577.3	1621.1	562.1	256.8	173
871.1	7538.5	-85.1	4824.5	10950.1	3552.5	17542.9	3099.3	3270
871.1	7538.5	-85.1	4824.5	10950.1	3552.5	17542.9	3099.3	3270
132.0	14434.6	1128.1	1268.9	17645.3	4437.6	6888.1	2773.2	1663
131.8	8181.6	953.7	1268.9	10732.0	3583.3	5014.4	2263.6	1109
0.2	6253.0	174.4		6913.3	854.3	1873.7	509.6	554
6.8	4929.7	652.5	18.0	6180.7	2093.2	8517.1	1032.0	1526
6.8	4929.7	652.5	18.0	6180.7	2093.2	8517.1	1032.0	1526
3.9	1999.4	99.5		2765.1	1034.0	6438.2	603.1	1032
	-18.0		18.0	56.0	77.6	139.2	62.1	37
2.9	2948.3	553.0		3359.6	981.6	1939.7	366.8	457
8.0	10916.4	560.6		12247.3	1900.0	2048.0	622.4	717
8.0	10916.4	560.6		12247.3	1900.0	2048.0	622.4	717
8.0	9239.7	196.6		9472.3	431.5	891.5	201.1	335
	1676.7	364.0		2775.0	1468.5	1156.5	421.3	382
50067.6	8664.7	17529.8	429090.8	2052523.0	2071627.5	492824.5	392854.2	39823
44909.2	-62343.2	10283.4	384228.6	1941739.2	2022397.7	389390.1	356383.1	25488
44909.2	-62343.2	10283.4	384228.6	1941739.2	2022397.7	389390.1	356383.1	25488
5158.4	71007.9	7246.4	44862.2	110783.8	49229.8	103434.4	36471.1	14335
8564.4	453402.4	72850.6	64148.2	788637.4	427530.6	507650.4	281164.1	65788
1475.1	66223.1	12134.6	26679.0	105857.1	58075.3	171990.6	34523.3	23628
48.6	-1123.2	319.3	3467.5	861.2	2521.8	7086.7	1773.6	1183
90.6	-9946.8	74.1	9946.8	-6066.4	4613.5	18926.3	2993.4	2561
733.9	35074.1	6407.9	9856.7	48040.9	22911.3	88107.2	11184.2	12998
597.3	29014.0	4071.1	3408.0	49059.0	25985.8	56010.7	17906.2	6442
4.7	13205.0	1262.2		13962.4	2042.9	1859.7	665.9	444
5770.7	209258.1	34182.8	25449.7	352133.8	180908.9	104409.3	113502.0	13648
4678.3	-1715.0	3812.1	22653.1	65800.5	73783.8	47333.9	67302.5	7418

1-4-2 续表 24

行 业	资产减值损失	公允价值变动收益	投资收益	营业外收入	补贴收入
钾肥制造	2276.7			42321.1	
复混肥料制造	232.4		2252.4	4001.7	3791.9
有机肥料及微生物肥料制造	513.5			752.9	1.6
其他肥料制造	-56.9		30.0	598.0	579.5
涂料、油墨、颜料及类似产品制造	40.0			175.3	163.2
涂料制造	40.0			175.3	163.2
合成材料制造	5075.0	-2.3	1560.5	20757.3	1795.9
初级形态塑料及合成树脂制造	4976.8	-2.3	1560.5	19425.9	1376.1
合成橡胶制造	88.3			428.8	418.3
合成纤维单(聚合)体制造	9.9			902.6	1.5
专用化学产品制造	1823.5		208.8	2158.4	285.2
化学试剂和助剂制造	524.6		174.4	1676.1	272.2
专项化学用品制造			34.4	396.1	13.0
动物胶制造	1298.9			86.2	
炸药、火工及焰火产品制造	1735.4		13864.4	1453.4	
炸药及火工产品制造	1735.4		13864.4	1453.4	
日用化学产品制造	3.1			800.5	335.6
肥皂及合成洗涤剂制造	3.1			65.7	35.6
香料、香精制造				723.0	300.0
其他日用化学产品制造				11.8	
医药制造业	689.7	-650.0	351.8	4167.5	2020.3
化学药品原料药制造			16.9	132.1	40.2
化学药品制剂制造	440.6		181.3	1356.8	1166.6
中药饮片加工	-1.5	-650.0	12.9	592.4	522.3
中成药生产	250.6		140.7	1995.7	226.4
生物药品制造				85.5	59.8
卫生材料及医药用品制造				5.0	5.0
化学纤维制造业	389.4		-38.3	7449.4	2591.2
纤维素纤维原料及纤维制造	389.4		-38.3	7449.4	2591.2
化纤浆粕制造	389.4		153.5	5149.8	728.1
人造纤维(纤维素纤维)制造			-191.8	2299.6	1863.1
橡胶和塑料制品业	1386.5	-0.3	91.5	11891.3	3494.6
橡胶制品业	1.5		-28.5	4984.8	720.8
轮胎制造	1.5		-28.5	4895.1	631.1
日用及医用橡胶制品制造				89.7	89.7
塑料制品业	1385.0	-0.3	120.0	6906.5	2773.8
塑料薄膜制造	549.9		1.5	617.4	152.1
塑料板、管、型材制造	626.1	-0.3	115.0	4431.1	2074.7
塑料丝、绳及编织品制造			2.0	820.0	236.5
泡沫塑料制造				105.0	
塑料包装箱及容器制造				241.1	136.6
日用塑料制品制造				2.3	
其他塑料制品制造	209.0		1.5	689.6	173.9
非金属矿物制品业	26565.0	-59.2	24492.1	71965.2	52459.4
水泥、石灰和石膏制造	18221.7	-26.4	23430.2	49320.4	40510.2
水泥制造	18221.7		23411.8	48654.2	39889.1
石灰和石膏制造		-26.4	18.4	666.2	621.1
石膏、水泥制品及类似制品制造	7661.9		514.7	15393.4	9390.6
水泥制品制造	6246.5		496.3	14371.8	9108.9
砼结构构件制造	1795.0		18.4	285.0	281.7
轻质建筑材料制造	-2.6			72.6	
其他水泥类似制品制造	-377.0			664.0	

单位：万元

营业外支出	利润总额	应交所得税	亏损企业亏损总额	利税总额	应交税金及附加	本年应付职工薪酬	本年应交增值税	从业人员平均人数(人)
719.5	175542.9	27226.6		245948.8	98724.0	39253.3	42846.6	2919
180.1	22378.9	2272.7	2796.6	26819.1	6936.6	12219.7	2877.1	2092
185.7	11393.8	616.0		11893.9	1156.9	4606.8	472.4	1028
7.1	1657.5	255.4		1671.5	307.6	995.6	3.4	191
157.0	576.5	135.6	0.5	1410.4	1071.4	1861.6	750.5	358
157.0	576.5	135.6	0.5	1410.4	1071.4	1861.6	750.5	358
443.7	117384.1	19627.9	9810.0	241325.2	151778.2	180609.3	107878.2	20740
408.5	110570.7	17689.4	8641.7	227509.5	142244.1	163157.9	101925.8	18527
11.5	2049.4	454.7		7350.1	5889.8	8972.9	4463.3	1187
23.7	4764.0	1483.8	1168.3	6465.6	3644.3	8478.5	1489.1	1026
183.4	24274.8	3619.7	1921.0	39443.7	19325.3	26807.8	13038.1	4346
109.3	14410.7	2498.6	1904.4	24377.4	12882.3	13987.1	8562.3	2381
70.4	7123.1	1117.2	16.6	12325.3	6434.5	12287.2	4475.8	1836
3.7	2741.0	3.9		2741.0	8.5	533.5		129
505.3	30923.5	2890.5		41623.9	13888.6	17920.5	9646.6	2348
505.3	30923.5	2890.5		41623.9	13888.6	17920.5	9646.6	2348
29.2	4762.3	259.5	288.0	6843.3	2482.9	4051.3	1825.4	720
29.2	737.1	142.6		1409.5	858.1	1677.5	603.9	316
	4286.5	110.2		5137.9	964.8	1499.7	725.3	258
	-261.3	6.7	288.0	295.9	660.0	874.1	496.2	146
1280.3	16639.4	1721.5	1145.4	28197.5	13543.9	23767.0	10316.9	3913
47.6	1471.7	221.9		1877.7	633.1	1388.0	376.2	250
477.0	2102.8	198.4		4261.0	2422.4	6154.5	1883.9	1193
358.6	2004.4	328.0	205.6	2804.2	1192.1	3757.0	685.2	654
322.5	10206.5	943.9		17195.2	8057.0	9332.0	6284.4	1325
56.7	848.0	27.8	939.8	2052.7	1236.9	2705.5	1087.2	401
17.9	6.0	1.5		6.7	2.4	430.0		90
594.6	27836.8	710.6	7339.8	49263.3	22805.3	38762.9	19929.4	8758
594.6	27836.8	710.6	7339.8	49263.3	22805.3	38762.9	19929.4	8758
453.8	5278.5		7339.8	14963.1	10023.7	14109.5	8833.1	3741
140.8	22558.3	710.6		34300.2	12781.6	24653.4	11096.3	5017
925.6	93939.7	7382.0	2720.7	120437.7	35937.5	83896.5	21479.7	13224
461.9	2892.5	387.1	462.4	7783.1	5732.1	13642.1	3080.8	2370
454.2	2745.6	372.8	462.4	7543.7	5624.4	13345.0	2998.2	2250
7.7	146.9	14.3		239.4	107.7	297.1	82.6	120
463.7	91047.2	6994.9	2258.3	112654.6	30205.4	70254.4	18398.9	10854
8.7	10272.8	1340.6	383.6	11207.8	2315.6	4570.0	769.6	1096
275.7	63995.6	3648.6	652.2	81097.2	22003.9	51616.0	14966.1	6927
11.4	12444.7	560.9	10.9	14429.0	2703.6	4244.7	1468.9	1210
149.9	413.0	25.0		460.8	90.6	270.4	42.7	145
4.7	2867.0	1290.7	845.7	3387.8	1915.9	1672.4	337.3	425
	1112.2	74.8		1716.9	686.2	1218.6	547.8	222
13.3	-58.1	54.3	365.9	355.1	489.6	6662.3	266.5	829
8672.5	147399.1	13102.9	89841.6	329003.2	202731.9	339172.7	165406.6	58330
4363.3	42305.1	2829.3	63231.2	130261.7	94925.9	169903.6	80523.5	27158
3970.2	44000.0	2128.5	60657.8	126984.0	89038.2	164054.1	76133.6	26051
393.1	-1694.9	700.8	2573.4	3277.7	5887.7	5849.5	4389.9	1107
3752.8	78945.8	6080.6	14455.8	143447.5	72752.2	114536.2	57729.4	18060
3630.1	76990.8	5783.6	11477.9	137435.6	68098.7	104294.5	54165.9	16326
-18.6	3408.8	493.3		5770.6	2964.9	5674.8	2047.4	952
126.5	-2483.2	-457.4	2487.5	-2050.9	33.0	3071.3	383.0	466
14.8	1029.4	261.1	490.4	2292.2	1655.6	1495.6	1133.1	316

1-4-2 续表 25

行　业	资产减值损　失	公允价值变动收益	投资收益	营业外收　入	补贴收入
砖瓦、石材等建筑材料制造	408.7	-32.8	425.3	5303.5	1493.1
粘土砖瓦及建筑砌块制造	11.0	-32.8	24.6	2258.9	1013.0
建筑陶瓷制品制造			248.1	1641.6	42.0
建筑用石加工	392.3		152.6	814.2	
防水建筑材料制造				156.2	10.0
隔热和隔音材料制造	5.4			311.5	307.0
其他建筑材料制造				121.1	121.1
玻璃制造	68.1			393.6	280.0
平板玻璃制造				78.9	
其他玻璃制造	68.1			314.7	280.0
玻璃制品制造	63.9		-2.6	697.4	586.9
技术玻璃制品制造				97.9	97.9
日用玻璃制品制造	39.1			103.2	
玻璃包装容器制造	24.8			496.3	489.0
玻璃保温容器制造			-2.6		
其他玻璃制品制造					
玻璃纤维和玻璃纤维增强塑料制品制造	88.1		4.5	357.6	190.0
玻璃纤维及制品制造					
玻璃纤维增强塑料制品制造	88.1		4.5	357.6	190.0
耐火材料制品制造	-16.7			308.6	5.6
耐火陶瓷制品及其他耐火材料制造	-16.7			308.6	5.6
石墨及其他非金属矿物制品制造	69.3		120.0	190.7	3.0
石墨及碳素制品制造				143.6	3.0
其他非金属矿物制品制造	69.3		120.0	47.1	
黑色金属冶炼和压延加工业	913.4	-1980.0	20932.0	85293.5	2266.6
炼铁	-1478.6	-1980.0	452.4	77341.0	163.0
炼钢			8.0	223.1	
黑色金属铸造	20.1		15.0	64.1	15.7
钢压延加工	2371.4		20426.6	3354.1	751.2
铁合金冶炼	0.5		30.0	4311.2	1336.7
有色金属冶炼和压延加工业	4730.0		4098.3	18194.0	13865.2
常用有色金属冶炼	535.2		3938.8	2775.9	192.2
铜冶炼			478.6	390.8	156.9
铅锌冶炼				9.0	
镍钴冶炼	526.3		3283.5	127.1	35.3
铝冶炼	19.8		120.9	1850.4	
镁冶炼			55.8	208.8	
其他常用有色金属冶炼	-10.9			189.8	
贵金属冶炼	645.6			1932.8	1385.4
金冶炼	645.6			1932.8	1385.4
稀有稀土金属冶炼				7957.2	7636.5
稀土金属冶炼				7250.1	7250.1
其他稀有金属冶炼				707.1	386.4
有色金属合金制造	1.3			130.9	120.0
有色金属铸造				172.1	
有色金属压延加工	3547.9		159.5	5225.1	4531.1
铜压延加工				108.8	
铝压延加工	3547.9		159.5	5116.3	4531.1

单位：万元

营业外支出	利润总额	应交所得税	亏损企业亏损总额	利税总额	应交税金及附加	本年应付职工薪酬	本年应交增值税	从业人员平均人数（人）
239.0	13553.7	727.3	4002.2	17606.2	5244.1	16606.2	3297.5	3660
41.7	1416.3	240.2	3173.8	2795.5	1783.9	5268.9	1207.7	1157
87.7	1404.4	67.1		1604.0	275.9	3358.3	187.0	930
87.0	2702.8	98.9	334.3	4235.1	1842.0	4943.9	1219.7	922
3.3	7427.9	71.4		7656.8	315.6	833.6	161.8	172
10.5	834.9	232.0		1225.6	639.0	1510.1	262.3	284
8.8	-232.6	17.7	494.1	89.2	387.7	691.4	259.0	195
5.1	-2414.4		2617.8	-2050.9	430.5	2872.1	349.8	696
5.0	-1856.4		2059.8	-1719.1	177.9	2551.7	130.4	628
0.1	-558.0		558.0	-331.8	252.6	320.4	219.4	68
13.7	2291.4	196.0		4661.3	2630.2	5236.8	2097.4	1501
	181.0	11.1		309.0	161.9	281.8	115.9	95
1.4	73.4	26.4		235.8	189.0	492.4	151.5	145
12.3	1007.2	158.5		2901.2	2088.7	2090.8	1664.4	463
	95.6			281.1	190.6	1627.0	165.6	674
	934.2			934.2		744.8		124
129.7	4741.3	1364.7	1484.3	9587.4	6404.3	4486.4	4378.2	1003
	872.4	218.1		3644.3	2995.4	612.5	2635.4	126
129.7	3868.9	1146.6	1484.3	5943.1	3408.9	3873.9	1742.8	877
23.9	2316.9	182.2		4591.2	2527.2	5701.2	1991.8	1496
23.9	2316.9	182.2		4591.2	2527.2	5701.2	1991.8	1496
145.0	5659.3	1722.8	4050.3	20898.8	17817.5	19830.2	15039.0	4756
56.2	6598.7	1154.6		18788.7	14054.2	11122.9	12162.7	2891
88.8	-939.4	568.2	4050.3	2110.1	3763.3	8707.3	2876.3	1865
6450.8	-74267.6	-10477.4	146414.2	42366.6	120767.0	321080.3	101860.9	47067
2027.2	-72253.2	1175.8	85941.6	-48590.6	30728.5	123692.0	19812.3	16023
513.3	-13810.4		13810.4	-2558.7	11487.3	13132.7	11081.6	2311
15.8	-1721.6	48.8	1864.7	-1571.2	231.3	1287.0	128.3	490
3714.7	33099.2	-11488.9	25132.6	112127.6	75756.6	171063.0	68731.5	25154
179.8	-19581.6	-213.1	19664.9	-17040.5	2563.3	11905.6	2107.2	3089
2074.7	213713.8	16285.0	38833.5	277823.9	90310.8	205436.0	62788.3	32102
1124.7	139711.8	8876.4	30680.5	188270.7	61265.1	127417.2	48056.4	18266
216.1	6856.5	1552.9	1044.1	9733.2	4500.4	4182.5	2729.6	906
9.7	12019.4			12019.4		2309.6		350
21.6	-1872.6	407.5	4239.2	-1358.9	1189.3	13052.4	453.5	1381
856.9	124159.0	6129.5	20010.2	167985.9	53417.2	99999.6	43619.2	14148
18.6	-1454.4	786.5	5387.0	-251.0	2005.3	6020.5	1121.8	1196
1.8	3.9			142.1	152.9	1852.6	132.3	285
681.4	21842.5	5421.1	5116.5	24528.0	9497.7	14570.1	2253.8	3228
681.4	21842.5	5421.1	5116.5	24528.0	9497.7	14570.1	2253.8	3228
64.6	35083.6	373.8	779.8	46379.1	14763.3	27883.8	11226.4	5047
	9487.1	335.5		9494.8	1086.5	2618.9		865
64.6	25596.5	38.3	779.8	36884.3	13676.8	25264.9	11226.4	4182
0.7	-1051.6	8.7	1124.1	-1038.8	25.3	1660.5	11.4	289
	86.0			87.8	8.5	174.6		37
203.3	18041.5	1605.0	1132.6	19597.1	4750.9	33729.8	1240.3	5235
21.3	152.1	5.3		419.0	287.2	298.2	256.7	114
182.0	17889.4	1599.7	1132.6	19178.1	4463.7	33431.6	983.6	5121

1-4-2 续表 26

行 业	资产减值损失	公允价值变动收益	投资收益	营业外收入	补贴收入
金属制品业	2549.0		1749.3	17135.7	3577.0
结构性金属制品制造	2211.2		1198.0	11062.7	1550.8
金属结构制造	2211.2		1198.0	10894.0	1386.8
金属门窗制造				168.7	164.0
金属工具制造				495.8	96.0
手工具制造				495.8	96.0
农用及园林用金属工具制造					
集装箱及金属包装容器制造	54.3		165.6	3601.5	1345.8
金属压力容器制造	36.4			304.2	
金属包装容器制造	17.9		165.6	3297.3	1345.8
金属丝绳及其制品制造	283.5		385.7	1153.8	
建筑、安全用金属制品制造				323.2	323.2
建筑、家具用金属配件制造					
建筑装饰及水暖管道零件制造				323.2	323.2
金属表面处理及热处理加工					
金属制日用品制造					
金属制厨房用器具制造					
其他金属制品制造				498.7	261.2
通用设备制造业	25.6		29.4	1380.2	605.5
锅炉及原动设备制造				20.8	
锅炉及辅助设备制造				20.8	
金属加工机械制造				83.1	
金属切割及焊接设备制造				83.1	
物料搬运设备制造	0.5			788.4	444.4
起重机制造	0.5			632.9	444.4
连续搬运设备制造				98.4	
电梯、自动扶梯及升降机制造				57.1	
轴承、齿轮和传动部件制造	4.1			2.6	
轴承制造	4.1			2.6	
烘炉、风机、衡器、包装等设备制造				3.9	3.5
风机、风扇制造				3.5	3.5
制冷、空调设备制造				0.4	
通用零部件制造	21.0		29.4	481.4	157.6
机械零部件加工	21.0		29.4	477.0	157.6
其他通用零部件制造				4.4	
专用设备制造业	444.3			11794.3	580.7
采矿、冶金、建筑专用设备制造	332.2			749.8	312.8
矿山机械制造				408.7	198.3
石油钻采专用设备制造				341.1	114.5
建筑工程用机械制造	332.2				
化工、木材、非金属加工专用设备制造				0.2	
炼油、化工生产专用设备制造				0.2	
农、林、牧、渔专用机械制造	112.1			11044.3	267.9
拖拉机制造	39.4			229.9	17.0
机械化农业及园艺机具制造	72.7			10457.1	
农林牧渔机械配件制造					
棉花加工机械制造				250.9	250.9
其他农、林、牧、渔业机械制造				106.4	
汽车制造业	473.9			24624.5	732.8
汽车整车制造	107.3			24351.9	657.6

单位：万元

营业外支出	利润总额	应交所得税	亏损企业亏损总额	利税总额	应交税金及附加	本年应付职工薪酬	本年应交增值税	从业人员平均人数（人）
2771.3	37708.2	5615.6	7968.2	50698.1	30118.6	43094.0	9599.1	8377
2198.6	34428.1	4387.0	3426.4	42506.5	13429.7	19295.2	5628.1	4569
2179.2	33227.2	4387.0	3357.7	41091.9	13200.0	18809.0	5440.1	4427
19.4	1200.9		68.7	1414.6	229.7	486.2	188.0	142
1.4	675.2	160.9		752.9	10243.9	565.6	77.7	68
1.4	175.2	35.9		175.2	41.2	40.3		13
	500.0	125.0		577.7	10202.7	525.3	77.7	55
535.3	-2592.6	136.4	3163.0	-1399.8	1589.1	7478.5	1029.0	1501
5.6	-2063.5		2115.3	-1531.4	682.9	2016.0	475.0	474
529.7	-529.1	136.4	1047.7	131.6	906.2	5462.5	554.0	1027
1.4	908.0	23.0		2544.7	1859.2	9319.9	1368.3	798
0.9	1377.6	54.2		1498.9	180.0	936.7	94.8	377
	999.1	54.2		1016.2	71.4	49.1		15
0.9	378.5			482.7	108.6	887.6	94.8	362
5.8	2027.1	304.1		2660.0	944.9	1272.1	317.7	300
	36.2	8.0		73.7	53.8	330.2	30.5	65
	36.2	8.0		73.7	53.8	330.2	30.5	65
27.9	848.6	542.0	1378.8	2061.2	1818.0	3895.8	1053.0	699
162.7	29894.2	1491.0	605.2	33446.8	5493.2	14511.8	2896.4	2579
32.1	606.2	2.8		821.5	226.3	585.0	182.9	229
32.1	606.2	2.8		821.5	226.3	585.0	182.9	229
0.8	695.1	105.5		943.5	357.2	869.8	221.8	83
0.8	695.1	105.5		943.5	357.2	869.8	221.8	83
52.7	27526.1	1073.3	407.1	28576.7	2358.6	5381.9	856.9	1243
50.8	27621.2	886.9	257.9	28466.5	1879.7	3730.7	669.2	848
1.0	54.1	16.9		151.1	195.9	1376.2	87.0	335
0.9	-149.2	169.5	149.2	-40.9	283.0	275.0	100.7	60
1.3	59.0	31.5		140.7	120.6	505.5	58.1	127
1.3	59.0	31.5		140.7	120.6	505.5	58.1	127
0.8	442.0	72.5		650.5	414.6	486.4	187.1	160
0.7	48.3	19.0		205.3	308.3	287.8	141.2	90
0.1	393.7	53.5		445.2	106.3	198.6	45.9	70
75.0	565.8	205.4	198.1	2313.9	2015.9	6683.2	1389.6	737
74.5	544.1	200.8	198.1	2237.1	1950.8	6567.7	1340.3	699
0.5	21.7	4.6		76.8	65.1	115.5	49.3	38
5227.2	49034.9	2973.7	1203.7	57422.5	12705.2	25047.6	7132.3	4025
28.9	18400.0	1084.9	453.1	25050.3	8788.1	9553.7	5849.3	1219
10.7	5541.5	124.4	453.1	6314.5	1413.5	1964.4	653.4	451
18.2	11826.2	960.5		17699.9	6962.0	5493.3	5195.9	546
	1032.3			1035.9	412.6	2096.0		222
	-750.6		750.6	-750.6		819.5		263
	-750.6		750.6	-750.6		819.5		263
5198.3	31385.5	1888.8		33122.8	3917.1	14674.4	1283.0	2543
	7407.2	40.4		7438.8	98.1	872.7	25.8	146
5195.0	20796.8	1476.3		22186.7	3064.3	10527.5	1097.4	1671
	596.1			632.9	39.3	84.0	14.6	22
0.6	791.5	89.9		802.0	138.9	919.5	9.4	151
2.7	1793.9	282.2		2062.4	576.5	2270.7	135.8	553
449.1	6762.7	17.2	15388.1	9194.1	3311.5	15357.2	1740.7	2333
358.3	12566.1		9254.6	13970.2	1883.8	10920.2	866.8	1465

1-4-2 续表 27

行业	资产减值损失	公允价值变动收益	投资收益	营业外收入	补贴收入
改装汽车制造	6.4			76.7	22.0
汽车车身、挂车制造	395.5			133.9	53.2
汽车零部件及配件制造	-35.3			62.0	
铁路、船舶、航空航天和其他运输设备制造业			215.2	895.8	
铁路运输设备制造			215.2	895.8	
其他铁路运输设备制造			215.2	895.8	
电气机械和器材制造业	22584.0		38979.8	18788.9	11729.7
电机制造	14799.0		-34.5	4481.9	1511.6
发电机及发电机组制造	14799.0		-34.5	4375.8	1440.6
电动机制造				106.1	71.0
输配电及控制设备制造	7745.9		39006.2	12872.3	9249.8
变压器、整流器和电感器制造	7640.9		39006.2	10577.3	7761.3
配电开关控制设备制造				2162.3	1488.5
其他输配电及控制设备制造	105.0			132.7	
电线、电缆、光缆及电工器材制造	23.1		1.2	556.9	102.0
电线、电缆制造			1.2	504.0	50.0
绝缘制品制造	23.1			52.9	52.0
照明器具制造	16.0		6.9	11.5	
电光源制造	16.0		6.9	11.5	
其他电气机械及器材制造				866.3	866.3
其他未列明电气机械及器材制造				866.3	866.3
计算机、通信和其他电子设备制造业				190.6	189.8
广播电视设备制造				190.6	189.8
广播电视接收设备及器材制造				190.6	189.8
仪器仪表制造业			155.3		
通用仪器仪表制造			155.3		
供应用仪表及其他通用仪器制造			155.3		
其他制造业				5.6	5.0
煤制品制造				5.6	5.0
废弃资源综合利用业	582.0			190.8	121.3
金属废料和碎屑加工处理				121.3	121.3
非金属废料和碎屑加工处理	582.0			69.5	
金属制品、机械和设备修理业				53.0	
通用设备修理				1.0	
专用设备修理				52.0	
电力、热力、燃气及水生产和供应业	**7776.5**	**-3555.2**	**24782.7**	**232958.0**	**107565.9**
电力、热力生产和供应业	7969.2	-4446.3	22704.5	203774.4	101190.5
电力生产	11072.9	-4500.0	8454.5	93411.0	59598.6
火力发电	3598.5		-371.1	25934.6	5578.9
水力发电	744.4		349.9	9907.8	486.4
风力发电	6626.9		8475.7	50396.5	46690.4
太阳能发电				6022.4	5999.4
其他电力生产	103.1	-4500.0		1149.7	843.5
电力供应	-5952.3	53.7	13932.9	42099.8	1867.1
热力生产和供应	2848.6		317.1	68263.6	39724.8
燃气生产和供应业	-192.7	891.1	543.6	24486.6	3415.6
水的生产和供应业			1534.6	4697.0	2959.8
自来水生产和供应			1463.3	4647.0	2929.8
污水处理及其再生利用			71.3	50.0	30.0

单位：万元

营业外支出	利润总额	应交所得税	亏损企业亏损总额	利税总额	应交税金及附加	本年应付职工薪酬	本年应交增值税	从业人员平均人数（人）
45.9	-3592.1		3593.1	-3090.9	664.1	1659.0	483.5	362
44.2	-2540.4	17.2	2540.4	-2284.7	471.6	1830.4	150.3	411
0.7	329.1			599.5	292.0	947.6	240.1	95
187.4	335.2	32.7		472.1	190.6	1070.5	9.9	234
187.4	335.2	32.7		472.1	190.6	1070.5	9.9	234
187.4	335.2	32.7		472.1	190.6	1070.5	9.9	234
4780.2	365655.2	24285.2	744.1	438210.5	101080.8	75388.3	61258.8	9673
2443.5	248342.8	14143.4	243.1	286735.9	54653.1	20769.2	30657.0	2762
2435.5	247860.7	14071.1	243.1	286010.4	54326.6	20472.5	30494.9	2717
8.0	482.1	72.3		725.5	326.5	296.7	162.1	45
2045.3	114229.7	9916.9		146730.0	44399.3	50478.5	29362.3	6113
2004.0	109179.9	9073.0		138641.3	40259.7	42530.9	26701.4	4772
40.9	3860.3	491.0		6303.8	3185.3	7131.5	2138.0	1237
0.4	1189.5	352.9		1784.9	954.3	816.1	522.9	104
259.0	245.6	163.3	501.0	1749.8	1760.8	2026.4	1103.3	647
259.0	249.1	138.1	452.2	1524.4	1496.0	1619.3	924.8	436
	-3.5	25.2	48.8	225.4	264.8	407.1	178.5	211
26.4	410.6	57.9		499.2	149.6	685.3	73.2	94
26.4	410.6	57.9		499.2	149.6	685.3	73.2	94
6.0	2426.5	3.7		2495.6	118.0	1428.9	63.0	57
6.0	2426.5	3.7		2495.6	118.0	1428.9	63.0	57
13.6	275.8	38.7		283.0	48.2	203.7	6.5	78
13.6	275.8	38.7		283.0	48.2	203.7	6.5	78
13.6	275.8	38.7		283.0	48.2	203.7	6.5	78
3.0	922.0	125.0		1075.8	282.6	55.9	135.2	26
3.0	922.0	125.0		1075.8	282.6	55.9	135.2	26
3.0	922.0	125.0		1075.8	282.6	55.9	135.2	26
93.2	-26641.5		26641.5	-26003.2	652.6	14347.6	481.5	1031
93.2	-26641.5		26641.5	-26003.2	652.6	14347.6	481.5	1031
48.2	14708.9	2387.1		15266.6	3067.8	850.7	503.6	108
10.4	6172.0	1007.9		6278.3	1159.8	530.2	94.9	61
37.8	8536.9	1379.2		8988.3	1908.0	320.5	408.7	47
3.6	111.3	25.6		872.2	811.5	2204.4	699.2	440
0.5	28.7	5.0		143.4	122.7	321.9	108.5	64
3.1	82.6	20.6		728.8	688.8	1882.5	590.7	376
49809.3	**537576.9**	**115095.4**	**160557.7**	**875505.1**	**462894.6**	**653891.5**	**306444.6**	**63743**
42575.1	457364.2	99454.4	147778.0	776401.9	426885.9	605339.0	293883.8	56411
3724.6	373448.8	73524.7	65641.4	537166.4	244168.5	252080.3	150462.2	20853
2418.2	192115.8	62512.2	41622.2	310704.6	187056.5	190716.7	108061.0	15484
657.1	23706.0	4404.5	19717.4	57672.7	38591.6	45897.3	31619.9	3876
1060.3	148797.2	6606.4	535.4	159154.8	17424.2	12311.5	9982.1	1018
-411.0	7675.2	1.6	3039.2	8273.4	889.9	1814.3	597.7	209
	1154.6		727.2	1360.9	206.3	1340.5	201.5	266
36503.0	82074.4	24834.1	68540.0	233954.1	177311.2	316642.0	140415.8	28918
2347.5	1841.0	1095.6	13596.6	5281.4	5406.2	36616.7	3005.8	6640
6117.8	82843.1	14182.0	282.4	97629.8	29608.3	29506.8	8926.4	4588
1116.4	-2630.4	1459.0	12497.3	1473.4	6400.4	19045.7	3634.4	2744
1089.6	-7206.5	757.3	12112.3	-3160.3	5501.6	16636.9	3584.4	2442
26.8	4576.1	701.7	385.0	4633.7	898.8	2408.8	50.0	302

1-4-3 全区工业企业

地区	企业单位数(个)	亏损企业	工业总产值(当年价格)	工业增加值	工业销售产值(当年价格)	出口交货值
总计	**2224**	**604**	**86796304.7**	**29338650.4**	**84478025.4**	**680082.0**
乌鲁木齐市	390	101	24288524.8	5914877.9	23593989.9	313037.5
天山区	15	4	3494815.7	681679.9	3525356.4	47003.7
沙依巴克区	25	7	607826.5	122176.2	520921.3	
新市区	158	45	8853312.4	3546630.1	8515468.5	238524.2
水磨沟区	17	5	210343.6	58672.0	216994.8	
头屯河区	52	9	5474657.1	378672.8	5173397.7	16145.0
达坂城区	13	2	221822.9	141391.8	216597.1	
米东区	105	27	5375643.4	960850.3	5378059.3	11364.6
乌鲁木齐县	5	2	50103.2	24804.8	47194.8	
克拉玛依市	70	13	17767730.5	7010142.4	17767201.6	5543.1
独山子区	11	4	6554616.3	941810.0	6536964.3	2419.0
克拉玛依区	48	9	11027010.3	6011572.9	11049579.2	
白碱滩区	9		167205.5	49814.9	164747.0	3124.1
乌尔禾区	2		18898.4	6944.7	15911.1	
吐鲁番地区	105	41	2782236.9	1347642.5	2767569.8	11422.0
吐鲁番市	29	11	282230.5	70463.8	315237.9	11422.0
鄯善县	42	14	1847425.0	1009035.2	1812711.8	
托克逊县	34	16	652581.4	268143.5	639620.1	
哈密地区	113	24	2777813.7	842617.2	2759930.1	1650.3
哈密市	83	19	2309601.5	630659.5	2311956.7	1650.3
巴里坤哈萨克自治县	20	4	186671.9	82761.2	168561.0	
伊吾县	10	1	281540.3	129196.5	279412.4	
昌吉回族自治州	364	79	9074961.2	2267668.1	8549871.3	71972.1
昌吉市	117	9	3041945.4	756815.5	2952661.1	43957.2
阜康市	54	27	1877442.9	396847.2	1764648.7	
呼图壁县	59	11	665714.1	166235.6	635689.5	2811.3
玛纳斯县	62	9	1366674.6	390365.9	1161439.9	10045.2
奇台县	36	8	552023.8	146944.8	490758.7	3843.8
吉木萨尔县	29	12	1501636.2	391704.8	1498122.4	11314.6
木垒哈萨克自治县	7	3	69524.2	18754.3	46551.0	
伊犁哈萨克自治州	436	127	7163899.5	2468779.8	6831062.9	42591.5
伊犁州直属县(市)	243	74	4321426.6	1300835.3	4115395.4	19087.0
伊宁市	34	7	525303.1	171791.3	519500.7	3058.3
奎屯市	52	24	1438110.8	441621.8	1356043.2	126.4
伊宁县	36	12	386901.6	76797.8	383211.6	
察布查尔锡伯自治县	17	4	211128.4	44792.8	196965.9	
霍城县	39	8	403263.8	106645.7	393971.3	15902.3
巩留县	16	3	227459.4	57077.3	227484.1	

主要经济指标（按地区分）

单位：万元

年初存货		资产总计						
	产成品		流动资产合计					固定资产合计
				应收账款	存货			
						产成品	在产品	
10592711.4	**4017853.2**	**143312541.5**	**43328466.1**	**8332382.9**	**13252673.3**	**4758198.2**	**1285311.9**	**73142163.5**
2267412.0	827176.9	36008229.0	11029021.2	2620444.2	2472801.1	842510.6	269212.9	16521671.7
84279.6	60101.9	5594548.8	1131491.7	226607.0	64124.8	31579.3	182.7	3647490.6
55988.8	8206.3	2570379.4	622824.5	78682.3	54384.6	10769.8	1292.4	578738.0
811909.7	434238.4	15164703.8	5072960.2	1454810.3	972613.5	333242.2	55709.5	7518717.2
37554.2	19555.7	389341.7	127535.0	30642.6	23010.4	11230.8	94.2	228801.9
646298.9	85887.4	5610239.6	2109965.5	433332.6	595079.3	208061.7	54072.5	1866645.6
22605.6	16675.8	783766.8	132749.5	44044.6	27763.5	20494.4	66.2	328263.5
602741.6	199446.4	5626582.0	1777997.1	325776.2	729604.1	224454.1	157795.4	2145168.0
6033.6	3065.0	268666.9	53497.7	26548.6	6220.9	2678.3		207846.9
1727790.1	308806.3	20617523.0	5830336.6	1387247.9	2337321.8	316522.0	254768.1	13037734.1
930650.8	124844.3	4881855.0	1859241.1	22915.3	1597961.2	138176.3	152404.1	2644606.9
785417.1	177582.0	15537453.7	3850927.0	1288354.4	724772.5	167570.8	102010.7	10338496.4
10526.2	5698.9	173298.0	107591.9	73785.3	12484.5	9371.6	240.8	49441.6
1196.0	681.1	24916.3	12576.6	2192.9	2103.6	1403.3	112.5	5189.2
382873.3	217400.9	6415947.3	2099698.5	338844.8	414950.6	221325.5	33150.6	3461516.3
133213.5	74129.3	925602.5	361688.8	71482.8	117292.1	49801.5	15273.8	360461.8
185958.5	122390.8	3210301.0	1046909.4	164225.7	224386.3	137203.6	7708.4	1933795.3
63701.3	20880.8	2280043.8	691100.3	103136.3	73272.2	34320.4	10168.4	1167259.2
404912.3	188800.2	7279036.5	2334708.1	864598.9	486416.0	168465.2	8294.8	3029289.4
356885.5	154245.2	5029785.1	2030338.0	782886.5	413061.8	125377.5	8280.6	1654994.9
27004.5	22895.4	815247.7	171326.3	47229.0	41606.4	32982.5		426294.8
21022.3	11659.6	1434003.7	133043.8	34483.4	31747.8	10105.2	14.2	947999.7
1273832.0	517171.8	17491155.7	5628501.2	845266.0	1951060.8	831917.4	282859.7	6898951.1
356524.6	173627.9	4471420.3	1959240.2	337529.2	445437.0	153781.1	9811.7	1203121.2
235465.8	93018.3	4525382.5	1070674.6	200844.9	424264.5	196455.1	50094.4	2408256.7
72113.5	43900.4	591230.0	246718.5	44720.0	98301.9	54950.0	4372.0	204848.3
291299.3	90785.2	2045080.4	935251.0	120459.5	448664.0	171930.1	167312.6	825484.5
137027.6	80923.5	824111.4	325393.7	31784.6	161427.5	106841.4	28410.1	214877.4
176227.9	30331.8	4954620.1	1042339.3	102931.3	356138.6	132170.5	22858.9	2020713.1
5173.3	4584.7	79311.0	48883.9	6996.5	16827.3	15789.2		21649.9
1357234.3	514092.4	15191721.7	4955171.0	777332.2	1759476.0	725062.3	208572.7	8034359.4
855195.2	276854.8	9293889.9	2954267.6	298539.0	1153037.4	430181.8	110779.0	5176919.8
63143.4	15745.3	950356.8	243289.7	30860.4	82301.1	20107.2	1095.6	616561.7
293285.0	55838.8	2980393.1	1086269.4	122035.3	467468.1	137072.7	26811.0	1575731.2
73908.3	26423.4	751041.5	299948.3	30855.2	98824.1	30808.4	10381.0	224757.4
45636.1	13826.1	324361.9	117268.9	20780.8	52142.7	17249.2	10747.4	180388.6
76802.6	47667.3	530741.0	192150.3	32956.9	78279.4	50144.1	1408.8	319457.0
19283.8	7417.0	1293513.3	230324.7	22625.1	18452.9	7242.0	561.3	951706.2

1-4-3 续表 1

地区	企业单位数(个)	亏损企业	工业总产值(当年价格)	工业增加值	工业销售产值(当年价格)	出口交货值
新源县	19	7	709784.4	234058.8	635247.6	
昭苏县	12	2	132559.5	33029.3	119859.7	
特克斯县	6	4	50845.8	11047.6	48667.8	
尼勒克县	12	3	236069.8	123973.0	234443.5	
塔城地区	118	33	1688509.8	514421.1	1594029.4	23504.5
塔城市	6	2	98660.9	27774.2	98885.2	
乌苏市	20	11	435490.3	113489.3	426913.3	9275.5
额敏县	12	3	110875.3	33680.2	100349.4	5059.7
沙湾县	51	8	586844.9	131282.4	549289.8	9169.3
托里县	14	6	236990.5	114728.0	210940.8	
裕民县						
和布克赛尔蒙古自治县	15	3	219647.9	93467.0	207650.9	
阿勒泰地区	75	20	1153963.1	653523.4	1121638.1	
阿勒泰市	16	5	182286.4	59877.3	181777.5	
布尔津县	10	2	69633.3	34537.2	69816.1	
富蕴县	18	7	478293.5	322955.2	458520.9	
福海县	13	1	90737.2	31504.8	82692.2	
哈巴河县	8	2	250066.9	168181.9	251354.7	
青河县	8	3	38417.5	11931.9	33340.2	
吉木乃县	2		44528.3	24535.1	44136.5	
博尔塔拉蒙古自治州	67	22	619076.1	194889.1	561406.9	4588.7
博乐市	40	13	381694.8	110088.3	343615.1	4588.7
阿拉山口市	9	1	133567.0	46443.9	125766.9	
精河县	17	8	100810.7	37692.8	89108.0	
温泉县	1		3003.6	664.2	2916.9	
巴音郭楞蒙古自治州	152	36	8816418.5	5676510.5	8840596.5	99021.6
库尔勒市	61	19	6563661.1	4869572.4	6571180.1	29276.7
轮台县	16	3	458217.7	169010.7	455092.9	23310.7
尉犁县	5	1	36742.2	8425.9	38114.4	1681.6
若羌县	7	2	431649.8	313732.2	475312.7	
且末县	1					
焉耆回族自治县	12	2	94638.3	28296.5	96050.0	8140.8
和静县	35	8	1161148.5	268826.6	1132863.1	5975.8
和硕县	10	1	49967.4	13146.4	50089.0	16166.0
博湖县	5		20393.5	5499.7	21894.3	14470.0
阿克苏地区	201	63	4950919.7	1311139.9	4761390.0	181.3
阿克苏市	63	20	1226700.4	294155.3	1126163.4	58.3
温宿县	23	6	141776.7	63726.6	133679.5	
库车县	45	15	2656403.2	642581.8	2630145.5	123.0

单位：万元

年初存货		资产总计						
	产成品		流动资产合计	应收账款	存货			固定资产合计
						产成品	在产品	
228796.5	94322.0	1164787.9	564987.0	15399.9	285041.5	142331.4	59250.2	484815.1
13407.6	4275.3	88322.6	59980.0	6332.1	22709.1	12227.6		21519.4
8303.3	2775.4	243761.8	52556.1	3908.1	12424.6	5214.3		159935.0
32628.6	8564.2	966610.0	107493.2	12785.2	35393.9	7784.9	523.7	642048.2
330134.3	153865.9	3132555.6	1276100.7	304302.8	401326.1	192501.3	77021.3	1460006.3
7923.6	4860.1	182308.6	31329.9	10841.6	2461.4	858.1		138756.6
101624.2	41074.5	761261.7	412450.1	157644.4	100799.7	45752.5	20825.6	276239.5
41578.7	32080.9	273504.3	125833.0	23937.8	55990.4	40672.0	567.5	124280.6
81895.0	50039.4	650334.5	346555.6	44244.8	127549.4	62548.6	3460.2	252109.6
79267.5	19165.9	516566.3	223532.1	43626.8	81545.9	22828.1	51772.5	218054.8
17845.3	6645.1	748580.2	136400.0	24007.4	32979.3	19842.0	395.5	450565.2
171904.8	83371.7	2765276.2	724802.7	174490.4	205112.5	102379.2	20772.4	1397433.3
20890.2	6880.0	365768.6	76993.5	20687.3	26522.5	8535.7	1347.1	239974.6
5105.6	2005.5	430181.7	75633.8	28944.3	4639.3	1212.8		281905.5
92873.2	56811.6	905631.3	274089.8	61046.9	102116.3	60587.2	14559.4	385782.7
14306.1	6695.3	216551.1	78733.4	13823.2	16753.4	11552.7	101.0	126710.5
23698.1	7439.7	353513.5	99149.8	10593.8	25135.4	10994.7	3272.0	132042.1
14969.3	3539.6	324038.4	82979.2	15898.2	28227.7	7778.2	1492.9	118811.4
62.3		169591.6	37223.2	23496.7	1717.9	1717.9		112206.5
127964.8	76732.0	1325278.0	475282.2	87260.3	152984.0	73858.4	10463.7	711218.6
87394.8	57419.7	666711.0	263111.7	54066.7	90163.5	48417.4	500.7	354745.8
15773.0	9011.0	296676.5	102753.8	30279.8	25414.8	8208.2	981.0	180037.6
24322.3	9990.5	358758.5	107366.1	2900.2	37270.1	17187.5	8982.0	175353.8
474.7	310.8	3132.0	2050.6	13.6	135.6	45.3		1081.4
974661.7	362449.4	14078661.6	2498751.6	330498.3	1091550.4	361444.8	73524.6	8936032.4
500281.7	148193.8	10061021.6	1107951.3	176649.7	543160.0	169213.0	37140.2	6775346.5
48131.0	20005.8	759900.7	346243.8	73961.1	61861.1	24410.1	10909.6	365412.3
6257.6	3751.4	35913.9	23117.3	3968.5	5183.9	3405.1	27.1	9983.9
108617.6	47142.9	861860.6	293778.0	3722.9	89308.6	27064.2	72.9	401007.7
		22.5	3.4					19.1
39361.8	17706.8	135614.8	69251.0	14061.1	41320.2	17601.6	14920.4	56462.8
239948.1	100324.4	2109870.9	590196.7	50776.8	316361.9	94911.4	8219.4	1286460.4
18524.8	12960.0	81283.0	50806.8	5044.6	22202.2	13451.8	2235.0	27510.1
13539.1	12364.3	33173.6	17403.3	2313.6	12152.5	11387.6		13829.6
623071.7	285152.6	8250743.9	2711476.4	433848.1	818540.5	364649.3	47235.9	3917555.0
202879.2	96827.3	3115510.5	1003878.5	106267.5	262272.8	116759.2	14590.7	1278921.8
29903.0	12813.2	402324.5	72566.0	10531.1	30598.4	11271.9	2769.0	286543.4
181206.4	76739.6	2600351.4	727304.7	156757.6	211378.0	89363.2	22992.0	1419250.7

1-4-3 续表 2

地区	企业单位数（个）	亏损企业	工业总产值（当年价格）	工业增加值	工业销售产值（当年价格）	出口交货值
沙雅县	14	2	218414.5	62979.8	212716.7	
新和县	10		115496.1	35452.6	91887.7	
拜城县	30	17	466529.1	183792.6	455400.5	
乌什县	5		25530.4	8504.7	20260.6	
阿瓦提县	9	3	60935.2	17673.3	52542.9	
柯坪县	2		39134.1	2273.1	38593.2	
克孜勒苏柯尔克孜自治州	28	13	332798.4	129929.4	323380.8	
阿图什市	11	3	142529.8	49124.3	142349.6	
阿克陶县	7	3	98743.5	32944.4	95106.0	
阿合奇县	1		21143.9	11738.3	21143.9	
乌恰县	9	7	70381.2	36122.4	64781.3	
喀什地区	89	32	1213846.4	348965.2	1205642.1	103147.6
喀什市	24	10	516197.2	142234.7	519674.9	1914.5
疏附县	3	2	9946.8	2257.3	10106.8	
疏勒县	12	2	97691.4	17441.3	98255.0	
英吉沙县	4	1	27509.6	8629.7	27864.7	
泽普县	6	2	23846.1	6331.5	25120.1	
莎车县	6	2	135711.4	27923.8	130201.9	99157.4
叶城县	10	2	120769.2	36959.1	116495.4	2061.2
麦盖提县	6	5	24612.3	7954.9	24612.3	
岳普湖县	3	1	23101.5	4750.8	16789.5	
伽师县	3		138444.4	53712.7	139806.7	
巴楚县	9	5	57659.9	18856.0	60979.8	
塔什库尔干塔吉克自治县	3		38356.6	21913.5	35735.0	14.5
和田地区	24	8	272454.7	83833.2	273436.9	
和田市	9	3	131520.2	28947.5	130028.5	
和田县	5	1	45726.7	28015.7	44975.7	
墨玉县	2		49975.2	13578.8	52969.2	
皮山县	1	1	3961.5	1165.0	3961.5	
洛浦县	5	2	31771.4	8601.2	30550.2	
策勒县	1	1	1656.5	407.7	1656.5	
于田县	1		7843.2	3117.4	9295.3	
民丰县						
自治区直辖市	185	45	6735624.3	1741655.1	6242546.6	26926.3
石河子市	92	30	3872287.8	1020774.2	3671159.3	22336.5
阿拉尔市	32	3	360125.6	110172.0	344716.5	1042.8
图木舒克市	20	2	252145.6	75133.7	236586.5	
五家渠市	41	10	2251065.3	535575.1	1990084.3	3547.0

单位：万元

年初存货		资产总计	流动资产合计					固定资产合计
	产成品			应收账款	存货			
						产成品	在产品	
44251.2	21610.7	384282.1	153353.8	27743.5	58582.4	36663.3	1996.3	187336.8
27191.6	8927.1	151474.0	79288.5	16940.3	30048.5	12058.0	129.2	57989.6
102161.1	48693.9	1413586.6	600525.6	106629.1	182525.1	72794.8	3608.3	592171.0
10530.8	7959.5	31256.7	15208.7	2569.3	9067.5	5328.9		14754.1
17775.0	4407.9	129377.9	42036.5	4845.9	25143.7	13300.2	1150.4	75400.1
7173.4	7173.4	22580.2	17314.1	1563.8	8924.1	7109.8		5187.5
98211.7	47943.0	934373.4	375267.1	59979.0	142338.5	79153.9	427.6	465916.6
65023.8	25192.6	408501.1	207059.2	27438.3	88408.9	36347.3		178394.4
16507.7	10449.0	179110.5	93758.8	22155.6	35379.3	31432.2	292.4	50547.9
20.3	20.3	171875.2	6145.4	994.7	20.1			156759.4
16659.9	12281.1	174886.6	68303.7	9390.4	18530.2	11374.4	135.2	80214.9
210500.1	87583.6	1853728.2	656086.4	148118.5	187858.9	85016.7	12046.8	1083536.3
42639.1	18423.9	838174.4	219879.1	76434.3	35609.7	11175.6	4799.8	589345.1
705.1	297.0	8219.5	6019.3	2589.4	690.0	359.0		2092.6
16704.0	10040.9	121506.1	71207.5	13054.8	18685.1	12784.7	2065.9	45764.0
2959.1	386.3	92119.9	19748.1	8250.1	5135.6	1267.5	544.8	66053.6
9288.2	3390.7	49488.4	21875.2	7101.5	9389.7	8011.6	1275.8	19256.8
45841.3	13522.4	139079.9	67640.0	2702.1	20996.2	10102.4		63538.8
21126.7	7060.3	160101.1	54307.3	4805.3	24117.2	11766.7	334.4	102240.0
18212.3	10489.4	66663.4	49864.1	13553.9	17662.7	5177.7	1307.9	9431.0
8511.4	3891.0	36952.7	24361.0	538.5	12544.5	7663.3	126.6	8729.9
15274.5	4423.2	107547.7	40955.7	8088.9	16510.3	3341.2	1109.1	54134.3
22989.5	12830.4	65714.4	34928.8	7750.7	16163.6	8641.6	482.5	27906.5
6248.9	2828.1	168160.7	45300.3	3249.0	10354.3	4725.4		95043.7
34763.6	8799.9	852754.6	173109.7	10402.3	40755.1	14846.0	2620.1	597259.6
10399.1	1081.8	188227.7	34438.5	4919.6	14078.4	1617.0		139408.2
2450.9	1580.7	404088.3	72344.2	3176.2	2467.8	299.1		270949.3
14947.4	2820.0	68815.1	27479.8	1293.2	8588.7	3820.7	2239.2	36705.8
		17895.1	8739.0	121.2	267.3	37.2		8966.7
6963.8	3317.4	97994.5	22698.7	854.0	12087.4	7041.5	380.9	73274.2
2.4		3313.7	1021.6		2.4			2223.3
		72420.2	6387.9	38.1	3263.1	2030.5		65732.1
1109483.8	575744.2	13013388.6	4561056.1	428542.4	1396619.6	673426.1	82134.4	6447123.0
654584.8	361004.5	7871584.8	2691425.3	245577.8	755428.2	339408.5	27622.5	3542549.4
46695.3	33350.8	581217.8	186642.2	21195.3	65176.2	40342.7	904.8	374660.8
54220.7	19912.2	478051.0	229809.0	46245.5	103710.6	36070.1	683.8	242228.2
353983.0	161476.7	4082535.0	1453179.6	115523.8	472304.6	257604.8	52923.3	2287684.6

1-4-3 续表 3

地 区	固定资产原 价	累计折旧	本年折旧	在建工程	负债合计	流动负债合 计
总 计	**104348403.5**	**37258365.8**	**6883315.8**	**13577272.9**	**87797652.5**	**57554010.5**
乌鲁木齐市	24768801.0	9665988.3	1600298.7	3050770.9	21344350.1	14654737.7
天山区	4762975.4	1733326.3	278146.3	711307.4	3390909.3	2013910.8
沙依巴克区	812618.3	291113.8	59068.7	215337.0	1557384.4	858351.2
新市区	11292131.3	4735243.3	815388.7	773609.2	8388184.8	5967817.1
水磨沟区	433219.7	222665.5	43930.0	21553.2	143093.6	93453.4
头屯河区	2854238.6	974286.5	145210.0	384286.1	4184456.4	3504295.0
达坂城区	475342.5	148414.8	25272.7	240670.4	487076.2	250141.5
米东区	3866959.8	1496725.4	220506.0	703505.7	2981112.7	1841675.6
乌鲁木齐县	271315.4	64212.7	12776.3	501.9	212132.7	125093.1
克拉玛依市	21954226.2	9777994.1	1214847.3	1181799.5	9204631.0	5829218.4
独山子区	4764520.2	2120246.9	248827.7	75666.3	2046779.7	1760962.4
克拉玛依区	17106096.5	7628608.7	958109.5	1103947.6	7037422.7	3954119.3
白碱滩区	73054.3	23772.5	7238.1	2165.4	110571.4	104825.4
乌尔禾区	10555.2	5366.0	672.0	20.2	9857.2	9311.3
吐鲁番地区	6045486.6	2653259.5	366143.0	463685.9	3971553.2	2561434.5
吐鲁番市	479855.6	147636.2	21859.5	85303.4	563154.3	458981.8
鄯善县	4240155.0	2326494.1	278528.7	45377.4	1904241.8	1121722.7
托克逊县	1325476.0	179129.2	65754.8	333005.1	1504157.1	980730.0
哈密地区	3677615.9	670740.5	177098.5	1316992.2	5190166.5	3602654.9
哈密市	2201698.2	564276.4	109544.9	893042.1	3618719.7	2482300.3
巴里坤哈萨克自治县	474307.8	49025.6	21145.6	148391.5	529590.7	373349.4
伊吾县	1001609.9	57438.5	46408.0	275558.6	1041856.1	747005.2
昌吉回族自治州	7877992.5	1304426.3	431236.7	2028913.9	11827799.6	7710721.7
昌吉市	1433653.4	329282.5	83409.0	79104.7	2449336.2	1910257.0
阜康市	2705296.7	379811.3	162860.9	444747.4	2906942.1	1500179.9
呼图壁县	270290.5	70284.9	20482.9	79173.2	384183.2	314904.7
玛纳斯县	1100758.6	298144.1	81655.0	161194.6	1551167.3	1185811.8
奇台县	265719.7	56915.5	15162.9	81497.6	516294.2	456039.1
吉木萨尔县	2075532.4	164896.7	65879.6	1176354.1	3965088.0	2291918.7
木垒哈萨克自治县	26741.2	5091.3	1786.4	6842.3	54788.6	51610.5
伊犁哈萨克自治州	9073775.4	2153724.1	484706.9	1847502.2	10175538.5	6680896.4
伊犁州直属县(市)	5598464.6	1318480.8	298506.4	1179701.9	6182955.5	3927457.3
伊宁市	801769.1	236527.6	48495.3	78172.4	644857.9	332209.8
奎屯市	1794999.9	405935.2	90196.9	275991.2	2008360.7	1359510.9
伊宁县	285513.4	112990.3	18935.1	61500.6	540335.8	406632.3
察布查尔锡伯自治县	176427.0	29226.7	12563.2	27042.0	239125.1	168274.6
霍城县	323537.6	87211.0	19567.7	92295.8	306221.6	247545.2
巩留县	713140.4	128572.0	32070.5	375350.2	773886.0	229420.1

单位：万元

应付账款	非流动负债合计	所有者权益合计	实收资本	国家资本	集体资本	法人资本	个人资本	港澳台资本
18505338.2	**27637256.1**	**55347427.8**	**39102343.3**	**15591514.8**	**294603.3**	**19934498.8**	**2741717.9**	**286895.7**
4195480.5	6275035.9	14663354.9	8283765.9	4183471.4	73894.9	3411785.1	531393.1	55663.4
970774.0	1376960.1	2203639.5	421807.3	287309.2		133498.1	1000.0	
108225.3	414389.3	1012995.0	466361.3	160580.0		265078.8	40702.5	
1305765.4	2349451.7	6775996.0	3732928.0	2478608.2	12392.8	862089.7	307940.9	49038.4
42432.5	45980.2	246248.1	66506.1	26968.8	12000.0	20376.1	6836.2	325.0
1200763.6	668943.4	1425783.2	1007725.6	90314.2	13776.7	871224.5	29210.2	
73183.3	213188.3	296690.5	167690.9	32810.0		134163.9	717.0	
481066.5	1119083.5	2645468.7	2373339.6	1100290.9	35725.4	1086537.0	142986.3	6300.0
13269.9	87039.4	56533.9	47407.1	6590.1		38817.0	2000.0	
2644794.9	3374148.3	11389078.7	12310374.8	4410753.4	5596.6	7828786.9	64151.1	90.0
166418.2	285817.0	2835075.2	2894717.2	2853256.9	2443.5	37516.8	1500.0	
2419795.5	3083115.5	8476218.1	9395387.7	1557234.2	1689.5	7785043.6	50423.6	
54363.2	4669.9	62726.4	19009.9	262.3	413.6	6106.5	12227.5	
4218.0	545.9	15059.0	1260.0		1050.0	120.0		90.0
892798.4	1360029.4	2434629.9	819454.9	61385.1	2301.5	497233.9	241552.6	16981.8
75949.5	102099.2	362447.7	220926.2	39483.7	2001.5	122869.0	39590.2	16981.8
457390.9	761839.3	1298944.9	247213.6	20887.7	300.0	174166.1	51859.8	
359458.0	496090.9	773237.3	351315.1	1013.7		200198.8	150102.6	
1099357.1	1541481.3	2070899.2	1604519.7	147781.3	24728.2	1220228.5	186073.9	19409.3
900575.7	1108785.7	1404915.4	1078401.2	135065.7	23728.2	819951.7	73947.8	19409.3
82057.8	153556.4	273836.2	161183.5	12715.6	1000.0	59241.8	88226.1	
116723.6	279139.2	392147.6	364935.0			341035.0	23900.0	
2523954.3	3907430.6	5626006.8	3004264.1	588726.3	35158.7	1902075.9	370233.2	57477.9
464289.2	533598.0	2020175.4	646416.3	5551.0		463882.4	116772.8	13018.0
518414.7	1293157.8	1614765.0	857626.9	442366.6	31358.7	289437.0	77215.6	17249.0
88864.5	69487.5	206844.4	148186.2	63414.2	800.0	40406.4	43565.6	
490411.4	349538.2	470341.4	449233.6	14994.5	3000.0	392510.2	38728.9	
87268.4	53571.1	306228.8	119168.0	900.0		43450.0	49207.1	22210.9
857127.0	1604899.9	983129.4	776623.1	61500.0		670979.9	42143.2	2000.0
17579.1	3178.1	24522.4	7010.0			1410.0	2600.0	3000.0
1678987.7	2843606.3	4981466.0	3141457.7	1236819.3	45081.8	1449023.5	353439.5	31407.2
1042265.4	1772275.4	3084749.6	2033923.1	915198.3	14380.6	841751.1	243366.7	
127467.8	309627.0	305468.6	142317.8	78015.9	1732.6	42339.1	18230.2	
478668.9	622668.4	963371.4	531969.1	171031.0		312735.5	41210.6	
90404.3	125858.2	210582.9	145192.0	68736.0	720.0	61185.0	14551.0	
30209.2	30899.6	78821.1	57470.0	330.0		31502.0	25638.0	
42222.7	50760.7	224520.9	166910.4	57600.0		61191.1	37884.9	
29285.6	149128.8	519548.5	488783.2	414082.9		64734.3	9966.0	

1-4-3 续表 4

地区	固定资产原价	累计折旧	本年折旧	在建工程	负债合计	流动负债合计
新源县	556808.5	151119.6	33885.7	85552.3	735553.2	697775.7
昭苏县	32552.3	12963.3	2522.2	143.1	60068.1	57351.6
特克斯县	169744.0	15416.4	8333.9	26948.8	187600.0	87297.6
尼勒克县	743972.4	138518.7	31935.9	156705.5	686947.1	341439.5
塔城地区	1731469.1	464513.0	102070.6	370688.9	2287102.0	1787552.9
塔城市	197423.2	63658.7	12775.6	11693.7	133076.1	80224.9
乌苏市	337399.0	91368.9	19987.9	28295.8	585919.3	571677.6
额敏县	180026.7	57252.7	10420.5	11158.0	160086.6	98444.8
沙湾县	331820.0	92833.6	25095.2	21133.6	472844.1	378362.9
托里县	252313.8	63792.6	12840.7	53871.4	398748.9	299868.1
裕民县						
和布克赛尔蒙古自治县	432486.4	95606.5	20950.7	244536.4	536427.0	358974.6
阿勒泰地区	1743841.7	370730.3	84129.9	297111.4	1705481.0	965886.2
阿勒泰市	343696.0	108983.3	22325.8	43240.9	273479.1	134903.2
布尔津县	324790.8	45523.7	12395.6	65065.6	362831.9	199214.9
富蕴县	495045.9	107892.2	20897.0	121774.5	506788.0	406745.7
福海县	144616.1	20910.6	6626.2	3319.9	121882.9	49969.0
哈巴河县	202397.5	70355.4	13780.8	26920.4	85984.3	53929.4
青河县	114857.9	10834.1	4694.2	17838.1	246489.3	48233.0
吉木乃县	118437.5	6231.0	3410.3	18952.0	108025.5	72891.0
博尔塔拉蒙古自治州	864468.9	205144.8	64479.7	100985.5	996323.4	614499.4
博乐市	487085.1	144868.4	41153.8	20658.5	514643.8	323654.6
阿拉山口市	178786.3	28966.8	10439.3	20402.7	207653.8	91223.0
精河县	197252.6	31046.1	12797.0	59924.3	271897.2	197493.2
温泉县	1344.9	263.5	89.6		2128.6	2128.6
巴音郭楞蒙古自治州	15845030.1	7234752.9	1567699.7	519462.8	8310913.7	4566070.9
库尔勒市	13277734.4	6627121.6	1409390.0	246538.9	5578083.3	2504393.0
轮台县	436072.2	92452.0	31234.5	13087.0	446963.9	358167.6
尉犁县	9971.0	1249.3	671.9	2783.1	21388.1	19388.1
若羌县	581217.4	180278.3	39202.2	87470.8	540552.1	359037.2
且末县	388.6	369.5	369.5		22.5	469.7
焉耆回族自治县	93644.4	38483.4	5633.1	2480.0	79903.2	75404.4
和静县	1369621.4	258028.7	77002.5	164309.3	1566773.8	1176680.9
和硕县	40594.8	14121.0	2462.5	1137.7	54464.3	50420.9
博湖县	35785.9	22649.1	1733.5	1656.0	22762.5	22109.1
阿克苏地区	4138492.7	1066781.6	226644.1	1205105.3	5277596.7	3633840.7
阿克苏市	1328292.8	423257.7	94347.6	393420.8	1800933.0	1022929.4
温宿县	325010.0	45571.9	15832.0	41084.6	316036.3	179132.8
库车县	1474629.2	387931.4	58033.6	471901.1	1533192.0	1163138.4

单位：万元

应付账款	非流动负债合计	所有者权益合计	实收资本	国家资本	集体资本	法人资本	个人资本	港澳台资本
133400.1	37777.5	429234.5	220742.9	5905.8	558.0	160923.1	53356.0	
4500.9	20.7	28254.3	17860.0			16690.0	1170.0	
30306.9	100066.8	56131.5	64600.0	6300.0	5600.0	26350.0	26350.0	
75799.0	345467.7	268815.9	198077.7	113196.7	5770.0	64101.0	15010.0	
401361.8	464285.4	837149.0	584475.8	189865.7	8401.2	267042.8	81298.9	31407.2
39833.4	52761.0	48860.6	13416.9	12578.9			838.0	
105657.6	11043.7	175342.3	105394.4	5690.4	2933.5	54750.7	15863.1	23156.7
17706.9	61641.8	110245.7	83437.9	55108.4		21959.3	269.7	2850.5
76017.8	72652.2	176406.7	144557.6	8852.0	400.0	78364.3	51331.3	5400.0
103924.0	94820.5	114140.5	67274.8	14087.0	411.7	42085.0	10691.1	
58222.1	171366.2	212153.2	170394.2	93549.0	4656.0	69883.5	2305.7	
235360.5	607045.5	1059567.4	523058.8	131755.3	22300.0	340229.6	28773.9	
45606.4	138575.9	92287.5	39932.4	21084.4		10995.4	7852.6	
40588.6	128216.9	67193.8	45893.3	14722.8	2300.0	28870.5		
75887.3	100042.3	398843.3	225945.9	21738.6		198147.3	6060.0	
12968.0	71913.9	94668.1	81129.2	71099.5		1778.4	8251.3	
14041.2	30720.7	267528.9	52040.0	2160.0		47040.0	2840.0	
30889.2	102441.3	77479.7	40200.0	950.0	20000.0	15480.0	3770.0	
15379.8	35134.5	61566.1	37918.0			37918.0		
178388.4	380097.4	328954.3	253837.0	30393.9		123629.7	89684.0	10129.4
104219.5	189262.7	152067.2	122997.5	18673.9		56215.4	37978.8	10129.4
41482.0	116430.7	89022.6	59694.5			46153.0	13541.5	
32635.7	74404.0	86861.1	71037.0	11720.0		21261.3	38055.7	
51.2		1003.4	108.0				108.0	
2086246.1	3681160.5	5757427.4	4629867.9	3782243.0	6399.3	686326.3	82321.0	57100.0
1484731.5	3038602.7	4482645.5	4022711.2	3759754.5	3490.4	215111.0	44355.3	
141473.7	78396.3	302966.3	141358.0	1116.0		61343.7	21798.3	57100.0
4505.2		14525.7	7410.0	360.0		6900.0	150.0	
71235.0	168514.9	321308.4	61999.9	3899.9		54770.0	3330.0	
469.7	-447.2							
13496.7	4498.6	55708.6	22228.0		2800.0	7171.6	1956.4	
351755.9	386898.4	543043.2	356043.0	13555.5	108.9	333520.3	3680.0	
15096.5	4043.4	26818.7	9805.7	500.0		3979.7	5326.0	
3481.9	653.4	10411.0	8312.1	3057.1		3530.0	1725.0	
776500.1	1517529.9	2948056.1	1795510.8	602597.9	45907.6	978911.8	116339.2	25485.2
214616.4	738814.8	1307503.2	650897.4	151978.9	15855.3	399504.7	34517.1	22772.3
32355.9	135953.3	86128.6	82828.5	55164.1		15731.8	11932.6	
222891.9	310924.8	1048270.4	751682.3	361482.2	16452.3	353693.0	17341.9	2712.9

1-4-3 续表 5

地 区	固定资产原价	累计折旧	本年折旧	在建工程	负债合计	流动负债合计
沙雅县	225520.8	45640.6	19184.7	30129.7	259127.6	169398.3
新和县	62163.5	8133.3	3050.5	7415.8	114964.9	95998.2
拜城县	611682.5	139090.5	28552.5	260916.7	1123870.4	896452.2
乌什县	18746.3	4369.8	1199.7	236.6	16208.1	14165.0
阿瓦提县	86516.3	12042.6	6048.1		94011.7	73373.7
柯坪县	5931.3	743.8	395.4		19252.7	19252.7
克孜勒苏柯尔克孜自治州	527689.3	85085.4	30673.2	36240.7	653267.0	596229.3
阿图什市	203045.7	38761.6	15134.5	17861.7	234615.1	224012.1
阿克陶县	56354.1	14995.8	3567.2	10740.0	116725.4	111319.9
阿合奇县	167379.4	10620.0	6012.8		171875.2	171875.2
乌恰县	100910.1	20708.0	5958.7	7639.0	130051.3	89022.1
喀什地区	1424549.5	452576.6	92382.3	143959.0	1292177.7	735534.7
喀什市	858525.2	351733.7	59422.8	80039.8	608456.3	301128.3
疏附县	3737.3	1644.7	348.6		4777.9	4777.9
疏勒县	54432.7	11862.8	2890.6	1346.7	87977.8	69802.2
英吉沙县	69916.3	6987.6	3309.1	8942.7	52675.1	21898.4
泽普县	21729.7	4736.4	1087.1	2838.9	23940.4	14801.6
莎车县	66069.8	7455.8	3622.5	17233.0	90917.7	66531.4
叶城县	119070.5	19467.8	6911.9	2857.2	118648.4	71841.9
麦盖提县	12490.8	4044.8	997.6	245.5	24585.7	24281.8
岳普湖县	12058.3	3328.4	2098.7	615.0	33300.9	27676.0
伽师县	63936.9	11781.7	3771.4	1979.1	38472.9	32927.6
巴楚县	37127.2	9220.7	2119.9	1869.9	50119.5	42300.3
塔什库尔干塔吉克自治县	105454.8	20312.2	5802.1	25991.2	158305.1	57567.3
和田地区	769040.5	185153.9	34287.2	90189.4	517035.7	312893.6
和田市	240589.5	97634.5	16304.6	13487.3	160907.1	76361.0
和田县	318711.1	59322.6	10972.3	71800.4	239962.6	129353.4
墨玉县	49647.9	17549.9	3344.0	4011.4	20083.0	16263.4
皮山县	9379.2	412.5	412.5		7919.1	4124.8
洛浦县	78909.2	6386.2	2436.3	724.0	38442.0	37151.1
策勒县	2644.4	421.1	206.0	68.7	2297.0	2215.0
于田县	69159.2	3427.1	611.5	97.6	47424.9	47424.9
民丰县						
自治区直辖市	7381234.9	1802737.8	592818.5	1591665.6	9036299.4	6055278.3
石河子市	4500189.0	1259529.1	348633.9	1121830.8	5038736.2	2628735.1
阿拉尔市	443489.3	77208.1	25041.5	4786.8	491870.1	316190.0
图木舒克市	250853.6	65142.2	22537.4	32954.9	241197.0	177900.7
五家渠市	2186703.0	400858.4	196605.7	432093.1	3264496.1	2932452.5

单位：万元

应付账款	非流动负债合计	所有者权益合计	实收资本	国家资本	集体资本	法人资本	个人资本	港澳台资本
30059.8	87973.5	125125.4	86668.4			74372.9	12295.5	
40252.2	5973.4	37814.5	16180.0			10650.0	5530.0	
183662.2	226560.1	289715.5	178779.2	30592.7	13600.0	106834.4	27752.1	
2209.9	460.0	14805.0	6100.0	3380.0		2100.0	620.0	
49271.4	10870.0	35366.2	21575.0			16025.0	5550.0	
1180.4		3327.3	800.0				800.0	
121839.0	55111.4	277376.6	258153.8	3502.0		225487.8	29164.0	
68350.8	10603.0	170156.5	163721.8	2502.0		160199.8	1020.0	
31244.1	3479.4	62384.8	59938.0			34478.0	25460.0	
10855.6								
11388.5	41029.0	44835.3	34494.0	1000.0		30810.0	2684.0	
255517.4	533352.4	558349.7	301821.8	33890.5	14219.0	192601.8	60691.5	
168082.2	305804.4	229717.2	106130.1	21940.5	11219.0	66256.1	6295.5	
2640.9		2049.8	2300.0			1000.0	1300.0	
10409.8	18175.6	33528.3	26210.0			16650.0	9560.0	
672.7	30776.7	39444.8	38445.0			37500.0	945.0	
2921.8	9138.8	24278.6	15200.0			11200.0	4000.0	
16387.4	24386.1	48162.2	23650.0	7650.0		8650.0	7350.0	
26638.4	44659.1	41450.8	45299.0			29200.0	16099.0	
3643.7	213.9	42077.7	14107.7	4300.0		6502.7	3305.0	
4354.3	5473.4	3651.6	1150.0			1145.0	5.0	
10731.5	5545.3	69074.8	4000.0		3000.0	828.0	172.0	
4607.9	7612.6	15127.0	17010.0			13350.0	3660.0	
4426.8	81566.5	9786.9	8320.0			320.0	8000.0	
113622.8	202630.1	334903.9	272126.0	209860.8		32660.0	29605.2	
32104.3	84277.0	27320.6	17882.8	3372.6		9150.0	5360.2	
54727.9	110609.2	164125.6	156351.2	143351.2		13000.0		
8023.4	3819.6	48732.1	26737.0	22137.0		4600.0		
2797.5	3794.3	9161.2	998.0			998.0		
13328.6	130.0	59552.5	45927.0	41000.0		4282.0	645.0	
151.6		1016.6	630.0			630.0		
2489.5		24995.3	23600.0				23600.0	
1937851.5	1965642.6	3976924.3	2427188.9	300089.9	41315.7	1385747.6	587069.6	13151.5
719836.3	1419264.3	2832503.7	1496349.1	125637.6	7077.4	1078779.7	185039.8	
63713.5	156662.7	89527.7	130071.6	32686.6	860.0	85796.0	351.2	10377.8
40859.8	63296.2	236854.0	74900.7	45884.9		22133.8	6882.0	
1113441.9	326419.4	818038.9	725867.5	95880.8	33378.3	199038.1	394796.6	2773.7

1-4-3 续表 6

地 区	外商资本	营业收入	主营业务收入	营业成本	主营业务成本	营业税金及附加
总 计	**253112.7**	**89612591.4**	**87187056.8**	**70416005.6**	**67946768.9**	**3317847.4**
乌鲁木齐市	27558.0	24034179.3	23659930.5	19707859.4	19387387.9	892814.7
天山区		3562772.0	3523132.9	3334395.0	3306864.2	9671.6
沙依巴克区		641404.2	616232.2	568675.7	551387.5	6931.9
新市区	22858.0	8498189.6	8389960.5	5494680.0	5384747.4	455544.1
水磨沟区		220190.8	217337.5	213523.6	211456.9	1633.7
头屯河区	3200.0	5150757.0	5043348.2	4863395.6	4777578.2	11940.0
达坂城区		223475.5	220248.5	156573.2	151418.6	2603.3
米东区	1500.0	5689983.2	5602589.5	5047901.0	4975437.7	404184.6
乌鲁木齐县		47407.0	47081.2	28715.3	28497.4	305.5
克拉玛依市	996.8	19416466.9	19184444.0	14831699.8	14402035.9	1378225.0
独山子区		6720461.5	6651853.2	5932044.2	5861824.2	578760.7
克拉玛依区	996.8	12487077.4	12339958.2	8719340.7	8381827.7	797435.2
白碱滩区		189940.4	173992.5	165266.0	143588.4	1376.6
乌尔禾区		18987.6	18640.1	15048.9	14795.6	652.5
吐鲁番地区		2979265.3	2887169.8	2221324.1	2137214.0	69846.3
吐鲁番市		348559.8	324619.2	290743.9	268533.7	1293.8
鄯善县		1965007.0	1910175.6	1438106.8	1384385.0	61218.8
托克逊县		665698.5	652375.0	492473.4	484295.3	7333.7
哈密地区	6298.5	2892303.3	2800491.2	2326004.8	2249975.3	26788.4
哈密市	6298.5	2406403.6	2353379.0	1994967.2	1953600.4	18682.9
巴里坤哈萨克自治县		170894.1	167696.0	124925.0	122215.7	3077.9
伊吾县		315005.6	279416.2	206112.6	174159.2	5027.6
昌吉回族自治州	50592.1	8848770.0	8716993.3	7494010.2	7386309.4	32372.0
昌吉市	47192.1	3197618.3	3131555.1	2592726.6	2562711.3	7280.5
阜康市		1777759.0	1769805.4	1621351.5	1598846.4	2918.1
呼图壁县		641915.2	639498.4	517439.6	513179.7	3223.2
玛纳斯县		1086439.2	1062039.8	897850.2	871237.3	7100.2
奇台县	3400.0	511026.9	509163.7	435971.2	434058.5	6856.0
吉木萨尔县		1586168.9	1558263.2	1388659.2	1366802.0	4729.8
木垒哈萨克自治县		47842.5	46667.7	40011.9	39474.2	264.2
伊犁哈萨克自治州	25686.4	7087483.6	6976452.0	5510525.0	5409970.7	241607.6
伊犁州直属县(市)	19226.4	4270002.0	4227417.2	3387642.8	3348441.3	209350.9
伊宁市	2000.0	538704.3	534517.2	453172.3	452250.7	2919.8
奎屯市	6992.0	1437887.2	1426322.7	1111899.3	1100595.6	171525.4
伊宁县		386339.1	383060.9	339563.8	334857.4	2330.7
察布查尔锡伯自治县		193960.4	192959.3	148161.6	147761.7	277.9
霍城县	10234.4	396130.3	392035.0	320624.0	317043.6	2081.3
巩留县		232536.0	228643.1	185497.9	184233.3	492.5

单位：万元

主营业务税金及附加	其他业务收入	其他业务利润	销售费用	管理费用		财务费用		
					税金		利息收入	利息支出
3298760.1	**2425534.6**	**-109.7**	**1939811.1**	**3684706.1**	**239966.8**	**2007370.8**	**207365.2**	**2103499.9**
888227.4	374248.8	36202.4	528645.7	938328.5	49578.0	450220.8	33015.6	453250.6
8391.4	39639.1	12128.9	14331.4	33013.4	2141.4	64927.6	1982.4	65434.0
6708.2	25172.0	3348.0	49210.6	47486.1	1446.8	18896.2	5050.3	23523.0
455076.0	108229.1	7834.3	292141.5	472565.5	23734.3	164744.2	16352.6	172077.4
1624.6	2853.3	1007.4	3364.9	10493.1	376.2	11403.8	368.3	11709.1
11784.9	107408.8	5754.9	105357.2	122572.1	10449.8	124951.6	2823.7	114166.3
2597.4	3227.0	114.5	3522.6	20980.3	2498.5	9562.8	858.5	9825.4
401798.0	87393.7	6083.1	59847.9	229540.8	8769.4	50887.5	2809.7	48941.5
246.9	325.8	-68.7	869.6	1677.2	161.6	4847.1	2770.1	7573.9
1371678.3	232022.9	-110317.8	160332.3	891626.9	53720.1	187159.7	32785.6	209447.7
576598.3	68608.3	-2979.0	60896.9	236489.8	5202.5	67764.1	747.0	67697.9
793240.5	147119.2	-108639.9	97982.7	641257.8	48343.4	117293.2	31890.2	139702.5
1187.0	15947.9	1206.8	1043.1	12998.3	160.0	2020.2	140.1	1967.3
652.5	347.5	94.3	409.6	881.0	14.2	82.2	8.3	80.0
69521.5	92095.5	7275.1	83269.6	141901.1	15786.3	90619.8	6704.1	95439.0
1293.7	23940.6	2316.9	16569.9	18919.8	1153.3	15051.0	198.6	14621.1
61211.8	54831.4	1430.2	30646.4	95826.2	11876.9	40345.3	5309.1	44675.0
7016.0	13323.5	3528.0	36053.3	27155.1	2756.1	35223.5	1196.4	36142.9
26596.3	91812.1	3130.9	71250.5	116645.9	4519.2	117937.8	2960.7	116841.7
18510.0	53024.6	2941.4	58309.9	97703.5	3856.7	70740.1	2394.3	69751.8
3074.2	3198.1	-1.1	5767.4	9658.0	51.4	11847.9	113.4	11413.8
5012.1	35589.4	190.6	7173.2	9284.4	611.1	35349.8	453.0	35676.1
31335.3	131776.7	5293.7	271625.4	289968.8	14129.4	275622.3	65606.3	321391.2
7274.5	66063.2	2306.6	124701.6	100017.5	3232.4	45234.8	62946.3	100108.5
2918.1	7953.6	1814.2	24700.3	65072.7	6773.4	106105.4	1254.5	102987.8
2664.6	2416.8	106.0	13526.9	16267.1	562.1	13480.2	59.0	13487.8
7099.5	24399.4	219.1	35831.3	45972.1	2222.2	32355.2	659.5	30250.0
6385.1	1863.2	315.8	20052.7	24506.2	840.4	14344.8	191.2	13912.2
4729.3	27905.7	0.1	50274.4	35586.8	465.9	63579.6	470.3	60128.0
264.2	1174.8	531.9	2538.2	2546.4	33.0	522.3	25.5	516.9
241080.0	111031.6	10139.5	262460.0	375305.6	17611.1	247789.9	10333.4	245965.3
209170.6	42584.8	2903.7	149021.4	203687.5	13568.0	146121.1	8084.2	146863.1
2862.8	4187.1	887.1	6963.5	21068.2	1298.9	22435.8	1479.5	23645.9
171500.9	11564.5	2391.3	43586.0	60873.9	3329.6	34679.4	1248.9	35023.5
2330.3	3278.2	-40.5	15408.6	29303.6	4427.5	10425.7	2906.1	12971.6
277.9	1001.1	31.9	5391.8	5208.4	65.8	11432.8	211.6	11307.0
2028.3	4095.3	1154.1	24480.1	15473.4	425.3	5566.7	57.8	5485.7
461.6	3892.9	1353.3	19563.5	9489.5	196.8	19776.0	22.8	19736.8

1-4-3 续表 7

地 区	外商资本	营业收入	主营业务收入	营业成本	主营业务成本	营业税金及附加
新源县		672403.1	663937.7	527281.3	514778.0	26995.9
昭苏县		120604.5	119246.7	91197.2	90190.9	334.7
特克斯县		48948.6	47863.2	43203.6	42318.8	568.1
尼勒克县		242488.5	238831.4	167041.8	164411.3	1824.6
塔城地区	6460.0	1671911.8	1620402.1	1457637.5	1407035.0	11456.3
塔城市		99494.9	98738.7	99968.6	99683.5	192.1
乌苏市	3000.0	484204.3	461668.6	457258.8	433075.6	4754.4
额敏县	3250.0	108381.0	105906.2	89765.8	85665.6	268.2
沙湾县	210.0	558901.8	547071.1	489722.2	481342.9	1466.3
托里县		226033.1	219683.1	183016.9	181505.4	1218.7
裕民县						
和布克赛尔蒙古自治县		194896.7	187334.4	137905.2	125762.0	3556.6
阿勒泰地区		1145569.8	1128632.7	665244.7	654494.4	20800.4
阿勒泰市		180820.2	178223.8	154660.6	152842.4	882.8
布尔津县		69740.0	69711.6	32694.7	32648.8	380.8
富蕴县		481662.0	469663.9	250259.2	243329.9	14100.0
福海县		82988.1	82567.4	60441.8	60397.5	1108.0
哈巴河县		251931.5	251076.4	122777.4	121801.2	4110.0
青河县		34094.8	33204.5	23633.4	22841.6	217.7
吉木乃县		44333.2	44185.1	20777.6	20633.0	1.1
博尔塔拉蒙古自治州		635972.8	581856.5	553871.4	506036.2	2805.4
博乐市		380465.2	372522.7	346701.8	341547.0	2000.1
阿拉山口市		135059.7	119996.5	100532.2	87482.3	404.4
精河县		117822.7	86712.1	104096.4	74675.4	400.6
温泉县		2625.2	2625.2	2541.0	2331.5	0.3
巴音郭楞蒙古自治州	15478.3	9853996.4	9467893.1	5988526.8	5568459.1	373444.1
库尔勒市		6920984.7	6554907.7	3671878.2	3266993.5	325670.7
轮台县		457389.6	456553.4	361504.6	360455.2	7802.1
尉犁县		36937.7	36925.2	28114.9	28114.9	77.1
若羌县		471808.2	470285.1	203314.5	202581.0	27953.6
且末县						
焉耆回族自治县	10300.0	100562.0	96851.2	71984.2	69647.9	1547.0
和静县	5178.3	1784341.4	1771550.8	1584154.9	1574995.2	9710.5
和硕县		56092.5	55323.2	46086.0	45422.9	575.2
博湖县		25880.3	25496.5	21489.5	20248.5	107.9
阿克苏地区	26269.0	5000216.9	4910159.2	4121961.9	4059836.8	261503.7
阿克苏市	26269.0	1253103.4	1213209.7	1101289.7	1071830.1	4708.3
温宿县		140333.7	138102.1	98499.3	98105.0	1822.6
库车县		2707010.7	2672696.1	2193244.9	2171702.1	246995.8

单位：万元

主营业务税金及附加	其他业务收入	其他业务利润	销售费用	管理费用	税金	财务费用	利息收入	利息支出
26995.9	8465.4	-4080.0	26819.7	32602.8	2830.5	17815.6	2043.0	15646.8
320.2	1357.8	351.6	2635.3	3890.9	144.4	865.1	33.0	710.5
568.1	1085.4	590.3	1247.8	5514.9	28.9	6466.4	11.8	6465.6
1824.6	3657.1	264.6	2925.1	20261.9	820.3	16657.6	69.7	15869.7
11225.6	51509.7	3907.6	47943.2	94372.2	1948.5	54475.0	1428.5	53493.1
167.4	756.2	391.4	1546.5	1379.8	40.5	3360.9	18.3	3206.6
4682.7	22535.7	1800.8	11300.3	17940.8	647.9	14088.9	83.1	13754.1
241.2	2474.8	134.3	2349.0	5544.8	152.5	5322.7	840.4	6115.8
1466.3	11830.7	1236.0	20578.8	22694.3	491.3	12720.3	431.1	12660.2
1218.7	6350.0	-171.9	4572.5	27681.2	314.7	7936.0	26.1	6850.1
3449.3	7562.3	517.0	7596.1	19131.3	301.6	11046.2	29.5	10906.3
20683.8	16937.1	3328.2	65495.4	77245.9	2094.6	47193.8	820.7	45609.1
781.4	2596.4	1165.7	3829.5	18747.9	117.0	8367.0	263.0	8564.8
379.5	28.4	-20.3	1940.4	5315.6	8.5	13526.4	40.9	13570.8
14086.1	11998.1	1678.3	49849.6	27331.0	1292.6	12803.8	166.1	11451.6
1108.0	420.7	12.9	1671.8	3529.4	72.4	4564.6	94.6	4537.5
4110.0	855.1	491.6	4797.4	15613.8	515.5	2366.7	261.6	2500.8
217.7	890.3		3406.7	6261.7	10.9	2498.8	-15.6	2470.5
1.1	148.1			446.5	77.7	3066.5	10.1	2513.1
2554.5	54116.3	4330.4	16720.5	31202.2	860.9	24948.2	747.7	26300.9
1963.6	7942.5	2210.2	7531.9	21581.5	449.6	11842.9	162.3	11436.1
200.3	15063.2	1081.6	5072.0	4348.1	44.5	7912.1	416.0	7630.2
390.3	31110.6	1038.6	4079.1	5197.8	365.8	5096.3	169.4	7137.7
0.3			37.5	74.8	1.0	96.9		96.9
368866.7	386103.3	13096.8	182113.5	431344.0	58712.0	232589.2	28189.8	254410.3
321395.6	366077.0	7428.6	75675.4	318240.3	55737.8	154284.8	25408.7	176355.1
7518.6	836.2	-121.1	18089.3	18733.6	624.3	10446.9	1102.1	11179.9
77.1	12.5	2.6	1833.4	1362.0	37.4	373.2	14.8	285.9
27953.6	1523.1	789.6	65512.7	31088.1	1102.7	11745.3	636.9	11164.8
1547.0	3710.8	746.1	7427.6	7432.0	57.9	1808.1	25.4	2039.4
9698.2	12790.6	3618.6	8739.9	50872.8	1123.2	52092.3	968.9	51766.2
568.7	769.3	591.1	1904.1	2405.0	21.1	1230.5	25.8	1096.5
107.9	383.8	41.3	2931.1	1210.2	7.6	608.1	7.2	522.5
261109.2	90057.7	16661.8	98046.6	203736.0	9985.0	116191.0	15147.3	128959.4
4442.0	39893.7	10631.4	32010.2	48987.1	2200.4	39091.1	12553.0	51591.4
1820.3	2231.6	1836.8	4824.2	8599.1	89.0	10254.4	42.3	10187.4
246975.7	34314.6	3357.7	33501.6	94594.8	6371.2	36652.1	1802.7	37461.3

1-4-3 续表 8

地 区	外商资本	营业收入	主营业务收入	营业成本	主营业务成本	营业税金及附加
沙雅县		221278.2	217252.6	174673.5	171804.3	124.3
新和县		113918.9	113895.9	89305.3	88715.1	244.0
拜城县		444280.9	435920.1	364391.8	357767.0	6016.0
乌什县		28175.7	27730.6	20382.4	20169.6	978.3
阿瓦提县		52725.1	51961.8	42585.6	42154.2	27.5
柯坪县		39390.3	39390.3	37589.4	37589.4	586.9
克孜勒苏柯尔克孜自治州		341314.2	337944.5	278949.0	274738.9	7033.8
阿图什市		155599.1	154252.3	137378.5	135155.6	280.6
阿克陶县		95106.0	95106.0	74162.9	74162.9	4134.7
阿合奇县		21144.2	21144.2	9836.7	9836.7	252.4
乌恰县		69464.9	67442.0	57570.9	55583.7	2366.1
喀什地区	419.0	1274446.0	1245743.3	1098756.0	1075913.9	7366.3
喀什市	419.0	551056.7	529460.5	521700.1	504556.5	4205.9
疏附县		9508.9	9508.9	6976.9	6976.9	53.5
疏勒县		119467.1	118527.9	102021.3	101693.6	150.9
英吉沙县		27901.8	27230.0	21082.4	20455.2	24.5
泽普县		23513.1	22972.3	20352.5	19939.1	55.5
莎车县		133567.3	131122.8	113569.8	112304.3	9.5
叶城县		115677.9	115085.7	91850.9	91731.8	843.8
麦盖提县		40437.8	39860.4	37165.8	36554.3	72.4
岳普湖县		16944.1	16938.7	15259.9	15259.9	15.4
伽师县		140619.1	139950.7	95940.3	95299.2	925.8
巴楚县		59947.6	59350.4	55020.8	53395.5	51.1
塔什库尔干塔吉克自治县		35804.6	35735.0	17815.3	17747.6	958.0
和田地区		270328.5	262866.6	261222.0	259010.2	1219.1
和田市		132581.7	126191.2	151315.6	150113.5	558.9
和田县		45124.8	44600.2	32253.2	31921.3	430.5
墨玉县		49082.2	48702.8	43041.7	42365.0	80.7
皮山县		3658.0	3658.0	3423.8	3423.8	30.7
洛浦县		28657.2	28602.1	22068.2	22067.1	70.8
策勒县		1817.0	1817.0	2109.8	2109.8	3.0
于田县		9407.6	9295.3	7009.7	7009.7	44.5
民丰县						
自治区直辖市	99814.6	6977848.2	6155112.8	6021295.2	5229880.6	22821.0
石河子市	99814.6	4283730.8	3732645.0	3680286.7	3174702.2	17720.9
阿拉尔市		349009.5	347007.5	265999.0	265189.9	2350.0
图木舒克市		237601.8	230431.4	190582.6	182094.5	244.8
五家渠市		2107506.1	1845028.9	1884426.9	1607894.0	2505.3

单位：万元

主营业务税金及附加	其他业务收入	其他业务利润	销售费用	管理费用	税金	财务费用	利息收入	利息支出
124.3	4025.6	50.0	8292.6	9940.0	256.2	11527.3	62.6	11132.8
213.1	23.0	-34.0	1076.2	3042.7	172.1	2229.0	72.7	2169.1
5941.3	8360.8	66.8	14657.4	35737.2	846.3	14035.7	493.1	13954.9
978.3	445.1		2005.4	845.0	15.4	439.2	101.0	489.3
27.3	763.3	753.1	1449.0	1317.0	15.8	1870.0	19.4	1881.9
586.9			230.0	673.1	18.6	92.2	0.5	91.3
7033.8	3369.7	316.7	10776.4	14987.1	675.6	21231.0	82.9	20651.8
280.6	1346.8	322.0	7687.0	5281.2	139.9	5205.9	82.7	4879.2
4134.7			1433.3	5266.1	509.8	2471.2	-65.4	2188.7
252.4						8340.0	0.9	8339.8
2366.1	2022.9	-5.3	1656.1	4439.8	25.9	5213.9	64.7	5244.1
7132.7	28702.7	2325.0	44064.5	41981.5	1361.2	39828.7	926.5	40254.5
3972.3	21596.2	848.5	15092.8	11217.7	668.1	18510.7	132.2	18390.8
53.5		-112.5	27.0	291.4	1.8	60.4	0.2	60.5
150.9	939.2	129.8	3400.0	3044.7	159.8	1546.1	511.0	1986.6
24.5	671.8	44.6	28.3	1708.9	15.7	2386.9	11.9	2396.8
55.5	540.8	127.4	340.1	1812.6	70.7	751.1		728.7
9.5	2444.5	125.2	1957.7	2585.6	22.4	2640.5	26.2	2582.0
843.8	592.2	561.4	12381.4	3345.2	202.7	5627.5	7.2	5590.7
72.4	577.4	576.7	1479.6	2149.9	30.2	461.4	189.5	645.5
15.4	5.4	5.4	28.4	1148.7	12.9	294.8	0.7	294.5
925.8	668.4	27.3	3224.2	7510.6	92.9	26.0	38.2	58.8
51.1	597.2	-8.8	4153.7	1942.3	69.0	1528.1	3.7	1519.7
958.0	69.6		1951.3	5223.9	15.0	5995.2	5.7	5999.9
874.6	7461.9	5501.6	3369.7	13409.6	70.3	13123.1	313.4	13417.8
215.8	6390.5	5538.5	301.6	1744.5	3.8	5062.0	134.1	5187.9
430.5	524.6	37.4	300.3	5442.1	14.7	6769.2	25.3	6794.5
79.3	379.4		742.4	2036.5	19.7	159.4	57.9	215.3
30.7		-74.3		139.4		211.4		210.9
70.8	55.1		1899.5	3166.6	29.9	880.7	95.1	969.3
3.0				71.1		39.9		39.9
44.5	112.3		125.9	809.4	2.2	0.5	1.0	
22749.8	822735.4	5934.2	207136.4	194268.9	12957.7	190109.3	10551.9	177169.7
17700.3	551085.8	5471.6	137710.4	137981.2	9511.3	112775.8	8641.6	114080.6
2309.4	2002.0	406.1	9465.1	11106.2	262.6	12667.2	66.6	12505.0
235.0	7170.4		6110.3	10261.4	70.1	5911.2	43.6	5951.1
2505.1	262477.2	56.5	53850.6	34920.1	3113.7	58755.1	1800.1	44633.0

1-4-3 续表 9

地 区	营业利润	资产减值损失	公允价值变动收益	投资收益	营业外收入	补贴收入
总 计	**7973538.2**	**392726.1**	**-19790.9**	**185065.0**	**975702.7**	**295742.1**
乌鲁木齐市	1379370.0	126801.9	1036.3	85549.7	334736.5	84420.9
天山区	126887.3	5404.5		24518.7	39140.0	15558.2
沙依巴克区	-20790.5	7298.2	891.1	2332.9	42676.3	17062.2
新市区	1512343.7	26915.5	145.2	57626.1	121083.2	35246.2
水磨沟区	-22507.1	1154.2		1.9	8011.0	3075.1
头屯河区	-76939.4	5401.8		646.7	82867.2	3524.5
达坂城区	29456.7	1276.3		-1299.2	2540.8	1023.0
米东区	-177641.8	79351.4		1669.3	38080.8	8781.5
乌鲁木齐县	8561.1			53.3	337.2	150.2
克拉玛依市	1885621.2	220232.1		7679.0	188200.2	21852.6
独山子区	-199198.6	45617.0		1961.1	23174.6	3178.6
克拉玛依区	2068068.6	174615.1		4365.8	163117.7	18058.3
白碱滩区	14696.9			1212.3	1387.8	615.7
乌尔禾区	2054.3			139.8	520.1	
吐鲁番地区	322065.8	-981.2		18910.5	25014.3	3056.5
吐鲁番市	7666.1	-645.5		1562.4	3123.4	1663.8
鄯善县	248221.9	-376.1		16707.4	18751.3	747.3
托克逊县	66177.8	40.4		640.7	3139.6	645.4
哈密地区	240868.2	5064.4		1647.0	68402.8	57371.3
哈密市	171902.4	4074.2		1627.6	30173.8	24497.4
巴里坤哈萨克自治县	16326.8	1181.4		19.4	27051.4	26281.4
伊吾县	52639.0	-191.2			11177.6	6592.5
昌吉回族自治州	564852.0	12054.1	-52.9	9647.4	60241.9	31045.7
昌吉市	332477.6	12186.8	-65.9	11384.1	31940.2	19129.6
阜康市	-18405.6	773.8		3682.1	6136.7	1933.8
呼图壁县	79605.2	115.2		15.8	3696.1	1956.9
玛纳斯县	73394.3	-3115.7		-3171.7	9476.7	4322.1
奇台县	7323.9	1889.4		198.0	4099.3	1836.7
吉木萨尔县	88508.0	204.6	13.0	-2460.9	4815.8	1866.6
木垒哈萨克自治县	1948.6				77.1	
伊犁哈萨克自治州	540465.1	6465.4	-403.3	33266.4	72365.9	24732.6
伊犁州直属县(市)	207705.5	-942.0	-276.7	30296.1	43100.0	10448.9
伊宁市	36755.9	-644.3		3967.3	5966.5	2931.2
奎屯市	19102.3	1300.6		1311.8	15339.4	3756.5
伊宁县	-8783.8	799.4		1127.7	8838.3	2404.3
察布查尔锡伯自治县	15496.3	30.9		3.0	1272.6	625.7
霍城县	26929.8	1313.9		131.6	1449.3	200.2
巩留县	-2005.8	-7.2		270.7	7815.7	

单位：万元

营业外支出	利润总额	应交所得税	亏损企业亏损总额	利税总额	应交税金及附加	本年应付职工薪酬	本年应交增值税	从业人员平均人数(人)
332775.3	**8552294.7**	**726012.6**	**1345810.2**	**15365110.4**	**7778795.1**	**5741512.6**	**3494968.3**	**675747**
74032.0	1640842.8	251075.9	441151.8	3267538.0	1927349.1	1215967.7	733880.5	134373
31072.8	134954.5	24489.4	37811.2	258327.2	150003.5	164008.9	113701.1	16240
2477.2	19408.6	4495.2	14518.9	39357.1	25890.5	74387.3	13016.6	10035
13473.2	1620026.4	215835.9	72330.5	2443175.4	1062719.2	360445.5	367604.9	46102
655.8	-15151.9	1530.7	25563.2	-37.2	17021.6	19609.5	13481.0	2872
2229.5	3698.3	-10090.2	62624.7	84169.0	80830.3	191412.8	68530.7	21318
4503.6	27493.9	3064.0	6762.0	44338.8	22407.4	68674.0	14241.6	7112
19554.8	-159131.1	10082.5	219890.9	387060.3	565043.3	336147.7	142006.8	30500
65.1	9544.1	1668.4	1650.4	11147.4	3433.3	1282.0	1297.8	194
98611.4	1975210.1	48680.9	246347.7	4271872.1	2399063.0	1400610.1	918437.0	103763
5344.7	-181368.7	2778.1	194519.2	524625.9	713975.2	201300.2	127233.9	14778
92756.1	2138430.2	42845.7	51828.5	3719327.3	1672086.2	1171560.9	783461.9	85552
504.4	15580.4	2703.0		23664.6	10947.2	25918.2	6707.6	3237
6.2	2568.2	354.1		4254.3	2054.4	1830.8	1033.6	196
14502.0	332521.3	28850.1	31905.8	551286.3	263401.4	280767.0	148918.7	36296
4770.2	6229.3	2059.7	12024.3	20323.8	17307.5	27793.0	12800.7	4645
8109.5	258596.9	20193.3	9094.0	432419.8	205893.1	196791.6	112604.1	22958
1622.3	67695.1	6597.1	10787.5	98542.7	40200.8	56182.4	23513.9	8693
38817.3	269061.6	43053.5	57698.9	423604.5	202115.6	240936.6	127754.5	31226
1594.1	200204.6	32834.4	31081.5	322277.6	158764.1	200632.8	103390.1	25714
795.0	41468.6	6285.1	1424.7	63918.8	28786.7	21941.2	19372.3	3028
36428.2	27388.4	3934.0	25192.7	37408.1	14564.8	18362.6	4992.1	2484
10816.5	554077.2	65193.0	123888.0	886991.8	412237.0	521679.2	300542.6	81047
5437.4	358910.3	31112.4	5705.3	470075.5	145510.0	155278.4	103884.7	20744
1797.7	-14066.6	6183.8	48605.0	17368.4	44392.2	163691.9	28516.9	22931
455.9	82527.5	9372.1	5533.3	104879.3	32286.0	30244.2	19128.6	6043
1463.8	81407.2	3499.0	10112.3	117875.4	42189.4	65666.0	29368.0	12673
626.3	10796.9	1315.1	21383.2	52291.7	43650.3	26468.4	34638.8	4639
786.0	32725.6	13487.3	31607.2	119009.2	100236.8	69570.9	81553.8	12431
249.4	1776.3	223.3	941.7	5492.3	3972.3	10759.4	3451.8	1586
21744.1	591366.5	108222.0	197853.3	1149916.4	684383.0	566592.9	316942.3	88402
10036.1	240792.0	46071.8	122267.2	628780.9	447628.7	329353.3	178638.0	51468
3995.4	38727.0	3981.7	6392.5	63041.6	29595.2	53819.1	21394.8	7310
2214.8	32249.5	17637.3	48304.7	264374.2	253091.6	73132.6	60599.3	11913
1159.3	-1104.8	969.7	17439.7	16560.4	23062.4	40534.5	15334.5	7097
495.2	16273.7	-721.0	1034.3	22449.2	5520.3	10136.4	5897.6	1888
288.0	28091.1	1783.0	9662.1	41245.0	15362.2	23502.3	11072.6	4557
33.6	5776.3	42.6	12077.0	13597.7	8060.8	16516.6	7328.9	2419

1-4-3 续表 10

地 区	营业利润	资产减值损失	公允价值变动收益	投资收益	营业外收入	补贴收入
新源县	66260.9	-2546.3		23683.7	1319.4	229.5
昭苏县	21761.5			46.5	201.4	180.5
特克斯县	-6752.8	1.3			132.1	120.0
尼勒克县	38941.2	-1190.3	-276.7	-246.2	765.3	1.0
塔城地区	61839.1	619.8		1233.4	18867.8	12057.4
塔城市	-6614.0	-190.1			1070.5	276.2
乌苏市	-16890.4	332.9			8178.8	6885.5
额敏县	9407.0	575.4		45.5	813.2	412.3
沙湾县	43785.1	-65.1		266.0	5251.5	3235.0
托里县	10458.2	-38.0		802.0	1881.2	843.5
裕民县						
和布克赛尔蒙古自治县	21693.2	4.7		119.9	1672.6	404.9
阿勒泰地区	270920.5	6787.6	-126.6	1736.9	10398.1	2226.3
阿勒泰市	-3875.1	259.2		37.9	1561.6	220.0
布尔津县	11581.4	4673.7			1404.2	1365.4
富蕴县	127649.4	1751.8		2315.5	3929.1	80.8
福海县	12399.4				510.0	10.1
哈巴河县	102220.2	34.5	-126.6	-620.4	2684.5	430.0
青河县	972.1			3.9	127.4	120.0
吉木乃县	19973.1	68.4			181.3	
博尔塔拉蒙古自治州	15644.4	2170.4	-26.4	1544.6	9044.1	6914.8
博乐市	-1353.8	1278.8		462.1	3907.4	2456.1
阿拉山口市	18330.0	249.8		1031.0	174.3	135.2
精河县	-1416.0	641.8	-26.4	51.5	4792.0	4153.1
温泉县	84.2				170.4	170.4
巴音郭楞蒙古自治州	2407915.4	3793.4		417.7	75049.9	12512.4
库尔勒市	2133576.4	1823.9		3618.5	26072.3	9071.6
轮台县	49922.8	1051.9		91.3	2406.1	898.3
尉犁县	4938.6				435.1	408.3
若羌县	128957.4	2276.7			42208.5	
且末县						
焉耆回族自治县	9135.7	187.5		3.7	146.3	10.1
和静县	76469.5	-1558.6		-3301.9	2282.6	1199.2
和硕县	4391.0	-7.9		3.0	1170.9	788.5
博湖县	524.0	19.9		3.1	328.1	136.4
阿克苏地区	224565.0	6338.3	53.7	22783.8	31936.3	20344.4
阿克苏市	45572.6	5811.2	53.7	15891.2	19085.4	15022.7
温宿县	16412.6	5.9		6.1	544.7	258.3
库车县	98116.4	-71.8		3851.6	5843.3	2052.5

单位：万元

营业外支出	利润总额	应交所得税	亏损企业亏损总额	利税总额	应交税金及附加	本年应付职工薪酬	本年应交增值税	从业人员平均人数(人)
500.6	67079.7	11797.7	4832.3	126771.3	74319.8	72808.0	32695.7	10979
70.7	21892.2	27.9	1590.0	23725.8	2005.9	3942.5	1498.9	1025
232.2	-6852.9	100.9	7365.6	-4634.6	2348.1	7488.0	1650.2	1160
1046.3	38660.2	10452.0	13569.0	61650.3	34262.4	27473.3	21165.5	3120
3554.7	77409.2	11216.8	51672.7	131950.0	67706.1	133894.3	43084.5	23628
27.4	-5570.9	1.2	6339.1	-3319.9	2292.7	18297.3	2058.9	1104
687.5	-9399.1	2121.0	22233.5	7134.7	19302.7	32456.4	11779.4	4970
1143.8	9798.7	1113.9	4189.3	12148.1	3615.8	8320.2	2081.2	1559
345.1	48226.2	749.6	1938.5	65385.1	18399.8	34493.6	15692.6	6976
1034.2	11305.2	4688.4	14200.0	14899.8	8597.7	15085.0	2375.9	4800
316.7	23049.1	2542.7	2772.3	35702.2	15497.4	25241.8	9096.5	4219
8153.3	273165.3	50933.4	23913.4	389185.5	169048.2	103345.3	95219.8	13306
506.2	-2819.7	730.3	9073.3	7493.7	11160.7	27614.0	9430.6	2832
-233.3	13218.9	711.8	1876.0	17688.3	5189.7	4106.4	4088.6	681
1144.9	130433.6	29214.1	6341.3	198154.2	98227.3	39028.4	53620.6	5319
26.8	12882.6	853.5	1822.6	18315.6	6358.9	6502.9	4325.0	1146
6633.2	98271.5	16753.6	3649.8	124907.8	43905.4	18979.3	22526.3	2319
8.7	1090.8	123.6	1150.4	2537.2	1580.9	5732.0	1228.7	850
66.8	20087.6	2546.5		20088.7	2625.3	1382.3		159
2451.6	22236.9	1937.1	17047.5	41069.6	21630.7	50006.5	16027.3	9288
1345.4	1208.2	454.7	11694.3	13415.8	13111.9	34192.5	10207.5	6568
23.9	18480.4	607.2	154.6	20888.6	3059.9	4948.0	2003.8	1056
1082.3	2293.7	875.2	5198.6	6510.0	5457.3	10764.6	3815.7	1630
	254.6			255.2	1.6	101.4	0.3	34
49069.9	2433870.0	56226.0	39364.6	3289750.7	970818.7	575954.9	482436.6	55130
46453.2	2113194.5	9198.4	25697.1	2813236.6	764978.3	413436.5	374371.4	32467
257.8	52071.1	8303.3	1213.7	76851.1	33707.6	31838.1	16977.9	3884
65.7	5308.0	731.8	7.4	6153.8	1615.0	1439.2	768.7	314
793.3	170372.6	27306.8	3849.8	242568.1	100605.0	47965.2	44241.9	4235
								63
483.7	8798.3	1401.3	3668.1	15237.8	7898.7	6031.3	4892.5	1231
913.6	77814.1	9163.2	4834.4	126293.7	58766.0	70324.5	38769.1	11718
96.8	5465.1	121.2	94.1	7135.1	1812.3	3432.0	1094.8	765
5.8	846.3			2274.5	1435.8	1488.1	1320.3	453
6908.9	248501.0	33728.2	59207.5	669437.7	464649.9	313569.1	159433.0	41794
-425.6	63992.2	5400.5	10010.1	105111.1	48719.8	97256.0	36410.6	13610
1291.0	15666.3	1207.9	3162.1	24780.9	10411.5	16038.9	7292.0	2995
3437.1	100522.6	18997.5	19305.4	431980.8	356826.9	102208.2	84462.4	10845

1-4-3 续表 11

地区	营业利润	资产减值损失	公允价值变动收益	投资收益	营业外收入	补贴收入
沙雅县	22592.8	38.1		2988.3	1426.4	1307.9
新和县	23861.8				291.7	
拜城县	8923.9	478.3		46.6	2705.5	1072.9
乌什县	3226.4	3.8			110.3	101.0
阿瓦提县	5234.0	72.8			1067.3	316.2
柯坪县	624.5				861.7	212.9
克孜勒苏柯尔克孜自治州	9821.3	151.7	-3973.2	1064.7	1423.3	942.8
阿图什市	-54.5	152.1	-3973.2	315.7	965.5	730.4
阿克陶县	8004.9			749.0	213.4	202.4
阿合奇县	2715.0				121.9	
乌恰县	-844.1	-0.4			122.5	10.0
喀什地区	49566.0	741.4	-16390.0	269.3	27956.7	5997.3
喀什市	-15029.6	-420.0		-229.3	23666.5	3984.5
疏附县	674.3				183.5	162.0
疏勒县	8867.5	620.8			257.9	190.4
英吉沙县	2866.2				70.4	
泽普县	413.5	110.1		24.0	165.1	83.8
莎车县	13113.2			30.0	316.4	297.4
叶城县	2767.2	65.0			91.6	56.0
麦盖提县	-190.2	226.2		1.5	364.3	203.9
岳普湖县	613.4	39.3			49.4	
伽师县	33833.1	3.7		443.1	1630.5	161.4
巴楚县	-2692.0	-1.5	-16390.0		1013.0	857.9
塔什库尔干塔吉克自治县	4329.4	97.8			148.1	
和田地区	-17919.7	153.2		107.0	20629.6	3574.6
和田市	-25462.8	-3.9			15907.7	1064.1
和田县	3313.0	17.3			1020.4	
墨玉县	3011.2	117.3		105.5	2156.7	2123.3
皮山县	-147.3					
洛浦县	450.6	22.5		1.5	1432.7	387.2
策勒县	-389.6				-0.2	
于田县	1305.2				112.3	
民丰县						
自治区直辖市	350703.5	9741.0	-35.1	2177.9	60701.2	22976.2
石河子市	189213.4	9484.9	-35.1	-1288.6	46225.2	15865.6
阿拉尔市	48986.3	211.8			4470.6	100.1
图木舒克市	26079.0	-25.7		73.0	1298.3	988.6
五家渠市	86424.8	70.0		3393.5	8707.1	6021.9

单位：万元

营业外支出	利润总额	应　交 所得税	亏损企业 亏损总额	利税总额	应交税金 及 附 加	本年应付 职工薪酬	本年应交 增 值 税	从业人员 平均人数 (人)
1435.6	22583.6	2354.3	1432.1	24463.0	4489.9	13128.2	1755.1	2375
334.7	23818.8	384.1		24606.1	1343.5	5967.7	543.3	1429
818.3	10811.1	5203.9	24822.7	43796.2	39035.3	73065.1	26969.1	8823
8.2	3328.5	141.6		5324.2	2152.7	1248.4	1017.4	293
9.6	6291.7	9.0	475.1	7293.6	1026.7	4191.7	974.4	1289
	1486.2	29.4		2081.8	643.6	464.9	8.7	135
603.5	10641.2	1123.8	8231.9	35253.0	26411.2	23199.3	17578.0	4116
285.3	625.7	634.8	5203.2	5362.7	5511.7	8898.0	4456.4	1815
126.0	8092.3	774.4	1335.4	21572.2	14764.1	4444.3	9345.2	914
79.1	2757.9			3154.9	397.0	2064.6	144.6	123
113.1	-834.7	-285.4	1693.3	5163.2	5738.4	7792.4	3631.8	1264
2034.3	75413.4	9168.4	20508.6	130778.7	65894.9	106454.3	47999.0	16400
1505.3	7034.1	1816.0	13040.5	31747.4	27197.4	67982.9	20507.4	7627
1.5	856.3	2.1	40.2	1241.1	388.7	719.9	331.3	243
104.2	9021.2	139.0	722.9	9754.1	1031.7	3938.8	582.0	870
0.6	2936.0	12.9	257.8	3195.8	288.4	2311.5	235.3	449
25.0	576.1	56.2	668.4	1023.0	573.8	1929.5	391.4	777
76.1	13353.5		608.6	13512.2	181.1	4737.7	149.2	961
99.8	2759.0	532.9	1639.5	12186.7	10163.3	10219.2	8583.9	2193
11.2	162.9	122.5	910.6	4601.9	4591.7	2084.7	4366.6	626
0.5	662.3	24.0	139.6	815.9	190.5	810.0	138.2	363
69.1	35394.5	5290.8		45283.6	15272.8	5632.0	8963.3	1232
29.9	-1708.9	1.5	2480.5	-1559.6	219.8	2677.2	98.2	541
111.1	4366.4	1170.5		8976.6	5795.7	3410.9	3652.2	518
1103.2	1606.6	1264.3	17277.7	12815.8	12543.8	36774.8	9990.1	5072
210.3	-9765.4	534.5	13062.6	-8117.3	2186.4	21079.7	1089.2	2600
486.8	3846.6	703.6	2994.6	9442.6	6314.3	5046.0	5165.5	611
13.8	5154.0			7808.9	2674.6	4458.2	2574.2	400
0.2	-147.5		147.5	200.7	348.2	471.8	317.5	155
365.0	1518.3	26.2	683.2	2409.7	947.5	4317.9	820.6	1004
	-389.8		389.8	-386.8	3.0	480.0		97
27.1	1390.4			1458.0	69.8	921.2	23.1	205
12080.6	396946.1	77489.4	85326.9	634795.8	328296.8	409000.2	215028.7	68840
3389.2	232009.4	30628.6	59849.1	373209.8	181340.3	290258.6	123479.5	46254
8077.5	45379.4	2256.4	6785.3	51464.4	8604.0	25195.6	3735.0	5616
13.4	27363.9	1490.3	2920.5	35917.0	10113.5	16726.7	8308.3	3197
600.5	92193.4	43114.1	15772.0	174204.6	128239.0	76819.3	79505.9	13773

第2篇

建筑业篇

2-1 建筑企业概况

地　区	企业数(个)				从业人员数(万人)			
	合计	国有	集体	其他	合计	国有	集体	其他
总　计	**1123**	**76**	**19**	**1028**	**79.11**	**13.68**	**0.61**	**64.82**
乌鲁木齐市	445	34	7	404	28.84	7.19	0.27	21.38
克拉玛依市	64	2	2	60	3.36	0.23	0.04	3.09
吐鲁番地区	19	2		17	0.61	0.01		0.60
哈密地区	45	2	1	42	1.48	0.39	0.01	1.08
昌吉回族自治州	89	1	1	87	3.75	0.06	0.01	3.68
伊犁哈萨克自治州	133	16	6	111	11.11	1.89	0.11	9.11
伊犁州直属县(市)	71	7	3	61	6.43	1.21	0.08	5.14
塔城地区	32	4	3	25	3.40	0.45	0.03	2.92
阿勒泰地区	30	5		25	1.28	0.23		1.05
博尔塔拉蒙古自治州	32	2	1	29	2.59	0.50	0.17	1.92
巴音郭楞蒙古自治州	68	4	1	63	6.36	0.10		6.26
阿克苏地区	69	2		67	3.76	0.06		3.70
克孜勒苏柯尔克孜自治州	22	1		21	0.67			0.67
喀什地区	61	2		59	3.73	0.10		3.63
和田地区	20	1		19	1.55	0.21		1.34
石河子市	29	4		25	7.70	2.53		5.17
阿拉尔市	9	1		8	1.12	0.38		0.74
图木舒克市	8	1		7	1.18	0.01		1.17
五家渠市	10	1		9	1.30	0.02		1.28

注：根据我区建筑特点，建筑业从业人员为年平均人数。

2-2 按登记注册类型分建筑企业总产值

单位：万元

地 区	合 计	国有经济	集体经济	其他经济
总 计	**20988887**	**3532297**	**222053**	**17234537**
乌鲁木齐市	6701059	1757994	64051	4879014
克拉玛依市	1494942	32026	39935	1422981
吐鲁番地区	192827	8671		184156
哈密地区	492412	175090	16930	300392
昌吉回族自治州	1213866	19393	24720	1169753
伊犁哈萨克自治州	3005035	579264	25759	2400012
伊犁州直属县(市)	1815525	358169	18479	1438877
塔城地区	779874	147593	7280	625001
阿勒泰地区	409636	73502		336134
博尔塔拉蒙古自治州	728718	149745	50500	528473
巴音郭楞蒙古自治州	1919766	57397	158	1862211
阿克苏地区	1122597	21212		1101385
克孜勒苏柯尔克孜自治州	218806	18957		199849
喀什地区	949565	36063		913502
和田地区	449222	81463		367759
石河子市	1394211	438132		956079
阿拉尔市	448444	151532		296912
图木舒克市	362042	510		361532
五家渠市	295375	4848		290527

2-3 按构成分建筑企业总产值

单位：万元

地 区	总产值	建筑工程	安装工程	其 他
总 计	**20988887**	**18887487**	**1691824**	**409576**
乌鲁木齐市	6701059	5897352	710944	92763
克拉玛依市	1494942	956444	463031	75467
吐鲁番地区	192827	115371	71526	5930
哈密地区	492412	486321	2592	3499
昌吉回族自治州	1213866	1055144	121064	37658
伊犁哈萨克自治州	3005035	2888652	103152	13231
伊犁州直属县(市)	1815525	1772519	36359	6647
塔城地区	779874	728624	47627	3623
阿勒泰地区	409636	387509	19166	2961
博尔塔拉蒙古自治州	728718	724465	2603	1650
巴音郭楞蒙古自治州	1919766	1756485	57986	105295
阿克苏地区	1122597	1074552	42338	5707
克孜勒苏柯尔克孜自治州	218806	207573	1994	9239
喀什地区	949565	870538	75359	3668
和田地区	449222	407686	9639	31897
石河子市	1394211	1343951	26716	23544
阿拉尔市	448444	446659	1757	28
图木舒克市	362042	360988	1054	
五家渠市	295375	295306	69	

2-4　按行业和登记注册类型分建筑企业总产值

单位：万元

项　　目	总产值
总　计	**20988887**
#一、二级企业	16859031
#国有及国有控股	10277068
按登记注册类型分组	
内资企业	20988739
国有企业	1842413
集体企业	222053
股份合作企业	
联营企业	
有限责任公司	13396363
国有独资公司	1689884
其他有限责任公司	11706479
股份有限公司	1005564
私营企业	4522346
#私营有限责任公司	4435592
私营股份有限公司	85534
其他企业	
港、澳、台及外商企业	148
#合资经营企业(港或澳、台资)	77
按国民经济行业分组	
房屋和土木工程建筑业	20004049
房屋工程建筑	14734957
土木工程建筑	5269092
铁路、道路、隧道和桥梁	2321076
水利和港口建筑	1726055
工矿工程建筑	264161
架线和管道工程建筑	930142
其他土木工程建筑	27658
建筑安装业	699672
建筑装饰业	112770
其他建筑业	172396
按隶属关系分组	
中 央	7069147
地 方	13919740
按企业资质等级分组	
施工总承包	19373835
特　级	255527
一　级	7728882
二　级	7808391
三级及以下	3581035
专业承包	1422802
一　级	321409
二　级	627003
三级及以下	474390
劳务分包	192250

2-5 建筑企业利税总额

单位：万元

地　区	利税总额合　计	利润总额	工程结算税金及附加	管理费用中的税金	产　值利税率(%)	资　金利税率(%)
总　计	**1126029**	**421152**	**678809**	**26068**	**5.36**	**7.94**
乌鲁木齐市	336474	108546	222506	5422	5.02	4.90
克拉玛依市	77835	35818	39771	2246	5.21	4.64
吐鲁番地区	22018	15158	6659	201	11.42	13.69
哈密地区	25750	10281	13999	1470	5.23	8.45
昌吉回族自治州	70329	29364	39913	1052	5.79	12.65
伊犁哈萨克自治州	136197	36055	98563	1579	4.53	12.84
伊犁州直属县(市)	62922	7091	55185	646	3.47	9.93
塔城地区	49118	20482	28033	603	6.30	18.37
阿勒泰地区	24157	8482	15345	330	5.90	15.13
博尔塔拉蒙古自治州	25022	4049	20717	256	3.43	12.98
巴音郭楞蒙古自治州	143842	71120	71762	960	7.49	18.11
阿克苏地区	86912	49547	35303	2062	7.74	13.88
克孜勒苏柯尔克孜自治州	9739	2347	6964	428	4.45	6.80
喀什地区	55380	18641	35160	1579	5.83	11.13
和田地区	22956	6604	16086	266	5.11	18.92
石河子市	63605	17451	37806	8348	4.56	8.65
阿拉尔市	21185	7441	13635	109	4.72	14.49
图木舒克市	12020	1695	10302	23	3.32	7.31
五家渠市	16765	7035	9663	67	5.68	12.63

2-6　建筑企业劳动生产率

单位：元/人

地　区	按总产值计算的劳动生产率	#国有经济	#集体经济
总　计	**265325**	**257911**	**369964**
乌鲁木齐市	232412	244376	241152
克拉玛依市	443905	141396	1103177
吐鲁番地区	316731	661893	
哈密地区	331187	447686	2143000
昌吉回族自治州	325877	317911	1765686
伊犁哈萨克自治州	269708	307155	248645
伊犁州直属县(市)	281787	296498	249716
塔城地区	229645	333016	245966
阿勒泰地区	314403	313175	
博尔塔拉蒙古自治州	283536	300090	293605
巴音郭楞蒙古自治州	301003	564928	176000
阿克苏地区	297439	332483	
克孜勒苏柯尔克孜自治州	312490	4860692	
喀什地区	255671	331766	
和田地区	293282	396219	
石河子市	181137	172888	
阿拉尔市	400539	396369	
图木舒克市	309068	68000	
五家渠市	229453	272360	

2-7 建筑企业技术装备情况

地　区	自有机械设备总台数（台）	自有机械设备总功率（万千瓦）	自有机械设备净值（万元）	技术装备率（元/人）	动力装备率（千瓦/人）
总　计	**95627**	**271**	**437656**	**5533**	**3**
乌鲁木齐市	30404	158	155446	5391	5
克拉玛依市	7128	23	50438	14977	7
吐鲁番地区	1529	3	5646	9274	5
哈密地区	2028	3	10628	7148	2
昌吉回族自治州	4961	2	28952	7773	1
伊犁哈萨克自治州	15600	18	45695	4101	2
伊犁州直属县(市)	8655	7	28542	4430	1
塔城地区	4697	9	8510	2506	3
阿勒泰地区	2248	2	8643	6634	2
博尔塔拉蒙古自治州	3812	5	15098	5874	2
巴音郭楞蒙古自治州	12179	21	34697	5440	3
阿克苏地区	5311	12	22072	5848	3
克孜勒苏柯尔克孜自治州	348	1	4475	6391	1
喀什地区	3419	11	16404	4417	3
和田地区	3389		6244	4077	
石河子市	3269	9	19983	2596	1
阿拉尔市	1105	3	18371	16409	3
图木舒克市	539	2	2680	2288	2
五家渠市	606		827	642	

2-8　按登记注册类型分建筑企业技术装备情况

项　　目	自有机械设备年末总台数(台)	自有机械设备年末总功率(千瓦)	自有机械设备年末净值(万元)
总　　计	**95627**	**3133345**	**437656**
#一、二级企业	77896	2800476	352467
#国有及国有控股	39754	1974326	202843
按登记注册类型分组			
内资企业	95627	3133345	437656
国有企业	14904	935120	48497
集体企业	920	23738	4457
有限责任公司	54036	1416517	256915
国有独资公司	4388	130736	33221
其他有限责任公司	49648	1285781	223694
股份有限公司	3137	288756	18423
私营企业	22630	469214	109364
#私营有限责任公司	21460	461850	107539
私营股份有限公司	1170	7364	1825
按国民经济行业分组			
房屋和土木工程建筑业	87791	2944362	388482
房屋工程建筑	62513	1278857	225665
土木工程建筑	25278	1665505	162817
铁路、道路、隧道和桥梁	10594	835305	78618
水利和港口建筑	7102	258018	41849
工矿工程建筑	3662	409389	15757
架线和管道工程建筑	3877	160693	26385
其他土木工程建筑	43	2100	208
建筑安装业	6464	152461	36198
建筑装饰业	827	22632	3760
其他建筑业	545	13890	9216
按隶属关系分组			
中 央	24666	1267391	146046
地 方	70961	1865954	291610
按企业资质等级分组			
施工总承包	90348	2983357	401187
施工总承包	651	27870	1321
施工总承包	37832	1876982	190360
施工总承包	35981	790841	138341
施工总承包	15884	287664	71165
施工总承包	5279	149988	36469
施工总承包	1988	68652	13078
施工总承包	1444	36131	9367
施工总承包	1847	45205	14024

2-9 建筑企业签订合同情况

单位：万元

地 区	合同总额	上年结转合 同	本年新签合 同
总 计	**34204813**	**11167870**	**23036943**
乌鲁木齐市	12743652	4897844	7845808
克拉玛依市	2805123	1298578	1506545
吐鲁番地区	319673	115453	204220
哈密地区	705990	171278	534712
昌吉回族自治州	1652092	401553	1250539
伊犁哈萨克自治州	4112827	918888	3193939
伊犁州直属县(市)	2489694	484834	2004860
塔城地区	1086863	325301	761562
阿勒泰地区	536270	108753	427517
博尔塔拉蒙古自治州	1037790	145490	892300
巴音郭楞蒙古自治州	2837521	784976	2052545
阿克苏地区	1967525	864828	1102697
克孜勒苏柯尔克孜自治州	332645	79879	252766
喀什地区	1491701	499767	991934
和田地区	734028	200680	533348
石河子市	2103351	579053	1524298
阿拉尔市	538038	87528	450510
图木舒克市	448964	59930	389034
五家渠市	373893	62145	311748

注：14-9、14-10表口径为总承包和专业承包企业。

2-10　建筑企业承包工程完成情况

单位：万元

地　区	直接从建设单位承揽工程完成产值	自行完成施工产值	分包出去工程产值	从建设单位以外承揽工程产值
总　计	**21128364**	**20726750**	**401614**	**262137**
乌鲁木齐市	6717166	6574750	142417	126307
克拉玛依市	1684612	1444488	240125	50458
吐鲁番地区	192827	192827		
哈密地区	483844	483844		8567
昌吉回族自治州	1208066	1208066		5800
伊犁哈萨克自治州	3000265	2995645	4620	9390
伊犁州直属县(市)	1813585	1813585		1940
塔城地区	779874	779874		
阿勒泰地区	406806	402186	4620	7450
博尔塔拉蒙古自治州	721899	721899		6819
巴音郭楞蒙古自治州	1919574	1909495	10079	10271
阿克苏地区	1117702	1115315	2387	7282
克孜勒苏柯尔克孜自治州	218813	218146	665	659
喀什地区	949288	947967	1321	1598
和田地区	449222	449222		
石河子市	1359225	1359225		34986
阿拉尔市	448444	448444		
图木舒克市	362042	362042		
五家渠市	295375	295375		

2-11 建筑企业资产及资本金

单位：万元

地 区	资产合计	流动资产合计	固定资产合计	固定资产净值	本年折旧	资本金合计	#国家资本金
总 计	**16337241**	**12804962**	**1656199**	**1373052**	**193299**	**3569213**	**3553059**
乌鲁木齐市	7992310	6247168	703802	618251	78175	2139359	2126967
克拉玛依市	1829413	1564468	114893	111800	14072	184504	182032
吐鲁番地区	173270	145631	15862	15217	3103	41497	41460
哈密地区	333405	275356	31986	29319	2758	51688	51263
昌吉回族自治州	678261	498477	76124	57563	7246	150517	149970
伊犁哈萨克自治州	1251331	896758	206773	163637	46023	253470	253374
伊犁州直属县(市)	706264	521577	119478	111794	41472	129575	129575
塔城地区	308146	239492	58343	27854	2564	60689	60593
阿勒泰地区	236921	135689	28952	23989	1987	63206	63206
博尔塔拉蒙古自治州	233198	146093	50010	46745	983	49573	49573
巴音郭楞蒙古自治州	971155	720528	103058	73691	11062	203932	203932
阿克苏地区	741395	540163	135251	86191	11982	146380	146380
克孜勒苏柯尔克孜自治州	157830	125651	22003	17531	869	34717	34582
喀什地区	575699	459897	43915	37815	2231	107643	107643
和田地区	140961	99205	24732	22157	1978	50474	50474
石河子市	770350	664646	79138	70700	4005	107050	107050
阿拉尔市	166659	133262	20949	12905	7565	15710	15710
图木舒克市	176169	159707	14223	4791	865	18553	18503
五家渠市	145835	127952	13480	4739	382	14146	14146

2-12　建筑企业负债及所有者权益

单位：万元

地　区	负债合计	所有者权益
总　计	**12275613**	**4018977**
乌鲁木齐市	6209038	1770705
克拉玛依市	1522105	279274
吐鲁番地区	132288	40947
哈密地区	253024	79884
昌吉回族自治州	438384	238649
伊犁哈萨克自治州	948103	303097
伊犁州直属县(市)	552569	153690
塔城地区	219428	88587
阿勒泰地区	176106	60820
博尔塔拉蒙古自治州	110920	122286
巴音郭楞蒙古自治州	531801	439357
阿克苏地区	471876	269529
克孜勒苏柯尔克孜自治州	115464	42231
喀什地区	427017	148690
和田地区	86551	54409
石河子市	621876	148477
阿拉尔市	136799	29861
图木舒克市	153456	22655
五家渠市	116911	28926

2-13 建筑企业总收入

单位：万元

地 区	企 业总收入	工程结算收 入	#工程结算成 本	其他业务收 入	#其他业务利 润
总 计	**21758625**	**21427070**	**19539511**	**331555**	**25951**
乌鲁木齐市	7676103	7447216	6828637	228887	7671
克拉玛依市	1850698	1810267	1679076	40431	3281
吐鲁番地区	223492	222904	168383	588	276
哈密地区	469885	468414	426858	1471	1089
昌吉回族自治州	1162633	1160134	1049055	2499	1025
伊犁哈萨克自治州	2965110	2951535	2739306	13575	1294
伊犁州直属县(市)	1835948	1831261	1729362	4687	1086
塔城地区	720476	713638	645774	6838	250
阿勒泰地区	408687	406636	364170	2051	-42
博尔塔拉蒙古自治州	509542	508319	477201	1223	158
巴音郭楞蒙古自治州	1898439	1891579	1682816	6860	1410
阿克苏地区	1060553	1054956	875871	5597	1495
克孜勒苏柯尔克孜自治州	181866	174818	162233	7048	714
喀什地区	995915	992252	905763	3663	2010
和田地区	523096	521818	492452	1278	124
石河子市	1273175	1264349	1180918	8826	2182
阿拉尔市	369945	368488	339024	1457	46
图木舒克市	303839	295815	279937	8024	3048
五家渠市	294334	294206	251981	128	128

2-14 建筑企业亏损额及从业人数

项目	企业数(个)	#亏损企业个数	亏损企业亏损额(万元)	计算劳动生产率的平均人数(人)	期末从业人数(人)
总计	**1123**	**297**	**90204**	**791060**	**361628**
#一、二级企业	510	117	68391	633104	269938
#国有及国有控股	174	34	54678	406796	150990
按登记注册类型分组					
内资企业	1120	296	90202	791051	361619
国有企业	38	10	37436	77234	41796
集体企业	19	3	1704	6002	3005
股份合作企业					
有限责任公司	469	104	30016	502412	194706
国有独资公司	38	11	10916	59724	23872
其他有限责任公司	431	93	19100	442688	170834
股份有限公司	11	2	559	38940	17374
私营企业	583	177	20487	166463	104738
#私营有限责任公司	576	175	20412	163364	102078
私营股份有限公司	6	2	75	3063	2620
港、澳、台及外商企业	3	1	2	9	9
按国民经济行业分组					
房屋和土木工程建筑业	783	174	79632	752772	325956
房屋工程建筑	553	122	23812	580779	238176
土木工程建筑	230	52	55820	171993	87780
铁路、道路、隧道和桥梁	93	21	10907	74788	41224
水利和港口建筑	47	11	2230	64282	19007
工矿工程建筑	19	7	39104	8300	6486
架线和管道工程建筑	53	8	3417	23582	20408
其他土木工程建筑	18	5	162	1041	655
建筑安装业	162	49	7685	23366	19834
建筑装饰业	108	50	2138	6647	6833
其他建筑业	70	24	749	8275	9005
按隶属关系分组					
中 央	78	10	42323	294773	90952
地 方	1045	287	47881	496287	270676
按企业资质等级分组					
施工总承包	713	155	79612	726752	315159
特 级	1			9100	1867
一 级	64	8	45553	307078	121810
二 级	287	49	17718	273349	116745
三 级及以下	361	98	16341	137225	74737
专业承包	310	98	10107	57195	36467
一 级	23	5	203	12557	11201
二 级	89	33	4615	26013	10857
三级及以下	198	60	5289	18625	14409
劳务分包	100	44	485	7113	10002

2-15　建筑企业工程施工情况

单位：万平方米

地　区	房屋建筑施工面积	#本年新开工面积	施工面积中实行投标承包面积	#本年新开工面积	房屋建筑竣工面积
总　计	**13096.18**	**7550.88**	**11318.17**	**6787.97**	**5775.28**
乌鲁木齐市	3643.96	1825.07	3342.73	1684.22	1076.59
克拉玛依市	212.50	107.41	157.80	85.35	96.06
吐鲁番地区	77.88	37.88	73.58	34.88	49.44
哈密地区	416.38	330.40	355.02	286.16	172.49
昌吉回族自治州	860.62	532.88	673.05	474.46	471.92
伊犁哈萨克自治州	1790.63	1155.50	1611.22	1057.13	970.57
伊犁州直属县(市)	1009.28	655.73	940.56	614.79	474.44
塔城地区	476.66	304.00	394.27	261.34	316.28
阿勒泰地区	304.69	195.77	276.39	181.00	179.85
博尔塔拉蒙古自治州	418.60	308.29	309.47	228.27	249.78
巴音郭楞蒙古自治州	1528.55	857.40	1118.36	741.53	711.60
阿克苏地区	970.51	578.06	896.79	487.74	426.47
克孜勒苏柯尔克孜自治州	167.40	127.81	163.01	124.44	102.93
喀什地区	983.04	496.86	705.94	434.31	464.91
和田地区	429.93	239.71	412.63	238.38	193.84
石河子市	995.56	496.02	911.35	453.51	412.13
阿拉尔市	222.05	148.58	218.49	148.58	133.68
图木舒克市	221.46	185.07	221.46	185.07	163.61
五家渠市	157.11	123.94	147.27	123.94	79.26

注：该表口径为总承包和专业承包企业，以下同。

2-16 按登记注册类型分建筑企业工程施工情况

单位：万平方米

项 目	房屋建筑施工面积	#本年新开工面积	施工面积中承包面积	#本年新开工面积	房屋建筑竣工面积
总 计	**13096.18**	**7550.88**	**11318.17**	**6787.97**	**5775.28**
#一、二级企业	10709.03	5885.13	9437.47	5376.91	4417.43
#国有及国有控股	5711.85	3071.74	5333.49	2901.04	2143.68
按登记注册类型分组					
内资企业	13096.18	7550.88	11318.17	6787.97	5775.28
国有企业	717.91	402.58	695.78	389.09	312.37
集体企业	43.03	31.44	37.5	30.48	33.87
有限责任公司	8862.98	4942.98	7609.94	4477.27	3858.01
国有独资公司	918.06	475.72	896.13	475.72	320.26
其他有限责任公司	7944.92	4467.26	6713.81	4001.55	3537.75
股份有限公司	359.69	204.01	317.12	197.76	127.63
私营企业	3112.57	1969.87	2657.83	1693.37	1443.4
#私营有限责任公司	3009.15	1909.41	2606.96	1658.95	1376.87
私营股份有限公司	102.87	59.91	50.87	34.42	65.98
按国民经济行业分组					
房屋和土木工程建筑业	13036.89	7513.12	11261.48	6752.81	5757
房屋工程建筑	12411.68	7159.36	10830.88	6493.11	5431.89
土木工程建筑	625.21	353.76	430.6	259.7	325.11
铁路、道路、隧道和桥梁	206.67	116.26	111.34	71.68	124.66
水利和港口建筑	385.21	213.52	298.27	176.38	179.72
工矿工程建筑	28.6	21.05	16.35	8.8	16.04
建筑安装业	57.89	36.36	55.29	33.76	16.88
其他建筑业	1.4	1.4	1.4	1.4	1.4
按隶属关系分组					
中 央	4116.81	2152.3	3943.91	2071.16	1538.64
地 方	8979.37	5398.58	7374.26	4716.81	4236.64
按企业资质等级分组					
施工总承包	12485.89	7294.34	10725.8	6535.04	5656.94
特 级	392.64	168.56	392.64	168.56	116.32
一 级	4310.84	2047.61	3779.3	1950.99	1519.48
二 级	5436.11	3434.4	4697.45	3024.16	2685.35
三级及以下	2346.3	1643.77	1856.41	1391.33	1335.79
专业承包	610.29	256.54	592.37	252.93	118.34
一 级	10.77	1.28	10.77	1.28	9.5
二 级	558.67	233.28	557.31	231.92	86.78
三级及以下	40.85	21.98	24.29	19.73	22.06

2-17 按登记注册类型分

项 目	合 计	住宅用房	商业、居民服务业用房
总 计	**57751397**	**40676690**	**4171477**
#一、二级企业	44173169	31842961	2927466
#国有及国有控股	21436525	16281146	1326768
按登记注册类型分组			
内资企业	57751397	40676690	4171477
#国有企业	3123770	2448361	240158
集体企业	338629	292645	13995
有限责任公司	38578981	26671871	2932565
国有独资公司	3202355	2430641	121620
其他有限责任公司	35376626	24241230	2810945
股份有限公司	1276224	1187735	22331
私营企业	14433793	10076078	962428
私营有限责任公司	13768389	9533148	857183
私营股份有限公司	659887	537413	105245
按国民经济行业分组			
房屋和土木工程建筑业	57568616	40529302	4155627
房屋工程建筑	54317637	37982119	4063824
土木工程建筑	3250979	2547183	91803
铁路、道路、隧道和乔梁工程建筑	1246546	1018028	24436
水利和港口工程建筑	1797253	1430596	44498
工矿工程建筑	160350	86359	5000
架线和管道工程建筑	46351	12200	17869
其他土木工程建筑	479		
建筑安装业	168759	147388	15850
其他建筑业	14022		
按隶属关系分组			
中央	15386253	11630401	918250
地方	42365144	29046289	3253227
按企业资质等级分组			
施工总承包	56567956	39906129	4161005
特级	1163184	809035	63371
一级	15194367	11038065	1238034
二级	26852814	19234060	1616589
三级及以下	13357591	8824969	1243011
专业承包	1183441	770561	10472
一级	94945	92555	
二级	867859	669246	9472
三级及以下	220637	8760	1000

建筑企业竣工房屋建筑面积

单位：平方米

办公用房	科研、教育、医疗用房	文化、体育、娱乐用房	厂房及建筑物用房	仓　库	其　他
4039423	**3500005**	**490421**	**2647942**	**482034**	**1743405**
3057092	2705252	348567	1840480	350411	1100940
993806	740081	233977	1177850	357028	325869
4039423	3500005	490421	2647942	482034	1743405
66638	81608	8531	128632	145742	4100
18710	10815	2464			
2874742	2640144	406897	1613557	295302	1143903
179906	195218	39111	99474	14437	121948
2694836	2444926	367786	1514083	280865	1021955
15469	38104	4000	5456		3129
1063864	729334	68529	900297	40990	592273
1063864	712105	68529	900297	40990	592273
	17229				
4039353	3499885	490421	2628589	482034	1743405
3946938	3362684	482498	2409308	481229	1589037
92415	137201	7923	219281	805	154368
25448	101402	4471	3500		69261
66967	19517	3452	146311	805	85107
			68991		
	16282				
			479		
70	120		5331		
			14022		
783897	445887	183156	809957	334432	280273
3255526	3054118	307265	1837985	147602	1463132
3873000	3493716	489421	2423636	481034	1740015
9173	66004	1775	213826		
773463	978471	225109	640937	109340	190948
2151418	1655488	121683	924903	241071	907602
938946	793753	140854	643970	130623	641465
166423	6289	1000	224306	1000	3390
					2390
123038	5289		60814		
43385	1000	1000	163492	1000	1000

第3篇

贸易篇

3-1　分登记注册类型、分地区限额以上批发和零售业、住宿和餐饮业基本情况

指　标	法人企业数（个）	产业活动单位数（个）	从业人员数（人）
总　计	**1878**	**5211**	**158001**
批发业	**944**	**2580**	**64716**
内资企业	940	2562	63900
国有企业	63	254	11021
集体企业	17	72	1675
股份合作企业			
联营企业	1	13	15
集体联营企业	1	13	15
有限责任公司	335	972	24844
国有独资公司	62	212	7856
其他有限责任公司	273	760	16988
股份有限公司	38	705	11531
私营企业	476	536	14814
私营独资企业	1	1	5
私营合伙企业	2	2	32
私营有限责任公司	466	524	13847
私营股份有限公司	7	9	930
其他企业	10	10	
港、澳、台商投资企业	1	3	360
港、澳、台商独资经营企业	1	3	360
外商投资企业	3	15	456
中外合资经营企业	2	5	77
外资企业	1	9	325
零售业	**613**	**2085**	**47878**
内资企业	603	1982	45756
国有企业	27	144	2357
集体企业	2	9	85
股份合作企业	1	10	94
有限责任公司	193	556	12745
国有独资公司	7	24	154
其他有限责任公司	186	541	12591
股份有限公司	7	118	6667
私营企业	371	1156	23772
私营独资企业	1	1	16
私营有限责任公司	365	1157	23420
私营股份有限公司	4	4	336
其他企业	2	2	25
港、澳、台商投资企业	5	5	563
港、澳、台商独资经营企业	4	6	563
外商投资企业	5	8	1559
中外合资经营企业	4	6	648
外资企业	1	4	911
住宿业	**244**	**354**	**33350**
内资企业	241	350	32779
国有企业	70	100	10766
集体企业	5	6	781
联营企业	1	1	51
国有联营企业	1	1	51

3-1 续表

指　　标	法人企业数(个)	产业活动单位数(个)	从业人员数(人)
有限责任公司	79	114	12393
国有独资公司	10	10	1008
其他有限责任公司	69	104	11385
股份有限公司	6	11	981
私营企业	79	117	7767
私营独资企业	10	21	274
私营合伙企业	1	2	134
私营有限责任公司	66	91	7144
私营股份有限公司	2	3	215
其他企业	1	1	40
港、澳、台商投资企业	1	1	26
合资经营企业(港或澳、台资)	1	1	26
外商投资企业	2	3	545
中外合资经营企业		1	411
外资企业	2	2	134
餐饮业	**77**	**192**	**12057**
内资企业	76	163	11157
国有企业	8	17	1606
集体企业	1	1	52
有限责任公司	16	28	2143
国有独资公司	1	1	51
其他有限责任公司	15	27	2092
股份有限公司	1	1	129
私营企业	49	115	7036
私营独资企业	7	7	469
私营合伙企业	2	2	239
私营有限责任公司	39	105	6232
私营股份有限公司	1	1	96
其他企业	1	1	191
外商投资企业	1	29	900
外资企业	1	29	900
按地区分			
乌鲁木齐市	647	1680	73915
克拉玛依市	70	150	7563
吐鲁番地区	33	108	1743
哈密地区	82	224	4827
昌吉回族自治州	82	337	5839
伊犁哈萨克自治州	282	639	14618
伊犁州直属县(市)	202	368	9972
塔城地区	43	134	2359
阿勒泰地区	37	137	2287
博尔塔拉蒙古自治州	23	63	1294
巴音郭楞蒙古自治州	136	401	11221
阿克苏地区	179	544	9489
克孜勒苏柯尔克孜自治州	12	12	753
喀什地区	95	263	8750
和田地区	16	76	1368
生产建设兵团	221	714	16621

3-2 分行业、分地区限额以上批发和零售业商品销售额

单位：万元

指 标	销售总额	批 发	零 售
总 计	**79233395**	**69827340**	**9406054**
批发业	**70950607**	**69232100**	**1718507**
农、林、牧产品批发	12556793	12556218	575
谷物、豆及薯类批发	487020	487020	
种子批发	316456	316456	
棉、麻批发	11695137	11694647	490
其他农牧产品批发	38631	38631	
食品、饮料及烟草制品批发	3838652	3830697	7955
米、面制品及食用油批发	279118	279054	63
糕点、糖果及糖批发	35697	34587	1109
果品、蔬菜批发	217179	217043	136
肉、禽、蛋及水产品批发	69850	69830	20
盐及调味品批发	49497	48953	543
酒、饮料及茶叶批发	65510	65510	
烟草制品批发	3101583	3095550	6033
其他食品批发	20220	20170	50
纺织、服装及家庭用品批发	503497	490737	12760
纺织品、针织品及原料批发	137629	137629	
服装批发	89490	79222	10268
化妆品及卫生用品批发	37117	36618	499
家用电器批发	190321	188328	1993
其他家庭用品批发	48941	48941	
文化、体育用品及器材批发	214185	199372	14812
图书批发	166189	151415	14775
首饰、工艺品及收藏品批发	3921	3883	38
其他文化用品批发	44075	44075	
医药及医疗器材批发	760843	757603	3240
西药批发	718415	715926	2488
中药批发	33104	32353	752
医疗用品及器材批发	9324	9324	
矿产品、建材及化工产品批发	49708045	48197181	1510864
煤炭及制品批发	552935	552935	
石油及制品批发	39723451	38316583	1406869
金属及金属矿批发	5777484	5709146	68338
建材批发	819797	811122	8675
化肥批发	1888907	1884694	4213
农药批发	24201	24201	
其他化工产品批发	911072	888303	22769

3-2 续表 1 单位：万元

指标	销售总额	批发	零售
机械设备、五金交电及电子产品批发	3036633	2868408	168225
农业机械批发	197779	188208	9571
汽车批发	427603	409123	18480
汽车零配件批发	593022	526228	66794
摩托车及零配件批发	10640	10640	
五金产品批发	114955	114955	
电气设备批发	55967		55967
计算机、软件及辅助设备批发	120390	109242	11148
通讯及广播电视设备批发	28084	28050	35
其他机械设备及电子产品批发	1488194	1481965	6229
贸易经纪与代理	91355	91355	
贸易代理	91355	91355	
其他批发业	240604	240529	75
再生物资回收与批发	125419	125343	75
其他未列明的批发	115186	115186	
零售业	**8282788**	**595240**	**7687548**
综合零售	1517194	8996	1508198
百货零售	1140248	4826	1135422
超级市场零售	375965	4169	371796
其他综合零售	981		981
食品、饮料及烟草制品专门零售	16279	1834	14445
粮油零售	3774		3774
果品、蔬菜零售	1450		1450
肉、禽、蛋及水产品零售	198		198
营养和保健品零售			
酒、饮料及茶叶零售	6382	1834	4548
烟草制品零售	4475		4475
纺织、服装及日用品专门零售	409864	16215	393649
服装零售	295593	5120	290473
化妆品及卫生用品零售	6534		6534
钟表、眼镜零售	12924	10585	2339
其他日用品零售	54187		54187
文化、体育用品及器材专门零售	207909	16688	191221
文具用品零售	4235		4235
图书、报刊零售	174407	7966	166441
珠宝首饰零售	29233	8722	20511
照相器材零售	34		34

3-2　续表 2　　单位：万元

指　　标	销售总额	批　发	零　售
医药及医疗器材专门零售	887334	151864	735470
药品零售	883752	151865	731887
医疗用品及器材零售	3583		3583
汽车、摩托车、燃料及零配件专门零售	4555933	359852	4196081
汽车零售	3215714	129082	3086632
汽车零配件零售	5948		5948
摩托车及零配件零售	18377	1985	16392
机动车燃料零售	1315893	228786	1087107
家用电器及电子产品专门零售	449843	39072	410771
家用视听设备零售	233385	14481	218904
日用家电设备零售	99984	4912	95072
计算机、软件及辅助设备零售	68164	12403	55761
通信设备零售	48310	7276	41034
五金、家具及室内装修材料专门零售	201958		201958
五金零售	9135		9135
家具零售	192823		192823
货摊、无店铺及其他零售业	36474	719	35755
邮购及电视、电话零售	6513		6513
生活用燃料零售	29960	719	29241
按地区分			
乌鲁木齐市	48296516	42760472	5536043
克拉玛依市	1480220	1158390	321830
吐鲁番地区	562989	403796	159193
哈密地区	1334251	1053105	281145
昌吉回族自治州	1439824	1054921	384903
伊犁哈萨克自治州	4206242	3580942	625300
伊犁州直属县(市)	3195829	2724315	471514
塔城地区	689005	590139	98866
阿勒泰地区	321408	266488	54920
博尔塔拉蒙古自治州	1159015	1111135	47881
巴音郭楞蒙古自治州	2921140	2460979	460161
阿克苏地区	2890518	2316962	573555
克孜勒苏柯尔克孜自治州	59394	56331	3062
喀什地区	2014540	1673967	340573
和田地区	258188	205994	52193
生产建设兵团	12610560	11990345	620215

3-3 限额以上住宿企业经营情况

单位：万元

指　　标	营业额	客房收入	餐费收入	商品销售收　　入	其他收入	床位数(张)
总　计	**462517**	**219811**	**188269**	**6789**	**47648**	**80701**
按星级分						
五　星	76691	26722	36805	3387	9777	5934
四　星	96073	42749	37532	886	14906	15897
三　星	143205	71940	59092	1775	10398	31289
二　星	57575	32133	19895	449	5097	11032
一　星	24698	10980	11075	102	2541	2136
其　他	64275	35286	23871	190	4929	14413
按行业分						
旅游饭店	413761	191984	171843	6519	43415	69089
一般旅馆	48290	27408	16409	270	4203	11444
其他住宿服务	467	420	17		30	168
按地区分						
乌鲁木齐市	248798	107883	100242	4740	35933	29200
克拉玛依市	21707	8722	11289	69	1628	2936
吐鲁番地区	5800	3978	1683		139	1597
哈密地区	21637	8546	12050	172	869	2584
昌吉回族自治州	11846	5325	5623	70	827	2240
伊犁哈萨克自治州	40161	21514	16483	478	1686	13329
伊犁州直属县(市)	19010	10588	7154	118	1150	5669
塔城地区	5983	2736	3027	162	58	1413
阿勒泰地区	15168	8190	6302	198	478	6247
博尔塔拉蒙古自治州	4138	2139	1884	96	19	834
巴音郭楞蒙古自治州	24947	12301	10880	512	1254	5314
阿克苏地区	12555	8807	3524	62	162	4366
克孜勒苏柯尔克孜自治州	1703	864	760		80	268
喀什地区	15615	9073	5158	65	1319	6291
和田地区	2339	1764	453	38	84	1152
生产建设兵团	51272	28894	18241	488	3649	10590

3-4　限额以上餐饮企业经营情况

指　标	法　人 企业数 (个)	产业活动 单 位 数 (个)	营业额 (万元)	#商品零售额
总　计	**77**	**192**	**162326**	**138559**
正餐服务	72	101	111678	88618
快餐服务	5	91	50649	49941
按地区分				
乌鲁木齐市	23	112	101827	94175
克拉玛依市	1	13	5105	4810
吐鲁番地区	1	1	196	93
哈密地区	2	2	488	424
昌吉回族自治州	3	6	2023	1570
伊犁哈萨克自治州	20	22	22937	14290
伊犁州直属县(市)	20	22	22937	14290
巴音郭楞蒙古自治州	15	18	15329	12396
阿克苏地区	4	4	3299	2366
喀什地区	1	1	932	738
生产建设兵团	7	13	10190	7697

3-5 限额以上批发企业主要财务指标

单位：万元

指 标	商品销售收入	商品销售成本	商品销售税金及附加	商品销售利润
总 计	**64340308**	**62331857**	**114135**	**1894316**
按登记注册类型分				
内资企业	64274686	62271167	114090	1889429
国有企业	8784953	8335189	65599	384166
集体企业	419318	393083	474	25762
联营企业	3754	3716	1	37
集体联营企业	3754	3716	1	37
有限责任公司	27638239	26917901	31866	688472
国有独资公司	2938060	2774314	22469	141277
其他有限责任公司	24700179	24143587	9398	547195
股份有限公司	20445093	20026724	9729	408640
私营企业	6956419	6571341	6421	378657
私营独资企业	5870	5855	1	15
私营合伙企业	2612	2476	3	133
私营有限责任公司	6687091	6326111	6240	354739
私营股份有限公司	260846	236898	177	23771
其他企业	26909	23214		3695
港、澳、台商投资企业	6744	6329		415
港、澳、台商独资经营企业	6744	6329		415
外商投资企业	58879	54361	45	4473
中外合资经营企业	7175	6376	9	790
外资企业	51704	47985	36	3683
按批发行业小类分				
农、林、牧产品批发	11287426	10901399	2749	383278
谷物、豆及薯类批发	487770	450951	229	36591
种子批发	284261	226099	154	58009
棉、麻批发	10462822	10175087	2348	285388
其他农牧产品批发	37462	35716	17	1729
食品、饮料及烟草制品批发	3314816	2888180	84385	342251
米、面制品及食用油批发	263138	251357	400	11381
糕点、糖果及糖批发	17727	15477	15	2235
果品、蔬菜批发	188057	164780	175	23102
肉、禽、蛋及水产品批发	61613	54016	128	7470
盐及调味品批发	43842	33131	169	10542
酒、饮料及茶叶批发	63682	49792	328	13563
烟草制品批发	2656492	2301798	83125	271570
其他食品批发	20264	17830	46	2388
纺织、服装及家庭用品批发	368237	339034	427	28776
纺织品、针织品及原料批发	137695	133599	26	4069
服装批发	81663	69035	196	12431
化妆品及卫生用品批发	34508	31695	39	2775
家用电器批发	70137	64465	109	5563
其他家庭用品批发	44235	40240	56	3939
文化、体育用品及器材批发	153631	137870	454	15306
图书批发	108607	95559	362	12686
首饰、工艺品及收藏品批发	3922	3639	50	234
其他文化用品批发	41101	38672	43	2386

3-5　续表　　单位：万元

指　　标	商品销售收　　入	商品销售成　　本	商品销售税金及附加	商品销售利　　润
医药及医疗器械批发	707480	651170	940	55370
西药批发	670318	618223	880	51215
中药批发	28732	26048	46	2637
医疗用品及器材批发	8430	6899	14	1518
矿产品、建材及化工产品批发	45722516	44794052	21621	906844
煤炭及制品批发	479070	412063	2470	64537
石油及制品批发	36999060	36395760	14499	588801
金属及金属矿批发	5133236	5008231	3225	121780
建材批发	667743	647107	460	20176
化肥批发	1607369	1532286	310	74774
农药批发	21489	18673		2816
其他化工产品批发	809588	776154	615	32820
机械设备、五金交电及电子产品批发	2537469	2391418	2609	143442
农业机械批发	192473	185975	77	6422
汽车批发	372320	346834	845	24642
汽车零配件批发	495584	468364	537	26683
摩托车及零配件批发	9094	8336	20	738
五金产品批发	112893	103152	21	9720
电气设备批发	55967	54814	25	1128
计算机、软件及辅助设备批发	73618	68750	134	4735
通讯及广播电视设备批发	24194	23213	20	960
其他机械设备及电子产品批发	1201327	1131981	930	68415
贸易经纪与代理	89799	87416	351	2032
贸易代理	89799	87416	351	2032
其他批发业	158934	141319	598	17017
再生物资回收与批发业	106653	101543	387	4723
其他未列明的批发业	52282	39776	211	12295
按地区分				
乌鲁木齐市	39321589	38467063	41676	812850
克拉玛依市	1024107	943507	4145	76454
吐鲁番地区	489935	457421	3093	29421
哈密地区	1016421	951276	5075	60070
昌吉回族自治州	1018033	932173	8538	77322
伊犁哈萨克自治州	3472044	3329744	17108	125192
伊犁州直属县(市)	2610073	2528569	8012	73492
塔城地区	592621	558485	6081	28055
阿勒泰地区	269350	242690	3015	23645
博尔塔拉蒙古自治州	1077687	1037608	2480	37599
巴音郭楞蒙古自治州	2373777	2242038	9163	122577
阿克苏地区	2230421	2090258	8819	131344
克孜勒苏柯尔克孜自治州	54475	50086	50	4340
喀什地区	1753019	1657762	8437	86819
和田地区	212626	195733	2337	14556
生产建设兵团	10296176	9977188	3294	315694

3-6 限额以上批发企业资产及负债情况

单位：万元

指　　标	资产合计	#流动资产	#固定资产	负债合计
总　计	**20611906**	**15973610**	**1519438**	**16920235**
按登记注册类型分				
内资企业	20542739	15917277	1511063	16864217
国有企业	3107601	2578400	242820	2275825
集体企业	301596	251017	36060	247912
联营企业	966	674	237	275
集体联营企业	966	674	237	275
有限责任公司	8493036	6569888	680579	6829161
国有独资公司	1610602	799027	182001	1368899
其他有限责任公司	6882433	5770861	498578	5460262
股份有限公司	4646559	3257181	270473	4518709
私营企业	3968841	3246995	270785	2982320
私营独资企业	1139	1107	13	556
私营合伙企业	607	172	60	527
私营有限责任公司	3772569	3115932	233807	2826015
私营股份有限公司	194528	129784	36905	155221
其他企业	24140	13122	10109	10015
港、澳、台商投资企业	4742	3876	834	27
港、澳、台商独资经营企业	4742	3876	834	27
外商投资企业	64426	52457	7541	55991
中外合资经营企业	11637	10211	846	3224
外资企业	52789	42246	6695	52767
按批发行业小类分				
农、林、牧产品批发	5850364	4879207	523798	4857237
谷物、豆及薯类批发	644203	511818	85845	542704
种子批发	419920	283617	70875	235614
棉、麻批发	4741840	4046777	362371	4044465
其他农牧产品批发	35250	29105	3968	28177
食品、饮料及烟草制品批发	1491397	1143978	169644	671151
米、面制品及食用油批发	286595	231957	40345	236276
糕点、糖果及糖批发	11778	9232	187	6709
果品、蔬菜批发业	272181	176259	55076	211130
肉、禽、蛋及水产品批发	15934	9838	3769	12333
盐及调味品批发	60443	27037	5733	33494
酒、饮料及茶叶批发	44604	35657	2574	41319
烟草制品批发	771619	638596	50948	111926
其他食品批发	28242	15403	11013	17964
纺织、服装及日用品批发	179831	142268	30602	166639
纺织品、针织品及原料批发	73674	50830	21698	70846
服装批发	40895	37832	534	31845
化妆品及卫生用品批发	11699	10176	1428	10737
家用电器批发	31885	23930	5407	35659
其他家庭用品批发	21679	19501	1535	17552
文化、体育用品及器材批发	157936	97320	20608	101652
图书批发	123956	67688	18203	71911
首饰、工艺品及收藏品批发	6520	5555	965	5835
其他文化用品批发	27460	24076	1440	23906

3-6　续表　　　　单位：万元

指　　标	资产合计	#流动资产	#固定资产	负债合计
医药及医疗器械批发	420406	362341	39498	332395
西药批发	391716	336411	37697	308516
中药批发	22064	19539	1609	18524
医疗用品及器材批发	6626	6391	192	5355
矿产品、建材及化工产品批发	10726219	7822844	638727	9422035
煤炭及制品批发	1743087	1021513	15602	953190
石油及制品批发	5285603	3600662	469058	5443552
金属及金属矿批发	2052857	1804030	23609	1676527
建材批发	294618	274725	3869	250811
化肥批发	1147205	947763	118099	946944
农药批发	18133	13989	1675	12883
其他化工产品批发	181851	157893	6228	135624
机械设备、五金交电及电子产品批发	1613607	1388736	81095	1223551
农业机械批发	204132	168608	22068	156303
汽车批发	275043	244848	10063	199066
汽车零配件批发	358804	322148	19173	245166
摩托车及零配件批发	2431	2396	36	1647
五金产品批发	54443	51209	633	47611
电气设备批发	43709	43673		42701
计算机、软件及辅助设备批发	24936	23246	1110	14104
通讯及广播电视设备批发	9766	8925	330	7352
其他机械设备及电子产品批发	640343	523683	27682	509602
贸易经纪与代理	84323	70988	5842	66683
贸易代理	84323	70988	5842	66683
其他批发业	87825	65929	9622	78891
再生物资回收与批发业	66393	52153	4476	65190
其他未列明的批发业	21431	13776	5146	13701
按地区分				
乌鲁木齐市	9330233	7766915	295826	6740674
克拉玛依市	821075	186901	92103	414187
吐鲁番地区	153565	125318	19972	115789
哈密地区	391455	315172	43105	302414
昌吉回族自治州	671720	481185	86769	675684
伊犁哈萨克自治州	1291266	925225	121542	1345530
伊犁州直属县(市)	741127	577037	78159	755783
塔城地区	494808	316359	24345	413017
阿勒泰地区	55331	31829	19038	176731
博尔塔拉蒙古自治州	218644	180721	15264	188190
巴音郭楞蒙古自治州	899311	657937	146369	1013539
阿克苏地区	1353609	1130912	134642	1350520
克孜勒苏柯尔克孜自治州	49683	44612	3573	37334
喀什地区	1003041	581006	126292	881722
和田地区	39035	23920	13346	30863
生产建设兵团	4389270	3553788	420634	3823791

3-7 限额以上零售企业主要财务指标

单位：万元

指　　标	商品销售收　　入	商品销售成　　本	商品销售税金及附加	商品销售利　　润
总　计	**7414189**	**6582239**	**30586**	**801364**
按登记注册类型分				
内资企业	6993559	6227032	28433	738095
国有企业	185848	138757	817	46275
集体企业	6620	5726	40	854
股份合作企业	1444	1289	1	154
有限责任公司	2592314	2396325	6583	189405
国有独资公司	16948	12459	116	4374
其他有限责任公司	2575366	2383867	6468	185031
股份有限公司	1128285	999547	8503	120235
私营企业	3075988	2682538	12485	380964
私营独资企业	506	423	2	81
私营有限责任公司	735	651	6	78
私营股份有限公司	3042048	2651285	12442	378321
其他企业	3060	2850	3	207
港、澳、台投资企业	192018	158802	692	32524
港、澳、台商独资经营企业	149983	131283	667	18034
外商投资企业	228612	196405	1461	30746
中外合资经营企业	176859	153279	1120	22460
外资企业	51753	43126	341	8286
按零售行业小类分				
综合零售	1431307	1204474	15825	211008
百货零售	1108505	923748	14438	170319
超级市场零售	322673	280603	1387	40683
其他综合零售	129	123		6
食品、饮料及烟草制品专门零售	13816	13031	37	748
粮油零售	3250	3626		-376
果品、蔬菜零售	1088	878	2	208
肉、禽、蛋及水产品零售	198	121		77
酒、饮料及茶叶零售	5455	5034	24	398
烟草制品零售	3824	3372	12	441
纺织、服装及日用品专门零售	309282	253627	3362	52294
服装零售	249475	202507	2771	44197
钟表、眼镜零售	12781	10942	67	1772
其他日用品零售	46515	39678	524	6313
文化、体育用品及器材专门零售	179137	124815	1219	53103
文具用品零售	3923	3588	6	329
图书、报刊零售业	148612	111279	548	36786

3-7　续表　　单位：万元

指　标	商品销售收　入	商品销售成　本	商品销售税金及附加	商品销售利　润
珠宝首饰零售	26568	9926	665	15977
照相器材零售	34	22	1	11
医药及医疗器材专门零售	763511	689594	2146	71772
药品零售	760449	687097	2135	71217
医疗用品及器材零售	3062	2497	11	555
汽车、摩托车、燃料及零配件专门零售	4080969	3809449	5220	266300
汽车零售	2931453	2735773	4132	191548
汽车零配件零售	6398	5508	13	877
摩托车及零配件零售	17132	15776	15	1341
机动车燃料零售	1125986	1052392	1060	72534
家用电器及电子产品专门零售	430943	386542	898	43503
家用视听设备零售	239226	213220	564	25442
日用家电设备零售	90576	81030	156	9390
计算机、软件及辅助设备零售	61445	56807	99	4539
通讯设备零售	39697	35485	80	4132
五金、家具及室内装修材料专门零售	171747	74755	1533	95460
五金零售	8583	8112	9	463
家具零售	163164	66643	1524	94997
货摊、无店铺及其他零售业	33475	25953	346	7177
邮购及电视、电话零售	6363	6183	13	167
生活用燃料零售	27112	19770	333	7010
按地区分				
乌鲁木齐市	5013195	4409093	22679	581424
克拉玛依市	241977	219478	909	21589
吐鲁番地区	22243	18465	66	3712
哈密地区	149792	134116	281	15395
昌吉回族自治州	223056	201740	1141	20176
伊犁哈萨克自治州	357322	315862	1248	40213
伊犁州直属县(市)	317661	283357	1062	33242
塔城地区	29262	23919	143	5200
阿勒泰地区	10399	8586	42	1770
博尔塔拉蒙古自治州	17853	15535	126	2192
巴音郭楞蒙古自治州	319430	290489	1141	27800
阿克苏地区	266199	237063	1254	27882
克孜勒苏柯尔克孜自治州	4381	3613	10	757
喀什地区	164096	147043	343	16710
和田地区	17909	14959	62	2888
生产建设兵团	616736	574785	1324	40627

3-8 限额以上零售企业资产及负债情况

单位：万元

指标	资产合计	#流动资产	#固定资产	负债合计
总计	**5135791**	**3470618**	**790900**	**3988287**
按登记注册类型分				
内资企业	4349162	3045831	729286	3587594
国有企业	218907	112305	63146	106543
集体企业	4581	3289	807	3518
股份合作企业	1389	705	480	773
有限责任公司	1294156	989900	167199	925749
国有独资公司	19882	14629	1420	16128
其他有限责任公司	1274275	975271	165780	909622
股份有限公司	772411	349913	237191	995444
私营企业	2056476	1588486	260455	1554651
私营独资企业	405	361	8	472
私营有限责任公司	2037622	1571434	259441	1541137
私营股份有限公司	17625	16214	787	12450
其他企业	1241	1233	8	917
港、澳、台投资企业	691442	350036	46234	338979
港、澳、台商独资经营企业	48792	34687	7869	30267
外商投资企业	95187	74751	15381	61714
中外合资经营企业	67695	53243	12667	47074
外资企业	27493	21508	2714	14640
按零售行业小类分				
综合零售	1307700	726309	324492	1052950
百货零售	1128669	595855	290552	915703
超级市场零售	178801	130254	33940	137183
其他综合零售	230	201		64
食品、饮料及烟草制品专门零售	38800	28869	2864	40058
粮油零售	12964	12377	575	13959
果品、蔬菜零售	7241	3352	1107	5024
肉、禽、蛋及水产品零售	888	875	12	27
酒、饮料及茶叶零售	10984	9591	802	17334
烟草制品零售	6724	2674	368	3715
纺织、服装及日用品专门零售	240725	141336	54293	215251
服装零售	200523	123864	35161	186778
钟表、眼镜零售	7345	6332	42	6616
其他日用品零售	32773	11084	19059	21856
文化、体育用品及器材专门零售业	248009	150973	57084	114142
文具用品零售	2863	2841	22	1720
图书、报刊零售	174945	80797	55312	80062

3-8　续表　　单位：万元

指　　标	资产合计	#流动资产	#固定资产	负债合计
珠宝首饰零售	69983	67120	1747	32097
照相器材零售	219	216	3	264
医药及医疗器材专门零售	528159	469123	37976	366115
药品零售	527178	468207	37911	365234
医疗用品及器材零售	981	916	65	882
汽车、摩托车、燃料及零配件专门零售	2221173	1497282	264590	1865475
汽车零售	1337225	1064942	158203	1027488
汽车零配件零售	5877	4440	582	4473
摩托车及零配件零售	14472	14009	460	11581
机动车燃料零售	863599	413891	105345	821932
家用电器及电子产品专门零售	233518	223219	4002	188427
家用视听设备零售	142973	138401	857	130963
日用家电设备零售	40296	37531	1851	27367
计算机、软件及辅助设备零售	32580	30290	1038	17024
通讯设备零售	17669	16997	256	13073
五金、家具及室内装修材料专门零售	281310	213557	34460	122894
五金零售	5230	5135	95	3654
家具零售	276080	208422	34365	119240
货摊、无店铺及其他零售业	36397	19950	11140	22976
邮购及电视、电话零售	4366	2709	114	4102
生活用燃料零售业	32031	17242	11025	18874
按地区分				
乌鲁木齐市	3771014	2525217	558772	2978491
克拉玛依市	132098	103720	15026	117451
吐鲁番地区	19347	12319	5217	15137
哈密地区	138879	82931	21017	97086
昌吉回族自治州	144630	102641	16818	112049
伊犁哈萨克自治州	247161	178879	35749	180389
伊犁州直属县(市)	217402	163243	25100	162162
塔城地区	21820	11168	7994	13116
阿勒泰地区	7939	4468	2655	5111
博尔塔拉蒙古自治州	9710	5365	1991	7892
巴音郭楞蒙古自治州	171859	131080	20147	142073
阿克苏地区	221021	139856	58462	174846
克孜勒苏柯尔克孜自治州	4321	1757	1508	2508
喀什地区	106637	76771	18940	78804
和田地区	12023	8916	2234	4573
生产建设兵团	157090	101165	35021	76989

3-9 限额以上住宿企业主要财务指标

单位：万元

指 标	主营业务收入	主营业务成本	主营业务税金及附加	主营业务利润
总 计	**338554**	**164036**	**18668**	**155850**
按登记注册类型分				
内资企业	336983	163789	18572	154622
国有企业	102770	51559	5595	45615
集体企业	7872	2557	385	4930
联营企业	196	19	36	141
国有联营企业	196	19	36	141
有限责任公司	133890	73508	7250	53133
国有独资公司	12634	4237	711	7687
其他有限责任公司	121256	69271	6539	45446
股份有限公司	6118	3729	344	2045
私营企业	85813	32231	4935	48647
私营独资企业	12020	2224	711	9085
私营合伙企业	1231	311	68	852
私营有限责任公司	70840	28256	4047	38538
私营股份有限公司	1722	1440	109	172
其他企业	324	187	27	110
港、澳、台商投资企业	283	4	16	263
合资经营企业(港或澳、台资)	283	4	16	263
外商投资企业	1288	243	80	965
外资企业	1288	243	80	965
按住宿行业小类分				
旅游饭店	299677	138219	16276	145181
一般旅馆	38877	25817	2392	10669
按星级等级分				
五 星	75197	48516	3950	22731
四 星	92170	39158	5096	47917
三 星	110370	51986	6409	51975
二 星	18236	6118	907	11211
一 星	209	79	20	111
其 他	42371	18179	2287	21906
按地区分				
乌鲁木齐市	164023	74262	9172	80589
克拉玛依市	9323	9411	522	-610
吐鲁番地区	5807	2338	491	2978
哈密地区	23179	11429	931	10819
昌吉回族自治州	6244	3278	323	2643
伊犁哈萨克自治州	36180	21064	2156	12961
伊犁州直属县(市)	18658	10316	1129	7213
塔城地区	5904	3963	384	1557
阿勒泰地区	11619	6784	643	4192
博尔塔拉蒙古自治州	4119	2410	211	1498
巴音郭楞蒙古自治州	24279	8609	1348	14322
阿克苏地区	10659	5189	674	4797
克孜勒苏柯尔克孜自治州	1703	816	104	784
喀什地区	18706	9762	808	8136
和田地区	2587	1457	151	979
生产建设兵团	31745	14013	1778	15954

3-10　限额以上住宿企业资产及负债情况

单位：万元

指　　标	资产合计	#流动资产	#固定资产	负债合计
总　计	**1141549**	**354731**	**453043**	**824401**
按登记注册类型分				
内资企业	1136776	354216	448940	821185
国有企业	234309	70455	120322	116798
集体企业	46770	2492	2626	47818
联营企业	2358	1467	891	1250
国有联营企业	2358	1467	891	1250
有限责任公司	548029	164781	214266	395804
国有独资公司	23145	7802	13309	17207
其他有限责任公司	524884	156979	200958	378597
股份有限公司	22856	4916	9445	14511
私营企业	282061	110027	101089	244816
私营独资企业	19621	6971	11686	12819
私营合伙企业	3643	399	2847	4320
私营有限责任公司	252995	99742	83668	225453
私营股份有限公司	5802	2915	2888	2224
其他企业	394	81	300	188
港、澳、台商投资企业	509	80	419	79
合资经营企业(港或澳、台资)	509	80	419	79
外商投资企业	4264	435	3684	3138
外资企业	4264	435	3684	3138
按住宿行业小类分				
旅游饭店	1058158	324081	410323	769143
一般旅馆	83391	30650	42720	55258
按星级等级分				
五　星	261974	85307	165210	193309
四　星	258352	112684	109369	188625
三　星	389394	102664	135146	245765
二　星	38387	15616	10993	22438
一　星	652	163	289	520
其　他	192789	38298	32037	173744
按地区分				
乌鲁木齐市	448473	177508	168002	303026
克拉玛依市	45948	3356	41729	55631
吐鲁番地区	33466	13582	7561	30053
哈密地区	43254	8260	24372	19471
昌吉回族自治州	12290	5174	6383	11568
伊犁哈萨克自治州	136328	40447	55807	78568
伊犁州直属县(市)	60768	21196	19643	38608
塔城地区	18137	5776	8742	13610
阿勒泰地区	57423	13475	27422	26349
博尔塔拉蒙古自治州	6745	2785	3357	3454
巴音郭楞蒙古自治州	70992	18950	46434	63474
阿克苏地区	57782	13772	31112	46308
克孜勒苏柯尔克孜自治州	6906	808	5897	3746
喀什地区	179245	37048	13348	161437
和田地区	11412	2420	5797	3364
生产建设兵团	88709	30622	43244	44301

3-11 限额以上餐饮企业主要财务指标

单位：万元

指　　标	主营业务收　　入	主营业务成　　本	主营业务税金及附加	主营业务利　　润
总　计	**120727**	**59184**	**6319**	**55223**
按登记注册类型分				
内资企业	95409	46892	4902	43615
国有企业	10144	6253	305	3587
集体企业	196	181	11	4
有限责任公司	20867	9221	1124	10521
国有独资公司	819	429	62	328
其他有限责任公司	20048	8792	1062	10193
股份有限公司	1440	316	52	1072
私营企业	61365	30513	3332	27521
私营独资企业	5077	3474	317	1286
私营合伙企业	2833	1236	133	1464
私营有限责任公司	52523	25315	2849	24359
其他企业	1397	408	78	911
外商投资企业	25318	12292	1417	11608
外资企业	25318	12292	1417	11608
按餐饮行业小类分				
正餐服务	78165	39806	3959	34401
快餐服务	42561	19378	2360	20823
按地区分				
乌鲁木齐市	70981	34673	3686	32621
克拉玛依市	1938	969	34	935
吐鲁番地区	196	181	11	4
哈密地区	486	141	28	317
昌吉回族自治州	1170	1157	10	3
伊犁哈萨克自治州直属县(市)	22758	9331	1290	12138
巴音郭楞蒙古自治州	13713	7316	828	5569
阿克苏地区	2818	1811	242	765
喀什地区	932	488	33	412
生产建设兵团	5735	3118	157	2460

3-12　限额以上餐饮企业资产及负债情况

单位：万元

指　　标	资产合计	#流动资产	#固定资产	负债合计
总　计	**240024**	**75988**	**110746**	**159229**
按登记注册类型分				
内资企业	233000	74720	109522	156008
国有企业	54298	9762	41215	9571
集体企业	15	9	6	43
有限责任公司	50948	12073	33196	54229
国有独资公司	3083	359	2724	172
其他有限责任公司	47865	11714	30472	54057
股份有限公司	26626	14361	2622	13579
私营企业	101057	38466	32477	78476
私营独资企业	14072	5307	2852	13396
私营合伙企业	4031	2885	589	666
私营有限责任公司	82708	30082	28982	64221
其他企业	56	49	7	110
外商投资企业	7025	1269	1224	3222
外资企业	7025	1269	1224	3222
按餐饮行业小类分				
正餐服务	215682	69034	101805	150800
快餐服务	24342	6954	8941	8429
按地区分				
乌鲁木齐市	90076	24285	49311	35956
克拉玛依市	1199	1165	33	943
吐鲁番地区	15	9	6	43
哈密地区	1163	758	291	921
昌吉回族自治州	2779	1028	582	1657
伊犁哈萨克自治州直属县(市)	74889	14205	44729	74266
巴音郭楞蒙古自治州	19342	10843	5534	14155
阿克苏地区	17921	6438	5128	13401
喀什地区	246	192	54	192
生产建设兵团	32394	17065	5079	17696

第4篇

房地产篇

4-1　房地产开发企业基本情况

指　标	2013年
企业单位数(个)	**1634**
#亏损企业	969
主要财务指标（万元）	
年末资产负债情况	
资产总计	31005187
固定资产累计折旧	316889
#本年折旧	75775
负债总计	24385879
所有者权益合计	6619308
实收资本	3726602
损益情况	
经营收入总计	7367305
#土地转让收入	17325
商品房销售收入	7129796
房屋出租收入	85274
其他收入	134911
经营成本	5313902
经营税金及附加	583407
销售费用	239804
其他业务利润	43977
管理费用及财务费用	542372
投资收益及营业外收入	120557
营业外支出	25520
利润总额	834862

4-2 房地产投资主要指标

指　标	2013年
本年购置土地面积(万平方米)	**976.24**
房地产开发投资额(万元)	**8256855**
按中央和地方分	
中央企业	548612
地方企业	7708243
按投资构成分	
建筑工程	6428567
安装工程	653940
设备工器具购置	138890
其他费用	1035458
#土地购置费	595300
按工程用途分	
住　宅	5556183
办公楼	249894
商业营业用房	1628450
其　他	822328
本年资金来源小计（万元）	**11131481**
国内贷款	1066046
利用外资	.
自筹资金	4121799
其它资金	5943636

4-3 按用途分房地产开发企业(单位)投资完成额

单位：万元

地　区	企业个数(个)	本年完成投　资	住 宅	#别墅、高档公寓	办公楼	商业营业用房	其 他
总　计	**1634**	**8256855**	**5556183**	**475062**	**249894**	**1628450**	**822328**
乌鲁木齐市	401	2875305	2099155	174829	139917	344190	292043
克拉玛依市	36	427468	325739	21708	8132	63123	30474
吐鲁番地区	26	56347	29305		360	25428	1254
哈密地区	87	320707	205656	1526	8565	47000	59486
昌吉回族自治州	145	486649	363292	2629	9018	81645	32694
伊犁哈萨克自治州	327	1282839	828192	9970	26813	347662	80172
伊犁州直属县(市)	190	972653	625752	3576	24586	270172	52143
塔城地区	55	146735	114133	475	240	29327	3035
阿勒泰地区	82	163451	88307	5919	1987	48163	24994
博尔塔拉蒙古自治州	57	269690	145366	5918	6932	108423	8969
巴音郭楞蒙古自治州	159	616271	452588	135581	9931	114424	39328
阿克苏地区	147	597004	385265	3799	9521	176680	25538
克孜勒苏柯尔克孜自治州	15	42809	20670		450	11806	9883
喀什地区	109	274823	121947	2400	24771	109462	18643
和田地区	4	9466	4233			2462	2771
石河子市	61	291526	193347		5384	59547	33248
阿拉尔市	14	42052	28205			13847	
图木舒克市	11	39996	16806			22576	614
五家渠市	35	623903	336417	116702	100	100175	187211

4-4　房地产开发企业(单位)资金来源

单位：万元

地　区	合　计	国内贷款	利用外资	自筹资金	其他资金来源
总　计	**11131481**	**1066046**		**4121799**	**5943636**
乌鲁木齐市	4269133	497454		1003527	2768152
克拉玛依市	625844	54221		167207	404416
吐鲁番地区	61616	2000		49233	10383
哈密地区	424723	29703		159122	235898
昌吉回族自治州	953079	130730		241265	581084
伊犁哈萨克自治州	1660734	119138		731891	809705
伊犁州直属县(市)	1342334	111888		515428	715018
塔城地区	166275	2700		124700	38875
阿勒泰地区	152125	4550		91763	55812
博尔塔拉蒙古自治州	236864	1850		125729	109285
巴音郭楞蒙古自治州	752662	60672		358413	333577
阿克苏地区	710652	47970		415726	246956
克孜勒苏柯尔克孜自治州	46280	630		34703	10947
喀什地区	279837	68478		112870	98489
和田地区	7889			7889	
石河子市	321360	16200		86008	219152
阿拉尔市	51547	500		34000	17047
图木舒克市	35754			27606	8148
五家渠市	693507	36500		566610	90397

4-5 房地产开发企业(单位)

地 区	本年施工房屋面积	#住宅	#商业营业用房	本年新开工房屋面积	#住宅	#商业营业用房	本年竣工房屋面积	#住宅
总 计	**9459.55**	**6982.7**	**1545.45**	**3729.87**	**2499.16**	**838.51**	**1722.16**	**1394.08**
乌鲁木齐市	3507.76	2690.46	317.29	1000.14	683.71	146.07	429.58	354.55
克拉玛依市	408.4	341.28	40.38	151.66	119.74	19.05	89.23	74.58
吐鲁番地区	75.22	40.64	29.78	34.7	19.86	14.06	7.16	6.41
哈密地区	341.26	248.35	51.69	197.25	139.89	29.04	60.56	46.87
昌吉回族自治州	630.61	528.86	66.08	305.2	251.15	41.61	163.89	148.75
伊犁哈萨克自治州	1506.03	1024.1	385.2	697.1	438.1	198.16	363.09	298.92
伊犁州直属县(市)	1061.84	684.5	297.86	524.67	320.65	152.74	210.56	170.04
塔城地区	174.96	144.56	27.5	83.29	63.05	18.6	48.4	41.76
阿勒泰地区	269.23	195.03	59.83	89.14	54.4	26.82	104.13	87.12
博尔塔拉蒙古自治州	235.31	141.82	76.25	128.5	69.34	46.8	31.9	26.23
巴音郭楞蒙古自治州	952.27	746.49	139.6	335.54	248.34	61.33	250.31	222.79
阿克苏地区	642.79	457.58	159.76	375.72	245.44	114.51	134.14	89.99
克孜勒苏柯尔克孜自治州	80.87	55.36	23.5	49.63	29.12	19.27	4.96	3.89
喀什地区	338.86	186.11	111.23	151.17	66.04	59.9	79.29	34.24
和田地区	14.38	10.97	1.89	6.38	5.08	1.28	1.22	
石河子市	356.09	253.61	57.16	133.63	83.86	30.93	40.44	35.5
阿拉尔市	47.08	35.79	11.29	43.75	32.46	11.29	21.8	17.06
图木舒克市	36.68	18.87	17.34	15.51	5.78	9.58	7.4	4.56
五家渠市	285.94	202.42	57	104	61.25	35.63	37.19	29.74

施工、销售和待售情况

单位：万平方米

#商业营业用房	本年房屋销售面积	#住宅	#商业营业用房	房屋销售额（万元）	#住宅	#商业营业用房	房屋待售面积	#住宅	#商业营业用房
220.39	**2017.03**	**1799.95**	**172.44**	**8609530**	**7107384**	**1231744**	**731.88**	**472.6**	**155.41**
26.61	566.25	515.31	20.58	3397692	2959181	244275	173.41	69.92	35.59
5.98	191.66	186.98	3.57	606769	568895	34623	2.9	0.46	1.65
0.75	15.39	12.84	2.55	45304	33593	11711	17.05	13.19	3.86
7.27	62.13	55.43	4.61	232208	190671	31421	15.44	10.62	3.4
11.75	234.33	214.47	15.56	914137	775324	108305	44.69	35.82	4.37
53.01	368.43	324.86	40.12	1312032	1020874	273782	146.42	97.93	41.05
34.44	266.18	235.11	28.41	1004201	783667	204940	83.46	47.37	32.57
6.16	44.24	38.74	5.3	156727	117481	39109	27.51	23.18	3.6
12.41	58.01	51.02	6.41	151104	119726	29733	35.45	27.39	4.88
4.83	56.68	41.03	14.96	212225	119119	90919	9.62	6.01	3.53
20.48	148.9	137.07	11.35	493234	409401	82564	123.92	97.27	21.38
38.29	126.28	101.39	24.28	432364	301812	127886	92.28	74.78	14.2
0.67	12.05	10.4	1.65	25517	17014	8503	22.87	19.08	3.79
32.19	46.71	38.34	7.3	165169	111496	47467	33.05	18.45	5.56
1.22	3.32	2.96	0.37	11567	8501	3066	2.22	0.99	1.23
3.6	74.38	62.25	11.78	360467	277015	81141	13.51	8.98	2.74
4.74	27.04	22.18	4.86	92131	67499	24632	11.92	7.7	4.23
2.84	7.38	4.91	2.45	25870	9054	16722	4.74	2.55	2.2
6.17	76.1	69.52	6.47	282844	237935	44727	17.84	8.84	6.65

第5篇

服务业篇

5-1-1　服务业行政事业及非企业法人单位分行业主要指标

行　业	单位数 (个)	年末资产 (万元)	非企业单位 支出(费用) (万元)	从业人员数 (万人)
信息传输、软件和信息技术服务业	**137**	**139949.42**	**45120.59**	**2736**
电信、广播电视和卫星传输服务	91	88455.43	32989.00	2234
互联网和相关服务	9	9912.83	3523.42	93
软件和信息技术服务业	37	41581.16	8608.17	409
房地产	**71**	**88985.87**	**28385.99**	**1401**
物业管理	21	30993.78	5662.86	604
房地产中介服务	16	4975.81	914.38	106
自有房地产经营活动	7	7508.86	783.00	113
其他房地产业	27	45507.42	21025.75	578
租赁和商务服务业	**900**	**719981.32**	**236143.37**	**13643**
租赁业	19	3170.30	2153.40	154
机械设备租赁	17	2928.80	1948.05	138
文化及日用品出租	2	241.50	205.35	16
商务服务业	881	716811.01	233989.96	13489
企业管理服务	323	588173.60	151390.81	5383
法律服务	192	10847.04	11269.77	1934
咨询与调查	62	10287.57	7189.98	698
广告业	14	149.60	4297.83	82
知识产权服务	3	859.63	599.47	25
人力资源服务	136	33219.21	20882.50	2831
旅行社及相关服务	22	2648.02	3776.22	256
安全保护服务	19	9177.78	4925.42	585
其他商务服务业	110	61448.58	29657.97	1695
科学研究和技术服务业	**1860**	**8214836.17**	**2639494.36**	**44765**
研究和试验发展	144	2480501.71	630739.39	5554
专业技术服务业	1125	5584352.17	1864404.97	29015
科技推广和应用服务业	591	149982.29	144350.00	10196
水利、环境和公共设施管理业	**715**	**2629732.63**	**907881.74**	**39869**
水利管理业	363	1811796.07	268189.76	16617
防洪除涝设施管理	21	49512.51	19731.97	673
水资源管理	170	719947.02	86458.75	6642
天然水收集与分配	69	554073.95	71037.88	5520
水文服务	9	14789.64	8501.41	386
其他水利管理业	94	473472.96	82459.74	3396
生态保护和环境治理业	148	88308.31	63922.24	2925
生态保护	140	40056.35	48583.00	2637
环境治理业	8	48251.96	15339.24	288
公共设施管理业	204	729628.25	575769.74	20327
市政设施管理	41	351296.28	260604.36	2590
环境卫生管理	55	182103.23	95296.75	8498
城乡市容管理	11	63466.44	64599.41	789
绿化管理	63	59698.73	106100.41	6573
公园和游览景区管理	34	73063.57	49168.81	1877
居民服务、修理和其他服务业	**231**	**98569.38**	**105569.48**	**4646**
居民服务业	210	58118.32	79168.15	3283
机动车、电子产品和日用产品修理业	10	38694.18	23402.11	925
其他服务业	11	1756.88	2999.22	438

5-1-1 续表

行　业	单位数(个)	年末资产(万元)	非企业单位支出(费用)(万元)	从业人员数(万人)
教育	**5702**	**12087696.08**	**5253544.55**	**365731**
学前教育	1213	315139.08	345935.98	27840
初等教育	1842	1754663.43	1530054.00	123420
中等教育	1400	6913876.69	2074489.48	166492
高等教育	107	2520351.84	995709.13	28679
特殊教育	38	22308.93	16279.52	983
技能培训、教育辅助及其他教育	1102	561356.11	291076.44	18317
卫生和社会工作	**2815**	**14108333.84**	**29418186.39**	**162076**
卫生	2366	13962536.44	29316944.02	155543
医院	442	13104952.82	28654740.63	111532
社区医疗与卫生院	1286	277226.15	327774.07	28661
门诊部(所)	30	2851.47	4305.24	239
计划生育技术服务活动	296	30428.53	25154.43	3864
妇幼保健院(所、站)	95	110271.05	72921.28	4096
专科疾病防治院(所、站)	6	884.08	2455.70	91
疾病预防控制中心	169	131296.79	104762.98	6064
其他卫生活动	42	304625.56	124829.69	996
社会工作	449	145797.40	101242.37	6533
提供住宿社会工作	294	128477.08	84075.62	5215
不提供住宿社会工作	155	17320.32	17166.74	1318
文化、体育和娱乐业	**1044**	**2416087.92**	**492203.81**	**24125**
新闻出版业	83	81702.51	66139.01	3224
新闻业	16	6795.45	8971.83	808
出版业	67	74907.06	57167.17	2416
广播、电视、电影和音像业	237	283072.70	185396.33	8454
文化艺术业	507	1962680.73	161110.64	10079
文艺创作与表演	80	28239.09	41891.88	3999
艺术表演场馆	10	3256.05	6740.46	571
图书馆与档案馆	130	1804575.13	24111.40	1491
文物及非物质文化遗产保护	47	17466.39	11507.38	425
博物馆	26	45868.78	11831.20	603
烈士陵园、纪念馆	8	16016.54	1381.58	138
群众文化活动	189	44116.79	62522.39	2735
其他文化艺术业	17	3141.96	1124.35	117
体育	90	35730.87	35268.28	1395
体育组织	51	11215.86	15117.01	985
体育场馆	13	23289.45	19189.18	187
休闲健身活动	18	1131.38	719.37	135
其他体育	8	94.17	242.72	88
娱乐业	127	52901.11	44289.56	973
公共管理、社会保障和社会组织	**38135**	**16407259.73**	**15136607.25**	**761082**
中国共产党机关	1022	338673.27	551005.65	19288
国家机构	11349	14039294.96	13713681.63	464042
人民政协、民主党派	125	41625.23	51490.92	2529
社会保障	216	194334.33	112029.09	3839
群众团体、社会团体和其他成员组织	14593	722533.62	318544.06	156066
基层群众自治组织	10830	1070798.33	389855.90	115318

5-1-2 信息传输、软件和信息技术服务业行政事业及非企业业法人单位分地区主要指标

地 区	单位数(个)	年末资产(万元)	非企业单位支出(费用)(万元)	从业人员数(人)
总 计	**137**	**139949.42**	**45120.59**	**2736**
乌鲁木齐市	38	77981.78	18749.78	841
克拉玛依市	2	3473.14	6325.91	297
吐鲁番市	1	255.00	255.35	17
哈密地区	7	28068.88	996.36	161
昌吉回族自治州	10	1428.01	1274.46	102
伊犁哈萨克自治州	8	5240.01	1162.34	121
塔城地区	9	3269.95	2687.62	164
阿勒泰地区	8	689.14	967.56	106
博尔塔拉蒙古自治州	3	2404.16	1001.83	52
巴音郭楞蒙古自治州	12	1881.34	1463.99	141
阿克苏地区	13	2846.49	1882.06	129
克孜勒苏克尔克孜自治州	7	1229.65	2525.05	160
喀什地区	7	1387.33	2313.05	153
和田地区	6	2261.39	1007.54	207
自治区直辖县级市	6	7533.15	2507.69	85

5-1-3 租赁和商务服务业行政事业及非企业法人单位分地区主要指标

地 区	单位数(个)	年末资产(万元)	非企业单位支出(费用)(万元)	从业人员数(人)
总 计	**900**	**719981.32**	**236143.37**	**13643**
乌鲁木齐市	215	537461.38	123256.61	3463
克拉玛依市	17	12668.09	24069.46	414
吐鲁番市	14	2170.19	1382.87	124
哈密地区	20	874.76	1779.70	144
昌吉回族自治州	93	53758.35	17213.75	2628
伊犁哈萨克自治州	233	35011.66	22564.48	2889
塔城地区	47	6157.20	1847.99	379
阿勒泰地区	23	2773.57	5764.76	196
博尔塔拉蒙古自治州	17	9494.53	2511.69	188
巴音郭楞蒙古自治州	38	6507.21	8607.85	385
阿克苏地区	60	37050.60	14683.36	1035
克孜勒苏克尔克孜自治州	13	4171.12	1852.70	135
喀什地区	34	3430.56	3091.19	549
和田地区	54	6101.53	4660.33	788
自治区直辖县级市	22	2350.58	2856.63	326

5-1-4 科学研究和技术服务业行政事业及非企业法人单位分地区主要指标

地 区	单位数(个)	年末资产(万元)	非企业单位支出(费用)(万元)	从业人员数(人)
总 计	**1860**	**8214836.17**	**2639494.36**	**44765**
乌鲁木齐市	252	3142809.88	881848.59	13566
克拉玛依市	18	12350.78	6855.52	269
吐鲁番市	58	39581.92	28205.03	1832
哈密地区	102	82396.66	33175.53	2404
昌吉回族自治州	120	154793.27	85822.43	4147
伊犁哈萨克自治州	286	625904.67	234915.61	4250
塔城地区	133	38008.67	31438.99	2335
阿勒泰地区	149	60655.76	27735.44	2488
博尔塔拉蒙古自治州	63	28889.21	22001.15	1131
巴音郭楞蒙古自治州	150	3852489.54	1154823.18	2879
阿克苏地区	158	54661.83	46454.54	2665
克孜勒苏克尔克孜自治州	42	9973.50	10623.15	981
喀什地区	78	25899.62	29561.13	2131
和田地区	183	15388.87	14914.11	2284
自治区直辖县级市	68	71031.99	31119.96	1403

5-1-5 水利、环境和公共设施管理业行政事业及非企业法人单位分地区主要指标

地 区	单位数(个)	年末资产(万元)	非企业单位支出(费用)(万元)	从业人员数(人)
总 计	**715**	**2629732.63**	**907881.74**	**39869**
乌鲁木齐市	92	576870.46	411688.86	5362
克拉玛依市	3	39735.51	11872.32	316
吐鲁番市	19	19883.02	14756.70	900
哈密地区	31	25397.41	15077.39	3725
昌吉回族自治州	54	253730.69	54338.31	2957
伊犁哈萨克自治州	114	307815.04	53503.83	4734
塔城地区	72	147597.50	36068.19	3469
阿勒泰地区	55	86869.31	30351.89	2091
博尔塔拉蒙古自治州	30	37303.57	17963.70	1325
巴音郭楞蒙古自治州	57	468954.32	107212.96	5597
阿克苏地区	46	281036.39	43015.44	2890
克孜勒苏克尔克孜自治州	19	17216.39	9959.92	937
喀什地区	57	207335.67	33150.21	2587
和田地区	44	101097.54	38997.89	1461
自治区直辖县级市	22	58889.81	29924.11	1518

5-1-6　居民服务、修理和其他服务业行政事业及非企业法人单位分地区主要指标

地　区	单位数(个)	年末资产(万元)	非企业单位支出(费用)(万元)	从业人员数(人)
总　计	**231**	**98569.38**	**105569.48**	**4646**
乌鲁木齐市	44	33469.53	66450.18	959
克拉玛依市	6	8172.36	2531.24	92
吐鲁番市	14	196.74	303.91	150
哈密地区	6	40271.75	24763.81	942
昌吉回族自治州	9	1682.72	552.45	60
伊犁哈萨克自治州	19	3988.95	1348.55	388
塔城地区	14	1698.20	617.96	161
阿勒泰地区	6	153.17	48.77	42
博尔塔拉蒙古自治州	3	617.11	496.11	39
巴音郭楞蒙古自治州	22	929.51	1243.25	329
阿克苏地区	20	3145.70	4077.94	540
克孜勒苏克尔克孜自治州	1	73.90	458.00	42
喀什地区	20	1355.76	1086.59	260
和田地区	8	513.90	378.39	116
自治区直辖县级市	39	2300.08	1212.33	526

5-1-7　教育行政事业及非企业法人单位分地区主要指标

地　区	单位数(个)	年末资产(万元)	非企业单位支出(费用)(万元)	从业人员数(人)
总　计	**5702**	**12087696.08**	**5253544.55**	**365731**
乌鲁木齐市	759	2267099.77	1460666.17	55847
克拉玛依市	146	169887.24	122793.91	7758
吐鲁番市	211	169347.14	82084.39	10080
哈密地区	229	129125.52	112799.96	10888
昌吉回族自治州	382	366773.36	268802.82	23575
伊犁哈萨克自治州	957	1204970.06	770419.45	48731
塔城地区	337	1841660.88	295484.47	21960
阿勒泰地区	212	118977.86	126874.09	13016
博尔塔拉蒙古自治州	157	131549.80	110739.33	10496
巴音郭楞蒙古自治州	341	454083.53	372523.30	23567
阿克苏地区	599	3362065.55	306386.92	31202
克孜勒苏克尔克孜自治州	79	59348.79	77466.19	9330
喀什地区	729	466020.22	414578.35	59460
和田地区	344	136771.34	133244.29	24429
自治区直辖县级市	220	1210015.02	598680.91	15392

5-1-8 卫生和社会工作行政事业及非企业法人单位分地区主要指标

地 区	单位数(个)	年末资产(万元)	非企业单位支出(费用)(万元)	从业人员数(人)
总 计	**2815**	**14108333.84**	**29418186.39**	**162076**
乌鲁木齐市	314	6904529.05	25190480.73	37029
克拉玛依市	39	46394.06	47359.20	3812
吐鲁番市	66	923097.50	862168.10	3884
哈密地区	113	98824.01	85282.60	4593
昌吉回族自治州	400	252296.31	321682.28	11686
伊犁哈萨克自治州	340	779960.43	454104.75	20812
塔城地区	209	169779.73	131928.14	9563
阿勒泰地区	172	97404.75	97974.35	5848
博尔塔拉蒙古自治州	84	80345.71	71620.17	3907
巴音郭楞蒙古自治州	239	281495.50	154749.52	12023
阿克苏地区	220	3933591.64	1523562.40	12924
克孜勒苏克尔克孜自治州	41	44228.69	54279.86	3375
喀什地区	283	203975.15	181530.13	16404
和田地区	215	78663.55	89312.76	7933
自治区直辖县级市	80	213747.76	152151.42	8283

5-1-9 文化、体育和娱乐业行政事业及非企业法人单位分地区主要指标

地 区	单位数(个)	年末资产(万元)	非企业单位支出(费用)(万元)	从业人员数(人)
总 计	**1044**	**2416087.92**	**492203.81**	**24125**
乌鲁木齐市	164	350835.08	248592.76	7682
克拉玛依市	14	6116.88	8100.27	229
吐鲁番市	26	13576.23	5031.97	465
哈密地区	49	15821.47	10993.42	883
昌吉回族自治州	70	59810.15	18434.29	1480
伊犁哈萨克自治州	134	1816533.61	44087.24	3086
塔城地区	70	13226.89	11390.81	1014
阿勒泰地区	88	13096.58	17449.06	1452
博尔塔拉蒙古自治州	38	10695.84	10959.97	699
巴音郭楞蒙古自治州	71	17018.59	11543.65	926
阿克苏地区	105	36830.65	50296.55	2058
克孜勒苏克尔克孜自治州	32	5587.15	7962.05	634
喀什地区	75	11182.36	15212.77	1730
和田地区	57	10730.33	15797.86	877
自治区直辖县级市	51	35026.10	16351.14	910

5-1-10　公共管理、社会保障和社会组织行政事业及非企业法人单位分地区主要指标

地　区	单位数 (个)	年末资产 (万元)	非企业单位 支出(费用) (万元)	从业人员数 (人)
总　计	**38135**	**16407259.73**	**15136607.25**	**761082**
乌鲁木齐市	3454	5403735.15	2859634.34	107360
克拉玛依市	620	347850.38	338941.29	14006
吐鲁番市	1702	452173.32	356881.53	22628
哈密地区	1404	522106.09	394033.17	25928
昌吉回族自治州	2154	932429.62	832488.18	47369
伊犁哈萨克自治州	4148	1162004.14	1991759.56	80752
塔城地区	2469	831106.41	1603096.18	48773
阿勒泰地区	2104	497638.60	685389.20	33944
博尔塔拉蒙古自治州	1024	451886.43	428207.85	18048
巴音郭楞蒙古自治州	2502	1064269.59	1348676.86	45304
阿克苏地区	2938	1868091.18	1357710.38	77173
克孜勒苏克尔克孜自治州	1091	968971.24	304102.15	25770
喀什地区	4677	1194260.96	1427568.97	117842
和田地区	7159	357142.27	932874.38	60985
自治区直辖县级市	689	353594.35	275243.23	35200

5-2-1 交通运输、仓储和邮政业企业法人单位主要指标

行 业	单位数（个）	资产总计（万元）	营业收入（万元）	从业人员数（人）
总 计	**3997**	**37733924.45**	**10241300.25**	**201253**
铁路运输业	6	13921450.72	2170438.51	63746
道路运输业	2253	3632067.71	4212946.16	94301
城市公共交通运输	190	382916.18	154208.24	15486
公路旅客运输	210	327516.55	225287.87	11117
道路货物运输	1685	2704857.08	3777729.71	63304
道路运输辅助活动	168	216777.91	55720.33	4394
水上运输业	2	2235.00	1784.00	58
水上旅客运输	1	2232.00	1774.00	56
水上货物运输				
水上运输辅助活动	1	3.00	10.00	2
航空运输业	44	879152.87	129559.23	4965
航空客货运输	16	2820.72	1672.95	83
通用航空服务	18	23973.06	7411.71	342
航空运输辅助活动	10	852359.09	120474.57	4540
管道运输业	16	13786382.72	1802427.02	3697
管道运输业	16	13786382.72	1802427.02	3697
装卸搬运和运输代理业	1102	1146491.35	821862.12	14210
装卸搬运	139	78164.22	80211.36	6583
运输代理业	963	1068327.13	741650.76	7627
仓储业	367	4004351.27	854650.77	5761
谷物、棉花等农产品仓储	149	2606675.86	608947.89	2599
其他仓储业	218	1397675.41	245702.88	3162
邮政业	207	361792.81	247632.45	14515
邮政基本服务	28	304661.89	185355.95	11123
快递服务	179	57130.92	62276.49	3392

5-2-2　交通运输、仓储和邮政业企业法人单位分地区主要指标

地　区	单位数（个）	资产总计（万元）	营业收入（万元）	从业人员数（人）
总　计	**3991**	**23812473.73**	**8070861.74**	**137507**
乌鲁木齐市	1272	18059466.54	6065848.94	79379
克拉玛依市	165	461009.21	143078.00	4798
吐鲁番市	79	111634.03	56743.04	2096
哈密地区	218	276123.98	151641.53	3084
昌吉回族自治州	426	419985.42	185253.41	5759
伊犁哈萨克自治州	325	2889056.02	291948.59	7172
塔城地区	106	90334.05	56676.91	3017
阿勒泰地区	123	131690.46	77583.37	2246
博尔塔拉蒙古自治州	135	175370.44	123981.32	3597
巴音郭楞蒙古自治州	305	367620.05	370926.93	6424
阿克苏地区	254	238974.44	125131.39	5691
克孜勒苏克尔克孜自治州	85	22222.24	8095.47	846
喀什地区	269	275692.82	187997.07	6888
和田地区	96	66859.29	34754.34	2068
自治区直辖县级市	133	226434.73	191201.44	4442

注：交通运输、仓储邮政业分地区数据中不含铁路运输业数据。

5-2-3　信息传输、软件和信息技术服务业企业法人单位主要指标

行　业	单位数（个）	资产总计（万元）	营业收入（万元）	从业人员数（人）
总　计	**1353**	**3848344.96**	**2591232.20**	**38101**
电信、广播电视和卫星传输服务	169	2953669.77	2188353.89	25671
电信	133	2804965.55	2140162.08	24172
广播电视传输服务	34	144923.98	47282.55	1462
卫星传输服务	2	3780.23	909.26	37
互联网和相关服务	193	105363.29	35276.78	1991
互联网接入及相关服务	36	9043.57	7215.06	324
互联网信息服务	102	80912.46	22725.52	1326
其他互联网服务	55	15407.26	5336.20	341
软件和信息技术服务业	991	789311.90	367601.53	10439
软件开发	375	293326.44	97554.90	4045
信息系统集成服务	130	115861.23	106146.92	1716
信息技术咨询服务	342	256203.65	120529.57	3362
数据处理和存储服务	18	4945.00	2769.19	212
集成电路设计	4	2790.23	2514.63	27
其他信息技术服务业	122	116185.34	38086.32	1077

5-2-4 信息传输、软件和信息技术服务业企业法人单位分地区主要指标

地 区	单位数(个)	资产总计(万元)	营业收入(万元)	从业人员数(人)
总 计	**1353**	**3848344.96**	**2591232.20**	**38101**
乌鲁木齐市	972	1370557.43	1030458.70	17538
克拉玛依市	49	170634.95	93553.66	2008
吐鲁番市	10	66597.03	48973.43	653
哈密地区	14	149876.70	74126.84	752
昌吉回族自治州	39	486014.06	176209.18	1741
伊犁哈萨克自治州	31	258492.60	238868.62	3112
塔城地区	28	78065.73	59192.26	1323
阿勒泰地区	12	114783.63	63188.44	1274
博尔塔拉蒙古自治州	15	104987.36	51381.97	665
巴音郭楞蒙古自治州	30	152390.14	132832.74	1643
阿克苏地区	55	251891.91	194410.21	2256
克孜勒苏克尔克孜自治州	16	47965.75	34806.66	607
喀什地区	45	401832.15	217310.35	1956
和田地区	17	109696.84	90206.93	1322
自治区直辖县级市	20	84558.66	85712.21	1251

5-2-5 信息传输、软件和信息技术服务业企业法人单位分登记注册类型主要指标

登记注册类型	单位数(个)	资产总计(亿元)	营业收入(亿元)	从业人员数(万人)
总 计	**1353**	**3848344.96**	**2591232.20**	**38101**
内资企业	1334	2931226.50	2080018.52	34324
国有企业	38	480696.09	463528.12	6614
集体企业	5	1022.42	1856.18	27
股份合作企业	8	3226.34	267.29	56
联营企业	7	2297.06	2472.61	47
有限责任公司	274	725541.24	482491.25	7110
股份有限公司	50	1145613.80	859497.07	11650
私营企业	900	568256.34	267037.00	8506
其他企业	52	4573.20	2869.01	314
港、澳、台商投资企业	12	643238.10	301841.15	2031
外商投资企业	7	273880.36	209372.53	1746

5-2-6　房地产业企业法人单位主要指标

行　业	单位数 (个)	资产总计 (万元)	营业收入 (万元)	从业人员数 (人)
总　计	**4261**	**41380332.34**	**8087697.36**	**97378**
房地产开发经营	1634	31005187.10	7412274.30	30907
物业管理	1488	4737377.10	414861.61	54682
房地产中介服务	753	1224818.91	87097.03	5686
自有房地产经营活动	267	799778.25	94272.24	4357
其他房地产业	119	3613170.98	79192.17	1746

5-2-7　房地产业企业法人单位分地区主要指标

地　区	单位数 (个)	资产总计 (万元)	营业收入 (万元)	从业人员数 (人)
总　计	4261	41380332.34	8087697.36	97378
乌鲁木齐市	1381	20312285.90	3675574.92	39879
克拉玛依市	119	3406198.70	301237.73	8023
吐鲁番市	71	193847.19	23143.42	1117
哈密地区	205	1224022.24	146184.42	3506
昌吉回族自治州	322	2892531.12	767263.14	7031
伊犁哈萨克自治州	399	3194931.91	576204.23	5237
塔城地区	93	337580.44	149774.77	3439
阿勒泰地区	118	371560.96	56815.72	2800
博尔塔拉蒙古自治州	99	262873.57	49376.84	1214
巴音郭楞蒙古自治州	372	1806946.39	514629.76	5735
阿克苏地区	334	1813080.60	343775.19	3917
克孜勒苏克尔克孜自治州	39	92491.32	24377.17	2997
喀什地区	314	1319850.83	219810.60	4584
和田地区	69	25478.73	16725.98	1448
自治区直辖县级市	326	4126652.44	1222803.48	6451

5-2-8 房地产业企业法人单位分登记注册类型主要指标

登记注册类型	单位数(个)	资产总计(万元)	营业收入(万元)	从业人员数(人)
总 计	**4261**	**41380332.34**	**8087697.36**	**97378**
内资企业	4253	39440683.81	7821784.76	96969
国有企业	143	906097.97	82031.55	4749
集体企业	35	162514.70	22484.76	747
股份合作企业	13	13472.66	536.49	201
联营企业	8	6124.89	1632.12	221
有限责任公司	1447	18341395.42	3840010.81	41357
股份有限公司	35	258332.12	15304.80	900
私营企业	2489	19720890.37	3843658.30	47412
其他企业	83	31855.69	16125.93	1382
港、澳、台商投资企业	5	1933435.90	265909.26	404
外商投资企业	3	6212.63	3.34	5

5-2-9 租赁和商务服务业企业法人单位主要指标

行 业	单位数(个)	资产总计(万元)	营业收入(万元)	从业人员数(人)
总 计	**7948**	**72321426.30**	**4158039.21**	**190030**
租赁业	623	1339807.98	246390.31	6503
机械设备租赁	599	1256411.30	241527.99	6356
文化及日用品出租	24	83396.67	4862.32	147
商务服务业	7325	70981618.32	3911648.91	183527
企业管理服务	1740	60954353.64	1648079.32	59188
法律服务	264	140235.85	29107.69	2661
咨询与调查	1328	1955463.67	161630.23	9635
广告业	1375	325829.49	198658.94	8490
知识产权服务	28	4607.21	1717.56	139
人力资源服务	723	446543.00	592963.14	65681
旅行社及相关服务	545	756797.04	214451.89	6364
安全保护服务	165	123626.76	102639.67	15524
其他商务服务业	1157	6274161.67	962400.47	15845

5-2-10　租赁和商务服务业企业法人单位分地区主要指标

地　区	单位数（个）	资产总计（万元）	营业收入（万元）	从业人员数（人）
总　计	7948	72321426.30	4158039.21	190030
乌鲁木齐市	3883	47290631.63	2914524.40	75490
克拉玛依市	302	378887.23	188272.48	14282
吐鲁番市	158	279018.48	25968.70	3228
哈密地区	275	919294.01	35941.48	3735
昌吉回族自治州	439	3533101.33	130968.10	8670
伊犁哈萨克自治州	512	3704989.95	219731.09	24833
塔城地区	138	455325.43	20098.66	3122
阿勒泰地区	189	3436416.88	31850.61	1801
博尔塔拉蒙古自治州	154	1518957.70	64746.17	7953
巴音郭楞蒙古自治州	535	2816472.82	172877.96	19966
阿克苏地区	371	2236231.84	49191.22	4081
克孜勒苏克尔克孜自治州	80	767666.29	6298.92	1587
喀什地区	383	328288.29	57661.00	6933
和田地区	133	119766.95	11353.99	2567
自治区直辖县级市	396	4536377.47	228554.45	11782

5-2-11　租赁和商务服务业企业法人单位分登记注册类型主要指标

登记注册类型	单位数（个）	资产总计（万元）	营业收入（万元）	从业人员数（人）
总　计	**7948**	**72321426.30**	**4158039.21**	**190030**
内资企业	7922	72166435.74	4144641.45	189446
国有企业	413	10417403.50	1140020.40	42479
集体企业	64	236710.73	44390.95	3639
股份合作企业	33	104338.52	4245.78	279
联营企业	23	4110084.18	10739.70	682
有限责任公司	1945	41680598.04	1426405.92	53903
股份有限公司	114	2361553.63	115808.59	3378
私营企业	4985	13053131.46	1368959.37	81254
其他企业	345	202615.67	34070.74	3832
港、澳、台商投资企业	5	20895.10	6129.90	98
外商投资企业	21	134095.46	7267.86	486

5-2-12 科学研究和技术服务业企业法人单位主要指标

行 业	单位数（个）	资产总计（万元）	营业收入（万元）	从业人员数（人）
总 计	**3088**	**4287662.53**	**2004527.05**	**55192**
研究和试验发展	136	110664.91	41380.64	1594
专业技术服务业	2389	3352406.05	1839778.01	48927
科技推广和应用服务业	563	824591.56	123368.4	4671

5-2-13 科学研究和技术服务业企业法人单位分地区主要指标

地 区	单位数（个）	资产总计（万元）	营业收入（万元）	从业人员数（人）
总 计	3088	4287662.53	2004527.05	55192
乌鲁木齐市	1531	1926976.76	1020768.00	29508
克拉玛依市	124	408377.83	501445.98	4145
吐鲁番市	54	133944.58	9918.81	635
哈密地区	103	138508.48	29874.55	1506
昌吉回族自治州	172	240759.52	60146.78	2419
伊犁哈萨克自治州	188	177006.08	73029.57	3196
塔城地区	77	393722.97	16849.97	1100
阿勒泰地区	80	41572.38	12751.78	1019
博尔塔拉蒙古自治州	63	52350.21	10652.73	796
巴音郭楞蒙古自治州	192	327910.66	106198.31	3757
阿克苏地区	135	112149.73	23990.30	2196
克孜勒苏克尔克孜自治州	44	13137.49	4529.59	317
喀什地区	114	23264.28	33541.32	1569
和田地区	81	22489.74	17514.10	649
自治区直辖县级市	130	275491.83	83315.28	2380

5-2-14　科学研究和技术服务业企业法人单位分地区主要指标

登记注册类型	单位数（个）	资产总计（万元）	营业收入（万元）	从业人员数（人）
总　计	**3088**	**4287662.53**	**2004527.05**	**55192**
内资企业	3077	4191809.15	1995358.45	55050
国有企业	251	719813.26	398936.54	10230
集体企业	29	17605.63	16620.59	444
股份合作企业	9	229470.90	3603.31	114
联营企业	12	35381.20	5358.62	373
有限责任公司	779	1553646.39	918240.17	19225
股份有限公司	48	51596.34	21947.78	873
私营企业	1814	1387416.83	616974.13	22517
其他企业	135	196878.60	13677.32	1274
港、澳、台商投资企业	6	8140.94	843.39	72
外商投资企业	5	87712.44	8325.20	70

5-2-15　水利、环境和公共设施管理业企业法人单位主要指标

行　业	单位数（个）	资产总计（万元）	营业收入（万元）	从业人员数（人）
总　计	**415**	**1806398.54**	**305484.02**	**14620**
水利管理业	91	760474.47	72387.05	5977
防洪除涝设施管理	4	10188.51	3445.28	285
水资源管理	28	397152.73	18680.02	1112
天然水收集与分配	21	190909.20	36025.53	1954
水文服务	4	639.23	967.71	53
其他水利管理业	34	161584.80	13268.52	2573
生态保护和环境治理业	32	25678.10	9179.83	935
生态保护	4	12277.12	2114.83	289
环境治理业	28	13400.98	7065.00	646
公共设施管理业	292	1020245.96	223917.15	7708
市政设施管理	28	99948.60	9450.89	396
环境卫生管理	31	31316.65	9847.91	949
城乡市容管理	18	231644.57	2905.65	252
绿化管理	161	528626.69	186551.92	4657
公园和游览景区管理	54	128709.45	15160.77	1454

5-2-16 水利、环境和公共设施管理业企业法人单位分地区主要指标

地 区	单位数（个）	资产总计（万元）	营业收入（万元）	从业人员数（人）
总 计	415	1806398.54	305484.02	14620
乌鲁木齐市	171	885717.19	157064.34	3457
克拉玛依市	27	39337.16	45786.49	1460
吐鲁番市	8	14743.69	2093.32	258
哈密地区	9	36029.15	620.58	346
昌吉回族自治州	27	257115.27	3479.90	555
伊犁哈萨克自治州	21	61095.54	5495.24	476
塔城地区	9	7089.22	1177.83	162
阿勒泰地区	19	103279.30	5638.95	386
博尔塔拉蒙古自治州	6	3416.61	5053.15	205
巴音郭楞蒙古自治州	23	92914.05	30545.35	1082
阿克苏地区	28	178968.80	12518.80	2820
克孜勒苏克尔克孜自治州	4	630.00		9
喀什地区	20	26371.71	6607.13	749
和田地区	16	5716.44	918.53	150
自治区直辖县级市	27	93974.40	28484.42	2505

5-2-17 水利、环境和公共设施管理业企业法人单位分登记注册类型主要指标

登记注册类型	单位数（个）	资产总计（万元）	营业收入（万元）	从业人员数（人）
总 计	**415**	**1806398.54**	**305484.02**	**14620**
内资企业	413	1798476.55	301777.45	14577
国有企业	57	633161.07	50991.61	5941
集体企业	16	17313.93	2771.29	291
股份合作企业	2	497.30	152.30	10
联营企业				
有限责任公司	115	776271.29	134204.12	4107
股份有限公司	8	41855.28	15811.58	186
私营企业	201	317462.22	96085.15	3934
其他企业	14	11915.45	1761.41	108
港、澳、台商投资企业	1	2377.30	1137.60	40
外商投资企业	1	5544.69	2568.97	3

5-2-18　居民服务、修理和其他服务业企业法人单位主要指标

行　业	单位数（个）	资产总计（万元）	营业收入（万元）	从业人员数（人）
总　计	**1694**	**4282791.65**	**345459.80**	**26201**
居民服务业	306	143340.73	47587.69	6167
家庭服务	93	15147.66	8793.84	2164
托儿所服务	11	26323.81	1338.56	259
洗染服务	14	5390.03	3286.78	279
理发及美容服务	25	4071.81	2330.16	246
洗浴服务	16	11111.05	5422.24	592
保健服务	14	2727.95	645.10	206
婚姻服务	37	1141.50	626.59	127
殡葬服务	32	61466.39	20798.48	883
其他居民服务业	64	15960.54	4345.95	1411
机动车、电子产品和日用产品修理业	995	3746732.11	231954.27	11242
汽车、摩托车修理与维护	750	3600049.43	135479.09	9300
计算机和办公设备维修	144	80298.98	69151.00	1165
家用电器修理	65	18669.99	12979.10	339
其他日用产品修理业	36	47713.71	14345.08	438
其他服务业	393	392718.81	65917.84	8792
清洁服务	104	9389.44	13358.54	4070
其他未列明服务业	289	383329.37	52559.30	4722

5-2-19　居民服务、修理和其他服务业企业法人单位分地区主要指标

地　区	单位数（个）	资产总计（万元）	营业收入（万元）	从业人员数（人）
总　计	1694	4282791.65	345459.80	26201
乌鲁木齐市	759	648868.95	206097.83	10635
克拉玛依市	94	30760.89	22971.12	2715
吐鲁番市	35	8784.71	3393.27	475
哈密地区	44	37986.53	5484.19	445
昌吉回族自治州	63	30214.10	15747.93	747
伊犁哈萨克自治州	70	3237680.57	12709.19	932
塔城地区	47	70357.18	5405.78	465
阿勒泰地区	36	29853.11	1766.60	302
博尔塔拉蒙古自治州	25	4228.27	1558.44	236
巴音郭楞蒙古自治州	150	50345.98	21995.74	1286
阿克苏地区	126	38305.03	9903.73	1041
克孜勒苏克尔克孜自治州	14	27688.16	4633.70	2126
喀什地区	89	47846.38	21584.62	3505
和田地区	69	3662.97	1067.15	469
自治区直辖县级市	73	16208.83	11140.53	822

5-2-20 居民服务、修理和其他服务业企业法人单位分登记注册类型主要指标

登记注册类型	单位数(个)	资产总计(万元)	营业收入(万元)	从业人员数(人)
总 计	**1694**	**4282791.65**	**345459.80**	**26201**
内资企业	1693	4282787.68	345456.80	26199
国有企业	53	66985.37	37354.72	4735
集体企业	19	29438.54	34145.70	472
股份合作企业	7	433.76	447.29	56
联营企业	5	27859.18	1766.82	50
有限责任公司	347	497278.65	70905.53	8595
股份有限公司	17	32908.17	2283.93	215
私营企业	1145	3607620.14	194061.17	11107
其他企业	100	20263.87	4491.64	969
港、澳、台商投资企业				
外商投资企业	1	3.97	3	2

5-2-21 教育企业法人单位主要指标

行 业	单位数(个)	资产总计(万元)	营业收入(万元)	从业人员数(人)
总 计	**608**	**375767.73**	**77058.66**	**10983**
学前教育	92	10345.54	3251.84	1686
初等教育	6	881.36	190.19	99
中等教育	26	10480.10	4014.10	1509
高等教育	2	203.81	232.82	20
特殊教育	3	680.71	598.28	56
技能培训、教育辅助及其他教育	479	353176.22	68771.44	7613

5-2-22　教育企业法人单位分地区主要指标

地　区	单位数（个）	资产总计（万元）	营业收入（万元）	从业人员数（人）
总　计	**608**	**375767.73**	**77058.66**	**10983**
乌鲁木齐市	195	62002.88	16778.71	2806
克拉玛依市	10	3176.22	1626.19	205
吐鲁番市	13	2677.95	1854.96	241
哈密地区	17	7116.99	4390.30	534
昌吉回族自治州	58	20063.25	7781.50	814
伊犁哈萨克自治州	52	122214.69	12073.69	2055
塔城地区	35	46701.55	3733.88	535
阿勒泰地区	14	1876.88	2128.49	190
博尔塔拉蒙古自治州	12	3783.02	1169.35	222
巴音郭楞蒙古自治州	40	8172.89	5494.62	580
阿克苏地区	52	40305.00	6161.23	968
克孜勒苏克尔克孜自治州	7	22346.81	166.60	96
喀什地区	44	11597.74	2896.71	675
和田地区	25	4361.87	2206.57	201
自治区直辖县级市	34	19369.99	8595.86	861

5-2-23　教育企业法人单位分登记注册类型主要指标

登记注册类型	单位数（个）	资产总计（万元）	营业收入（万元）	从业人员数（人）
总　计	**608**	**375767.73**	**77058.66**	**10983**
内资企业	606	357557.73	70194.18	10528
国有企业	60	24731.10	12795.32	1811
集体企业	8	669.48	481.14	118
股份合作企业	7	1154.43	910.29	135
联营企业	4	19364.24	321.52	95
有限责任公司	80	48654.27	10739.33	1653
股份有限公司	7	9843.90	4877.57	190
私营企业	308	162239.18	32464.99	4745
其他企业	132	90901.12	7604.03	1781
港、澳、台商投资企业	1	18152.00	6838.80	439.00
外商投资企业	1	58.00	25.68	16.00

5-2-24 卫生和社会工作企业法人单位主要指标

行业名称	单位数(个)	资产总计(万元)	营业收入(万元)	从业人员数(人)
总 计	**391**	**223790.16**	**130230.42**	**14725**
卫生	364	209492.44	128721.39	14172
医院	267	192593.75	112565.89	12474
社区医疗与卫生院	41	5862.41	4706.52	539
门诊部(所)	41	6793.37	5645.85	757
计划生育技术服务活动				
妇幼保健院(所、站)	1	3.12	11.52	3
专科疾病防治院(所、站)	3	1456.09	4549.53	319
疾病预防控制中心	1	40	20	20
其他卫生活动	10	2743.70	1222.09	60
社会工作	27	14297.72	1509.03	553
提供住宿社会工作	23	5855.12	1238.18	416
不提供住宿社会工作	4	8442.60	270.85	137

5-2-25 卫生和社会工作企业法人单位分地区主要指标

地 区	单位数(个)	资产总计(万元)	营业收入(万元)	从业人员数(人)
总 计	**391**	**223790.16**	**130230.42**	**14725**
乌鲁木齐市	127	124995.77	66716.13	6025
克拉玛依市	3	8340.62	394.46	182
吐鲁番市	6	991.70	507.68	119
哈密地区	3	81.45	345.09	24
昌吉回族自治州	26	4895.00	5672.61	641
伊犁哈萨克自治州	31	8231.96	4796.14	680
塔城地区	20	3269.71	3396.98	445
阿勒泰地区	5	978.83	755.37	116
博尔塔拉蒙古自治州	8	3308.50	2488.32	333
巴音郭楞蒙古自治州	17	3306.95	3216.05	341
阿克苏地区	25	12611.65	2905.88	498
克孜勒苏克尔克孜自治州	5	588.60	829.10	139
喀什地区	67	24207.02	17297.09	2355
和田地区	32	20292.56	17480.06	2201
自治区直辖县级市	16	7689.84	3429.47	626

5-2-26　卫生和社会工作企业法人单位分登记注册类型主要指标

登记注册类型	单位数(个)	资产总计(万元)	营业收入(万元)	从业人员数(人)
总　计	**391**	**223790.16**	**130230.42**	**14725**
内资企业	390	223670.16	130188.42	14710
国有企业	37	70030.94	31666.60	3471
集体企业	1	80	13.87	4
股份合作企业	3	1188.07	3369.81	279
联营企业	2	18.69	76.10	26
有限责任公司	38	25839.49	17686.81	1748
股份有限公司	3	4421.51	2822.22	201
私营企业	245	101951.91	67946.89	7811
其他企业	61	20139.55	6606.13	1170
港、澳、台商投资企业				
外商投资企业	1	120.0	42.0	15

5-2-27 文化、体育和娱乐业法人单位主要指标

行 业	单位数 (个)	资产总计 (万元)	营业收入 (万元)	从业人员数 (人)
总 计	**1881**	**506727.87**	**196502.68**	**13528**
新闻出版业	35	158883.79	111310.46	3765
新闻业	2	70.00	120.25	6
出版业	33	158813.79	111190.21	3759
广播、电视、电影和音像业	135	56994.89	33079.28	1907
广播	10	5464.47	1553.05	74
电视	16	9327.72	5972.22	507
电影和影视节目制作	35	5947.75	3813.45	274
电影和影视节目发行	7	11925.82	6423.35	228
电影放映	56	23271.94	14478.95	780
录音制作	11	1057.19	838.28	44
文化艺术业	111	86515.20	8560.52	1241
文艺创作与表演	40	10394.32	1237.47	616
艺术表演场馆	8	9238.31	1057.36	73
图书馆与档案馆	2	1036.88	5	53
文物及非物质文化遗产保护	7	464.84	236.90	38
博物馆	6	2521.74	213.81	52
烈士陵园、纪念馆				
群众文化活动	14	4767.06	378.64	127
其他文化艺术业	34	58092.04	5431.33	282
体育	34	49193.41	8212.55	626
体育组织	5	12234.27	3692.26	76
体育场馆	2	71.86	55.94	7
休闲健身活动	22	31571.36	3131.53	466
其他体育	5	5315.93	1332.82	77
娱乐业	1566	155140.58	35339.86	5989
室内娱乐活动	1498	67075.00	28036.85	5140
游乐园	13	7742.15	162.82	184
彩票活动				
文化、娱乐、体育经纪代理	31	9484.82	4175.62	165
其他娱乐业	24	70838.61	2964.57	500

5-2-28　文化、体育和娱乐业企业法人单位分地区主要指标

地　区	单位数（个）	资产总计（万元）	营业收入（万元）	从业人员数（人）
总　计	**1881**	**506727.87**	**196502.68**	**13528**
乌鲁木齐市	477	327461.72	153055.68	6690
克拉玛依市	45	15249.14	5400.41	344
吐鲁番市	78	1603.04	642.23	224
哈密地区	70	7442.24	2377.06	260
昌吉回族自治州	209	61644.07	4293.52	1031
伊犁哈萨克自治州	210	13663.15	6841.69	1087
塔城地区	144	5037.24	1785.12	510
阿勒泰地区	73	3595.68	1945.42	247
博尔塔拉蒙古自治州	83	2949.72	1903.93	272
巴音郭楞蒙古自治州	46	5640.81	3965.27	385
阿克苏地区	183	12632.22	6045.10	828
克孜勒苏克尔克孜自治州	11	322.61	130.00	51
喀什地区	121	14709.26	4186.91	665
和田地区	11	1203.38	180.95	435
自治区直辖县级市	120	33573.62	3749.37	499

5-2-29　文化、体育和娱乐业企业法人单位分登记注册类型主要指标

登记注册类型	单位数（个）	资产总计（万元）	营业收入（万元）	从业人员数（人）
总　计	**1881**	**506727.87**	**196502.68**	**13528**
内资企业	1879	497624.58	195762.50	13501
国有企业	70	169648.61	104255.44	3646
集体企业	9	7010.80	4134.08	109
股份合作企业	7	314.90	342.53	28
联营企业	4	43.00	39.00	25
有限责任公司	120	167704.59	20171.62	1864
股份有限公司	7	4239.70	1474.82	409
私营企业	1458	139447.03	59181.99	6141
其他企业	204	9215.95	6163.02	1279
港、澳、台商投资企业	1	9097.28	728.46	22
外商投资企业	1	6.01	11.71	5

5-2-30 国有控股企业分行业主要指标

行业	单位数（个）	资产总计（万元）	营业收入（万元）	从业人员数（人）
总 计	**1525**	**18713639.97**	**6449770.42**	**158622**
交通运输、仓储和邮政业	**231**	**5043542.11**	**4025969.08**	**69374**
道路运输业	115	1974629.83	2930573.43	54674
水上运输业				
航空运输业	4	4135.59	4092.50	82
管道运输业				
装卸搬运和运输代理业	27	232900.14	412011.29	1664
仓储业	59	2528465.86	493972.63	1820
邮政业	26	303410.68	185319.23	11134
信息传输、软件和信息技术服务业	**43**	**481718.51**	**465384.30**	**6641**
电信、广播电视和卫星传输服务	26	378771.47	433247.83	5876
互联网和相关服务	2	4614.12	3497.99	106
软件和信息技术服务业	15	98332.92	28638.48	659
房地产业	**164**	**777776.37**	**79838.81**	**5217**
物业管理业	97	530397.01	52511.92	4492
房地产中介服务业	15	35260.65	1049.93	106
自有房地产经营活动	41	49381.75	4769.76	337
其他房地产业	11	162736.96	21507.19	282
租赁和商务服务业	**477**	**10654114.23**	**1184411.35**	**46118**
租赁业	8	6823.80	851.82	86
商务服务业	469	10647290.43	1183559.52	46032
科学研究和技术服务业	**280**	**737418.89**	**415557.13**	**10674**
研究和试验发展	18	17651.75	13065.91	467
专业技术服务业	223	505187.94	390122.20	9789
科技推广和应用服务业	39	214579.20	12369.02	418
水利、环境和公共设施管理业	**73**	**650475.00**	**53762.89**	**6232**
水利管理业	42	344677.03	46183.77	5236
生态保护和环境治理业	2	4523.32	337.99	96
公共设施管理业	29	301274.65	7241.14	900
居民服务、修理和其他服务业	**72**	**96423.91**	**71500.42**	**5207**
居民服务业	25	30361.01	5752.01	465
机动车、电子产品和日用产品修理业	28	48027.98	57809.36	2327
其他服务业	19	18034.92	7939.04	2415
教育	**68**	**25400.58**	**13276.46**	**1929**
卫生和社会工作	**38**	**70110.94**	**31680.47**	**3475**
卫生	34	67415.20	31030.01	3349
社会工作	4	2695.74	650.46	126
文化、体育和娱乐业	**79**	**176659.42**	**108389.52**	**3755**
新闻和出版业	12	148110.04	95644.27	2860
广播、电视、电影和影视录音制作业	41	22216.20	11943.59	572
文化艺术业	14	6103.87	570.77	263
体育	2	60.00	112.89	25
娱乐业	10	169.30	118.00	35

注：不含铁路运输业、金融业和房地产开发经营业数据。

5-2-31　非公有控股经济企业分行业主要指标

行　业	单位数（个）	资产总计（万元）	营业收入（万元）	从业人员数（人）
总　计	**22471**	**103126888.72**	**12105048.42**	**408736**
交通运输、仓储和邮政业	**3760**	**18768931.62**	**4044892.65**	**68133**
道路运输业	2138	1657437.87	1282372.73	39627
水上运输业	2	2235.00	1784.00	58
航空运输业	40	875017.27	125466.73	4883
管道运输业	16	13786382.72	1802427.02	3697
装卸搬运和运输代理业	1075	913591.21	409850.83	12546
仓储业	308	1475885.41	360678.14	3941
邮政业	181	58382.13	62313.21	3381
信息传输、软件和信息技术服务业	**1310**	**3366626.44**	**2125847.90**	**31460**
电信、广播电视和卫星传输服务	143	2574898.30	1755106.06	19795
互联网和相关服务	191	100749.17	31778.79	1885
软件和信息技术服务业	976	690978.97	338963.05	9780
房地产业	**2463**	**9597368.87**	**595584.25**	**61254**
物业管理业	1391	4206980.09	362349.69	50190
房地产中介服务业	738	1189558.26	86047.10	5580
自有房地产经营活动	226	750396.50	89502.49	4020
其他房地产业	108	3450434.02	57684.98	1464
租赁和商务服务业	**7471**	**61667312.07**	**2973627.87**	**143912**
租赁业	615	1332984.18	245538.48	6417
商务服务业	6856	60334327.89	2728089.39	137495
科学研究和技术服务业	**2808**	**3550243.64**	**1588969.92**	**44518**
研究和试验发展	118	93013.16	28314.73	1127
专业技术服务业	2166	2847218.11	1449655.81	39138
科技推广和应用服务业	524	610012.36	110999.38	4253
水利、环境和公共设施管理业	**342**	**1155923.53**	**251721.13**	**8388**
水利管理业	49	415797.44	26203.28	741
生态保护和环境治理业	30	21154.78	8841.84	839
公共设施管理业	263	718971.31	216676.01	6808
居民服务、修理和其他服务业	**1622**	**4186367.74**	**273959.38**	**20994**
居民服务业	281	112979.72	41835.68	5702
机动车、电子产品和日用产品修理业	967	3698704.13	174144.90	8915
其他服务业	374	374683.89	57978.80	6377
教育	**540**	**350367.15**	**63782.20**	**9054**
卫生和社会工作	**353**	**153679.22**	**98549.95**	**11250**
卫生	330	142077.24	97691.39	10823
社会工作	23	11601.98	858.56	427
文化、体育和娱乐业	**1802**	**330068.45**	**88113.16**	**9773**
新闻和出版业	23	10773.74	15666.19	905
广播、电视、电影和影视录音制作业	94	34778.69	21135.69	1335
文化艺术业	97	80411.33	7989.75	978
体育	32	49133.41	8099.66	601
娱乐业	1556	154971.28	35221.86	5954

注：不含铁路运输业、金融业和房地产开发经营业数据。

5-2-32 规模以上交通运输、仓储和

行业	固定资产原价（万元）	本年折旧（万元）	资产总计（万元）	负债合计（万元）	所有者权益合计（万元）	营业收入（万元）
总计	**10805780.80**	**514923.60**	**17903462.30**	**2235462.70**	**15667999.60**	**6057467.90**
铁路运输业						
道路运输业	2069995.4	195841.6	2354780.7	1185546.4	1169234.3	3310966.4
城市公共交通运输	183856.8	20374.7	184777.7	116836.5	67941.2	85131.7
公路旅客运输	181295.1	18485.0	220369.3	136505.8	83863.5	149545.0
道路货物运输	1660991.9	151006.7	1877621.1	903665.3	973955.8	3056169.4
道路运输辅助活动	43851.6	5975.2	72012.6	28538.8	43473.8	20120.3
航空运输业	840184.3	34022.6	864701.6	129645.8	735055.8	122302.0
航空客货运输						
通用航空服务	19893.1	753.7	19404.2	2190.7	17213.5	5396.6
航空运输辅助活动	820291.2	33268.9	845297.4	127455.1	717842.3	116905.4
管道运输业	7469601.2	243082.8	13540253.0	52329.3	13487923.7	1769229.8
管道运输业	7469601.2	243082.8	13540253.0	52329.3	13487923.7	1769229.8
装卸搬运和运输代理业	72943.5	6206.7	163847.5	101350.6	62496.9	229995.7
装卸搬运	17818.7	1455.2	23608.0	9767.2	13840.8	41891.6
运输代理业	55124.8	4751.5	140239.5	91583.4	48656.1	188104.1
仓储业	162435.5	9280.6	642543.5	506177.2	136366.3	394672.2
谷物、棉花等农产品仓储	102233.6	7617.5	524291.0	427224.1	97066.9	323436.8
其他仓储业	60201.9	1663.1	118252.5	78953.1	39299.4	71235.4
邮政业	190619.8	26489.2	336656.7	259931.7	76725.0	228739.5
邮政基本服务	183061.3	25704.3	301460.9	237445.2	64015.7	182812.7
快递服务	7558.5	784.9	35195.8	22486.5	12709.3	45926.8

邮政业企业法人单位主要指标

营业成本（万元）	营业税金及附加（万元）	销售费用、管理费用、财务费用合计（万元）	投资收益（万元）	营业利润（万元）	利润总额（万元）	应交所得税（万元）	应付职工薪酬（万元）	应交增值税（万元）	从业人员数（人）
4820473.00	**102005.20**	**217631.10**	**11666.30**	**919021.40**	**1041199.70**	**125611.80**	**686795.20**	**182059.20**	**92845**
3120264.8	42331.1	136546.1	8518.1	-6771.7	49281.4	18376.2	446717.7	109448.0	65323
89358.6	1804.6	21853.6	610.5	-30447.4	3226.9	1311.0	45327.4	716.0	9314
119006.4	3802.1	21653.2	63.3	8413.7	9538.9	1917.2	17430.4	2068.1	5316
2899705.0	35887.7	85026.3	7637.3	15666.6	36698.7	15063.3	376712.9	106385.7	48430
12194.8	836.7	8013.0	207.0	-404.6	-183.1	84.7	7247.0	278.2	2263
122739.6	3112.2	11338.9	-209.0	-13806.8	-7731.0		68036.1	1294.1	4739
6771.8	50.1	1340.6	-224.2	-1900.7	1444.4		2872.3	98.8	285
115967.8	3062.1	9998.3	15.2	-11906.1	-9175.4		65163.8	1195.3	4454
808105.9	48889.5	-40209.0	3590.5	956060.9	988306.2	103789.1	37668.2	66025.3	3326
808105.9	48889.5	-40209.0	3590.5	956060.9	988306.2	103789.1	37668.2	66025.3	3326
197102.2	3081.2	23594.7	490.7	8870.3	9186.4	2644.7	29708.0	4650.5	5543
28842.8	1059.0	6880.3		667.6	670.7	421.0	20756.1	389.3	4002
168259.4	2022.2	16714.4	490.7	8202.7	8515.7	2223.7	8951.9	4261.2	1541
370357.5	856.5	47018.8	103.7	-16564.9	9327.3	296.9	10131.3	491.3	1097
307225.0	409.5	40454.1	103.3	-16730.7	8989.7	128.1	8129.0	94.1	731
63132.5	447.0	6564.7	0.4	165.8	337.6	168.8	2002.3	397.2	366
200472.4	3731.7	39208.5	-827.7	-8770.8	-7166.2	504.9	94500.4	144.0	12809
162785.3	2411.1	33882.2	-827.7	-10352.7	-8771.3	279.1	80214.6	116.9	11020
37687.1	1320.6	5326.3		1581.9	1605.1	225.8	14285.8	27.1	1789

5-2-33 规模以上信息传输、软件和信息

行　业	固定资产原　价（万元）	本年折旧（万元）	资产总计（万元）	负债合计（万元）	所有者权益合计（万元）	营业收入（万元）
总　计	**5885035.2**	**518094.0**	**2939166.4**	**2619887.3**	**319279.1**	**2251720.6**
电信、广播电视和卫星传输服务	5867737.6	515325.7	2804907.9	2565459.3	239448.6	2128439.6
电信	5820358.2	511513	2717812.9	2530407.9	187405	2097792.5
广播电视传输服务	47379.4	3812.7	87095	35051.4	52043.6	30647.1
卫星传输服务						
互联网和相关服务	1719.2	202.5	8594.6	2564.5	6030.1	6914.6
互联网接入及相关服务	261.4	27	447.7	135.4	312.3	503.2
互联网信息服务	1457.8	175.5	8146.9	2429.1	5717.8	6411.4
其他互联网服务						
软件和信息技术服务业	15578.4	2565.8	125663.9	51863.5	73800.4	116366.4
软件开发	6827.9	1201.2	30177	13104.6	17072.4	32047.5
信息系统集成服务	7694	1189.7	67423.8	27375.6	40048.2	70890.7
信息技术咨询服务	872.7	144.8	25963.8	11233.1	14730.7	12899.1
数据处理和存储服务	177.1	30.1	580	94.4	485.6	371
集成电路设计						
其他信息技术服务业	6.7		1519.3	55.8	1463.5	158.1

5-2-34 规模以上物业管理和房地产

行　业	固定资产原　价（万元）	本年折旧（万元）	资产总计（万元）	负债合计（万元）	所有者权益合计（万元）	营业收入（万元）	营业成本（万元）
总　计	**63979.5**	**4945.8**	**304179.7**	**187392.7**	**116787.0**	**180576.1**	**133356.5**
物业管理	63935.8	4939.9	304077.1	188069.3	116007.8	180226.5	132841.3
房地产中介服务	43.7	5.9	102.6	-676.6	779.2	349.6	515.2

技术服务业企业法人单位主要指标

营业成本（万元）	营业税金及附加（万元）	销售费用、管理费用、财务费用合计（万元）	投资收益（万元）	营业利润（万元）	利润总额（万元）	应交所得税（万元）	应付职工薪酬（万元）	应交增值税（万元）	从业人员数（人）
1345991.4	**67906.5**	**634892.6**	**6.1**	**165265.5**	**175053.7**	**17889.9**	**212594.6**	**2949.6**	**26341**
1255548.1	66270.7	610090.7	2.6	158161.3	164805.6	16734.4	194322.6	393.2	23422
1233310.4	65383.6	603165		157562.1	163446.1	16654.3	189040.4	143.7	22458
22237.7	887.1	6925.7	2.6	599.2	1359.5	80.1	5282.2	249.5	964
4821.1	226.8	2103.6		-236.9	386.0	20.1	1027.8	153.5	581
33.2	15.4	444.7		9.9	9.9	2.4	215.3	8.5	60
4787.9	211.4	1658.9		-246.8	376.1	17.7	812.5	145	521
85622.2	1409.0	22698.3	3.5	7341.1	9862.1	1135.4	17244.2	2402.9	2338
21846.6	440.8	8221.4		1498.4	2903.6	282.4	9700.7	552	1111
56222.1	740.7	10713.1	3.5	3959.6	4912	756.8	5760.5	1644.5	841
7309.9	193.5	3487.3		1908.1	1959.8	79.7	1564	189.6	286
243.6	8.4	133.7		-14.8	7.6	3.7	191.3	16.8	84
	25.6	142.8		-10.2	79.1	12.8	27.7		16

中介服务企业法人单位主要指标

营业税金及附加（万元）	销售费用、管理费用、财务费用合计（万元）	投资收益（万元）	营业利润（万元）	利润总额（万元）	应交所得税（万元）	应付职工薪酬（万元）	应交增值税（万元）	从业人员数（人）
8714.7	**36391.6**	**484.5**	**6531.8**	**12929.9**	**2922.8**	**66324.5**	**1274.5**	**19580**
8695.1	36024.9	484.5	6697.4	13095.5	2922.8	66116.5	1274.5	19525
19.6	366.7		-165.6	-165.6		208		55

5-2-35 规模以上租赁和商务服务业

行　业	固定资产原　价（万元）	本年折旧（万元）	资产总计（万元）	负债合计（万元）	所有者权益合计（万元）	营业收入（万元）
总　计	**830591.9**	**39981.5**	**14974524.9**	**9623697.2**	**5350827.7**	**963004.5**
租赁业	88787.3	7523.5	890094.5	716344.1	173750.4	156585.5
机械设备租赁	88787.3	7523.5	890094.5	716344.1	173750.4	156585.5
文化及日用品出租						
商务服务业	741804.6	32458.0	14084430.4	8907353.1	5177077.3	806419.0
企业管理服务	463874.9	18922.0	13211035.6	8261913.2	4949122.4	306047
法律服务						
咨询与调查	9154.7	616.9	38480.1	22928.9	15551.2	34696.3
广告业	9944.9	991	13556.5	12000.4	1556.1	41404.9
知识产权服务						
人力资源服务	8131.7	541.6	47192	31721.7	15470.3	223171
旅行社及相关服务	30643.4	1950	86367.9	53459.1	32908.8	101653.4
安全保护服务	8170.9	910.4	23091.1	10584.1	12507.0	35684.7
其他商务服务业	211884.1	8526.1	664707.2	514745.7	149961.5	63761.7

5-2-36 规模以上科学研究和技术服务业

行　业	固定资产原　价（万元）	本年折旧（万元）	资产总计（万元）	负债合计（万元）	所有者权益合计（万元）	营业收入（万元）
总　计	**123110.8**	**11500.9**	**913363.0**	**656990.5**	**256372.5**	**972031.5**
研究和试验发展	1053.9	52.2	6019.2	1265.5	4753.7	6540.8
自然科学研究和试验发展						
工程和技术研究和试验发展	1053.9	52.2	6019.2	1265.5	4753.7	6540.8
农业科学研究和试验发展						
医学研究和试验发展						
社会人文科学研究						
专业技术服务业	111845.1	10303.3	874732.5	628419.6	246312.9	948755.0
气象服务						
地震服务						
海洋服务						
测绘服务	1603.7	199.3	1506.6	959.6	547.0	2067.3
质检技术服务	8662.5	737.7	17697.7	5992	11705.7	19109.1
环境与生态监测						
地质勘查	16832.3	1524.4	198080.3	154871	43209.3	47346.3
工程技术	61788.3	5224.8	612960.7	446312.6	166648.1	851102.5
其他专业技术服务业	22958.3	2617.1	44487.2	20284.4	24202.8	29129.8
科技推广和应用服务业	10211.8	1145.4	32611.3	27305.4	5305.9	16735.7
技术推广服务	8744.7	1022.4	27532.3	24412.3	3120	12968.5
科技中介服务	1467.1	123.0	5079.0	2893.1	2185.9	3767.2
其他科技推广和应用服务业						

企业法人单位主要指标

营业成本(万元)	营业税金及附加(万元)	销售费用、管理费用、财务费用合计(万元)	投资收益(万元)	营业利润(万元)	利润总额(万元)	应交所得税(万元)	应付职工薪酬(万元)	应交增值税(万元)	从业人员数(人)
737676.8	**28262.1**	**351893.0**	**355325.0**	**197481.6**	**205309.0**	**19043.3**	**208159.6**	**4300.4**	**45875**
73581.6	5818.1	15203.9	3.9	56865.8	4377.2	1221.3	3670.1	3043.8	1590
73581.6	5818.1	15203.9	3.9	56865.8	4377.2	1221.3	3670.1	3043.8	1590
664095.2	22444.0	336689.1	355321.1	140615.8	200931.8	17822.0	204489.5	1256.6	44285
262420.7	10347.9	249742	352942.6	144581.3	201643	14215.7	90345	531.5	14754
20723.9	1432.8	7072.6	265.0	5731.9	6020.6	629.1	6208.7	346.3	1437
35260.5	715.7	5481.2	127.7	65.8	23.0	145.9	3614.8	116.9	701
203926.8	2121.1	6887.4	38.8	3100.9	3598.0	729.4	69159.6	103.6	17055
90177.6	1027.0	11570.8	6.8	-495.7	715.1	172.9	7415.7	23.0	1665
25260.1	897.1	9305.2	221.7	588.7	1694.2	309.5	20462.9	90.2	7020
26325.6	5902.4	46629.9	1718.5	-12957.1	-12762.1	1619.5	7282.8	45.1	1653

企业法人单位主要指标

营业成本(万元)	营业税金及附加(万元)	销售费用、管理费用、财务费用合计(万元)	投资收益(万元)	营业利润(万元)	利润总额(万元)	应交所得税(万元)	应付职工薪酬(万元)	应交增值税(万元)	从业人员数(人)
756509.2	**20224.4**	**99575.2**	**2523.7**	**83112.3**	**82472.7**	**14705.6**	**128619.5**	**11530.0**	**16042**
3939.1	130.8	1179.6	-3.8	1291.8	1571.7	104.7	2407.9	92.1	244
3939.1	130.8	1179.6	-3.8	1291.8	1571.7	104.7	2407.9	92.1	244
739778.4	19647.0	95519.7	2527.5	81299.6	80247.7	14487.5	124686.1	11304.8	15321
544.9	95.1	1320.4		105.9	105.8	61.8	378.9	9.0	73
14613.4	462.9	3830.4	48.9	356.8	523.9	347.7	4878.6	717.5	709
23332.7	1505.5	3826.2	2001	22033.2	20895.4	3188.2	6859.7	835.3	793
679975.7	17081.7	82535.1	476.5	55301.8	55058.4	10554.3	103934.1	7971.4	12483
21311.7	501.8	4007.6	1.1	3501.9	3664.2	335.5	8634.8	1771.6	1263
12791.7	446.6	2875.9		520.9	653.3	113.4	1525.5	133.1	477
10979.5	384.6	1379.8		228.7	261.6	47.3	1246.5	36.1	388
1812.2	62	1496.1		292.2	391.7	66.1	279.0	97.0	89

5-2-37　规模以上水利、环境和公共设施

行　业	固定资产原价(万元)	本年折旧(万元)	资产总计(万元)	负债合计(万元)	所有者权益合计(万元)	营业收入(万元)
总　计	**122541.1**	**11005.7**	**582084.8**	**287673.3**	**294411.5**	**150948.3**
水利管理业	65062.0	5802.5	434207.7	206566.9	227640.8	46051.2
防洪除涝设施管理						
水资源管理	8794.6	561.1	285519.4	104340.0	181179.4	8541.3
天然水收集与分配	53094.5	4668.4	140230.8	95744.7	44486.1	33141.8
水文服务	541.3	46.7	577.7	308.3	269.4	850.5
其他水利管理业	2631.6	526.3	7879.8	6173.9	1705.9	3517.6
生态保护和环境治理业	10481.4	669.6	8270.1	3540.9	4729.2	4244.0
生态保护	10456.5	664.7	7697.4	3098.2	4599.2	1675.5
环境治理业	24.9	4.9	572.7	442.7	130.0	2568.5
公共设施管理业	46997.7	4533.6	139607.0	77565.5	62041.5	100653.1
市政设施管理	1301.5	90.6	2378.9	176.9	2202.0	1448.2
环境卫生管理	2528.1	849.1	4242.2	2395.5	1846.7	4311.7
城乡市容管理						
绿化管理	13727.6	1662.4	59078.8	33951.0	25127.8	85909.9
公园和游览景区管理	29440.5	1931.5	73907.1	41042.1	32865.0	8983.3

5-2-38　规模以上居民服务、修理和其他

行业名称	固定资产原价(万元)	本年折旧(万元)	资产总计(万元)	负债合计(万元)	所有者权益合计(万元)	营业收入(万元)
总　计	**34931.1**	**2073.3**	**68296.4**	**46957.0**	**21339.4**	**52544.4**
居民服务业	18950.6	1289.5	27786.5	18517.4	9269.1	18896.9
家庭服务	943.7	63.4	1538.3	915.9	622.4	2133.3
托儿所服务						
洗染服务						
理发及美容服务	566.2	66.1	2020.8	2456.5	-435.7	1587.2
洗浴服务	4038.9	200.8	2371.3	4765.6	-2394.3	3376.8
保健服务						
婚姻服务						
殡葬服务	13373.1	957.8	21653.6	10277.5	11376.1	11489.8
其他居民服务业	28.7	1.4	202.5	101.9	100.6	309.8
机动车、电子产品和日用产品修理业	5554.1	366.7	29226.3	19671.2	9555.1	20395.2
汽车、摩托车修理与维护	5226.0	274.9	23240.3	16053.8	7186.5	13095.7
计算机和办公设备维修	111.9	64.0	3761.0	2663.4	1097.6	3621.2
家用电器修理						
其他日用产品修理业	216.2	27.8	2225.0	954.0	1271.0	3678.3
其他服务业	10426.4	417.1	11283.6	8768.4	2515.2	13252.3
清洁服务	853.4	264.6	2109.2	1317.6	791.6	9721.4
其他未列明服务业	9573.0	152.5	9174.4	7450.8	1723.6	3530.9

管理业企业法人单位主要指标

营业成本（万元）	营业税金及附加（万元）	销售费用、管理费用、财务费用合计（万元）	投资收益（万元）	营业利润（万元）	利润总额（万元）	应交所得税（万元）	应付职工薪酬（万元）	应交增值税（万元）	从业人员数（人）
116780.7	**4637.9**	**30211.0**	**3020.8**	**6229.0**	**8917.4**	**1632.9**	**27909.0**	**595.4**	**7002**
35081.7	572.9	12926.6	2908.7	3008.1	2860.7	584.0	8312.7	394.6	2981
4719.8	478.4	6856.7	2768.7	1017.2	816.7	255.7	1208.8	5.6	177
27669.4	46.8	4998.1	140.0	1435.0	1489.0	324.9	6933.8	8.3	808
526.1	47.6	254.7		21.9	21.0	3.4	132.0		30
2166.4	0.1	817.1		534.0	534.0		38.1	380.7	1966
2548.2	158.9	2163.5		-419.3	-419.2	1.0	866.2		199
197.4	72.6	2107.3		-494.5	-494.4		835.0		186
2350.8	86.3	56.2		75.2	75.2	1.0	31.2		13
79150.8	3906.1	15120.9	112.1	3640.2	6475.9	1047.9	18730.1	200.8	3822
509.9	30.5	41.1		485.7	406.3	78.1	567.6	41.6	88
2819.7	207.7	1208.2		76.1	134.2	27.0	930.3		400
73130.4	3236.2	6653.5	110.6	4385.9	5589.7	874.2	14847.3	152.0	2419
2690.8	431.7	7218.1	1.5	-1307.5	345.7	68.6	2384.9	7.2	915

服务业企业法人单位主要指标

营业成本（万元）	营业税金及附加（万元）	销售费用、管理费用、财务费用合计（万元）	投资收益（万元）	营业利润（万元）	利润总额（万元）	应交所得税（万元）	应付职工薪酬（万元）	应交增值税（万元）	从业人员数（人）
35063.4	**960.0**	**13920.6**	**138.3**	**-4542.4**	**881.6**	**307.2**	**16286.3**		**5102**
10228.0	343.8	9431.2	50.6	1035.8	1088.3	196.3	5832.3	11.3	1343
1400.7	127.4	489.1	0.3	116.4	131.2	34.5	1231.9		394
256.6	33.8	1252.0		45.2	41.3	37.8	317.6	1.4	99
3457.6	178.1	1986.1	0.2	-153.7	-127.0		1099.8		319
4862.8	3.4	5645.8	50.1	1027.6	1042.8	124.0	2924.7	8.8	456
250.3	1.1	58.2		0.3			258.3	1.1	75
19359.5	217.6	1677.7	87.7	-480.4	-478.3	63.6	2333.7		401
12551.2	93.6	1187.7	87.7	-664.7	-662.6	15.5	1859.9	334.3	303
3263.3	106.1	207.6		44.0	44.0	13.0	60.0		18
3545.0	17.9	282.4		140.3	140.3	35.1	413.8	149.6	80
5475.9	398.6	2811.7		-5097.8	271.6	47.3	8120.3	95.8	3358
3819.9	268.3	1214.1		-5220.3	172.3	22.5	6963.0	5.7	3075
1656.0	130.3	1597.6		122.5	99.3	24.8	1157.3	90.1	283

5-2-39 规模以上教育企业法人

行业	固定资产原价（万元）	本年折旧（万元）	资产总计（万元）	负债合计（万元）	所有者权益合计（万元）	营业收入（万元）
总　计	**31911.3**	**2683.7**	**40988.8**	**13777.0**	**27211.8**	**22216.0**
学前教育						
初等教育						
中等教育	2711.3		4159.2	1525.1	2634.1	3355.3
高等教育						
特殊教育						
技能培训、教育辅助及其他教育	29200.0	2683.7	36829.6	12251.9	24577.7	18860.7

5-2-40 规模以上卫生和社会工作

行业	固定资产原价（万元）	本年折旧（万元）	资产总计（万元）	负债合计（万元）	所有者权益合计（万元）	营业收入（万元）
总　计	**72934.4**	**5529.0**	**90196.6**	**72894.4**	**17302.2**	**74264.4**
卫生	72934.4	5529.0	90196.6	72894.4	17302.2	74264.4
医院	70892.0	5465.5	88103.5	71297.1	16806.4	71818.3
社区医疗与卫生院						
门诊部(所)	2042.4	63.5	2093.1	1597.3	495.8	2446.1
计划生育技术服务活动						
妇幼保健院(所、站)						
专科疾病防治院(所、站)						
疾病预防控制中心						
其他卫生活动						
社会工作						
提供住宿社会工作						
不提供住宿社会工作						

单位分行业主要指标

营业成本(万元)	营业税金及附加(万元)	销售费用、管理费用、财务费用合计(万元)	投资收益(万元)	营业利润(万元)	利润总额(万元)	应交所得税(万元)	应付职工薪酬(万元)	应交增值税(万元)	从业人员数(人)
14896.5	**644.6**	**5869.7**		**639.8**	**474.1**	**311.0**	**5587.2**	**3.4**	**1377**
3241.7		82.6		31.0	41.4		1802.4		426
11654.8	644.6	5787.1		608.8	432.7	311	3784.8	3.4	951

企业法人单位主要指标

营业成本(万元)	营业税金及附加(万元)	销售费用、管理费用、财务费用合计(万元)	投资收益(万元)	营业利润(万元)	利润总额(万元)	应交所得税(万元)	应付职工薪酬(万元)	应交增值税(万元)	从业人员数(人)
52228.3	**180.2**	**23984.4**		**-863.0**	**-1117.5**	**254.9**	**18790.5**		**4262**
52228.3	180.2	23984.4		-863.0	-1117.5	254.9	18790.5		4262
50962.3	147.6	23033.7		-959.4	-992.9	222.3	18313.2		4072
1266.0	32.6	950.7		96.4	-124.6	32.6	477.3		190

5-2-41 规模以上文化、体育和

行业	固定资产原价(万元)	本年折旧(万元)	资产总计(万元)	负债合计(万元)	所有者权益合计(万元)	营业收入(万元)
总计	**26399.2**	**1231.3**	**82070.8**	**44382.0**	**37688.8**	**53450.0**
新闻出版业	14824.7	791.9	65471.0	36179.6	29291.4	41136.2
新闻业						
出版业	14824.7	791.9	65471	36179.6	29291.4	41136.2
广播、电视、电影和音像业	9832.7	371.5	12854.1	5380.2	7473.9	11020.3
广播						
电视						
电影和影视节目制作	8861.8	255.2	9674.5	3484	6190.5	6256.4
电影和影视节目发行						
电影放映	970.9	116.3	3179.6	1896.2	1283.4	4763.9
录音制作						
文化艺术业						
文艺创作与表演						
艺术表演场馆						
图书馆与档案馆						
文物及非物质文化遗产保护						
博物馆						
烈士陵园、纪念馆						
群众文化活动						
其他文化艺术业						
体育						
体育组织						
体育场馆						
休闲健身活动						
其他体育						
娱乐业	1741.8	67.9	3745.7	2822.2	923.5	1293.5
室内娱乐活动						
游乐园						
彩票活动						
文化、娱乐、体育经纪代理						
其他娱乐业	1741.8	67.9	3745.7	2822.2	923.5	1293.5

娱乐业法人单位主要指标

营业成本（万元）	营业税金及附加（万元）	销售费用、管理费用、财务费用合计（万元）	投资收益（万元）	营业利润（万元）	利润总额（万元）	应交所得税（万元）	应付职工薪酬（万元）	应交增值税（万元）	从业人员数（人）
36095.9	**1473.3**	**18391.7**		**-2538.6**	**6606.1**	**1182.3**	**12611.8**	**674.5**	**2697**
29649.0	1097.8	14151.3		-3763.2	4923.7	827.6	11419.7	494.7	2440
29649	1097.8	14151.3		-3763.2	4923.7	827.6	11419.7	494.7	2440
6262.9	357.6	3424.0		949.5	1394.6	347.6	1121.5	179.8	235
4015.1	49.3	2048.6		143.6	329.9	81.4	938.5	74.5	176
2247.8	308.3	1375.4		805.9	1064.7	266.2	183.0	105.3	59
184.0	17.9	816.4		275.1	287.8	7.1	70.6		22
184.0	17.9	816.4		275.1	287.8	7.1	70.6		22

附　录

一、法人单位、产业活动单位和个体经营户划分规定

（一）法人单位

法人单位是指有权拥有资产、承担负债，并独立从事社会经济活动（或与其他单位进行交易）的组织。法人单位应同时具备以下条件：

1. 依法成立，有自己的名称、组织机构和场所，能够独立承担民事责任；

2.独立拥有（或授权使用）资产或者经费，承担负债，有权与其他单位签订合同；

3.具有包括资产负债表在内的账户，或者能够根据需要编制账户。

法人单位包括五种类型：企业法人、事业单位法人、机关法人、社会团体和其他成员组织法人、其他法人。

（1）企业法人。指依据《中华人民共和国公司登记管理条例》、《中华人民共和国企业法人登记管理条例》等国家法律和法规，经各级工商行政管理机关登记注册，领取《企业法人营业执照》的企业。包括：

①公司制企业法人；

②非公司制企业法人；

③依据《中华人民共和国个人独资企业法》、《中华人民共和国合伙企业法》，经各级工商行政管理机关登记注册，领取《营业执照》的个人独资企业、合伙企业。

（2）事业单位法人。指经国务院或地方县级以上机构编制管理部门批准，经国家或地方县级以上事业单位登记管理部门登记或备案，领取《事业单位法人证书》，取得法人资格的事业单位。包括：

①各级党委、政府直属事业单位；

②中共中央、国务院直属事业单位举办的事业单位；

③各级人大、政协机关，人民法院、人民检察院和各民主党派机关举办的事业单位；

④各级党委部门和政府部门举办的事业单位；

⑤使用财政性经费的群众团体举办的事业单位；

⑥国有企业及其他组织利用国有资产举办的事业单位；

⑦依照法律或有关规定，应当由各级登记管理机关登记的其他事业单位。

（3）机关法人。是指各级政党机关和国家机关。包括：

①县级以上各级中国共产党委员会及其所属各工作部门；

②县级以上各级人民代表大会机关；

③县级以上各级人民政府及其所属各工作部门，以及地区行政行署；

④县级以上各级政治协商会议机关；

⑤县级以上各级人民法院、检察院机关；

⑥县级以上各民主党派机关；

⑦乡、镇中国共产党委员会和人民政府。

（4）社会团体和其他成员组织法人。是指依据《社会团体登记管理条例》，经国家或县级以上民政部门登记注册或备案、领取《社会团体法人登记证书》的各类社会团体，以及由机构编制管理部门管理其编制的群众团体。包括：

①社会团体法人；

②群众团体法人；

③其他成员组织法人。

（5）其他法人是指除上述类型以外的法人。是依据《中华人民共和国居民委员会组织法》、《中华人民共和国村民委员会组织法》、《民办非企业单位登记管理暂行条例》、《基金会管理条例》、《农民专业合作社登记管理条例》及其他法律、法规，依法成立，具备法人条件的单位。包括：

①居民委员会和村民委员会；

②基金会；

③领取《民办非企业单位（法人）登记证书》的民办非企业单位；

④宗教组织和活动场所；

⑤农民专业合作社；

⑥其他未列明法人单位。

（二）产业活动单位

产业活动单位是指位于一个地点，从事一种或主要从事一种社会经济活动的组织或组织的一部分。产业活动单位应同时具备以下条件：

1.在一个场所从事一种或主要从事一种社会经济活动；

2.相对独立地组织生产活动或经营活动；

3.能提供收入、支出等相关资料。

产业活动单位是法人单位的组成部分。仅包含一个产业活动单位的法人单位，称为单产业法人单位，该法人单位同时也是一个产业活动单位；由两个及以上产业活动单位组成的法人单位，称为多产业法人单位，这些产业活动单位接受法人单位的管理和控制。

（三）个体经营户

个体经营户是指生产资料归劳动者个人所有，以个体劳动为基础，劳动成果归劳动者个人占有和支配的一种经营组织。本次经济普查的个体经营户包括：

1.按照《中华人民共和国民法通则》和《城乡个体工商户管理暂行条例》规定，经各级工商行政管理机关登记注册、领取《营业执照》的个体工商户；

2.依据《民办非企业单位登记管理暂行条例》，经国务院民政部门和县级以上地方各级人民政府民政部门核准登记，

并领取《民办非企业单位（合伙）登记证书》或《民办非企业单位（个人）登记证书》的民办非企业单位。

3.没有领取上述证照但有相对固定场所、实际从事个体经营活动三个月以上的城镇、农村个体经营户。但不包括农民家庭以辅助劳力或利用农闲时间进行的一些兼营性的工业、商业及其他活动。

二、普查单位划分有关问题的处理办法

鉴于以往经济普查中遇到的一些特殊情况，结合《统计单位划分及具体处理办法》（国统字〔2011〕96号）的规定，特提出以下具体处理办法：

（一）以下垂直管理单位的跨地区分支机构的处理办法

1.工商银行、建设银行、农业银行、中国银行、交通银行等商业银行省级（省、自治区、直辖市）、地级（地区、地级市、州、盟）分支机构，视同法人单位；县级支行及所属的分理处、储蓄所作为产业活动单位。

兴业银行、民生银行等其他商业银行分行视同法人单位，支行及所属的分理处、储蓄所作为产业活动单位。

农村信用合作社根据证照确定单位类型。

2.保险公司垂直管理的省、地级保险机构视同法人单位；县级及以下分支机构作为产业活动单位；

3.中国电信、中国移动、中国联通、中国卫星通信等通信公司的省、地级分支机构视同法人单位；县级分支机构及营业网点作为产业活动单位。为电信公司提供分销服务且不隶属于电信系统的经营代办网点，根据证照确定单位类型；

4.中国石油天然气集团公司、中国石油天然气股份公司、中国石油化工集团公司、中国石油化工股份公司、中国海洋石油总公司的省、地级分支机构（分公司）视同法人单位；省、地级石油销售公司视同法人单位，县级及以下的石油销售单位作为产业活动单位。中国石油天然气集团公司、中国石油天然气股份公司、中国石油化工集团公司、中国石油化工股份公司、中国海洋石油总公司下属的加油站作为产业活动单位；不隶属于上述公司的加油站根据证照确定单位类型；

5.铁路系统的铁路局一级单位，以及隶属于铁路系统的检察院、法院、公安局、疾病控制所、防疫站视同法人单位；铁路局下属的站段、铁路办事处一级单位为产业活动单位；

6.隶属于国家邮政集团公司的省、地级邮政机构视同法人单位；县级及以下分支机构作为产业活动单位；

7.隶属于国家烟草专卖局（中国烟草总公司）、中国盐业总公司的地级及以上烟草、盐业专卖机构视同法人单位；

8.国家电网公司、区域电网公司下属的非法人省级分公司视同法人单位；发电公司、供电公司下属的非独立核算电力生产企业视同法人单位；非独立核算的地、县级供电公司作为产业活动单位；

（二）领取多个法人执照的一户多证（照）机构，如果是相同的人员、在相同的场地、从事同种活动，并统一核算的作为一个法人单位；如果分别核算收入和支出的则作为不同的法人单位。

（三）派出机构按照以下方法处理

1.企业法人和事业单位法人派驻各地的派出机构（办事处、联络处、办公室、销售部、售后服务部等），按照以下情况处理：

（1）对外从事经营活动的派出机构（如销售部、售后服务部等），在工商部门登记注册并具有法人资格的，作为法人单位，否则作为产业活动单位；

（2）未领取相关证照、不直接从事经营活动的派出机构（如办事处、联络处、办公室等），不单独作为普查对象。

2.机关法人的派出机构，按照以下情况处理：

（1）机关法人驻外地的办事处和在乡（镇）设立的派出机构（如法庭、检察分院、公安派出所、财税所、工商所、国土所等），作为产业活动单位；

（2）城镇街道办事处视同法人单位；

（3）机关法人驻外地的办事处开办的经营性机构（宾馆、招待所、培训中心等），在工商部门登记注册并具有法人资格的，作为法人单位的，否则作为产业活动单位。

3.外国企业和港澳台企业在中国境内常驻的从事与该企业业务有关的非营利性活动的办事处、代表处等机构，不具有法人资格的，作为产业活动单位。

（四）内设机构按照以下方法处理

1.住宿业单位（宾馆、饭店）的内设机构，如从事餐饮、娱乐、健身、洗浴、商务服务等活动，符合产业活动单位条件的，作为产业活动单位；否则不单独作为普查单位。住宿业单位（宾馆、饭店）将内设机构承包给外单位（含个人），从事餐饮、娱乐、健身、洗浴、商务服务等活动，作为承包方的产业活动单位处理。

2.企事业单位、机关下属不具备法人单位条件，以为本单位提供住宿、餐饮、卫生、洗浴、托儿所、运输、建筑、农业（农场、牧场）等服务为主的机构，符合产业活动单位条件的，作为产业活动单位；否则不单独作为普查对象。

3.购物中心（百货商场、超市、仓储会员店等）内经营单位的划分，按照以下情况处理：

（1）购物中心自营的商品销售或餐饮经营活动，符合产业活动单位条件的，作为产业活动单位，否则不单独作为统计单位。

（2）购物中心对外出租店面或柜台的活动。由购物中心统一核算收支（或统一收银结算范围内）的出租店面或柜台，不单独划分单位，其各项指标包含在主体法人企业中；不在购物中心统一核算收支（或统一收银结算范围内），但已进行登记注册的承租单位，根据登记执照确定单位；未进行登记注册的承租单位，均作为个体经营户。

百货商场、超市、仓储会员店以及其他商品零售门店或场所内出租店面或柜台的，参照上述情况处理。

4.商品交易市场（集贸市场）内的经营单位，经工商部门登记注册且具有法人资格的，作为法人单位；符合个体经营户的规定条件，作为个体经营户。

（五）企业集团问题

企业集团是指以资本为主要联结纽带的母子公司为主体，以集团章程为共同行为规范的母公司、子公司、参股公司及其他成员企业或机构共同组成的具有一定规模的企业法人联合体。企业集团的母公司（核心企业）、子公司（成员企业），在法律和经济上都是独立的，是企业法人，应分别单独填报法人单位普查表，其各项指标只包括本法人及其所属的产业活动单位的数据。

对企业集团本部根据下述情况分别处理:

1.按照《企业集团登记管理暂行规定》登记、并领取《企业集团登记证》的企业集团，不具有法人资格，不单独作为普查对象。如果企业集团本部符合产业活动单位条件，则作为其母公司（核心企业）的产业活动单位；其母公司、子公司及成员单位分别作为法人单位进行普查；

2.如果企业集团本部具有法人资格，且自己从事对外经营活动，则企业集团本部按所从事的活动单独填报法人单位普查表，其各项指标只包括企业本部的数据；

3.如果企业集团本部具有法人资格，但自己不从事对外经营活动，则企业集团本部单独填报法人单位普查表，行业归入“企业管理机构”，其各项指标只包括企业本部的数据。

（六）其他有关单位的具体划分问题

1. 工会问题

按照国家行政区划在县级行政区域以上成立的各级总工会，以及同行业或相近行业成立的符合法人单位条件的产业工会作为社团法人单位;各单位内部工会组织不单独作为普查对象。

2. 乡镇政府和党委问题

乡镇政府和党委，如果分别有单独的“三定方案”，且财务上能够单独核算资产，则分别作为法人单位填报普查表；否则，按一个法人单位填报普查表，单位名称统一填写“××××乡(或镇)人民政府(党委)”

3.乡镇事业单位问题

乡镇事业单位，如在编制部门领取事业单位法人证书，并且单独设帐，作为法人单位填报普查表；虽然在编制部门领取事业单位证书，但实际不单独设帐的乡镇事业单位，本次普查原则上作为乡镇政府(党委)的产业活动单位填报普查表。

4.乡镇中小学问题

乡镇中小学若领取法人证书的，作为单独的法人单位；若未领取法人证书但能掌握收支和人员工资等财务资料的，则作为乡镇中心学校（法人单位）的产业活动单位；乡村教学点一书律并入乡村中小学，不单独划分产业活动单位。

5.乡镇所属的站、所问题

乡镇所属的站、所，如农业经济技术推广站等，虽然没有取得法人证书，但具备法人条件的，视同法人单位；不具备法人条件的作为乡镇政府机关法人的产业活动单位。

6.村级经济合作社问题

村级经济合作社（或其他名称的村级集体经济组织），如与村（居）委会统一核算的，并入村（居）委会；如与村（居）委会分别核算的，无论是否办理工商登记，均单独作为一个法人单位。

7.村和社区医疗服务单位问题

村和社区医疗服务单位符合法人单位条件的，按法人单位进行登记；由医院或乡镇卫生院派遣医务人员的村和社区医疗服务单位，符合产业活动单位条件的可作为派出单位的产业活动单位；领取卫生部门发的个体行医证的，作为个体经营户。不属于上述三种情况的村和社区医疗服务单位作为村委会（居委会）的产业活动单位。

8.跨地区水利系统的分支机构问题

凡跨县级以上行政区划的流域水利管理机构的县级及以上分支机构(河务局、处、所)视作法人单位。

9.律师事务所、公证、司法鉴定机构问题

由司法部门管辖并登记批准的律师事务所、公证机构、司法鉴定机构等单位，按司法部门登记的类型确定法人单位和产业活动单位(分支机构)。

10.出租车及货运车辆问题

出租车公司能整体核算的，各出租车不单独作为个体户；如出租车或货运车辆挂靠运输企业，只交一定的管理费，而运输企业不对这些车辆进行整体核算，则由挂靠企业将这些车辆作为个体经营户填报车辆数量和从业人员情况。

如个体出租车或货运车辆、船舶未挂靠的，依据县级交通运管部门行政登记资料进行登记。

11.彩票销售网点的问题

彩票销售网点是各级彩票中心下属的彩票投注站点，一般依附于其他单位存在，本次普查不作为单独的单位填报普查表。

12.宗教组织与宗教场所问题

（1）各类宗教团体法人单位以民政部门颁发的《社会团体法人登记证书》为准;

（2）经各级宗教事务管理部门批准成立，财务上独立核算的寺庙、清真寺、教堂等宗教活动场所作为法人单位;财务上不独立核算的寺庙、清真寺、教堂等宗教活动场所作为上一级宗教组织法人单位的产业活动单位;

（3）不符合产业活动单位条件的宗教活动点和未经批准的自发的宗教活动场所不作为普查对象。

（七）未领取证照的个体经营户的界定问题

1.下列未领取证照的个体活动不列入本次普查范围:

（1）无个体行医证的个体医生;

（2）无固定场所的临时性早市或夜市摊贩及流动摊贩;

（3）各种未领取营运证照的客货运输车船;

（4）家庭保姆、家庭教师;

（5）农户对收获的（或有部分是收购的）农副产品进行一些季节性的简单加工（如香菇烘干、竹笋、地瓜晒干等）;

（6）家庭成员在家承接企业发包的对产品、零部件的简单加工或包装，领取劳动报酬的活动;

（7）居民个人出租或转租房屋，收取租金的活动;

（8）无实体店的网络商店。

2.个体建筑业问题。在城镇、乡村从事建筑业活动的个体劳动者（如：泥瓦工、木工、油漆工等），对外承接工程、单独从事建筑业活动或雇佣人员进行施工、年累计经营活动达三个月以上、完成施工项目并同业主进行财务结算的，作为建筑业个体经营户；受雇于别人（即打工者）的人员不作为个体建筑业经营户。

13、地方与兵团单位划分问题。依照自治区第二次全国经济普查及兵地有关文件规定执行，确保自治区总体单位“不重不漏”。

三、普查主要指标解释

一、单位基本情况

单位规模 根据国家统计局《统计上大中小微型企业划分办法》（国统字〔2011〕75 号）规定，依据从业人员、营业收入、资产总额等指标或替代指标将单位划分为大型、中型、小型和微型。

从业人员期末人数 指报告期末最后一日 24 时在本单位工作，并取得工资或其他形式劳动报酬的人员数。该指标为时点指标，不包括最后一日当天及以前已经与单位解除劳动合同关系的人员，是在岗职工、劳务派遣人员及其他从业人员之和。

从业人员不包括：

1.离开本单位仍保留劳动关系，并定期领取生活费的人员；

2.利用课余时间打工的学生及在本单位实习的各类在校学生；

3.本单位因劳务外包而使用的人员，如：建筑业整建制使用的人员。

开业（成立）时间 指企业开业或成立的具体年月。

登记注册类型

指企业或企业产业活动单位的登记注册类型，按其在工商行政管理机关登记注册的类型填写。

机关、事业单位和社会团体及其他组织的登记注册类型，按其主要经费来源和管理方式，根据实际情况，比照《关于划分企业登记注册类型的规定》确定。

1.工商行政管理部门对企业（单位）登记注册的类型分为以下几种：

（1）国有企业：指企业全部资产归国家所有，并按《中华人民共和国企业法人登记管理条例》规定登记注册的非公司制的经济组织。不包括有限责任公司中的国有独资公司。

（2）集体企业：指企业资产归集体所有，并按《中华人民共和国企业法人登记管理条例》规定登记注册的经济组织。

（3）股份合作企业：指以合作制为基础，由企业职工共同出资入股，吸收一定比例的社会资产投资组建，实行自主经营，自负盈亏，共同劳动，民主管理，按劳分配与按股分红相结合的一种集体经济组织。

（4）联营企业：指两个及两个以上相同或不同所有制性质的企业法人或事业单位法人，按自愿、平等、互利的原则，共同投资组成的经济组织。联营企业包括国有联营企业、集体联营企业、国有与集体联营企业和其他联营企业。

国有联营企业：指所有联营单位均为国有。

集体联营企业：指所有联营单位均为集体。

国有与集体联营企业：指联营单位既有国有也有集体。

其他联营企业：指上述三种联营企业之外的其他联营形式的企业。

（5）有限责任公司：指根据《中华人民共和国公司登记管理条例》规定登记注册，由两个以上，五十个以下的股东共同出资，每个股东以其所认缴的出资额对公司承担有限责任，公司以其全部资产对其债务承担责任的经济组织。有限责任公司包括国有独资公司以及其他有限责任公司。

国有独资公司：指国家授权的投资机构或者国家授权的部门单独投资设立的有限责任公司。

其他有限责任公司：指国有独资公司以外的其他有限责任公司。

（6）股份有限公司：指根据《中华人民共和国公司登记管理条例》规定登记注册，其全部注册资本由等额股份构成并通过发行股票筹集资本，股东以其认购的股份对公司承担有限责任，公司以其全部资产对其债务承担责任的经济组织。

（7）私营企业：指由自然人投资设立或由自然人控股，以雇佣劳动为基础的营利性经济组织。包括按照《公司法》、《合伙企业法》、《私营企业暂行条例》以及《个人独资企业法》规定登记注册的私营独资企业、私营合伙企业、私营有限责任公司、私营股份有限公司和个人独资企业。

私营独资企业：指按《私营企业暂行条例》的规定，由一名自然人投资经营，以雇佣劳动为基础，投资者对企业债务承担无限责任的企业。

私营合伙企业：指按《合伙企业法》或《私营企业暂行条例》的规定，由两个以上自然人按照协议共同投资、共同经营、共负盈亏，以雇佣劳动为基础，对债务承担无限责任的企业。

私营有限责任公司：指按《公司法》、《私营企业暂行条例》的规定，由两个以上自然人投资或由单个自然人控股的有限责任公司。

私营股份有限公司：指按《公司法》的规定，由五个以上自然人投资，或由单个自然人控股的股份有限公司。

个人独资企业：指按《个人独资企业法》、《个人独资企业登记管理办法》的规定，由一个自然人投资，财产为投资人个人所有，投资人以其个人财产对企业债务承担无限责任的经营实体。个人独资企业填表时归入私营独资企业。

（8）其他内资企业：指上述第（1）条至第（7）条之外的其他内资经济组织。

（9）与港澳台商合资经营企业：指港澳台地区投资者与内地的企业依照《中华人民共和国中外合资经营企业法》及有关法律的规定，按合同规定的比例投资设立，分享利润和分担风险的企业。

（10）与港澳台商合作经营企业：指港澳台地区投资者与内地企业依照《中华人民共和国中外合作经营企业法》及有关法律的规定，依照合作合同的约定进行投资或提供条件设立，分配利润、分担风险和亏损的企业。

（11）港澳台商独资经营企业：指依照《中华人民共和国外资企业法》及有关法律的规定，在内地由港澳台地区投资者全额投资设立的企业。

（12）港澳台商投资股份有限公司：指根据国家有关规定，经商务部（原外经贸部）批准设立，并且其中港、澳、台商的股本占公司注册资本的比例达 25%以上的股份有限公司。凡其中港、澳、台商的股本占公司注册资本的比例小于 25%的，属于内资中的股份有限公司。

（13）其他港、澳、台商投资企业：指在中国境内参照《外国企业或个人在中国境内设立合伙企业管理办法》和《外商投资合伙企业登记管理规定》，依法设立的港、澳、台商投资合伙企业。

（14）中外合资经营企业：指外国企业或外国人与中国内地企业依照《中华人民共和国中外合资经营企业法》及有关法律的规定，按合同规定的比例投资设立，分享利润和分担风险的企业。

（15）中外合作经营企业：指外国企业或外国人与中国内地企业依照《中华人民共和国中外合作经营企业法》及有关法律的规定，依照合作合同的约定进行投资或提供条件设立，分配利润、分担风险和亏损的企业。

（16）外资企业：指依照《中华人民共和国外资企业法》及有关法律的规定，在中国内地由外国投资者全额投资设立的企业。

（17）外商投资股份有限公司：指根据国家有关规定，经商务部（原外经贸部）批准设立，并且其中外资的股本占公司注册资本的比例达 25%以上的股份有限公司。凡其中外资股本占公司注册资本的比例小于 25%的，属于内资中的股份有限公司。

（18）其他外商投资企业：指在中国境内依照《外国企业或个人在中国境内设立合伙企业管理办法》和《外商投资合伙企业登记管理规定》，依法设立的外商投资合伙企业。

企业控股情况 根据企业实收资本中某种经济成分的出资人的实际投资情况，或出资人对企业资产的实际控制、支配程度进行分类。具体分为国有控股、集体控股、私人控股、港澳台商控股、外商控股和其他六类。

1.国有控股：包括：

（1）在企业的全部实收资本中，国有经济成分的出资人拥有的实收资本（股本）所占企业全部实收资本（股本）的比例大于 50%的国有绝对控股。

（2）在企业的全部实收资本中，国有经济成分的出资人拥有的实收资本（股本）所占比例虽未大于 50%，但相对大于其他任何一方经济成分的出资人所占比例的国有相对控股；或者虽不大于其他经济成分，但根据协议规定拥有企业实际控制权的国有协议控股。

（3）投资双方各占 50%，且未明确由谁绝对控股的企业，若其中一方为国有经济成分的，一律按国有控股处理。

2.集体控股：包括：

（1）在企业的全部实收资本中，集体经济成分的出资人拥有的实收资本（股本）所占企业全部实收资本（股本）的比例大于 50%的集体绝对控股。

（2）在企业的全部实收资本中，集体经济成分的出资人拥有的实收资本（股本）所占比例虽未大于 50%，但相对大于其他任何一方经济成分的出资人所占比例的集体相对控股；或者虽不大于其他经济成分，但根据协议规定拥有企业实际控制权的集体协议控股。

3.私人控股：包括：

（1）在企业的全部实收资本中，私人经济成分的出资人拥有的实收资本（股本）所占企业全部实收资本（股本）的比例大于 50%的私人绝对控股。

（2）在企业的全部实收资本中，私人经济成分的出资人拥有的实收资本（股本）所占比例虽未大于 50%，但相对大于其他任何一方经济成分的出资人所占比例的私人相对控股；或者虽不大于其他经济成分，但根据协议规定拥有企业实际控制权的私人协议控股。

4.港澳台商控股：包括：

（1）在企业的全部实收资本中，港澳台商经济成分的出资人拥有的实收资本（股本）所占企业全部实收资本（股本）的比例大于 50%的港澳台商绝对控股。

（2）在企业的全部实收资本中，港澳台商经济成分的出资人拥有的实收资本（股本）所占比例虽未大于 50%，但相对大于其他任何一方经济成分的出资人所占比例的港澳台商相对控股；或者虽不大于其他经济成分，但根据协议规定拥有企业实际控制权的港澳台商协议控股。

5.外商控股：包括：

（1）在企业的全部实收资本中，外商经济成分的出资人拥有的实收资本（股本）所占企业全部实收资本（股本）的比例大于 50%的外商绝对控股。

（2）在企业的全部实收资本中，外商经济成分的出资人拥有的实收资本（股本）所占比例虽未大于 50%，但相对大于其他任何一方经济成分的出资人所占比例的外商相对控股；或者虽不大于其他经济成分，但根据协议规定拥有企业实际控制权的外商协议控股。

6.其他：除上述五类以外的企业控股情况。

营业状态 指企业（单位）的生产经营状态。

1.营业：指全年正常开业的企业和季节性生产开工三个月以上的企业，包括部分投产的新建企业。临时性停产和季节性停产的企业视为营业。

2.停业（歇业）：指由于某种原因已处于停产状态，待条件改变后将恢复生产经营的企业。

3.筹建：一般指企业未经工商部门登记开业，正在进行生产经营前的筹建工作。如研究和论证建设、投产或经营方案，办理征地拆迁，订购设备材料，进行基建等。有些三资企业虽经工商部门登记，但未正常投产开业，仍属于筹建。有些行业的企业，由于行业管理或其他政策性管理的需要必须经过一定时间的试营业才能正式开业，这些处于试营业状态的单位也属于筹建。

4.当年关闭：指当年因某种原因终止经营的企业，包括关闭、注销、吊销的企业，但不包括破产企业。

5.当年破产：指当年依照《破产法》或相关法律、法规宣布破产的企业。

6.其他：指上述情况以外的其他企业。

机构类型 分为企业、事业单位、机关、社会团体、民办非企业单位、基金会、居委会、村委会和其他组织机构。

1.企业：包括（1）领取《企业法人营业执照》的各类企业；（2）个人独资企业、合伙企业；（3）由其他行政主管部门依据有关法律法规审批成立，且具备法人条件的企业；（4）未经有关部门批准、但实际从事生产经营活动的企业；（5）经各级工商行政管理部门核准登记，领取《营业执照》的各类企业产业活动单位或经营单位；（6）未经有关部门批准但实际从事生产经营活动、且符合产业活动单位条件的企业法人的本部及分支机构。

2.事业单位：包括（1）经机构编制部门批准成立和登记或备案，领取《事业单位法人证书》，取得法人资格的单位；（2）由其他行政主管部门依据有关法律法规审批成立，且具备法人条件的事业单位；（3）事业法人单位的本部及分支机构或派出机构。

3.机关：包括国家权力机关、国家行政机关、国家司法机关、政党机关、政协组织、人民解放军、武警部队和其他机关；还包括机关法人单位的本部，以及国家权力机关分支机构、国家行政机关分支或派出机构、人民法院分支机构、人民检察院分支机构等。

（1）国家权力机关：指全国人民代表大会及其常务委员会、地方各级人民代表大会及其常务委员会和办事机构。

（2）国家行政机关：指国务院和地方各级人民政府及其工作部门，以及地区行政行署。

（3）国家司法机关：指国家审判机关和检察机关。

（4）政党机关：指中国共产党各级机关和所属办事机构、各民主党派各级机关和办事机构。

（5）政协组织：指中国人民政治协商会议全国委员会和地方各级委员会及其办事机构。

4.社会团体：指中国公民自愿组成，为实现会员共同意愿，按照其章程开展活动的非营利性社会组织。包括（1）经各级民政部门核准登记，领取《社会团体法人证书》的各类社会团体；（2）由各级机构编制管理部门直接管理其机关机构编制的群众团体；（3）经国务院批准可以免于登记的社会团体；（4）由其他行政主管部门依据有关法律法规审批成立，不需要进行登记的具备法人条件的社会团体；（5）社团法人单位的本部，以及经各级民政部门核准登记，领取《社会团体分支机构登记证书》或《社会团体代表机构登记证书》的社会团体分支机构或代表机构。

5.民办非企业单位：指企业单位、事业单位、社会团体和其他社会力量以及公民个人利用非国有资产举办的，从事非营利性社会服务的社会组织。包括（1）经各级民政部门核准登记，领取《民办非企业单位（法人）登记证书》的民办非企业单位；（2）由其他行政主管部门依据有关法律法规审批成立，不需要进行登记的具备法人条件的民办非企业单位。

民办非企业法人不得设立分支机构。

6.基金会：包括（1）民政部和省级民政部门核准登记的，颁发《基金会法人登记证书》的基金会；（2）基金会的本部及分支机构和境外基金会代表机构。

7.居民委员会：由不设区的市、市辖区的人民政府决定设立的社区（居委会）。

8.村民委员会：由乡、民族乡、镇的人民政府提出，经村民会议讨论同意后，报县级人民政府批准，设立的村民委员会。

9.其他组织机构：指除企业、事业单位、机关、社会团体、民办非企业单位、基金会、居民委员会和村民委员会以外的其他符合法人和产业活动单位条件的机构。包括：律师事务所和各类寺庙等。

经营性单位收入 指经营性产业活动单位在全年生产经营活动中取得的收入。

非经营性单位支出（费用） 其中具有行政事业性质的产业活动单位填报日常业务支出，包括除固定资产购置以外的所有经常性业务支出；其他产业活动单位填报各种费用合计，包括业务活动成本、管理费用、筹资费用和其他费用。

企业主要经济指标

1.营业收入 指企业经营主要业务和其他业务所确认的收入总额。营业收入合计包括“主营业务收入”和“其他业务收入”。根据会计“利润表”中“营业收入”项目的本期金额数填报。

2.主营业务收入 指企业确认的销售商品、提供劳务等主营业务的收入。根据会计“主营业务收入”科目的期末贷方余额（结转前）填报。执行2006年《企业会计准则》的企业，如未设置该科目，以“营业收入”代替填报。

3.资产总计 指企业过去的交易或者事项形成的、由企业拥有或者控制的、预期会给企业带来经济利益的资源。资产一般按流动性（资产的变现或耗用时间长短）分为流动资产和非流动资产。其中流动资产可分为货币资金、交易性金融资产、应收票据、应收账款、预付款项、其他应收款、存货等；非流动资产可分为长期股权投资、固定资产、无形资产及其他非流动资产等。根据会计“资产负债表”中“资产总计”项目的期末余额数填报。

执行2006年《企业会计准则》的企业：资产总计=流动资产合计+非流动资产合计；未执行2006年《企业会计准则》企业的资产包括流动资产、长期投资、固定资产、无形资产和其他资产等。

4.营业税金及附加 指企业因从事生产经营活动按税法规定缴纳的应从经营收入中抵扣的税金和附加，包括营业税、消费税、城市维护建设税、教育费附加等。根据会计“利润表”中“营业税金及附加”项目的本期金额数填报。

5.主营业务税金及附加 指企业经营主要业务应负担的

营业税、消费税、城市维护建设税、教育费附加等。根据会计“主营业务税金及附加”科目的期末借方余额（结转前）填报。执行 2006 年《企业会计准则》的企业，如未设置该科目，以“营业税金及附加”代替填报。

6.实收资本 指企业各投资者实际投入的资本（或股本）总额，包括货币、实物、无形资产等各种形式的投入。实收资本按投资主体可分为国家资本、集体资本、法人资本、个人资本、港澳台资本和外商资本。根据会计“资产负债表”中“所有者权益”项下“实收资本”的期末余额数填报。

非企业单位支出（费用） 行政事业单位填报“本年支出合计”，指行政事业单位在业务活动中发生的各项资产耗费和损失等支出情况。根据行政事业单位“收入支出决算总表”中的“本年支出合计”项目填报。社团、民办非企业单位、基金会及其他单位填报“本年费用合计”，指单位为完成各种目标所发生的费用，包括业务活动成本、管理费用、筹资费用和其他费用。执行民间非营利组织会计制度的单位根据会计“业务活动表”中“费用合计”科目的发生额填列。

年末资产 指非企业单位占有或者使用的，能以货币计量的经济资源。包括流动资产、固定资产、债权和其他权利。取自资产负债表中的资产合计年末数。

固定资产支出 该指标数值来源于调查单位的会计资料。

固定资产支出=会计科目“在建工程”的本年借方累计发生额 +会计科目“固定资产”中与“购置不需安装的设备、工器具”相关的明细科目的本年借方累计发生额+会计科目“无形资产”中 “土地使用权”的本年借方累计发生额

1.在建工程：指调查单位在基建、更新改造等方面发生的支出。

在建工程=建筑安装工程投资+设备投资+待摊投资。该数据根据会计“在建工程”科目本年借方累计发生额计算。

2.购置不需安装的设备、工器具：不需安装的设备指不必固定在一定位置或支架上就可以使用的各种设备，如电焊机、叉车、汽车、机车、飞机、船舶以及生产上流动使用的空压机、泵等。工具、器具指具有独立用途的各种生产用具、工作工具和仪器、办公及生活用家具、器具等。如生产和维修用的切削工具、压延工具、铆焊工具、模压器、铸型、风镐等，检验、实验测量用的各种计量、分析、化验仪器，以及达到固定资产标准的包装容器等。该数据根据会计“固定资产”科目中相关明细科目计算本年借方累计发生额。

3.土地使用权：指调查单位通过各种方式取得土地使用权而支付的费用。包括：

（1）通过划拨方式取得的土地使用权所支付的土地补偿费、附着物和青苗补偿费、安置补偿费及土地征收管理费等；

（2）通过出让方式取得土地使用权所支付的出让金；

（3）通过“招、拍、挂”方式取得土地使用权所支付的资金。

该数据根据会计“无形资产”科目中 “土地使用权”明细科目计算本年借方累计发生额。

本年煤炭消费量 仅限规模以下工业法人单位填写。指用煤单位年度实际使用的各种煤及煤制品的数量。不包括焦炭、下脚煤和石煤。煤炭是原煤、洗精煤、其他洗煤以及烟煤、无烟煤、褐煤、泥煤、型煤（蜂窝煤、煤球、煤饼）等的统称。

煤炭的消费以吨计量，1 吨＝1000 千克（公斤），用煤单位应按照实际消费称重记录填报，如缺少称重记录，可通过下式计算获得：消费量＝年初库存+购入量－年末库存，或用一年的购入煤炭量代替。

从业人员期末人数 指报告期末最后一日 24 时在本单位工作，并取得工资或其他形式劳动报酬的人员数。该指标为时点指标，不包括最后一日当天及以前已经与单位解除劳动合同关系的人员，是在岗职工、劳务派遣人员及其他从业人员之和。从业人员不包括：

1.离开本单位仍保留劳动关系，并定期领取生活费的人员；

2.利用课余时间打工的学生及在本单位实习的各类在校学生；

3.本单位因劳务外包而使用的人员，如：建筑业整建制使用的人员。

非全日制人员 根据《中华人民共和国劳动合同法》规定，非全日制人员指以小时计酬为主，其在同一用人单位一般平均每日工作时间不超过四小时，每周工作时间累计不超过二十四小时，且劳动报酬结算支付周期最长不得超过十五日的人员。非全日制人员不包括不定时工作制人员，如：老师、编辑等不坐班人员。

在岗职工 指在本单位工作且与本单位签订劳动合同，并由单位支付各项工资和社会保险、住房公积金的人员，以及上述人员中由于学习、病伤、产假等原因暂未工作仍由单位支付工资的人员。在岗职工还包括：

1.应订立劳动合同而未订立劳动合同人员（如使用的农村户籍人员）；

2.处于试用期人员；

3.编制外招用的人员，如临时人员；

4.派往外单位工作，但工资仍由本单位发放的人员（如挂职锻炼、外派工作等情况）。

在岗职工不包括：

1.本单位使用的且由本单位直接支付工资的劳务派遣人员，应统计在本单位“劳务派遣人员”指标中；

2.本单位因劳务外包而使用的人员，由承包劳务的单位统计为在岗职工。

劳务派遣人员 根据《中华人民共和国劳动合同法》规定，指与劳务派遣单位签订劳动合同，并被劳务派遣单位派遣到实际用工单位工作，且劳务派遣单位与实际用工单位签订《劳务派遣协议》的人员。

注意：无论用工单位是否直接支付劳动报酬，劳务派遣人员均由实际用工单位填报，而劳务派遣单位（派出单位）不填报这些人员。

其他从业人员 指在本单位工作，不能归到在岗职工、

劳务派遣人员中的人员。此类人员是实际参加本单位生产或工作并从本单位取得劳动报酬的人员。具体包括：非全日制人员、聘用的正式离退休人员、兼职人员和第二职业者等，以及在本单位中工作的外籍和港澳台方人员。

二、财务状况

资产总计 指企业过去的交易或者事项形成的、由企业拥有或者控制的、预期会给企业带来经济利益的资源。资产一般按流动性（资产的变现或耗用时间长短）分为流动资产和非流动资产。其中流动资产可分为货币资金、交易性金融资产、应收票据、应收账款、预付款项、其他应收款、存货等；非流动资产可分为长期股权投资、固定资产、无形资产及其他非流动资产等。根据会计“资产负债表”中“资产总计”项目的期末余额数填报。

执行2006年《企业会计准则》的企业：资产总计=流动资产合计+非流动资产合计；未执行2006年《企业会计准则》企业的资产包括流动资产、长期投资、固定资产、无形资产和其他资产等。

流动资产合计 资产满足以下条件之一应归为流动资产：（1）预计在一个正常营业周期中变现、出售或耗用，主要包括存货、应收账款等；（2）主要为交易目的而持有；（3）预计在资产负债表日起一年内（含一年）变现；（4）自资产负债日起一年内，交换其他资产或清偿负债的能力不受限制的现金或现金等价物。包括货币资金、应收票据、应收账款、存货等项目。根据会计“资产负债表”中“流动资产合计”项目的期末余额数填报。

应收账款 指企业因销售商品、提供劳务等经营活动，应向购货单位或接受劳务单位收取的款项，主要包括企业销售商品或提供劳务等应向有关债务人收取的价款及代购货单位垫付的包装费、运杂费等。根据会计“资产负债表”中“应收账款”项目的期末余额数填报。

应收工程款 指建筑业企业在报告期末向发包单位应收而未收的工程款。根据会计“应收账款——应收工程款”明细账对应科目填报。注意事项：（1）应收工程款中不包括质量保证金和工程款押金，一般纳入“其他应收款”；（2）建设工程质量保证金或保修金，是发包人与承包人在建设工程承包合同中约定，从应付的工程款中预留，用以保证工程质量的资金。

竣工工程 指建筑业企业在报告期末已完成施工任务，单位工程已全部竣工后应向发包单位收取而未收取的工程款。根据建筑业企业会计科目“竣工工程”的期末借方余额填报。

存货 指企业在日常活动中持有以备出售的产成品或商品、处在生产过程中的在产品、在生产过程或提供劳务过程中耗用的材料或物料等，通常包括原材料、在产品、半成品、产成品、商品以及周转材料等。根据会计“资产负债表”中“存货”项目的期末余额数填报。其中：“年初存货”根据会计“资产负债表”中“存货”项目的年初余额数填报。注意：“存货”具有实物形态，不属于无形资产，由于企业持有存货的最终目的是为了出售，所以房地产开发企业（单位）购置的土地、尚未销售的商品房等均计入“存货”。

产成品 指工业企业已经完成全部生产过程并验收入库，可以按照合同规定的条件送交订货单位，或者可以作为商品对外销售的产品。根据会计“产成品”科目的借方余额填报。

在产品 指企业正在制造尚未完工的产品，包括正在各个生产工序加工的产品，以及已加工完毕但尚未检验或已检验但尚未办理入库手续的产品。根据会计“生产成本”科目的借方余额填报。

固定资产合计 指企业为生产商品、提供劳务、出租或经营管理而持有的，使用寿命超过一个会计年度的有形资产。包括使用期限超过一年的房屋、建筑物、机器、机械、运输工具以及其他与生产、经营有关的设备、器具、工具等。固定资产合计是时点指标，表示固定资产经过扣减折旧、减值准备等后的期末余额。执行2006年《企业会计准则》的企业，根据会计“资产负债表”中“固定资产”项目的期末余额数填报。

固定资产减值准备 指企业确认固定资产发生减值时，按其固定资产可收回金额低于账面价值的差额计提的减值准备。根据会计“固定资产减值准备”科目的期末贷方余额填报。

固定资产原价 指固定资产的成本，包括企业在购置、自行建造、安装、改建、扩建、技术改造某项固定资产时所发生的全部支出总额。根据会计“固定资产”科目的期末借方余额填报。

固定资产折旧 指企业在固定资产的使用寿命内，按照确定的方法对应计折旧额进行系统分摊。

累计折旧 指企业在报告期末提取的历年固定资产折旧累计数。根据会计“累计折旧”科目的期末贷方余额填报。

本年折旧 指企业在报告期内提取的固定资产折旧合计数。可以根据会计“财务状况变动表”中“固定资产折旧”项的数值填报。若企业执行2001年《企业会计制度》，可以根据会计核算中《资产减值准备、投资及固定资产情况表》内“当年计提的固定资产折旧总额”项本年增加数填报。

在建工程 指企业在基建、更新改造等方面发生的支出。根据会计“在建工程”科目的期末借方余额填报。

负债合计 指企业过去的交易或者事项形成的，预期会导致经济利益流出企业的现时义务。负债一般按偿还期长短分为流动负债和非流动负债。根据会计“资产负债表”中“负债合计”项目的期末余额数填报。

执行2006年《企业会计准则》的企业：负债合计=流动负债合计+非流动负债合计；未执行2006年《企业会计准则》企业的负债包括流动负债和长期负债。

流动负债合计 负债满足下列条件之一的应归为流动负债：（1）预计在一个正常营业周期中清偿；（2）主要为交易目的而持有；（3）自资产负债表日起一年内到期应予清偿；（4）企业无权自主地将清偿推迟至资产负债表日后一年以上。包括短期借款、应付票据、应付账款、应付职工薪酬、应交税费等项目。根据会计“资产负债表”中“流动负债合计”项目的期末余额数填报。

应付账款 指企业因购买材料、商品和接受劳务供应等经营活动应支付的款项。根据会计“资产负债表”中“应付账款”项目的期末余额数填报。

非流动负债合计 指流动负债之外的负债。包括长期借款、应付债券等。根据会计“资产负债表”中“非流动负债合计”项目的期末余额数填报。未执行 2006 年《企业会计准则》的企业，根据会计“资产负债表”中的“长期负债合计”的期末余额数填报。

所有者权益合计 指企业资产扣除负债后由所有者享有的剩余权益。公司的所有者权益又称股东权益。包括实收资本、资本公积、盈余公积、未分配利润等。根据会计“资产负债表”中“所有者权益合计”项目的期末余额数填报。

实收资本 指企业各投资者实际投入的资本（或股本）总额，包括货币、实物、无形资产等各种形式的投入。实收资本按投资主体可分为国家资本、集体资本、法人资本、个人资本、港澳台资本和外商资本。根据会计“资产负债表”中“所有者权益”项下“实收资本”的期末余额数填报。

国家资本 指有权代表国家投资的政府部门或机构、直属事业单位对企业形成的资本金。根据会计“实收资本”科目计算填报。

集体资本 指由本企业职工等自然人集体投资或各种机构对企业进行扶持形成的集体性质的资本金。根据会计“实收资本”科目计算填报。

法人资本 指法人以其依法可支配的资产投入企业形成的资本金。根据会计“实收资本”科目计算填报。

个人资本 指自然人实际投入企业的资本金。根据会计“实收资本”科目计算填报。

港澳台资本 指我国香港、澳门和台湾地区投资者实际投入企业的资本金。根据会计“实收资本”科目计算填报。

外商资本 指外国投资者实际投入企业的资本金。根据会计“实收资本”科目计算填报。

营业收入 指企业经营主要业务和其他业务所确认的收入总额。营业收入合计包括“主营业务收入”和“其他业务收入”。根据会计“利润表”中“营业收入”项目的本期金额数填报。

主营业务收入 指企业确认的销售商品、提供劳务等主营业务的收入。根据会计“主营业务收入”科目的期末贷方余额（结转前）填报。执行 2006 年《企业会计准则》的企业，如未设置该科目，以“营业收入”代替填报。

土地转让收入 指房地产开发企业按国家规定在报告期转让已经开发的土地和未经开发的土地所得到的收入。根据会计“利润表”和相关核算资料计算填报。

商品房销售收入 指房地产开发企业在报告期售出商品房屋的收入，一次收款的，一次性全部计入销售收入，按合同规定分期收款的，可按合同规定的时间分次计入收入。根据会计“利润表”和相关核算资料计算填报。

房屋出租收入 指房地产开发企业在报告期内，在不改变现有财产所有权关系的条件下，将企业的全部或部分房屋出租给其他单位或个人使用所得到的租金收入。根据会计“利润表”和相关核算资料计算填报。

其他（主营业务）收入 指房地产开发企业在报告期内从事除以上收入外的其他业务活动所得到的收入，包括配套设施销售收入、代建工程结算收入等。根据会计“利润表”和相关核算资料计算填报。

营业成本 指企业经营主要业务和其他业务所发生的成本总额。包括企业（单位）在报告期内从事销售商品、提供劳务等日常活动发生的各种耗费。包括“主营业务成本”和“其他业务成本”。根据会计“利润表”中“营业成本”项目的本期金额数填报。

主营业务成本 指企业经营主要业务所发生的成本总额。根据会计“主营业务成本”科目的期末借方余额（结转前）填报。执行 2006 年《企业会计准则》的企业，如未设置该科目，以“营业成本”代替填报。

营业税金及附加 指企业因从事生产经营活动按税法规定缴纳的应从经营收入中抵扣的税金和附加，包括营业税、消费税、城市维护建设税、教育费附加等。根据会计“利润表”中“营业税金及附加”项目的本期金额数填报。

主营业务税金及附加 指企业经营主要业务应负担的营业税、消费税、城市维护建设税、教育费附加等。根据会计“主营业务税金及附加”科目的期末借方余额（结转前）填报。执行 2006 年《企业会计准则》的企业，如未设置该科目，以“营业税金及附加”代替填报。

其他业务利润 指企业经营除主要业务以外的其他业务实现的利润。根据会计“其他业务收入”科目的期末贷方余额减“其他业务成本”科目的期末借方余额计算填报。执行 2006 年《企业会计准则》的企业，如果未设置该科目，则在此处填 0。

销售费用 指企业在销售商品和材料、提供劳务的过程中发生的各种费用，包括保险费、包装费、展览费和广告费、商品维修费、预计产品质量保证损失、运输费、装卸费等以及为销售本企业商品而专设的销售机构（含销售网点、售后服务网点等）的职工薪酬、业务费、折旧费等经营费用。建筑业企业销售费用指企业从事施工生产活动过程中发生的各项费用，包括应由企业负担的运输费、装卸费、包装费、保险费、维修费、展览费、差旅费、广告费和其他经费。房地产企业销售费用指企业在从事主要经营业务过程中所发生的各项销售费用，包括转让、销售、结算和出租开发产品等。根据会计“利润表”中“销售费用”项目的本期金额数填报。未执行 2006 年《企业会计准则》的企业，根据会计“利润表”中“营业费用（或经营费用）”项目的本期金额数填报。

管理费用 指企业为组织和管理企业生产经营所发生的费用，包括企业在筹建期间内发生的开办费、董事会和行政管理部门在企业经营管理中发生的，或者应当由企业统一负担的公司经费等。根据会计“利润表”中“管理费用”项目的本期金额数填报。

税金 指企业按照规定从管理费用中支付的房产税、印花税、车船使用税和土地使用税。根据“管理费用明细账”中“管理费用——税金”的期末借方余额（结转前）分析填报。

差旅费 指企业行政管理部门的差旅费，包括市内公出的交通费和外地出差的差旅费。根据“管理费用明细账”中“管理费用——差旅费”的期末借方余额（结转前）分析填报。

工会经费 指企业按职工工资总额（扣除按规定标准发放的住房补贴，下同）的2%计提并拨交给工会使用的经费。根据“管理费用明细账”中“管理费用——工会经费”的期末借方余额（结转前）分析填报。

财务费用 指企业为筹集生产经营所需资金等而发生的筹资费用，包括企业生产经营期间发生的利息支出（减利息收入）、汇兑损失（减汇兑收益）以及相关的手续费等。根据会计“利润表”中“财务费用”项目的本期金额数填报。

利息收入 指非金融企业存款业务所确认的利息金额。根据企业“财务费用明细账”中“财务费用——利息收入”科目的本期发生额填报。如果企业没有设置该科目，此处可填“0”。

利息支出 指企业短期借款利息、长期借款利息、应付票据利息、票据贴现利息、应付债券利息、长期应付引进国外设备款利息等利息支出。根据企业“财务费用明细账”中“财务费用——利息支出”科目的本期发生额填报。如果企业没有单独设立“利息收入”科目，应填报利息支出减去银行存款等的利息收入后的净额。

资产减值损失 指企业计提各项资产减值准备所形成的损失。根据会计“利润表”中“资产减值损失”项目的本期金额数填报。未执行2006年《企业会计准则》的企业可免填。

公允价值变动收益 指企业的交易性金融资产、交易性金融负债，以及采用公允价值模式计量的投资性房地产、衍生工具、套期保值业务等公允价值变动形成的应计入当期损益的利得或损失。根据会计“利润表”中“公允价值变动收益”项目的本期金额数填报，或根据“公允价值变动损益”会计科目的余额填报。余额在贷方，则为净收益，余额在借方，则为净损失，以“-”号记。未执行2006年《企业会计准则》的企业可免填。

投资收益 指企业确认的投资收益或投资损失，反映企业以各种方式对外投资所取得的收益。根据会计“利润表”中“投资收益”项目的本期金额数填报。如为投资损失以“-”号记。

营业利润 指企业从事生产经营活动所取得的利润。执行2006年《企业会计准则》的企业，营业利润为营业收入减去营业成本、营业税金及附加、销售费用、管理费用、财务费用、资产减值损失，再加上公允价值变动收益和投资收益。未执行2006年《企业会计准则》的企业，营业利润为主营业务收入减去主营业务成本、主营业务税金及附加，加上其他业务利润后，再减去销售费用、管理费用、财务费用后的金额。根据会计“利润表”中“营业利润”项目的本期金额数填报。

营业外收入 指企业发生的与经营业务无直接关系的各项收入，包括非流动资产处置利得、非货币性资产交换利得、债务重组利得、政府补助、盘盈利得、捐赠利得等。根据会计“利润表”中“营业外收入”项目的本期金额数填报；未执行2006年《企业会计准则》的企业，“营业外收入”中不含“补贴收入”。

补贴收入 指企业实际收到的补贴收入，包括实际收到的先征后返的增值税；企业按销量或工作量等，依据国家规定的补助定额计算并按期给予的定额补贴。执行2006年《企业会计准则》的企业，根据会计 “营业外收入——补贴收入” 科目的期末贷方余额（结转前）填报；未执行2006年《企业会计准则》的企业，根据会计“补贴收入”科目的期末贷方余额（结转前）填报。

营业外支出 指企业发生的与经营业务无直接关系的各项支出，包括非流动资产处置损失、非货币性资产交换损失、债务重组损失、公益性捐赠支出、非常损失、盘亏损失等。根据会计“利润表”中“营业外支出”项目的本期金额数填报。

利润总额 指企业在一定会计期间的经营成果，是生产经营过程中各种收入扣除各种耗费后的盈余，反映企业在报告期内实现的盈亏总额。根据会计“利润表”中“利润总额”项目的本期金额数填报。执行2006年《企业会计准则》的企业，利润总额为营业利润加上营业外收入，减去营业外支出后的金额；未执行2006年《企业会计准则》的企业，利润总额为营业利润加上投资收益、补贴收入、营业外收入，再减去营业外支出后的金额。

应交所得税 指企业按税法规定，应从生产经营等活动的所得中缴纳的税金。执行2006年《企业会计准则》的企业，根据会计“利润表”中“所得税费用”项目的本期金额数填报；未执行2006年《企业会计准则》的企业，根据会计“利润表”中 “所得税”项目的本期金额数填报。

制造成本 指企业在生产过程中实际消耗的直接材料、直接人工、其他直接费用和制造费用。

制造成本中的：

直接材料消耗 指企业在生产产品过程中所消耗的、直接用于产品生产并构成产品实体的原料及主要原材料、燃料和动力、包装物、外购半成品、修理用备件（备品配件）和其他直接材料。直接材料消耗价值量按不含进项税的购进价格计算。购进价格由下列各项组成：买价；运杂费（包括运输费、装卸费、保险费、包装费、仓库费等）；运输途中的合理损耗；入库前的整理挑选费用（包括整理挑选中发生工、费支出和必要的损耗，并扣除回收的下脚废料价值）；购入材料负担的税金（指进项税以外的其他应负担的税金）；外汇价差和其他费用。

直接人工 指企业在生产产品过程中，直接从事产品生产的工人工资、奖金、津贴和补贴，以及按生产工人工资总额和规定的比例计算提取的职工福利费。

其他直接费用 指企业发生的除直接材料费用和直接

人工以外的，与生产产品有直接关系的费用。

其他直接费用中支付给个人部分　指企业发生的其他直接费用中支付给个人的各种补贴。

其他直接费用中上交给政府部分　指企业发生的其他直接费用中上交给政府管理部门的各项费用。

制造费用　指企业各生产车间（或分厂，下同）为生产产品和提供劳务而发生的各项间接费用，包括生产车间管理人员的工资和福利费、折旧费、维修费、办公费、机物料消耗、劳动保护费、季节性和修理期间的停工损失等，但不包括企业行政管理部门为组织和管理生产经营活动而发生的管理费用。

生产单位管理人员工资　指生产车间管理人员的工资。

生产单位管理人员福利费　指为生产车间管理人员提取的福利费。

折旧费　指生产车间根据应计提折旧的固定资产原值和规定折旧率计提的资产折旧费。包括生产车间的厂房、建筑物、管理用房屋和设备的折旧费。

修理费　指生产车间为修理房屋、固定资产和低值易耗品等资产所支付的费用。

经营租赁费　指生产车间租用办公用房、生产用房、机械设备、低值易耗品等所支付的租赁费用和土地租赁费用。

保险费　指生产车间当年支付的房屋、设备等财产的保险费。

取暖费　指生产车间当年支付的取暖费。

运输费　指生产车间在生产或销售产品过程中进行运输活动所支付的费用。

劳动保护费　指生产车间为职工配备的工作服、手套、安全保护用品、防暑降温用品等所发生的支出和高温、高空、有害工作津贴，洗理费等。

保健补贴、洗理费　指劳动保护费中所有支付给职工个人的各种保健补贴和洗理费。

工具摊销　指生产工具摊销和车间管理用品摊销。

设计制图费　指生产车间当年支付的设计制图费。

研发、试验检验费　指生产车间当年支付的用于研发、试验检验的费用。

水电费　指生产车间支付的用于外购的水费和电费。

水电费中上缴的各项税费　指企业的水电费中包含的代政府部门征收的各种税费，具体包括水费中的污水处理费，电费中的三峡基金、农网还贷、水库移民资金等。

机物料消耗　指生产车间实际发生的机物料消耗。

差旅费　指生产车间支付的差旅费，包括市内公出的交通费和外地出差的差旅费。

办公费　指生产车间发生的各项办公经费支出。

劳务费　指生产车间支付给劳务派遣公司的全部费用以及给雇佣的临时生产人员的，而且没有包括在直接人工中的劳务费用，如果这部分劳务费用已经包括在直接人工中，则此项免填。

邮政通信费　指生产车间用于邮政和通信方面的费用，包括邮政费，固定电话、移动电话、微机联网等的费用；其中，邮政费指生产车间用于邮政基本服务和快递服务等的费用；上网费指生产车间用于上互联网的费用。

外部加工费　指企业委托外单位（企业）加工支付的加工费。

社保费　指生产车间为本单位人员缴纳的各项社会保险费用的总计数，包括养老保险、医疗保险、失（待）业保险、劳动保险、工伤保险、生育保险、企业为个人支付的商业保险等。

其他制造费用　指企业在报告期发生的除上述制造费用以外的所有制造费用。该指标与企业会计账目中的“其他制造费用”项的数据不同，因为它不仅包括企业会计账目中的“其他制造费用”项，还包括企业制造费用中核算了的、但本调查表中未列出的制造费用项目。即本表的“其他制造费用”是企业会计账目中的“制造费用”扣除本表已列出的各项制造费用之后的差额。

其他制造费用中支付给个人部分　指其他制造费用中支付给个人的各种补贴。

其他制造费用中上交给政府部分　指其他制造费用中上交给政府管理部门的各项费用。

销售费用中的：

运输费　指企业在销售产品过程中进行运输活动所支付的费用。

装卸费　指企业在销售自销产品时所应负担的装卸费。

包装费　指企业在销售自销产品时所应负担的包装费。

保险费　指企业列支在销售费用中的保险费，既包括销售部门的房屋、设备等财产的保险费，也包括为销售货物投保的保险费。

仓库保管费　指企业在销售自销产品时所应负担的仓库保管费用。

委托代销手续费　指企业委托其他单位代销，按代销合同规定支付的委托代销手续费。

广告费、展览费、宣传费　指为销售本企业产品所支付的广告费，参加展览、展销所支付的费用和进行各种宣传所支付的费用。

业务费　指企业按销售收入的比例给销售人员的提成费。

经营租赁费　指企业为扩大销售而租用的柜台、设备等的费用，不包括融资租赁费。

销售服务费用　指企业提供的商品售后服务等的费用。

销售部门人员工资　指为销售本企业商品而专设的销售机构（含销售网点、售后服务网点等）的职工工资。

销售部门人员福利费　指为销售本企业商品而专设的销售机构（含销售网点、售后服务网点等）的职工福利费。

差旅费　指为销售本企业商品而专设的销售机构（含销售网点、售后服务网点等）的差旅费，包括市内公出的交通费和外地出差的差旅费。

办公费　指为销售本企业商品而专设的销售机构（含销售网点、售后服务网点等）发生的各项办公经费支出。

邮政通信费　指为销售本企业商品而专设的销售机构

（含销售网点、售后服务网点等）用于邮政和通信方面的费用，包括邮政费，固定电话、移动电话、微机联网等的费用。

招待费 指为销售本企业商品而专设的销售机构（含销售网点、售后服务网点等）发生的各项招待费用。

折旧费 指为销售本企业商品而专设的销售机构（含销售网点、售后服务网点等）根据应计提折旧的固定资产原价和规定折旧率计提的资产折旧费。

修理费 指为销售本企业商品而专设的销售机构（含销售网点、售后服务网点等）为修理房屋、固定资产和低值易耗品等资产所支付的费用。

机物料消耗 指为销售本企业商品而专设的销售机构（含销售网点、售后服务网点等）发生的机物料消耗。

低值易耗品摊销 指为销售本企业商品而专设的销售机构（含销售网点、售后服务网点等）发生的低值易耗品摊销。

社保费 指为销售本企业商品而专设的销售机构（含销售网点、售后服务网点等）为本机构人员缴纳的各种社会保险费用的总计数，包括养老保险、医疗保险、失（待）业保险、劳动保险、工伤保险、生育保险、企业为个人支付的商业保险等。

其他销售费用 指企业在报告期发生的除上述销售费用项目以外的所有销售费用。该指标与企业会计账目中的“其他销售费用”项的数据不同，因为它不仅包括企业会计账目中的“其他销售费用”项，还包括企业销售费用中核算了的、但本调查表中未列出的销售费用项目。即本表的“其他销售费用”是企业会计账目中的“销售费用”扣除本表已列出的各销售费用之后的差额。

其他销售费用中支付给个人部分 指其他销售费用中支付给个人的各种补贴。

其他销售费用中上交给政府部分 指其他销售费用中上交给政府管理部门的各种费用。

管理费用中的:

公司经费 指直接在企业行政管理部门发生的各项费用，包括行政管理部门职工工资、修理费、物料消耗、低值易耗品摊销、办公费和差旅费等。

行政管理人员工资 指企业行政管理部门的职工工资。

行政管理人员福利费 指企业行政管理部门的职工福利费。

折旧费 指企业行政管理部门的固定资产按规定折旧率计提的资产折旧费。

差旅费 见损益及分配部分。

办公费 指企业行政管理部门发生的各项办公经费支出。

修理费 指企业行政管理部门为修理房屋、固定资产和低值易耗品等资产所支付的费用。

机物料消耗 指企业行政管理部门发生的机物料消耗。

低值易耗品摊销 指企业行政管理部门发生的低值易耗品摊销。

工会经费 见损益及分配部分。

无形资产摊销 指企业行政管理部门发生的无形资产摊销。

邮政通信费 指企业行政管理部门用于邮政和通信方面的费用，包括邮政费，固定电话、移动电话、微机联网等的费用。

印刷费 指企业支付的各种印刷费。

会议费 指企业用于召开会议的费用。

水电费 指企业行政管理部门支付的用于外购的水费和电费。

水电费中上缴的各种税费 指企业的水电费中包含的代政府部门征收的各种税费，具体包括水费中的污水处理费，电费中的三峡基金、农网还贷、水库移民资金等。

警卫消防费、人防基金 指企业进行警卫消防活动所发生的各项费用支出，和企业支付的人防基金。

仓库经费 指企业使用和租赁外单位仓库发生的费用。

劳动保护费 指企业为职工配备的工作服、手套、安全保护用品、防暑降温用品等所发生的支出和高温、高空、有害工作津贴，洗理费等。如果“制造费用”中已经核算了劳动保护费，则此项不包括“制造费用”中的劳动保护费。

保健补贴、洗理费 指劳动保护费中所有支付给职工个人的各种保健补贴和洗理费。不包括“制造费用”中已经核算并填报的部分。

上交管理费 指企业上交给上级单位的管理费。

职工取暖费和防暑降温费 指企业支付给职工个人的取暖和防暑降温补贴。

劳务费 指企业支付给劳务派遣公司的全部费用以及给雇佣的临时生产人员的，而且没有包括在工资中的劳务费用，但不包括在“制造成本”中已经填报的劳务费。

社保费 指企业为员工缴纳的各种社会保险费用的总计数，包括养老保险、医疗保险、失（待）业保险、劳动保险、工伤保险、生育保险、企业为个人支付的商业保险等。如果企业的社保费是在制造费用、销售费用、管理费用中分别核算的，则本指标只包括企业管理人员的社保费；如果企业所有员工的社保费都在管理费用中核算，则本指标填报企业所有员工的社保费。

住房公积金和住房补贴 指企业支付给职工个人的住房公积金和住房补贴。

董事会费 指企业董事会或最高权力机构及其成员为执行职权而发生的各项费用，包括成员津贴、差旅费、会议费等。

聘请中介机构费（审计费） 指企业聘请中介机构进行查账、验资，以及资产评估、清账等发生的费用和企业接受审计发生的费用。

咨询费 指企业向有关咨询机构进行生产技术经营管理咨询所支付的各项费用，包括聘请企业经济技术顾问、法律顾问等支付的费用。

诉讼费 指企业向法院起诉或应诉而发生的费用。

业务招待费 指企业为业务经营的合理需要而支付的列入管理费的业务招待费用。

税金 见损益及分配部分。

上交的各种专项费用 指企业上交管理部门的各种专项费用的总和，包括矿产资源补偿费、防洪建设费、煤炭开采企业的安全费用、煤炭风险基金、专项维简费及井巷费、新井建设基金、地面塌陷补偿、水土补治费、土地复垦费、水资源补偿费以及未包括在上述项目中的各种政府规费、捐赠等。

技术转让费 指企业使用非专利技术而支付的费用。

职工教育经费 指企业为职工学习先进技术和提高文化水平而支付的费用，按职工工资总额的1.5%计提。

技术（研究）开发费 指企业开发新产品、新技术所发生的新产品设计费、工艺规程制定费、设备调试费、原材料和半成品的试验费、技术图书资料费、未纳入国家计划的中间试验费、研究人员的工资、研究设备的折旧、与新产品、新技术研究有关的其他经费、委托其他单位进行的科研试制的费用以及试制失败损失等。不包括在“制造费用”中已经填报的“研发、试验检验费”。

技术（研究）开发费中支付科研人员的工资及福利费 指企业的科研机构单独支付的科研人员的工资及福利费，如果科研人员的工资及福利费没有单独列出，而是包括在职工的工资及福利费中，则此项免填。

汽车费支出 指企业用于汽车使用和保养方面的各项支出，包括养路费、车险、过路过桥费、停车费、修车费、耗油（天然气）费等，以及企业用于租车、打车的费用。

排污费 指企业按照规定交纳的排污费用。

绿化费 指企业对厂区、矿区进行绿化而发生的零星绿化费用。

坏账准备 指企业按应收账款的一定比例计提的坏账准备。执行2006年《企业会计准则》的企业免填此项。

存货跌价准备 指企业按存货的期末可变现净值低于其成本的差额计提的存货跌价准备。执行2006年《企业会计准则》的企业免填此项。

其他管理费用 指企业在报告期发生的除上述管理费用项目以外的所有管理费用，该指标与企业会计账目中的“其他管理费用”项的数据不同，因为它不仅包括企业会计账目中的“其他管理费用”项，还包括企业管理费用中核算了的、但本调查表中未列出的管理费用项目。即本表的“其他管理费用”是企业会计账目中的“管理费用”扣除本表已列出的各项管理费用之后的差额。

其他管理费用中支付给个人部分 指其他管理费用中支付给个人的各种补贴。

其他管理费用中上交给政府部分 指其他管理费用中上交给政府管理部门的各项费用。

财务费用中的:

汇兑损失 指企业因向银行结售或购入外汇而产生的银行买入、卖出价与计账所采用的汇率之间的差额，以及月度（季度、年度）终了，各种外币账户的外币期末余额，按照期末规定汇率折合的记账人民币金额与原账面人民币金额之间的差额等。

金融服务和调剂外汇手续费 指发行债券所需支付的手续费、开出汇票的银行手续费、调剂外汇手续费等（但不包括发行股票所支付的手续费）。也包括企业得到其他金融服务需支付的手续费。

其他财务费用 指除上述各项财务费用以外企业发生的其他所有财物费用。

应付职工薪酬 指企业为获得职工提供的服务而给予各种形式的报酬以及其他相关支出。包括职工工资、奖金、津贴和补贴，职工福利费，医疗保险费、养老保险费、失业保险费、工伤保险费和生育保险费等社会保险费，住房公积金，工会经费和职工教育经费，非货币性福利，因解除与职工的劳动关系给予的补偿，其他与获得职工提供的服务相关的支出。执行2006年《企业会计准则》的企业，根据会计科目“应付职工薪酬”的本年贷方累计发生额填报；未执行2006年《企业会计准则》的企业，应将本年上述职工薪酬包含的科目归并填报。

应交增值税 指企业按税法规定，从事货物销售或提供加工、修理修配劳务等增加货物价值的活动本期应交纳的税金，不含期初未抵扣税额。根据会计相关科目贷方累计发生额，按下述公式计算填报:

应交增值税=销项税额－（进项税额－进项税额转出）－出口抵减内销产品应纳税额－减免税款+出口退税

进项税额 指企业在报告期内购入货物或接受应税劳务而支付的、准予从销项税额中抵扣的增值税额。

销项税额 指企业在报告期内销售货物或提供应税劳务应收取的增值税额。

土地和固定资产支出 指用于土地以及建造和购置固定资产方面的资金支出。包括土地购置、房屋和建筑物、机器设备等方面的支出。固定资产应当按照成本进行初始计量。成本包括企业为购建某项固定资产达到预定可使用状态前所发生的一切合理的、必要的支出。

土地购置 指企业通过各种方式取得土地使用权而支付的费用。土地购置费包括:（1）通过划拨方式取得的土地使用权所支付的土地补偿费、附着物和青苗补偿费、安置补偿费及土地征收管理费等;（2）通过出让方式取得土地使用权所支付的出让金;（3）通过“招、拍、挂”方式取得土地使用权所支付的资金。根据会计科目“无形资产——土地使用权（土地购置）”期末借方余额（结转前）填报。

房屋和建筑物 指建造和购置房屋及建筑物所发生的全部支出。房屋和建筑物包括住宅、生产厂房、仓库、商贸楼等房屋及道路、桥梁、隧道、堤坝等其他建筑物，其支出包括对现有房屋和建筑物的扩建和改建支出。根据会计科目“固定资产——房屋和建筑物”期末借方余额（结转前）填报。

机器设备 指购置机器和设备所发生的全部支出。包括信息与通信技术设备、通用和专用设备，以及工器具等的购置费和其他相关费用。根据会计科目“固定资产——机器设备”期末借方余额（结转前）填报。

运输工具 指运载人或物品的工具的支出。包括机动车辆、拖车和半拖车，船舶，铁路及电车轨道使用的机车和其他车辆，航空器和航天器，摩托车、脚踏车等方面的支出。根据会计科目“固定资产——运输工具”期末借方余额（结转前）填报。

其他费用 指除房屋、建筑物，机器设备和运输工具以外的土地和固定资产支出。

建筑业企业在境外完成的营业收入 指建筑业企业报告期内在国外及港、澳、台等区域所有经营活动的货币表现。本指标是有境外施工或劳务输出业务的总承包和专业承包建筑业企业填报，填报时注意是外币的，要按照报告期末的人民币汇率折算填报。

三、生产经营情况

（一）. 工业企业

工业总产值（当年价格） 指工业企业在报告期内生产的以货币形式表现的工业最终产品和提供工业劳务活动的总价值量。

（1）工业总产值计算应遵循的原则

①工业生产的原则。即凡是企业在报告期内生产的最终产品和提供的劳务，均应包括在内。其中的最终产品，不管是否在报告期内销售，只要是报告期内生产的，就应包括在内。凡不是工业生产的产品，均不得计入工业总产值。

②最终产品的原则。即企业生产的成品价值必须是本企业生产的，经检验合格不需再进行任何加工的最终产品。企业对外销售的半成品也应视为最终产品计入工业总产值。而在本企业内各车间转移的半成品和在制品只能计算其期末期初差额价值。

③“工厂法”原则。即以法人工业企业作为一个整体计算工业总产值，是其报告期内生产的最终产品和提供劳务的总价值量。

（2）工业总产值的内容

包括三部分：生产的成品价值、对外加工费收入、自制半成品在制品期末期初差额价值。

①成品价值：指企业在报告期内生产，并在报告期内不再进行加工，经检验合格、包装入库的已经销售和准备销售的全部工业成品（包括半成品）价值合计。成品价值中包括企业生产的自制设备及提供给本企业在建工程、其他非工业部门和生活福利部门等单位使用的成品价值，但不包括用订货者来料加工的成品（半成品）价值。

工业总产值是按现行价格计算的。成品价值按成品实物量乘以报告期不含应交增值税（销项税额）的产品实际销售平均单价计算。会计核算中按成本价格转账的自制设备和自产自用的成品，按成本价格计算生产成品价值。

②对外加工费收入：指企业在报告期内完成的对外承做的工业品加工（包括用订货者来料加工生产）的加工费收入和对外工业品修理作业所收取的加工费收入和对内非工业部门提供的加工修理、设备安装等收入。对外加工费收入按不含应交增值税（销项税额）的价格计算。

对于以对外加工生产为主，对外加工费收入所占比重较大的企业，如果对外加工费收入出现跨报告期支付的情况，为保证总产值生产口径计算的准确性，则应将对外加工费收入按实际情况调整，记录本报告期应实际收取的对外加工费收入。

③自制半成品在制品期末期初差额价值。为了使工业总产值与工业中间投入中的物耗价值一致，以便同口径地计算工业增加值，规定本指标的计算原则是：凡是企业会计产品成本核算中计算半成品、在制品成本，则工业总产值中必须包括自制半成品在制品期末期初差额价值。反之则不包括。

自制半成品在制品期末期初差额价值等于自制半成品在制品期末价值减去期初价值后的余额，如果期末价值小于期初价值，该指标为负值，企业在计算产值时，应按负值计算，不能作为零处理。

（3）工业总产值计算的几种具体规定

①凡自备原材料（包括自备零部件）生产，不论其加工繁简程度如何，一律按全价，即包括自备原材料的价值，计算工业总产值。

②凡来料加工，加工企业只收取加工费，则加工企业一律按财务上结算的加工费计算工业总产值，即不包括定货者来料的价值。一般分两种情况：a、工业企业之间的来料加工，加工企业（即承包单位）按财务上结算的加工费计算工业总产值；委托加工的企业（即发包单位）按全价计算工业总产值。b、工业企业与非工业企业之间的来料加工，当工业企业作为加工企业时一律按加工费计算工业总产值。

③自制半成品、在制品期末期初差额价值，原则上应计入工业总产值，但如果会计产品成本核算中不计算自制半成品、在制品成本，则不计入工业总产值；如果会计产品成本核算中计算自制半成品、在制品成本的，则计入工业总产值。

区分来料加工与自备原材料生产的依据是加工企业与委托加工企业间的财务结算关系。如果委托企业提供原材料而不与加工企业结算，加工企业收取加工费，产品返回委托企业销售，则这种模式是来料加工；如果委托加工企业提供的原材料与加工企业是结算的，制成品由加工企业返给委托企业也是结算的，则这种模式是自备原材料生产。

工业销售产值（当年价格） 指以货币形式表现的，工业企业在报告期内销售的本企业生产的工业产品或提供工业性劳务价值的总价值量。工业销售产值包括的内容为：

（1）销售成品价值：指企业在报告期内实际销售（包括本期生产和非本期生产）的全部成品、半成品的总价值，即按报告期产品的实际销售数量乘以不含增值税（销项税额）的产品实际销售平均单价计算。销售成品价值中包括企业生产的自制设备及提供给本企业在建工程、其他非工业部门和生活福利部门等单位使用的成品价值，但不包括用订货者来料加工，并且只收取加工费的成品（半成品）价值。

（2）对外加工费收入：指企业在报告期内完成的对外承接的工业品加工（包括用定货者来料加工的产品）的加工费收入；对外工业品修理作业可收取的加工费收入和对内非工业部门提供的加工修理、设备安装等收入。对外加工费收入按不含增值税（销项税额）的价格计算。

对于以对外加工生产为主，对外加工费收入所占比重较大的企业，如果对外加工费收入出现跨报告期支付的情况，为保证总产值生产口径计算的准确性，则应将对外加工费收入按实际情况调整，记录本报告期实际收取的对外加工费收入。

区分来料加工与自备原材料生产的依据同工业总产值中的规定。

出口交货值　指工业企业交给外贸部门或自营（委托）出口（包括销往香港、澳门、台湾），用外汇价格结算的产品价值，以及外商来样、来料加工、来件装配和补偿贸易等生产的产品价值。在计算出口交货值时，要把外汇价格按交易时的汇率折成人民币计算。

产品产量　指工业企业在报告期内生产的并符合产品质量要求的实物数量，包括商品量和自用量两部分。

（1）产品生产量计算应遵循的原则

①产品质量标准：产品必须符合规定的质量标准或订货合同规定的技术条件，才可统计生产量。工业产品质量标准一律按国家标准或部颁标准执行。没有国家标准或部颁标准的产品，应按企业主管机关的标准或订货合同规定的技术条件执行，不得擅自更改标准或降低标准，不合格的产品不能计算生产量。

②统计时间：产品生产量反映的是报告期内的工业生产成果，凡报告期内生产的产品都应计算在内，即截止报告期最后一天检验合格并办理了入库手续的产品，其中规定要求包装的产品必须包装好才能计算其生产量。至于报告期最后一天以哪一个班次作为截止计算产量的班次则由企业主管机关规定，并应与会计核算的结算时间一致。结算时间一经确定，就要严格执行，不得随意提前或移后。

③准确度量：准确度量是计算产品产量的重要一环，企业应配备必要的计量设备，对产量进行实际度量，不得随意估算，对确有困难不得不推算的某些产品，一定要按照主管部门规定的推算方法计算，使之尽量接近实际。

（2）产品生产量包括的内容

①企业各车间（主要车间、辅助车间、附属品车间及副产品车间）用自备原材料生产的全部产品产量，不论是要销售的商品量还是本企业的自用量，均应统计生产量。

②凡用订货者来料加工生产的产品，并且加工企业只收取加工费的，如果订货者是境内非工业企业和境外企业，其产品生产量由加工企业统计；如果订货者是境内工业企业，产品生产量由委托企业（即发包企业）统计，加工企业（即承包企业）不统计。

③经正式鉴定合格的新产品、自产自用的生产设备、未正式投入生产以前试生产的合格品以及基本建设附产的合格品，都应包括在产品生产量中。

④用进口原材料或关键零件生产的产品，或用进口整套散装零件及用进口组装件加工、装配的产品，不论是在国内销售还是外商经销，生产量均统计在国内同种产品生产量中。

⑤在我国国土范围内的外商投资和港、澳、台商投资工业企业生产的产品，其生产量全部统计在国内同种产品生产量中。

区分来料加工与自备原材料生产的依据同工业总产值中的规定。

（3）工业产品生产量不应包括的内容

①在生产工业产品的同时，产生的下脚余料或废料，如冶金工业的氧化铁、汤道、中心注管、钢材切头、切尾，机械工业的切屑，木材工业的锯末，粮食加工工业的糠、麸，酿酒工业的酒糟等，一般做下脚料出售，不应统计为产品生产量。

②投入生产过程中的原材料没有完全消耗掉，而加以回收、提浓，再供本企业自用的，如机械工业回收的润滑油，合成洗涤剂厂回收的盐酸、硫酸等都不计算产品生产量。

③企业从外购进的工业品，未经本企业任何加工的，不得作为本企业的产品生产量统计。

④某些产品在检验产品质量时，需做破坏性试验（如试验灯泡的使用寿命，手电池的间歇放电时间等），这些用作试验的产品，不计算在产品生产量中。

库存量　指工业企业在期初、期末时点上，尚存在企业产成品仓库中而暂未售出的产品的实物数量。

（1）产品库存量计算应遵循的原则

①产品库存必须是处于“实际库存”状态的产品，即产品生产出来经过检验合格并办了入库手续的产品。有的产品虽已结束了生产过程，但还没有验收合格，还没有办理入库手续，不能作为产品库存统计。有的产品已经售出，但按提货制要求还没有办妥货款结算手续的，或按送货制要求未办理承运手续的，仍应作为本企业的产品库存量统计，而不能作为产品销售量统计。

②计入产品库存量的产品，必须是本企业有权销售的产品，对于已经销售并已办妥各项手续，但尚未提货的产品，本企业无权支配，这种产品虽然仍存在本企业仓库中，但不应统计为库存量。凡企业有权销售的产品，不论存放在什么地方，均应统计。

③产品库存量不能出现负数。如果产品还没有入库就已售出，应将售出的这部分产品补填入库和出库凭证，并相应计入产品产量中。

（2）产品库存量包括的内容

①本企业生产的，报告期内经检验合格入库的产品。

②库存产品虽有销售对象，但尚未发货的。

③非工业企业和境外订货者来料加工产品尚未拨出的。

④盘点中的账外产品。

⑤产品入库后发现有质量问题，但未办理退库手续的产品。

（3）产品库存量不应包括的内容

①属于提货制销售的产品，已办理货款结算和开出提货单，但用户尚未提走的产品。

②代外单位保管的产品。

③已结束生产过程但尚未办理入库存手续的产品。

销售量　指报告期内工业企业实际销售的由本企业生产（包括本期生产和非本期生产）的符合规定的质量标准或

定货合同规定的技术条件的工业产品的实物数量。凡用订货者来料加工生产的产品，并且加工企业只收取加工费的，如果订货者是境内非工业企业和境外企业，其产品销售量由加工企业（即承包企业）统计；如果订货者是境内工业企业，产品销售量由委托企业（即发包企业）统计，加工企业不统计。

区分来料加工与自备原材料生产的依据同工业总产值中的规定。

（1）产品销售量的核算原则：产品销售量以产品销售实现为核算原则，即在产品已发出，货款已经收到或者得到了收取货款的凭据时作为销售实现，统计产品销售量。按照企业销售方式的不同，产品销售量统计遵从以下几种规定：

①采用送货制销售的，产品如由本企业运输部门发运，以产品出库单上的数量、日期为准；如委托专业运输部门发运，则以运输部门的承运单上的数量、日期为准。

②采用提货制销售的，以给用户开具的发票和提货单上的数量、日期为准。

③委托其他单位代销的产品，以企业收到代销单位的代销清单为准。

④采用预收货款销售的，在发出产品时作为销售。产品尚未生产出来，已预收货款或预开提货单的，不应算作销售。

⑤企业出口销售的产品，陆运以取得承运货物收据或铁路运单，海运以取得出口装船提单，空运以取得空运运单，并向银行办理出口交单的数量、日期为准。企业自营出口的产品，在委托外贸部门代理出口（实行代理制）的情况下，以收到外贸部门代办的运单和银行交单凭证的数量、日期为准。

（2）统计产品销售量应注意以下几点：

①只有企业销售的合格产品才能统计其销售量，销售的次品不能计入产品销售量。

②企业直接从外购进产成品，只是更换了标签或包装的，不能作为销售量统计。

③分清产品销售和预售的界限：预售指产品还没有生产出来以前，用户为了购买这种产品事先向工厂支付货款。预售不能算作销售。相反，有些产品采用了分期付款的形式，只要是用户拿到了这个商品，不管货款是否已付清，作为企业已经取得了收取货款的凭证就应作为销售。

（3）售出产品退货的处理遵从以下规定

①退回报告期内销售的合格品，应从报告期销售量中扣除，同时计入库存量；退回报告期内销售的不合格品，要在报告期销售量中扣除，还要同时扣除报告期生产量。

②退回报告期以前售出的合格品，报告期销售量不变，计入产品库存量中；退回报告期以前售出的不合格品，报告期销售量和报告期生产量均不变。

③退回修理的产品，修理后仍交原用户的，不作为退货处理，在统计报表上不做反映。

销售金额 指产品的销售额，即企业在报告期内按各种价格销售同一种产品所得到的销售总金额，与销售量的口径是一致的，凡是计算了销售量的产品都应该计算其销售额。这里需要注意两点：第一，产品销售额是按不含增值税（销项税额）的价格计算的，这是为了与现行财税制度对财务会计核算的要求和规定保持一致；第二，用订货者来料加工生产的成品（半成品）的销售额按加工费计算。

企业自用及其他 本指标包括企业自用量和其他两部分。企业自用量又称企业自产自用量，指工业企业在报告期内生产的、已作本企业产量统计的、又作为本企业生产另一种产品的原材料使用的产品的数量。如钢铁企业用本企业生产的生铁炼钢，其计算了生铁产量又用于炼钢的生铁数量，应作为企业自用量统计。但是，由本企业验收合格后，作为商品出售给本企业生活用、在建工程用或行政部门用的产品数量，不能作为自用量统计，而作为销售量统计。如钢铁企业将本企业生产的钢材用于本企业房屋维修的数量，应作为销售量而不是自用量统计。其他是指工业企业在报告期内将产品用于展览、捐赠、借出以及报废等方面的产品数量和盘盈盘亏的数量。企业以促销手段搭售的产品不能视为捐赠，而应作为销售对待。

生产能力 一般指产品的综合生产能力，但也有些产品指其主要设备的能力。在填报时分为两种情况：

（1）产品生产能力：指在一个企业范围内生产某种产品的综合平衡能力，是生产某种产品的全部设备（包括主要生产设备、辅助生产设备、起重运输设备、动力设备及有关的厂房和生产用建筑物等）在原材料、燃料动力供应充分，劳动力配备合理，设备正常运转的条件下，报告期内可能达到的生产量。企业在具体填报时，可以区分以下三种情况：第一种是原有设计能力未经重大技术改造的用设计能力填报；经过技术改造后，有技术改造后设计能力的，填报技术改造后的设计能力。第二种是原有设计能力已不能反映实际情况，有核定能力的，按核定能力填报。第三种是既没有设计能力也没有核定能力，或原设计能力（或核定能力）已与实际生产水平相差很大，按查定能力填报。

（2）设备能力：指某种设备的单位时间内可能生产的产品数量，也就是说，某种设备在单位时间内的工作量，即一般所称的设备效率，或设备生产率，它不考虑与其他设备的平衡问题。

企业在具体填报时，还要注意以下几点：

（1）以生产能力表的产品为基准填报。以水泥生产设备为例，如果企业的设备既能生产水泥，也能生产水泥熟料，而报告期企业只生产熟料，没有生产水泥，则企业不能填报水泥的生产能力。

（2）停产企业要继续填报生产能力。

（3）破产企业不需填报生产能力。

生产能力利用率 指报告期内主要产品产量与相应的生产能力之比。

（二）．建筑业

签订的合同额 指建筑业企业在报告期直接同建设单位签订合同的总价款和以前年度同建设单位签定合同的未完工程跨入本年度继续施工工程合同的总价款余额。

上年结转合同额 指以前年度同建设单位签订合同的

未完工程跨入本年度继续施工工程合同的总价款余额。

本年新签合同额 指建筑业企业在报告期内同建设单位直接新签订的各种国内工程合同的总价款，不包括与其他建筑业企业新签的分包合同额。

以上三个指标的填报依据：（1）有施工合同管理台账的企业，依据施工合同管理台账填报；（2）没有施工合同管理台账的企业，依据企业与项目建设单位签订的各种施工合同文本。

填写时应注意：（1）三个指标均指建筑业企业直接同建设单位签订合同，即甲方必须是业主（建设单位）；（2）签订的合同额包括公开投标、暗标、甲方指定、口头协议等，不管企业用什么方式，也不管合同的形式，只要是从建设单位直接承包的工程项目都应统计；（3）在填写上年结转合同额时，只须填报未完工程跨入本年度继续施工工程合同的总价款余额部分。如果企业在上年实际完成工作量超过了合同总价款，并且在本年度尚有施工任务，在填报该指标时应把上年结转合同额视同为零。

直接从建设单位承揽工程完成的产值 指总承包企业或专业承包企业直接与建设单位（业主）签订的承包合同（包括报告期及以往年度签订的合同，不包括无效合同和中途解除的合同），在报告期内完成的工程总值。包括企业向其他专业承包企业或劳务分包企业分包出去的工程所完成产值，还包括分包企业缴纳的管理费。

自行完成施工产值 指总承包企业或专业承包企业直接与建设单位（业主）签订的总承包合同或专业承包合同中，自行完成的工程总值。包括总承包企业和专业承包企业自行完成的工作量和分包企业缴纳的管理费。

分包出去工程的产值 指专业承包企业或劳务分包企业与总承包企业或专业承包企业签订的专业承包或劳务分包合同中在报告期所完成的产值。分包企业如果是一个独立核算的经济实体，其完成的产量产值，不包括在总承包企业或专业承包企业自行完成产值中。

在当前建筑市场中，还有一些零散的建筑业包工队（组）以小包工队形式从建筑施工企业分包部分“单位工程”或“分部工程”，这些包工队（组）并不具备填报国家统计报表的条件，其完成的产量产值均应由总承包企业或专业承包企业填报。为了保持相关数据的一致性，包工队（组）参与施工的人数也应统计在总承包企业或专业承包企业的人数内。

从建设单位以外承揽工程完成的产值 指总承包企业或专业承包企业从其他总承包企业或专业承包企业处承揽工程而完成的产值。不包括总承包企业或专业承包企业从建设单位承揽工程中自行完成的产值和分包企业缴纳的管理费。

建筑业总产值 指以货币表现的建筑业企业在一定时期内生产的建筑业产品和服务的总和。建筑业总产值包括建筑工程产值、安装工程产值和其他产值三部分内容。

劳务分包企业建筑业总产值指劳务分包企业与总承包企业或专业承包企业签定劳务分包合同后，从事建筑安装工程取得的所有劳务收入。

注意事项：根据税法规定，在劳务分包合同中，支付给劳务的报酬不缴纳税金，所以有部分劳务企业就把这部分人工费没有核算到建筑业总产值中，包括装饰装修产值、营业收入甚至人数也没有统计，所以，在填报本表时，一定要按照签定的合同全口径填报建筑业总产值。

装饰装修产值 包括装饰、装修两部分产值。装修装饰指对新旧房屋及建筑物进行的内外装修装饰；对新建房屋及建筑物经过施工后，尚未完全达到使用标准，而进行的二次装修装饰；以及对原有房屋经使用若干年后进行的二次内外装饰。包括抹灰、门窗、玻璃、吊顶、隔断、饰面板（砖）、涂料、裱糊、刷浆、花饰等。

在外省完成的产值 指建筑业企业在其他省份施工所完成的建筑业产值。

建筑工程产值 指列入建筑工程预算内的各种工程价值，包括：

（1）各种房屋如厂房、仓库、办公室、住宅、商店、学校、医院、俱乐部、食堂、车库、招待所等房屋建筑，按照当前预算制度规定，列入房屋工程预算内的暖气、卫生、通风、照明、煤气等设备价值及其装饰油漆工程，以及列入建筑工程预算内的各种管道（如蒸汽、压缩空气、石油、给排水等管道），电力、电讯电缆导线的敷设等工程。

（2）设备基础、支柱、操作平台、梯子、烟囱、凉水塔、水池、灰塔等建筑工程，炼焦炉、裂解炉、蒸汽炉等各种窑炉的砌筑工程及金属结构工程。

（3）为施工而进行的建筑场地的布置，工程地质勘探，原有建筑物和障碍物的拆除及平整土地，施工临时用水、电、汽、道路工程，以及完工后建筑场地的清理，环境绿化工作等。

（4）矿井的开凿、井巷掘进延伸、露天矿的剥离、石油、天然气钻井工程和铁路、公路、港口、桥梁等工程。

（5）水利工程，如水库、堤坝、灌渠以及河道整治等工程。

（6）防空、地下建筑等特殊工程。

（7）装饰装修工程。

安装工程产值 指设备安装工程价值，包括：

（1）生产、动力、起重、运输、传动和医疗、实验等各种需要安装设备的装配和安装与设备相连的工作台、梯子、栏杆等装设工程，附属于被安装设备的管线敷设工程、被安装设备的绝缘、防腐、保温、油漆等工作。

（2）为测定安装工作质量，对单个设备、系统设备进行单机试运和系统联动无负荷试运工作。

在设备安装产值中，不得包括被安装设备本身价值。

其他产值 建筑业总产值中除建筑工程、安装工程以外的产值。包括房屋构筑物修理产值、非标准设备制造产值、总包企业向分包企业收取的管理费以及不能明确划分的施工活动所完成的产值。

房屋构筑物修理产值：指房屋和构筑物的修理所完成的产值，但不包括被修理房屋、构筑物本身价值和生产设备的修理价值。

非标准设备制造产值：指加工制造没有定型的非标准生产设备的加工费和原材料价值（如化工厂、炼油厂用的各种罐、槽，矿井生产统一使用的各种漏斗、三角槽、阀门等）以及附属加工厂为本企业承建工程制作的非标准设备的价值。

建筑业总产值相关指标填报时应注意事项：

（1）直接从建设单位承揽工程完成的产值

①该指标统计的对象是与建设单位签订的所有有效合同的工程项目；

②该指标是指在报告期内完成的工程总值，不管是自行完成还是分包出去的都应统计在内；

③该指标还包括分包企业缴纳的管理费；

④提醒注意，签订的合同额与直接从建设单位承揽工程完成的产值的关系，这两个指标的口径一致，核算的工程都是一致的，都是从建设单位直接承包的。签订的合同额和直接从建设单位承揽工程完成的产值在数量上，没有严格的关系，但签订的合同额一般应大于等于直接从建设单位承揽工程完成的产值，尤其是当有分包出去的产值时，至少自行完成产值应小于签订的合同额，如果出现签订的合同额小于直接从建设单位承揽工程完成的产值时，一定要查明原因。

（2）自行完成施工产值

①该指标统计的对象是与建设单位签订的所有有效合同的工程项目中本企业自行施工部分；

②该指标包括总承包企业和专业承包企业向分包企业收取的管理费；

③该指标包括分包给非独立核算的经济实体完成的那部分产值，如：分包给一些非独立核算的零散的建筑业包工队（组）等，为了保持相关数据的一致性，包工队（组）参与施工的人数也应统计在总承包企业或专业承包企业的从业人员内。

（3）分包出去工程的产值

①该指标统计的对象是与建设单位承揽的工程项目中本企业不施工部分，并且分包企业是一个独立核算的经济实体的那部分工程；

②该指标不包括总包企业向分包企业收取的管理费；

③如果分包给一个非独立核算的经济实体，其完成的产量产值，不包括在该指标，应在总包企业自行完成产值中反映。

（4）从建设单位以外承揽工程完成的产值

该指标统计的对象是从其他建筑企业承揽的工程项目。

（5）建筑工程产值

①列入建筑工程预算内的产值；

②只要是装饰装修工程都应统计在建筑工程产值中。

（6）安装工程产值

①安装企业负责施工的工程，不一定都是安装工程产值；

②在安装工程产值中，不得包括被安装设备本身价值，以及场外及合同外的运费等相关费用。

（7）其他产值

①其他产值包括房屋构筑物修理产值，但不包括被修理房屋、构筑物本身价值和生产设备的修理价值；

②其他产值中的非标准设备制造产值，强调的是用于工程，包括非标准设备的加工费和原材料价值两部分。

竣工产值　一般是以单位工程为对象，当该工程按照设计所规定的工程内容全部完成，达到了设计规定的交工条件，经有关部门检查验收鉴定合格的单位工程价值，即为竣工产值。

（1）竣工产值包括范围：竣工产值是报告期内竣工的单位工程从开工到竣工的全部自行完成的价值，包括范围是：

①对跨年度施工的单位工程，其竣工产值应当包括该工程从开始到竣工的全部自行完成价值。

②对有些大型单位工程，如大型厂房、高级宾馆、各种管道、公路、铁路等，能够分跨、分层、分段施工并按合同规定，能够分开交付使用的，可以分开计算竣工产值。

竣工产值不包括附属辅助企业或内部核算的其他单位为外单位生产和服务的价值。

（2）竣工产值统计依据：竣工产值统计的依据是企业承包的工程只有同时满足以下两个条件时，才能计算竣工产值。

①承包合同中规定的单位工程内容全部完成，达到设计规定的交工条件。

②经有关部门检查验收鉴定合格。

（3）竣工产值填报依据：竣工产值填报的依据是工程验收鉴定合格证书（或文本）、工程结算（或决算）文本。

房屋施工面积　指报告期内施工的全部房屋建筑面积。包括本期新开工的房屋建筑面积、上期跨入本期继续施工的房屋建筑面积、上期停缓建在本期恢复施工的房屋建筑面积、本期竣工的房屋建筑面积以及本期施工后又停缓建的房屋建筑面积。多层建筑应填各层建筑面积之和。

房屋新开工面积　指报告期内新开工建设的房屋建筑面积，以单位工程为核算对象，即整栋房屋的全部建筑面积，不能分割计算。不包括在上期开工跨入报告期继续施工的房屋建筑面积和上期停缓建而在本期恢复施工的房屋建筑面积。房屋的开工应以房屋正式开始破土刨槽（地基处理或打永久桩）的日期为准。

实行投标承包面积　指报告期内建筑施工企业经过投标招标而承担的全部房屋建筑面积。

年末自有施工机械设备净值　指本企业（或单位）自有施工机械设备经过使用、磨损后实际存在的价值，即原值减去折旧后的净额。

年末自有施工机械设备总台数　指年末本企业（或单位）自有的直接用于工程施工的各种机械设备的台数。但不包括附属辅助生产机械设备、运输机械设备、生产试验机械设备的台数。

年末自有施工机械设备总功率　指年末本企业（或单位）自有的直接用于工程施工的各种机械设备年末总功率，按设定能力或查定能力计算。包括施工机械本身的动力和为该机械服务的单独动力设备，如电动机等。但不包括附属辅助生产机械设备、运输机械设备、生产试验机械设备的功率。计量单位用千瓦，动力换算可按 1 马力＝0.735 千瓦折合成千瓦数。电焊机、变压器、锅炉不计算动力。

建筑材料消耗量 指报告期内实际耗用于建筑产品生产过程中的全部材料数量，包括建设工程直接耗用的材料，现场临时设施，预制建筑构件，非标准设备制造等所耗用的材料。它是编制和检查材料消耗计划，核算单位产品材料消耗水平，考核消耗定额和反映节约情况的依据。

钢材 包括重轨、轻轨、大型型钢、中型型钢、小型型钢、带钢、线材、特厚钢板、中厚钢板、薄钢板、硅钢片、优质型材、无缝钢管、焊接钢管和其他钢材等品种，以吨为计量单位。不包括钢锭、钢材边角料，已经使用过的旧钢材、铸铁管，以及钢丝绳、铅丝等金属制品。

木材 包括原木、锯材和各种人造板，统一按原木数量计算，以立方米为计量单位。不经过纵锯就直接使用的原木，如桩木、电杆和脚手杆等，可直接计入消耗量。经过纵锯或加工而成的材料、板材和人造板，必须按规定的出材率和换算方法计算出原木数量后，再计入消耗量。计算木材消耗量，不包括小规格材和废旧材料。

水泥 包括普通建筑水泥、装饰水泥和特种水泥（如快硬高强水泥、膨胀水泥、耐酸耐火、防射线水泥等），以吨为计量单位。不包括无熟料水泥和土水泥。

平板玻璃 建筑用平板玻璃主要指无色的普通平板玻璃和吸热玻璃（即在熔化玻璃液时加入不同的着色剂，可以生产茶、灰、蓝等不同色泽的平板玻璃，俗称彩色玻璃）。

计量单位为重量箱和平方米。“每一重量箱”指厚度为 2 毫米，面积 10 平方米的平板玻璃。其折算公式如下:

“平方米”指不同厚度玻璃的实际表面面积。

铝材 指铝成品材。包括纯铝及铝合金加工的板材、带材、箔材、管材、棒材、线材、型材、压模件、自由锻件等。不包括边角料、裸铝线及电线厂自产自用的铝盘条。

建筑主要材料统计指标的填报依据是企业材料消耗统计台账、或企业建筑施工活动中的用料记录。

主要材料消耗注意问题:（1）建筑业企业原材料消耗核算是从建筑材料进入第一道生产工序，改变了原来的形态或性能，或者已经实际投入使用开始，即作材料消耗统计。包括因施工错误、技术指导错误或甲方变更设计而造成的返工、报废工程所耗用的材料，但不包括已领取但未投入使用的材料，因此，企业在做材料消耗统计时，不能以领代耗、也不能以进代耗。（2）注意计量单位。（3）注意主要材料的总价值必须小于建筑业总产值，其中:

主要材料的总价值=Σ（各种主要材料 × 当地的材料均价）。

企业总产值 指建筑业企业在报告期内全部经济活动的最终成果的货币表现。在企业总产值中除包括建筑业总产值外,还包括建筑业企业从事其他经济活动所创造的价值（如工业产值、交通运输产值、商业服务业产值、其他产值收入和劳务收入等）。

注意：所有总承包和专业承包建筑业企业都要填报本指标，填报时注意企业总产值 ⩾ 建筑业总产值。

房屋竣工面积 指报告期内房屋建筑按照设计要求已全部完工，达到住人和使用条件，经验收鉴定合格或达到竣工验收标准，可正式移交使用的各栋房屋建筑面积的总和。

竣工面积以房屋单位工程（栋）为核算对象，在整栋房屋符合竣工条件后按其全部建筑面积一次性计算，而不是按各栋施工房屋中已完成的部分或层次分割计算。

计算房屋竣工面积，要求严格执行房屋竣工验收标准。民用建筑一般应按设计要求在土建工程和房屋本身附属的水、电、卫（包括设计中有的煤气、暖气）工程已经完工，通风、电梯等设备已经安装完毕，做到水通、灯亮，经验收鉴定合格，并正式交付给使用单位后，才能计算竣工面积。工业及科研等生产性房屋建筑一般应按设计要求在土建工程（包括水、暖、电、卫、通风）及属于房屋组成部分的生活间、操作间等已经完成（不包括安装设备的基础工程），可以进行工艺设备和管线安装时，方可计算房屋竣工面积。

房屋竣工价值 指报告期内按规定已经上报竣工的房屋本身的建造价值。一般按房屋设计和预算规定的内容计算。包括竣工房屋本身的基础、结构、屋面、装修以及水、电、卫等附属工程的建筑价值；也包括作为房屋建筑组成部分而列入房屋建筑工程预算内的设备（如电梯、通风设备等）的购置和安装费用。不包括厂房内的工艺设备、工艺管线的购置和安装，工艺设备基础的建造；室外的水、暖、电、卫、道路工程、挡土墙等环境工程的费用；办公和生活用家具的购置等费用；购置土地的费用；迁移补偿费和场地平整的费用及城市建设配套投资。

房屋竣工价值不仅包括该竣工房屋在报告期内完成的价值，也包括跨年施工的房屋在本期以前完成的价值。未竣工而转让给其他单位的房屋建筑工程，出让单位不计算竣工价值，待接受单位继续施工并符合竣工条件后，由接受单位计算其竣工价值，包括出让单位在出让前所完成的价值。房屋竣工价值一般按结算价格（或中标价）计算。

（三）. 批发和零售业

商品购进额 指从本企业以外的单位和个人购进（包括从国外直接进口）作为转卖或加工后转卖的商品金额（含增值税）。本指标反映批发和零售业从国内外市场上购进商品的总价。

商品购进包括:（1）从工农业生产者、批发和零售业企业、住宿和餐饮业企业、出版社或报社的出版发行部门和其他服务业企业购进的商品；（2）从机关团体、事业单位购进的商品；（3）从海关、市场管理部门购进的缉私和没收的商品；（4）从居民收购的废旧商品等。

不包括:（1）企业为本单位自身经营用，不是作为转卖而购进的商品，如材料物资、包装物、低值易耗品、办公用品等；（2）未通过买卖行为而收入的商品，如接受其他部门移交的商品、借入的商品、收入代其他单位保管的商品、其他单位赠送的样品、加工回收的成品等；（3）经本单位介绍，由买卖双方直接结算，本单位只收取手续费的业务；（4）销售退回和买方拒付货款的商品；（5）商品溢余。

购进的各种商品，不论是否进入本单位仓库，凡是通过本企业结算货款的，都包括在内。从国内购进的商品，以进货全价计算商品购进，包括原始进价（或农副产品收购价）和购入环节缴纳的各项税金（包括增值税），企业购进商品发生的购进折扣、退回和折让，及购进商品发生的经确认的索赔收入，冲减商品购进金额。进口商品的国外进价按到岸价格（CIF）、折合成人民币计算，如果对外合同以离岸价格（FOB）成交，商品离开对方口岸后，应由我方企业负担的各项费用也包括在商品购进的金额内，但不包括到达我国口岸后发生的各项费用，收入的进口佣金冲减购进金额，不包括不易按商品认定的佣金金额。企业委托其他单位代理进口的商品，其购进金额为实际支付给代理单位的全部价款。

进口 指直接从国外进口或委托外贸企业代理进口的商品金额，不包括从国内有关单位购进的进口商品。对外贸易企业只统计自主经营进口的商品，不统计受托代理进口的商品。

商品销售额 指对本单位以外的单位和个人出售的商品金额（包括售给本单位消费用的商品，含增值税）。在批发和零售业中，本指标反映在国内市场上销售商品以及出口商品的总量。

商品销售包括：（1）售给城乡居民和社会集团消费用的商品；（2）售给农业、工业、建筑业、服务业等国民经济各行业用于生产、经营用的商品，包括售予批发和零售业作为转卖或加工后转卖的商品；（3）对国（境）外直接出口的商品。

商品销售不包括：（1）未通过买卖行为付出的商品，如随机构变动移交给其他企业单位的商品、借出的商品、归还受其他单位委托代保管的商品、付出的加工原料和赠送给其他单位的样品等；（2）经本单位介绍，由买卖双方直接结算，本单位只收取手续费的业务；（3）购货退回的商品；（4）商品损耗和损失；（5）出售本单位自用的废旧物资。

商品销售是指商品已经售出、商品所有权已经转移给买方后，以收到货款或取得收取货款的证据时作为商品销售。（1）采取直接收款方式的，在实际收到货款或取得收款的凭证时作为商品销售；采取托收承付和委托银行收款结算方式的，在发出商品并办妥托收手续时作为商品销售；采用分期收款方式的，按合同约定的收款日期作为商品销售；采用预收货款方式的，在商品发出时作为商品销售；（2）委托其他单位代销商品，以收到代销单位的销售清单时作为商品销售。在交款提货的情况下，如货款已经收到，只要账单和提货单已经交给买方，不论商品是否发出，都应作为商品销售；（3）出口商品销售，陆路以取得承运货物收据或铁路联运运单、海运以取得出口装船提单、空运以取得运单并在银行办理了交单作业作为商品销售。预收货款不通过银行交单的，取得以上提单、运单后作为商品销售。出口商品一律以离岸价（FOB）计算商品销售，如按到岸价（CIF）对外成交的，应扣除商品离境后发生的由我方负担的国外运费、保险费、佣金（不包括不易按商品认定的累计佣金）、银行财务费和对外理赔款等作为商品销售；（4）自营进口商品销售，企业与境内用户签订合同实行货到结算的，在商品到达我国境内港口取得船舶到港通知，企业向订货单位开出结算凭证时作为商品销售；合同规定对境内实行单向结算的，企业凭境外账单向订货单位开出结算凭证时作为商品销售；已先期到达并存放在相应的仓储企业单位库存的进口商品，企业凭出库单向用户开出结算凭证后作为商品销售。

批发额 指售给国民经济各行业用于生产、经营用的商品金额。

商品批发包括：（1）售给农业、工业、建筑业等行业用于生产的各种机器设备、工具、原料、材料、燃料、建筑材料，售给农民的农业生产资料，售给交通运输、仓储和邮政业用于业务活动的设备、车辆和燃料等；（2）售给信息传输、软件和信息技术服务，科学研究和技术服务业，水利、环境和公共设施管理业等行业用于生产经营、勘察设计、科研试验等业务经营使用的商品，售给批发和零售业、住宿和餐饮业使用的各种设备、工具、原材料、燃料、仓储运输用的商品；（3）售给居民服务、修理和其他服务业各种营业用品，如售给理发业的理发工具、毛巾等，日用品修理业的设备、工具、材料、零配件等，售给民政部门救灾用的商品等；（4）售给批发和零售业作为转卖用的商品；售给餐饮业用于烹饪、调制加工后出售的商品和转卖的商品；售给服务业转卖的商品；（5）出口的商品。

出口 指直接向国（境）外出口商品和委托外贸企业代理出口的商品金额，商品出口不包括售给外贸企业出口或加工后出口的商品，以及在国内市场以外币销售的商品。外贸企业只统计自主经营出口的商品，不包括受托代理出口的商品。

零售额 指售给城乡居民用于生活消费和社会集团用于公共消费的商品金额。

商品零售包括：（1）售给城乡居民的各种生活消费品，售给入境旅游的外国人、华侨、港澳台同胞的各类商品；（2）售给行政事业单位、社会团体、军队和武警等机构的商品，以及以零售方式售给各类企业的商品。具体包括：用于非生产和社会交往的办公用品，如通讯设备、计算器具和设备、电讯网络设备、文印设备、音像视听器材和设备、纸张、本册、文具及装订文印材料、家具、日用电器、针纺织品、清洁卫生用品、文体用品、奖品、纪念品、礼品等；供内部人员乘坐的交通工具和燃料；用于办公设施修缮的各类配件、材料、工具等；用于取暖和防暑降温的设备、燃料、材料及食品等；专用于教学的用品和设备；非营利医疗机构的中、西药品、中药材和医疗设备器材；非专用的劳动保护用品；不对外营业的内部食堂用的餐具、炊具、设备、清洁卫生工具和食品、燃料等；军队、武警用于其人员生活的衣着品和个人用品；其他各类非生产性设备和用品。

商品零售不包括：（1）售给城乡居民已确知是用于生产、经营的商品；（2）售给各类农业生产者的生产资料类商品，如农机、农药化肥、农膜、种子饲料等商品；（3）售给企业单位生产用具及生产上专用的劳动保护用品。

商品库存额 对于批发和零售业法人企业和个体经营户，是指报告期末取得所有权的全部商品金额（含增值税）；对于批发和零售业产业活动单位，是指报告期末实际在库且归属法人具有所有权的全部商品金额（含增值税）。这个指标反映批发和零售业的商品库存情况，以及对市场商品供应的保证程度。

库存商品包括：（1）存放在本单位（如门市部、批发站、采购站、经营处）的仓库、货场、货柜和货架中的商品；（2）挑选、整理、包装中的商品；（3）已记入购进而尚未运到本单位的商品，即发货单或银行承兑凭证已到而货未到的商品；（4）寄放他处的商品，如因购货方拒绝付款而暂时存在购货方的商品；（5）委托其他单位代销（未作销售或调出）尚未售出的商品；（6）代其他单位购进尚未交付的商品。

库存商品不包括：（1）所有权不属于本单位的商品，如商品已作销售但买方尚未取走的商品，代替他人保管、运输、加工的商品，代其他单位销售（未做购进或调入）而未售出的商品；（2）委托外单位加工的商品（包括本单位所属加工厂和其他生产单位加工生产尚未收回成品的商品）；（3）外贸企业代理其他单位从国外进口，尚未付给订货单位的商品；（4）代国家储备部门保管的商品。

库存商品金额可以采用进价或售价进行核算。采用进价核算的商品，应按商品进货原则（或实际采购成本）计算期末库存；采用售价核算的商品，应按商品的售价计算期末库存。购入的商品，在商品到达验收入库后计算期末库存（对已记入购进尚未运到的商品，也可计算期末库存）；对于月终尚未开出承兑商业汇票的入库商品，按应付给供货单位的价款暂估计算期末库存；年度终了，凡已转入库存和已作销售的进口商品，属于国外以离岸价格成交、有应付未付国外运保费的，应先估计期末库存，委托其他单位代销的商品包括在期末库存中；委托外单位加工的商品，在发出商品时作减少期末库存，当加工商品收回时增加期末库存（包括商品进货原价、加工费用、加工税金等）。

（四）．住宿和餐饮业

营业额 指住宿和餐饮业单位在经营活动中因提供服务或销售商品等取得的全部收入，包括：客房收入、餐费收入、商品销售额（含增值税）和其他收入。不包括法人企业附营的其他行业产业活动单位的餐费收入、商品销售收入等各项收入。

客房收入 指住宿和餐饮业单位在经营活动中因提供住宿服务取得的收入。不包括法人企业附营的其他行业产业活动单位的客房收入。

餐费收入 指住宿和餐饮业单位为顾客提供就餐服务取得的收入。包括：经烹饪、调制加工后出售的各种食品，如主食、炒菜、凉拌菜等的收入。不包括法人企业附营的其他行业产业活动单位的餐费收入。

商品销售额 指对本单位以外的单位和个人出售的商品金额（包括售给本单位消费用的商品，含增值税）。在住宿和餐饮业中，本指标反映住宿和餐饮业单位出售商品的销售总额（含增值税），不包括法人企业附营的其他行业产业活动单位的商品销售额。

其他收入 指营业额中除客房收入、餐费收入、商品销售额（含增值税）以外的其他收入。

客房数 指住宿和餐饮业连锁门店提供住宿服务的房间数，该指标按报告期内正常情况下的实有数统计。

床位数 指住宿和餐饮业连锁门店供应旅客使用的床位数，不包括临时加床和门店内部工作人员使用的床位。该指标按报告期内正常情况下的实有数统计。

餐位数 指住宿和餐饮业连锁门店为顾客提供就餐服务时，正常可同时容纳就餐人员的餐位数量，不包括临时加的餐位。该指标按报告期内正常情况下的实有数统计。

（五）．房地产开发经营业

项目建设所在地及区划 指房地产开发项目实际所处的详细地址及相应的区划代码。其中，项目实际所在地的详细地址，要求写明项目所在的省（自治区、直辖市）、地（区、市、州、盟）、县（区、市、旗）、乡（镇）以及具体街（村）的名称和详细的门牌号码，不能填写通讯号码或通讯信箱号码。区划代码指项目所在地区的区划代码，共 12 位，按设计管理部门最新更新的统计用区划代码填写。

项目开工时间 指项目开始建设的年月。代码 6 位，代码前 4 位为年份，后 2 位为月份，在填写 1—9 月份编码时，十位上应补“0”。按建设项目设计文件中规定的永久性工程第一次开始施工的年月填写。如果没有设计，就以计划方案规定的永久性工程实际开始施工的年月为准。

建设项目永久性工程的开工时间，一般是指永久性工程正式破土开槽开始施工的时间，作为建筑物组成部分的正式打桩也算为开工。在此以前的准备工作，如工程地质勘察、平整场地、旧有建筑物的拆除、临时建筑、施工用临时道路、水、电等工程都不算正式开工。总体设计内的工程开工之前，用迁移补偿费先进行拆迁还建工程的项目不算正式开工。以前年度全部停缓建在本年复工的项目，仍按设计文件中规定的永久性工程第一次正式开工的年月填报，不按复工的时间填报开工年月。

项目竣工时间 指项目所有永久性建筑物均已竣工验收（取得甲方、乙方、监理方、设计方四方验收单）的时间。以项目最后的单体建筑竣工时间为准。

项目所在地土地级别 指根据房地产开发企业开发的项目（楼盘或小区）所处自然地理位置的土地级别而划分的等级。土地级别是由各级土地管理部门根据土地使用价值及所处地段繁华程度的不同而划分的土地等级，是计算土地价值的重要依据之一。目前各地区对土地等级划分的标准并不统一，一般的划分原则是按照土地距离市中心的距离划分为一、二、三、四级以及其他级别。部分城市首先对土地先做区位划分，每个区位里再进一步划分土地级别。本指标按照中心城市所处位置来填写，如在北京市密云县城中心开发的楼盘，土地等级要按照楼盘距离北京市中心的远近划分，应该确定为“其他”地段，而不是处在密云的“一级”地段。一级、二级、三级...... 地段依次分别填为 01、02、03...... 99。

项目属性中的纯商品住宅项目 指全部是以市场价销售的商品住宅项目。

项目属性中的其他项目 指经济适用房、廉租房、公共租赁房、两限房等不以市场价销售的住宅以及办公楼、商业营业用房及其他商品房等项目。

项目规划占地面积 指房地产开发项目规划书载明的相关部门规划的该项目占地面积。

容积率 指一定地块内，地上总建筑面积计算值与总建设用地面积之比。地上总建筑面积计算值为建设用地内各栋建筑物地上建筑面积计算值之和；地下有经营性面积的，其经营面积不纳入计算容积率的建筑面积。一般情况下，建筑面积计算值按照《建筑工程建筑面积计算规范》（GB/T50353-2005）的规定执行。

绿化率 指规划建设用地范围内的绿地面积与规划建设用地面积之比。

项目规划建筑面积 指房地产开发项目总的建筑面积。项目尚未开工或正在建设时，以规划建筑面积为准。

规划住宅套数 指房地产开发项目中规划建设住宅套数。

计划总投资 指在建的建设工程按照总体设计（或按设计概算或预算）规定的内容全部建成计划需要的总投资。

自开始建设累计完成投资 指房地产开发企业在建的房屋建设工程或正在开发的土地开发工程从开始建设到本期止累计完成的全部投资。其计算范围原则上应与“计划总投资”指标包括的工程内容相一致。

报告期以前已建成投产或停、缓建工程完成的投资以及拆除、报废工程的投资，仍应包括在内。但转出的“在建工程”累计投资应予以扣除，转入的“在建工程”以前年度完成的投资应当包括。

完成投资 指各种登记注册类型的房地产开发法人单位统一开发的包括统代建、拆迁还建的住宅、厂房、仓库、饭店、宾馆、度假村、写字楼、办公楼等房屋建筑物，配套的服务设施，土地开发工程（如道路、给水、排水、供电、供热、通讯、平整场地等基础设施工程）和土地购置的投资；不包括单纯的土地开发和交易活动。

配套工程投资 指为供出售、出租用的商品房屋工程配套的服务设施所完成的投资额。具体是指房地产开发企业为完成楼盘总体规划而进行的小区内的道路建设，以及为提高商品房的品质而进行的绿地和其他必要设施所完成的投资。

建筑工程 指各种房屋、建筑物的建造工程，又称建筑工作量。这部分投资额必须兴工动料，通过施工活动才能实现。

安装工程 指各种设备、装置的安装工程，又称安装工作量。

设备工器具购置 指报告期内购置或自制的，达到固定资产标准的设备、工具、器具的价值。

（1）设备：指各种生产设备、传导设备、动力设备、运输设备等。分为需要安装的设备和不需要安装的设备两种。

需要安装的设备（简称“需安设备”）：是指必须将其整体或几个部位装配起来，安装在基础上或建筑物支架上才能使用的设备。如轧钢机、发电机、蒸汽锅炉、变压器、塔、换热器、各种泵、机床等。有的设备虽不要基础，但必须进行组装工作，并在一定范围内使用，如生产用电铲、塔吊、门吊、皮带运输机等也作为需要安装的设备统计。

不需要安装的设备（简称“不需安设备”）：指不必固定在一定位置或支架上就可以使用的各种设备，如电焊机、叉车、汽车、机车、飞机、船舶以及生产上流动使用的空压机、泵等。

（2）工具、器具：是指具有独立用途的各种生产用具、工作工具和仪器。如生产和维修用的切削工具、压延工具、铆焊工具、模压器、铸型、风镐等，检验、实验测量用的各种计量、分析、化验仪器，以及达到固定资产标准的包装容器等。

其他费用 指在固定资产建造和购置过程中发生的，除建筑安装工程和设备、工器具购置投资完成额以外的费用，不指经营中财务上的其他费用。包括土地出让金、大市政费、四源费（煤、热、自来水、污水）、不可预见费、旧房屋购置，基本畜禽支出，林木支出，退耕退牧还林还草、土壤改良、城市绿化，办公生活用家具、器具购置，建设单位管理费，土地征用、购置及迁移补偿费，政府收费，勘察设计费，研究实验费，可行性研究费，临时设施费，施工机械转移费，设备检验费，负荷联合试车费，土地占用、使用费，建设期应付利息，包干结余，企业债券发行费，合同公证费及工程质量监测费，国外借款手续费及承诺费，汇兑损益，调整器材调拨价格折价，坏账损失，固定资产亏损及损失等。

旧建筑物购置费 指购置已使用过的各种旧房屋及其他建筑物，即对旧房屋及其他建筑物的赔偿费。

土地购置费 指房地产开发企业通过各种方式取得土地使用权而支付的费用。

房屋施工面积 见建筑业经营情况部分。

房屋新开工面积 见建筑业经营情况部分。

房屋竣工面积 见建筑业经营情况部分。

不可销售面积 指报告期房地产公司竣工的用于拆迁还建的房屋面积；接受委托、定向开发建设，并收取一定的管理费所建设的统建代建房屋竣工面积；竣工的学校、幼儿园、派出所、居委会、商店等公益设施建筑面积。

住宅竣工套数 指报告期内按照设计要求已全部完工，经验收合格，达到住人或使用条件的正式交给开发公司的成套住宅数量（以设计图纸为准）。

房屋竣工价值 见建筑业经营情况部分。

批准预售面积 指报告期内，经批准可供销售的未竣工商品房建筑面积，依据《城市商品房预售管理办法》（建设部令第131号）填报。

批准预售住宅套数 指报告期内，经批准可供销售的未竣工商品房总套数，依据《城市商品房预售管理办法》（建设部令第131号）填报。

房屋出租面积 指在报告期末房屋开发单位出租的商

品房屋的全部面积。

商品房销售面积 指报告期内出售商品房屋的合同总面积（即双方签署的正式买卖合同中所确定的建筑面积）。本月销售面积指从本月1日起至本月最后一天止出售商品房屋的合同总面积。商品房销售面积由现房销售面积和期房销售面积两部分组成。

（1）现房销售面积：指在报告期内正式签订买卖合同、已经竣工达到入住条件的商品房屋建筑面积。包括以一次性付款方式和分期付款方式销售的现房建筑面积。

（2）期房销售面积：指在报告期内正式签订买卖合同、正在建设尚未竣工交付使用的商品房屋建筑面积。包括以一次性付款方式和分期付款方式销售的商品房屋建筑面积。期房销售建筑面积竣工后不再结转为现房销售建筑面积。

商品房销售额 指报告期内出售商品房屋的合同总价款（即双方签署的正式买卖合同中所确定的合同总价）。本月销售额指从本月1日起至本月最后一天止出售商品房屋的合同总价款。该指标与商品房销售面积同口径，由现房销售额和期房销售额两部分组成。

（1）现房销售额：指报告期内销售的已竣工商品房屋的合同总价款。包括现房销售前期预收的定金、预收款、首付款及全部按揭贷款的本金等款项。该指标与现房销售面积同口径。

（2）期房销售额：指报告期内销售的正在建设尚未竣工的商品房屋的合同总价款。包括预售房屋前期预收的定金、预收款、首付款及全部按揭贷款的本金等项。该指标与期房销售面积同口径。

商品住宅销售套数 指报告期内出售商品房屋合同中总的成套住宅数量（即双方签署的正式买卖合同中所确定的成套住宅数量）。由现房销售套数和期房销售套数两部分组成。

（1）现房销售套数：指报告期内销售的已竣工商品房屋合同中总的成套住宅数量。

（2）期房销售套数：指报告期内销售的正在建设尚未竣工的商品房屋合同中总的成套住宅数量。

待售面积 指报告期末已竣工的可供销售或出租的商品房屋建筑面积中，尚未销售或出租的商品房屋建筑面积，包括以前年度竣工和本期竣工的房屋面积，但不包括报告期已竣工的拆迁还建、统建代建、公共配套建筑、房地产公司自用及周转房等不可销售或出租的房屋面积。按照商品房待售时间的长短可以划分为待售一年以下、待售一到三年（含一年）和待售三年以上（含三年）。

本年实际到位资金合计 指房地产开发企业在本年内收到的可用于房地产开发和经营的各种资金来源数之和，包括上年末结余资金、本年度内拨入、借入或以各种方式筹集的资金。

上年末结余资金 指上年资金来源中没有形成投资额而结余的资金。包括尚未用到工程中的材料价值、未开始安装的需要安装设备价值及结存的现金和银行存款等。可根据有关财务数字填报。上年末结余资金不能出现负数，即不能把上年应付工程、材料款作为上年末结余资金的负数来处理。

本年实际到位资金小计 指房地产开发企业实际拨入的，用于房地产开发的各种货币资金。包括国内贷款、利用外资、自筹资金和其他资金。

国内贷款 指报告期内向银行及非银行金融机构借入的各种国内借款，包括银行利用自有资金及吸收存款发放的贷款、上级主管部门拨入的国内贷款、国家专项贷款（包括煤代油贷款、劳改煤矿专项贷款等），地方财政专项资金安排的贷款、国内储备贷款、周转贷款等。

银行贷款 指报告期内向各商业银行、政策性银行借入的用于项目开发建设的各项贷款。

非银行金融机构贷款 指向除上述银行之外从事金融业务的机构借入的用于房地产开发与经营的各项贷款。非银行金融机构包括城市信用社、农村信用社、保险公司、金融信托投资公司、证券公司、财务公司、金融租赁公司、融资公司（中心）等。

利用外资 指报告期内收到的境外（包括外国及港澳台地区）资金（包括设备、材料、技术在内）。包括对外借款（外国政府贷款、国际金融组织贷款、出口信贷、外国银行商业贷款、对外发行债券和股票）、外商直接投资、外商其他投资（包括补偿贸易、加工装配由外商提供的设备价款、国际租赁，外商投资收益的再投资资金）。不包括我国自有外汇资金（国家外汇、地方外汇、留成外汇、调剂外汇和中国境内银行自有资金发放的外汇贷款等）。各类外资按报告期的外汇牌价（中间价）折成人民币计算。

外商直接投资 指外国投资者在我国境内通过设立外商投资企业、合伙企业、与中方投资者共同进行石油资源的合作勘探开发以及设立外国公司分支机构等方式进行投资。外国投资者可以用现金、实物、无形资产、股权等投资，还可以用从外商投资企业获得的利润进行再投资。

自筹资金 指各地区、各部门及企事业单位筹集用于房地产开发与经营的预算外资金。

自有资金 指凡属于房地产企业（单位）所有者权益范围内所包括的资金，是按财务制度规定归企业支配的各种自有资金。包括企业折旧资金、资本金、资本公积金、企业盈余公积金及其他自有资金，也包括通过发行股票筹集的资金。

股东投入资金 指项目单位从股东处融入的用于固定资产投资的资金。项目单位的股东为项目建设投入的资金，如果不是来源于金融机构贷款、各级财政资金或外资，应做为自筹资金统计。来源于项目单位总公司或上级部门的资金，也应归入此类。

借入资金 指项目单位从其他单位（不包括股东）筹集的用于固定资产投资的资金，但不包括财政资金、贷款和外资。

其他资金来源 指在报告期收到的除以上各种资金之外其他用于房地产开发与经营的资金。包括国家预算内资金、债券、社会集资、个人资金、无偿捐赠的资金及用征地迁移补偿费、移民费等进行房地产开发的资金。

定金及预收款 定金是为使甲乙双方按约定签订正式经济合同，实现房屋交易，根据有关规定由购房者或单位在报告期交纳的押金。预收款是甲乙双方签订购销房屋合同后，在报告期由购房者或单位交付的首付款及各种手续费（包括其中的外汇）。

个人按揭贷款 又称“个人住房商业性贷款”。是指按照中国人民银行（《个人住房贷款管理办法》，银发[1998]190号）中规定，贷款人（商业银行）向借款人发放的采用分期偿还方式用于购买自用普通住房的贷款。它是银行用其信贷资金所发放的自营性贷款。具体指具有完全民事行为能力的自然人，购买商品房时以其购买的产权住房（或银行认可的其他担保方式）为抵押，作为偿还贷款的保证而向银行申请的住房商业性贷款。从 1999 年 2 月开始，个人住房贷款可扩大到借款人自用的各类型住房贷款（《关于开展个人消费信贷的指导意见》，银发[1999]73 号）。

本年各项应付款合计 指在房地产开发过程中应付未付的投资款。包括应付工程款、应付器材款、应付工资、应付有偿调入器材及工程款、其他应付款、应交税金、应交基建收入、应交投资包干结余、应交能源交通建设基金、应交预算调节基金及其他应交款。各项应付款填报本报告期实际增加数（或发生数），不是填报开始建设以来的累计数。

工程款 指在房地产开发过程中应付未付给施工单位（乙方）的工程投资款。

待开发土地面积 指经有关部门批准，通过各种方式获得土地使用权，但尚未开工建设的土地面积。

本年土地购置面积 指在本年内通过各种方式获得土地使用权的土地面积。

本年土地成交价款 指进行土地使用权交易活动的最终金额。在土地一级市场，是指土地最后的划拨款、“招拍挂”价格和出让价；在土地二级市场是指土地转让、出租、抵押等最后确定的合同价格。土地成交价款与土地购置面积同口径，可以计算土地的平均购置价格。

拆迁补偿费 指土地成交价款中包含的向被拆迁房屋的所有权人或使用人支付的各种补偿金。

土地使用权出让金 指政府将土地使用权出让给土地使用者，并向受让人收取的政府放弃若干年土地使用权的全部货币或其他物品及权利折合成货币的补偿。房地产企业填报此指标应以《国有土地使用权出让合同》中相应指标为依据。

契税 指以所有权发生转移变动的不动产（土地）为征税对象，向产权承受人征收的一种财产税。